SUSAN PETERSON

Wenn der Eukalyptus blüht

Buch

Die junge Dorothea Schumann entspricht nicht gerade der gängigen Vorstellung einer sanftmütigen Missionarstochter: So schreibt sie engagierte Artikel über die schlechte Behandlung von Dienstmädchen und ist zudem recht geschickt darin, ihren eigenen Kopf durchzusetzen. Als Ostern 1840 ein Brief mit der Anweisung des Vaters eintrifft, dass die Familie ihm nach Südaustralien folgen soll, erhofft Dorothea sich vom Leben in der englischen Kolonie vor allem eins: mehr Freiheit. Tatsächlich gelingt es ihr, als freie Journalistin in Adelaide Fuß zu fassen, doch dann überstürzen sich die Ereignisse. Ihr Vater ertrinkt auf einer Schiffsreise, und Dorothea entdeckt, dass sie schwanger ist. Doch Miles Somerhill, Redakteur und Vater ihres Kindes, denkt nicht daran, sie zu heiraten. Kopflos stimmt sie der Hochzeit mit Robert Masters zu, der für seine Tochter eine neue Mutter sucht. Sie ahnt nicht, dass Robert mit dem jungen Ian befreundet ist, der bereits auf der Überfahrt nach Australien ihr Herz erobert hat …

Autorin

Susan Peterson wurde 1955 in Erlangen geboren. Ihre Recherchen über die Kolonisierung Südaustraliens und die dortigen Aborigines inspirierten die Ethnologin zu der Geschichte der Missionarstochter Dorothea und des geheimnisumwitterten Ian, sodass sie beschloss, ihr Schicksal in einem Roman festzuhalten.

Susan Peterson lebt in Süddeutschland und arbeitet derzeit an der Fortsetzung von *Wenn der Eukalyptus blüht.*

Susan Peterson

Wenn der Eukalyptus blüht

Australien-Saga

blanvalet

MIX
Papier aus verantwortungsvollen Quellen
FSC® C014496
FSC
www.fsc.org

Verlagsgruppe Random House FSC-DEU-0100
Das FSC®-zertifizierte Papier *Holmen Book Cream*
für dieses Buch liefert Holmen Paper, Hallstavik, Schweden.

1. Auflage
Deutsche Originalausgabe September 2011 bei Blanvalet,
einem Unternehmen der Verlagsgruppe
Random House GmbH, München.

Dieses Werk wurde vermittelt durch die Literarische Agentur
Thomas Schlück GmbH, 30827 Garbsen.
Umschlaggestaltung: © bürosüd°, München, unter Verwendung
eines Umschlagmotivs von Masterfile/Jon Arnold Images.
Redaktion: Gerhard Seidl
DF · Herstellung: sam
Satz: Buch-Werkstatt GmbH, Bad Aibling
Druck und Einband: GGP Media GmbH, Pößneck
Printed in Germany
ISBN: 978-3-442-37688-9

www.blanvalet.de

Journal geführt an Bord der Brigantine Maria
gebaut 1823, 136 Tonnen,
Heimathafen Hobart Town,
Commander W. Smith

25. Juni 1840
Reinigten Vordeck, Lenzpumpe, nahmen später Proviant und Passagiere über.
Passagierliste:
– Mrs. E. William Smith.
– Mr. Samuel & Mrs. Ann Sophia Denham aus Nord-Adelaide mit ihren fünf Kindern Andrew (10), Anna (4), Fanny (8), Thomas (12) und Walter (6) sowie ihr Bediensteter.
– James Strutt.
– Mr. & Mrs. George Young Green.
– Mr. Alec Murray.
– Mrs. York & Tochter (8 Monate).
– Mr. Thomas & Mrs. Kitty Daniels aus Long Plains, Südaustralien.
Wind Südwest, flaue Brise, bewölkte Luft, später zunehmender Wind.

26. Juni 1840
Um 4 Uhr am Morgen lichteten wir Anker, setzten alle dienlichen Segel und steuerten auf Sicht die Bay hinaus. Klares Wetter, westliche Brise.
Passierten um 9 Uhr am Vormittag das Leuchtschiff vor der Passage, setzten Klüver.

2 Uhr am Nachmittag frische Brise und hohe See, machten die leichten Segel fest und banden ein Reff in jedes Marssegel. Peilten um 6 Uhr Witton-Anhöhe O ½ S, steuerten bestmöglichen Kurs und kreuzten nach Umständen.

27. Juni 1840
Auffrischender Wind, mehrere Passagiere seekrank, Auseinandersetzung mit Mrs. Denham, die vom Koch frischen Kamillentee verlangt.
8 Uhr morgens peilten wir die Westküste der Fleurieu-Halbinsel, refften und führten Segel nach Umständen.
1 Uhr mittags passierten wir Cap Jervis, später steife Brise, machten Bramsegel fest, hohe See von S.W. (Lenzpumpe).
3 Uhr nachmittags sichteten wir »The Pages«.
4 Uhr am Nachmittag waren verdächtige Geräusche aus dem Ladedeck zu hören. Mr. Leigh meldete, eine der Denham-Kisten hätte sich gelöst. Ich beauftragte Mr. Griffiths und Mr. Leigh, die Vertäuung der Ladung zu überprüfen und gegebenenfalls zu erneuern.
Walfängerboot gesichtet (Capt. Blenkinsop?).
Stürmisches Wetter, hohe See von W.S.W.
6 Uhr am Nachmittag dreht Wind auf W.N.W., furchtbar hohe See, setzten alle Segel bei.

28. Juni 1840
In der Nacht heftiger Sturm, gegen 2 Uhr wurde das Schiff auf das Margaret Brook Reef getrieben. Alle Passagiere und Crewmitglieder konnten sich im Beiboot ans Festland retten. Am Morgen war klar, dass das Schiff nicht mehr zu retten ist. Die Schäden am Rumpf sind beträchtlich. Die Masten stehen noch, aber die unteren Decks sind bereits vollgelaufen, und der schwere Wellengang drückt sie ständig breitseits gegen das Riff. Bald wird sie ganz zerbrechen.
Bei Ebbe gingen wir an Bord, um zu retten, was möglich war.

Ein Haufen Eingeborener hat sich eingefunden und angeboten, uns nach Encounter Bay zu bringen, der zunächst gelegenen weißen Siedlung. Einige Passagiere möchten lieber direkt nach Adelaide gebracht werden, aber es sieht nicht so aus, als ob sie sich verständlich machen könnten. Immerhin haben uns die Silberuhr von Mr. Murray und das rote Halstuch von Mrs. Daniels Wasser, Essen und ein Feuer verschafft.
Auseinandersetzung mit Mr. Denham wegen des Verlusts seiner Habe. Mr. Denham beabsichtigt, die Reederei auf Schadenersatz zu verklagen.
Hysterischer Anfall von Mrs. York.
Zwei Crewmitglieder (Tegg und Cowley) zurechtgewiesen wegen Belästigung mehrerer Eingeborenenweiber.

29. Juni 1840

Kalt und windig, aber trocken. Trotz des starken Westwinds beschlossen, an der zum Meer gelegenen Seite des Coorong entlang nordwärts zu gehen und nicht im Windschatten auf der andern Seite der Düne an der Lagune entlang, in der Hoffnung, vorbeifahrende Schiffe aufmerksam machen zu können.
Beschwerlicher Weg, Schwarze haben ihre Weiber weggeschickt.
Mrs. Smith klagt über Schmerzen an den Füßen, Mrs. Green über Kopfschmerzen und Übelkeit.
Das Wasser aus den Löchern, welche die Schwarzen überall graben, schmeckt scheußlich brackig. Auch das Essen ist seltsam.

30. Juni 1840

Immer noch kalt und windig, aber trocken. Am Vormittag auf anderen Trupp Schwarzer gestoßen. Langes Palaver. Es scheint, als wären wir an irgendwelche Stammesgrenzen gelangt, die unsere ersten Begleiter nicht überschreiten dürfen. Verlangten als Bezahlung die vier silbernen Teelöffel von Mrs. Young Green und die Bi-

bel von Mrs. Smith. Danach überließen sie uns unserem Schicksal in Form dieser finsteren Gestalten.
Nachmittags wieder Ärger wegen Tegg und Cowley und ihren Annäherungsversuchen an die Eingeborenenweiber.
Die Damen klagen über Erschöpfung und verlangen ständig Pausen (sonst kämen wir deutlich schneller voran).

1. Juli 1840
Der stürmische Seewind macht uns allen zu schaffen, besonders den Damen mit ihren schweren Röcken. Aber mein Vorschlag, die Zahl der Unterröcke zu reduzieren, wird zurückgewiesen. Mrs. Denham nennt mich »schamlos« und will sich über mich bei der Reederei beschweren.
Neue Schwarze sind mittags zu uns gestoßen und geben uns zu verstehen, dass wir aufs Festland hinter der Lagune gehen sollten. Dort sei ihr Lager und dort sei es leichter, uns zu versorgen. Denhams und Mrs. York weigern sich, und Mr. Denham bringt einen kleinen Trupp dazu, sie weiter auf ihrem Weg an der Küste entlang zu begleiten.
Wir anderen folgen unseren neuen Führern über die Lagune. Meiner Schätzung nach müssten wir uns jetzt südlich vom Lake Albert befinden, ungefähr 25 Meilen vom Murray Mouth entfernt.
Das Lager, in das sie uns gebracht haben, ist recht groß und voller Frauen. Ich muss die Crew hart zurechtweisen. Nicht nur Tegg und Cowley, auch Durgan, Biggins und Rea vergreifen sich an den Weibern, was zu entsprechendem Unmut bei den Männern führt (Reederei davor warnen, jeden Halunken anzuheuern, der im Hafen herumlungert!).

2. Juli 1840
In der Nacht gab es einige Unruhe, wie Mrs. Smith erzählte, aber ich schlief zu fest und bekam nichts davon mit. Zu meiner Über-

raschung war meine gesamte Crew verschwunden. Der Schwarze, der hier der Anführer zu sein scheint, ein äußerst seltsam bemalter Bursche, aber des Englischen mächtig, erklärte, sie seien nachts mit den Frauen davongelaufen (wirklich eine üble Bande!). Deshalb gebe es jetzt auch nichts zu essen im Lager.
Auch die Greens fehlen. Auf unsere Nachfrage erklärte der Schwarze unter wildem Gestikulieren, sie wären wieder zu den Denhams an die Küste gegangen.
Ich habe ein ungutes Gefühl. Diese Schwarzen machen mir einen ziemlich hinterhältigen Eindruck. Immerzu tuscheln sie miteinander und werfen uns verstohlene Blicke zu.
Mr. Murray und Mr. Daniels meinen auch, dass wir besser daran täten, uns wieder den anderen anzuschließen. Sobald wir eine geeignete Stelle zum Überqueren der Lagune gefunden haben, werden wir das tun. Außerdem haben wir beschlossen, den Schwarzen zu sagen, dass wir auf ihre weiteren Dienste verzichten. Am Ende des Coorong gibt es eine Station namens Goolwa, wie Mr. Murray erzählte, und dort finden wir sicher Hilfe von Landsleuten.

Dresden, März 1840

1

Gebannt verfolgte Dorothea, wie ihr Gegenüber die Stirn runzelte und das erste Blatt überflog, dann das zweite und dritte. Ihre Hände krampften sich um den Beutel aus sandfarbenem Leder. Jedes Rascheln schien ihr unnatürlich laut und ließ sie fast von der Stuhlkante aufspringen. Wie würde sein Urteil lauten? Warum brauchte er so lang?

Nach scheinbar endlosen Minuten sah er schließlich auf und räusperte sich. »Nicht schlecht, Fräulein Schumann. Wirklich nicht schlecht.«

Dorothea stieß erleichtert die Luft aus. »Werden Sie es drucken?«

Herbert Dünnebier wiegte den Kopf ein paar Mal hin und her. »Unter zwei Bedingungen«, sagte er schließlich. »Erstens: Als Autor geben wir einen Männernamen an.«

Ihre grünen, leicht schräg stehenden Augen weiteten sich vor Empörung. »Aber das wäre doch Betrug!«, protestierte sie. »Es ist meine Geschichte.«

Der Herausgeber und Redakteur der *Dresdner Postille* fixierte sie streng. »Fräulein Schumann! Muss ich Ihnen wirklich erklären, dass ich es mir nicht leisten kann, die Herren vom Magistrat vor den Kopf zu stoßen? Ein junges Mädchen als Schreiberin dieser Zeilen – und dann auch noch die Tochter eines Missionars! Die Verteidiger von Sitte und Anstand würden mir die Hölle heißmachen. Und das bringt mich zu meiner zweiten Bedingung: Sie müssen es so umschreiben, dass die Frau Geheimrätin nicht zu identifizieren ist! Ich kann mir eine Klage wegen bösartiger Nachrede nicht leisten.«

»Genau so hat Grete es mir aber geschildert«, beharrte sie. »Ich habe nicht ein Jota hinzuerfunden. Wenn es doch wahr ist, wieso darf man es nicht schreiben?«

Dünnebiers helle Augen hinter dem Kneifer schienen durch sie hindurchzublicken, als er leise sagte: »Kindchen, Sie sind noch sehr jung. Wenn Sie meine Jahre auf dem Buckel hätten, wüssten Sie, dass die Mitglieder der Hautevolee nichts so übel nehmen wie eine Bloßstellung. Das Los der Dienstmädchen in so manchen Haushalten ist bedauernswert, nicht nur bei der Frau Geheimrätin. Wir helfen ihnen mehr, wenn wir an das allgemeine Mitgefühl appellieren, als wenn wir eine einzelne Person an den Pranger stellen. Zu stellen versuchen, müsste ich sagen, denn die Dame verfügt über beste Verbindungen. Nein, Fräulein Schumann, mit der lege ich mich nicht an! Also, schreiben Sie es um oder nicht?«

Dorothea presste ihre vollen Lippen zu einem Strich zusammen. Ihr Unmut entging ihm nicht.

»Zu meinen Bedingungen oder gar nicht«, bekräftigte er nochmals, ordnete die Manuskriptseiten und reichte sie ihr über den Tisch. »Nun?«

»Ich schreibe es um«, gab sie nach. »Obwohl ich es nicht richtig finde. Es war unglaublich grausam von ihr. Sie hätte es verdient gehabt, bloßgestellt zu werden.«

Dünnebier ging darauf nicht ein. »Wie lange werden Sie brauchen?«

Dorothea überlegte, was ihre Mutter für die nächsten Tage geplant hatte. Wenn Waschtag war, kam sie kaum zum Verschnaufen, geschweige denn zum Schreiben. Hatte sie nicht etwas von Leinen lüften erwähnt? »Zwei Tage, wenn es regnet. Vier, wenn die Sonne scheint.«

Herr Dünnebier nickte. »Dann werde ich ›Das mitleiderregende Schicksal eines Dienstmädchens‹ für die übernächste Woche vorsehen.« Er zog die oberste Schreibtischschublade auf, hielt einen Moment inne, um dann kurz entschlossen den Deckel einer Schatulle zu heben. Metall klirrte leise gegen Metall. Gleich darauf schoben seine von Tintenflecken übersäten Finger ihr ein hell glänzendes Silberstück zu. »Ihr Vorschuss auf das Honorar«, brummte er. »Den Rest bei Ablieferung. Und jetzt habe ich noch zu tun. Guten Tag, Fräulein Schumann.«

Solcherart abgefertigt stieg Dorothea die Stufen zur Straße vor den Kellerräumen der *Dresdner Postille* hinauf. Im blendenden Licht der Frühjahrssonne schien der frisch gepunzte Silbertaler noch heller zu funkeln als dort unten im Kontor. Nachdenklich drehte sie ihn hin und her. Mit einem Honorar hatte sie gar nicht gerechnet. Eigentlich hatte sie nur ihrer Empörung Luft machen wollen. Die *Dresdner Postille* war berühmt-berüchtigt für ihre libertinistische Tendenz und daher prädestiniert, ein Unrecht, wie es Grete widerfahren war, anzuprangern.

Immer noch ballten Dorotheas Hände sich ganz wie von selbst zu Fäusten, wenn sie an Grete dachte: Die Geschichte der Kleinen war so banal wie traurig. Ihre Eltern, Taglöhner, schickten die Kinder in Stellung, sobald diese den Anforderungen der Dienstherren gerecht werden konnten. Auch Grete hatte am Tag nach ihrem zwölften Geburtstag ihr Bündel gepackt und war in die Stadt gewandert. Zuerst hatte niemand das knochige, schwächlich wirkende Kind in Stellung nehmen wollen. Deswegen war sie zutiefst dankbar gewesen, als sich endlich doch ein Haushalt fand, in dem sie als Spülmädchen aufgenommen wurde. Als rangniederstem Mitglied wurde ihr der Zwischenboden über dem Herd zugeteilt, ein im Sommer unerträglich heißer Ort, im Winter voller Ruß und Rauch. Trotzdem war sie zufrieden. Das Essen war knapp, aber immer noch reichlicher als daheim.

Mit vierzehn hatte sie sich zu einem recht ansprechenden Mädchen entwickelt. Ansprechend genug jedenfalls, um das Interesse des heranwachsenden Sohns der Familie zu wecken. Anfangs war Grete nur geschmeichelt gewesen, mit der Zeit jedoch hatte sie sich wirklich in den schüchternen Jungen verliebt. Sie hatten begonnen, sich heimlich im Gartenpavillon zu treffen, und das junge Mädchen träumte bereits von einer märchenhaften Zukunft. Natürlich waren die Rendezvous auf Dauer nicht unbemerkt geblieben, und die Frau Geheimrätin hatte ihre eigenen Methoden, die unpassende Liaison zu beenden. Adalbert wurde quasi über Nacht auf eine Schule in Süddeutschland geschickt. Ein paar Tage später schlug die Köchin Alarm: Es fehlte ein halbes Dutzend der silbernen Sonntagslöffel.

Nach langem Suchen wurden die sechs Löffel in Gretes Bündel gefunden. Wie energisch sie ihre Unschuld auch beteuerte – der Augenschein sprach gegen sie.

Die Frau Geheimrätin ließ Grete die Wahl, entweder würde sie die Gendarmen rufen und ihr diebisches Hausmädchen festsetzen lassen. Oder Grete verschwand freiwillig und ließ sich niemals wieder in Dresden blicken. Eine solche Wahl war keine Wahl. Tränenblind war Grete mit nichts als ihrem schäbigen Bündel auf die Straße gestolpert. Ihren ausstehenden Lohn hatte sie selbstverständlich nicht ausgezahlt bekommen, und auch ihr Dienstbuch hatte die Frau Geheimrätin einbehalten.

Als Dorothea auf sie aufmerksam geworden war, hatte sie am Elbufer gestanden und Anstalten gemacht, sich in das schmutzige Wasser zu stürzen.

Sie hatte sie angesprochen und mit nach Hause genommen. Versehen mit Proviant und einem Empfehlungsschreiben an Bekannte der Schumanns war Grete ein paar Tage später zwar traurig, aber nicht mehr verzweifelt nach Leipzig aufgebrochen.

Ob sie dort wohl eher ihr Glück finden würde?

Behutsam verstaute Dorothea den Taler in ihrem Beutel und machte sich auf den Heimweg.

Vor den Stufen zu ihrem Haus hatte sich ein kleiner Menschenauflauf gebildet.

Dorothea raffte ihre Röcke und rannte so schnell sie konnte die Straße entlang.

»Thea, wo warst du denn?«, rief Witwe Klingefeld aus dem zweiten Stock. »Deine Mutter hat dich schon überall gesucht.«

»Mach hin, Mädchen«, bestätigte Herr Grünvogel, der Gemüsehändler vom Eckladen. »Es scheint, dass dein Vater Nachricht geschickt hat, dass ihr nachkommen könnt.«

Theodor Schumann war rund anderthalb Jahre zuvor im Auftrag der Dresdner Mission nach Australien aufgebrochen. In Anbetracht der dortigen Lebensumstände sollte die Familie nachfolgen, sobald ihr dort eine angemessene Unterkunft zur Verfügung stand. Vor allen anderen hatte besonders Dorothea ungeduldig auf diese Nachricht gewartet.

Als sie in die Küche stürzte, war der Rest der Familie bereits vollzählig versammelt. Und auf dem Küchentisch lag er: der sehnlichst erwartete Brief. Ihre Mutter wirkte ungewohnt blass, als sie ihn aufnahm und sagte: »Hier. Ich habe es den anderen eben schon vorgelesen. Es ist so weit.«

Dorothea starrte auf die gestochen scharfen Buchstaben, ohne wirklich etwas zu sehen. »Wann?«, stammelte sie.

»Sehr bald«, erwiderte August anstelle der Mutter. »Unser Zubringerschiff nach London läuft schon in zwei Wochen von Hamburg aus. Was für ein Glück, dass die Dampfschiffe wieder fahren können! Sonst wäre es kaum zu bewältigen.«

Die erst drei Jahre zuvor gegründete Firma *Elbe-Dampfschifffahrt* beförderte in den Monaten, in denen der Fluss eisfrei war, Passagiere in nur vier Tagen von Dresden nach Hamburg. August hatte seit Langem mit einer Fahrt auf einem der schmucken Raddampfer geliebäugelt. Jetzt würde sein Wunsch also endlich in Erfüllung gehen.

»Ist es dir recht, Mutter, wenn ich gleich gehe und unsere Plätze reservieren lasse?«

August sprühte auf einmal vor Energie. Ob es nur die Aussicht war, das ungeliebte theologische Seminar verlassen zu können, oder die Vorfreude auf das neue Leben? Der Älteste der Schumanngeschwister stand Dorothea besonders nahe. Nur knapp zwei Jahre älter als sie, war er sich nie zu schade gewesen, die jüngere Schwester zu hüten, wenn die Mutter mit dem dritten Kind, dem kränklichen Karl beschäftigt war. Dorothea war auch der einzige Mensch, dem August anvertraut hatte, dass er den Unterricht am theologischen Seminar verabscheute. »Immer diese schrecklichen Übersetzungen aus dem Hebräischen und Griechischen«, hatte er gestöhnt. »Eingesperrt in dumpfen Kammern, während draußen das herrlichste Wetter herrscht.«

August war schon immer am liebsten draußen umhergestreift. Seine Sammelleidenschaft für Gesteinsbrocken hatten unzählige Hosen- und Jackentaschen zerrissen, bis seine Mutter, der endlosen Flickarbeiten müde, feste Lederbeutel einnähte.

»Denk daran, dass auch unsere Reisekisten Platz brauchen.« Die Stimme der Mutter klang immer noch tonlos. »Und dass wir so rechtzeitig in Hamburg eintreffen, dass wir dort noch die Besorgungen erledigen können, die euer Vater uns aufgetragen hat.«

Im letzten Brief hatte Theodor Schumann recht genaue Instruktionen geschrieben; auch darüber, was nach den Erfahrungen anderer Auswanderer für die lange Seereise empfehlenswert sei.

Packt so viel Kleidung ein wie möglich, denn diese ist hier vor Ort ausgesprochen teuer. Dabei sind baumwollene Wäschestücke den leinenen vorzuziehen, da man hier öfter sehr schwitzt und Letzte-

re dann zu sehr kühlen. Verseht euch ferner mit wollenen Strümpfen und Unterjacken, da öfter ein ganz kalter Südwind weht, welcher zu üblen Erkältungen führen kann.
Beim Einpacken der Kleidungsstücke denkt daran, dass ihr diejenigen, welche ihr auf dem Schiff benötigt, in besondere, kleine Kisten packt, die ihr bei euch behaltet. Die großen Kisten werden in den untersten Schiffsraum verladen, und dorthin kann man selten bis gar nicht. Starke, wasserdichte Schuhe oder Stiefel sind auf dem Schiff ratsam, da man öfter durch Seewasser gehen muss, was sich ausgesprochen nachteilig auf das Schuhwerk auswirkt.
Wenn ihr in Hamburg seid, verseht euch mit einigen Flaschen Magenelixier, die dort von der Backmann'schen Apotheke speziell für Seereisen verkauft werden. Auch Chininwasser gibt es dort günstig. Die Verpflegung auf den englischen Schiffen ist zwar um einiges besser als auf den deutschen, dennoch bitte ich dich, den Kindern täglich einen Löffel Cochlearia-officinalis-Extrakt gegen Skorbut zu geben. Auch dies Mittel ist bei der Backmann'schen Apotheke erhältlich.
Ein Problem kann die Langeweile während der langen Reise werden. Denkt also daran, ausreichend Bücher und Beschäftigungsmöglichkeiten für die Kleinen bereitzuhalten. Bücher sind hier überaus rar – selbst in englischer Sprache. Deswegen bitte ich August, so viel gute Lektüre einzupacken wie möglich. Was auch immer sie im Seminar entbehren können, es wird in mir einen dankbaren Abnehmer finden.
Was mir noch am Herzen liegt: Übt fleißig die englische Sprache. Zeitungen, Magistrat, Geschäfte – jegliche Verständigung ist nur möglich in Englisch. Ich habe von studierten Herren gehört, die sich aufgrund ihrer mangelhaften Sprachkenntnisse als Schafhirten und Lastenträger verdingen mussten, um sich durchzuschlagen.

»Darf ich dich begleiten, August?«, fragte Karl schüchtern. Ihr jüngerer Bruder begegnete dem ältesten mit einer seltsamen Scheu. Obwohl August sich ihm gegenüber niemals unwirsch oder ablehnend verhalten hatte, schien Karl zu spüren, dass der lebhafte, vor Vitalität sprühende Bruder mit ihm nichts anzufangen wusste. Dorothea hatte schon manchmal gedacht, dass es wohl kaum ein unterschiedlicheres Brüderpaar gab als das ihre. Der eine so gut aussehend wie gut gebaut. Seine kastanienbraun schimmernden Locken trugen ihm so manchen bewundernden Blick ein. Dazu hatte er eine so lustige, freundliche Art, dass er nicht nur bei seinen Kommilitonen am Seminar, sondern überall sofort Anschluss fand. Der vierzehnjährige Karl hingegen mit seinem blassen Teint und dem feinen dunkelblonden Haar sah aus wie ein Bücherwurm. In der Knabenschule, die er besuchte, hatten seine Kameraden ihm den Spitznamen »Das Weißbrot« verliehen. Am liebsten vergrub er sich hinter Büchern oder übte stundenlang am Küchentisch für den Einzelunterricht, den ihm sein Zeichenlehrer gab.

»Wenn du magst«, sagte August freundlich. »Aber zieh besser deinen Mantel an. Der Wind ist recht frisch.«

Karl zog eine Grimasse, holte aber seinen Überzieher.

»Ich will auch mit.« Das war natürlich Lischen, das Nesthäkchen der vier Geschwister. Ihre Puppe Mimi, die sie letzte Woche zu ihrem zehnten Geburtstag bekommen hatte, an sich gedrückt, zupfte sie energisch an Dorotheas Ärmel. »Hilf mir mit den Stiefeln, Thea.«

»Kommt nicht infrage. Du bleibst bei Mutter und Thea. Ich käme mir ja vor wie der Rattenfänger von Hameln«, wehrte August entschieden ab. Lischen verzog den Mund, als wolle sie jeden Augenblick in Tränen ausbrechen. »Und du brauchst gar nicht die Schleusen zu öffnen. Ich nehme dich trotzdem nicht mit«, fügte er in ungewohnt strengem Ton hinzu.

»Du bist gemein!« Mit blitzenden Augen sah sie zu ihm auf, die

Arme in die Seiten gestemmt. Das winzige Persönchen vibrierte geradezu vor Empörung.

August musste grinsen. »Beruhige dich, du wirst noch genug Abenteuer erleben«, sagte er versöhnlich und ging.

»Ich hätte nicht gedacht, dass der Abschied so rasch kommt«, sagte Auguste Schumann leise, während sie mit ihren abgearbeiteten Händen fast andächtig über die glatt gescheuerte Tischplatte fuhr. »Aber so ist das nun einmal.«

Sie schien nicht gerade von Freude überwältigt. Die eigenartige Stimmung ihrer Mutter ließ Dorothea verunsichert schweigen. Scheu versuchte sie, in den vertrauten Gesichtszügen zu lesen. Bisher war ihr nie in den Sinn gekommen, dass das große Abenteuer vielleicht nicht von allen mit Freude erwartet wurde. Wie selbstverständlich war sie davon ausgegangen, dass die Mutter mindestens so ungeduldig wie sie darauf wartete, dem Vater nach Südaustralien folgen zu können.

»Ich bin sicher, es wird uns dort gut gefallen«, sagte Dorothea schließlich. »Denk nur: keinen ewig langen Winter mehr! Dort muss man nicht Tag für Tag den Ofen anheizen, um nicht vor Kälte mit den Zähnen zu klappern.« Sie unterstrich ihre Worte, indem sie theatralisch fröstelte. »Und das Klima soll sehr gesund sein. Bestimmt wird Karl dort nicht ständig husten.«

Im letzten Winter hatte Karl unter so heftigen Hustenanfällen gelitten, dass der Hausarzt der Schumanns schon ernsthafte Sorge um den Zustand seiner Lunge geäußert hatte. Seiner Ansicht nach konnte der Junge gar nicht schnell genug aus dem feuchten, kalten Dresden wegkommen.

Dorothea hatte das Richtige gesagt. Auguste Schumann straffte die Schultern. »Ja, für Karl wird die australische Wärme ein Segen sein«, stimmte sie ihrer Tochter zu. »Ich hoffe nur, für uns andere auch. Lass uns die Koffer vom Dachboden holen.«

In kluger Voraussicht hatte Mutter Schumann die vergangenen

Monate dazu genutzt, umfangreiche Listen zu erstellen, was an Leinen, Kleidung und Hausrat mit in die neue Heimat sollte. Bis auf einen warmen Mantel für jeden würden all die Wintersachen, die sie in Australien nicht mehr benötigten, an die Mission gehen. Das Mobiliar übernahm ein Trödler. Das Schiff nach London sollte am Pfingstmontag auslaufen. Das bedeutete, ihnen blieb nicht viel Zeit, alles zu verpacken und den Haushalt aufzulösen.

Dennoch brachte Dorothea das Kunststück zuwege, beim Licht einer Kerze spätnachts ihre Geschichte umzuschreiben. Sie erklärte ihrer Mutter, sich von einem alten Bekannten verabschieden zu wollen – was ja nicht direkt gelogen war –, und trug die fertigen Seiten, zusammengerollt unter ihrem Umschlagtuch, zu den düsteren Katakomben der *Dresdner Postille*.

»Mit Ihnen habe ich gar nicht mehr gerechnet«, begrüßte Dünnebier sie erstaunt. »Wo Sie doch bald die Gestade Südaustraliens durchstreifen werden. Es ehrt Sie, dass Sie Ihre Zusage so ernst nehmen. Sie wären ein guter Journalist. Wenn Sie nicht abreisten, hätte ich die Zusammenarbeit gerne fortgeführt.«

Erfreut über das unerwartete Lob errötete Dorothea leicht. »Danke. Vielleicht finde ich dort ja auch eine Möglichkeit. In Adelaide soll es zwei Zeitungen geben. Würden Sie mir eine Empfehlung schreiben?«

Herr Dünnebier wirkte leicht verlegen und kratzte sich am Kopf. »Ähm, tja, müsste die nicht auf Englisch verfasst sein? Leider beherrsche ich diese Sprache nur äußerst notdürftig.«

»Das macht nichts. Ich spreche und schreibe es inzwischen ganz gut«, beeilte Dorothea sich, seine Zweifel zu zerstreuen. »Ich habe mir erlaubt, eine entsprechende Formulierung vorzubereiten. Sie bräuchten sie nur zu unterschreiben.«

Zu ihrer Überraschung warf Herbert Dünnebier den Kopf in den Nacken und lachte schallend.

»Ich hoffe, die wissen Sie dort zu schätzen«, brachte er endlich heraus und wischte sich die Lachtränen aus den Augenwinkeln. »Geben Sie her, Mädchen. Ich unterschreibe den Wisch. Ich hoffe nur, Sie haben Ihr Licht nicht unter den Scheffel gestellt.« Er sank in seinen Schreibtischstuhl und griff nach der Feder. »Aber irgendwie glaube ich das nicht … Was für eine Verschwendung!«

Schwungvoll kratzte der Kiel über das Papier und verteilte einen feinen Regen schwarzer Tintentröpfchen über den Schreibtisch. Ohne sich im Geringsten darum zu kümmern – den zahllosen Flecken auf der Schreibunterlage nach zu urteilen, tat er das nie –, schob er den Bogen mit der noch feuchten Signatur Dorothea zu. »Jetzt zur Frau Geheimrätin. Haben Sie alles unkenntlich gemacht?« Seine Augen musterten sie scharf.

Dorothea nickte und reichte ihm die umgeschriebene Geschichte. »Ich habe alles umgedreht. Wo sie dick ist, ist die Dame dünn. Und wo sie dunkelhaarig ist, ist die Dame in der Geschichte blond.«

»Gut, ich vertraue Ihnen.« Damit verschwand ihr Manuskript in seiner ominösen Schublade. »Und hier Ihr Honorar.« Feierlich zählte er die Münzen ab. Dorothea dankte ihm und öffnete schon den Mund, um sich endgültig zu verabschieden, als ihm noch etwas einzufallen schien. Er hob eine Hand und sagte hastig: »Warten Sie mal, ich habe da etwas für Sie als Abschiedsgeschenk.« Hektisch kramte er in einer großen Blechschachtel. Erstaunt sah Dorothea auf die Handvoll Bleistifte, die er ihr hinstreckte. »Die neuesten Stifte der Firma Staedtler«, sagte er stolz. »Allerbeste Qualität. Damit Sie nicht aus der Übung kommen. – Ich denke, Feder und Tinte werden auf Schiffen Mangelware sein.«

Zu diesen wunderbaren Schreibgeräten erstand Dorothea in Hamburg zwei Notizbücher. In schwarzes Leder gebunden wirkten sie so vornehm, dass Lischen ausrief: »Meine Güte, Thea, die getraut man sich ja gar nicht mit bloßen Fingern anzufassen!« Karl sagte nichts, seine Augen hingen jedoch so sehnsüchtig an Heften und Stiften, dass Dorothea stillschweigend noch einmal zu dem Laden ging und für ihren Bruder zwei Zeichenmappen und eine Packung Zeichenkohle besorgte.

Lange währte der Aufenthalt in Hamburg nicht. Niemand war darüber traurig, denn die Kabine, die der Familie zur Verfügung stand, erschien ihnen geradezu winzig. Für Lischen musste jeden Abend extra eine Hängematte zwischen die Kojen gespannt werden. »Ich hoffe, auf dem englischen Schiff geht es nicht ganz so beengt zu«, seufzte Mutter Schumann. »Allerdings habe ich gehört, dass es auf den sogenannten Auswandererdecks noch schlimmer sein soll. Also will ich mich nicht beklagen. So ist das nun einmal.«

Tatsächlich hatten sie das Glück, dass während der gesamten Überfahrt herrlichstes Frühlingswetter herrschte. Ein beständiger Nordostwind blähte die Segel und trieb sie in Rekordzeit über die Nordsee und die Themse hinauf.

Dorothea hatte einen Fluss wie die Elbe erwartet: Die Themse überraschte sie jedoch mit ihrer Quirligkeit. Noch Meilen von London entfernt, herrschte bereits ein Verkehr wie mitten im Hamburger Hafen. Lastkähne, Fischerboote und majestätisch dahingleitende Dreimaster wimmelten durcheinander. »Es scheint mir wie ein Wunder, dass nicht ständig welche zusammenstoßen«, meinte Dorothea und beobachtete interessiert, wie geschickt die wendigeren Boote sich zwischen den anderen hindurchmanövrierten. Langsam schob sich ein mächtiger, dunkler Schiffsrumpf in ihr Gesichtsfeld. »Schaut mal, das riesige Schiff dort hinten!« Gebannt starrte sie auf die imposante Erscheinung, deren Bug das schlammige Wasser durchschnitt.

»Das ist die *Great Western«*, erklärte August, fast genauso aufgeregt wie sie. »Da, am Bug steht der Name. Sie wurde erst vor zwei Jahren in Betrieb genommen und fährt mit Segeln und Dampf gleichzeitig – siehst du den Schornstein zwischen den Masten und die Seitenräder außen an der Bordwand? Dadurch ist sie unglaublich schnell. Ihr Rekord sind fünfzehn Tage bis New York! Schade, dass sie nur nach Amerika fährt!« Sehnsüchtig verfolgte er ihren Kurs Richtung Nordsee, bis sie aus ihrem Blickfeld verschwunden war.

»Fünfzehn Tage nach Amerika? Bloß zwei Wochen? Wieso brauchen wir dann so lange bis Australien? Ich weiß, die Strecke ist länger – aber so viel länger nun auch nicht.« Dorothea hatte August überredet, sie in die Bibliothek des Seminars mitzunehmen und ihr dort die geografischen Karten zu zeigen.

»Das liegt an der Topografie«, ertönte eine Stimme über ihren Köpfen. Kapitän Krüger sah, die Hände auf das Geländer des Achterdecks gestützt, zu ihnen herunter. »Nach Amerika, über den Atlantik, sind die Strömungs- und Windverhältnisse günstiger. Die Kalmenzone vor dem Äquator, in der absolute Windstille herrscht, zwingt die Schiffe zu einem Umweg bis zur Küste Südamerikas, um dort die richtigen Winde abzupassen, die sie ostwärts treiben.«

»Mit Dampfantrieb könnte man die Kalmenzone durchqueren und wäre unabhängig von den Windverhältnissen«, sagte August eifrig. »Es ist doch viel praktischer, sich aus eigener Kraft fortzubewegen. Ich denke, es ist nur noch eine Frage der Zeit, bis solche Schiffe auch nach Australien und Indien fahren.«

Kapitän Krüger verzog das Gesicht, als hätte er auf etwas Unangenehmes gebissen. »Ja, das fürchte ich auch. Ich hoffe nur, dass ich nicht mehr erleben muss, dass statt des Kapitäns ein Ingenieur das Sagen hat.« Er hob einen Arm und wies schräg nach vorn: »Das dort drüben, neben der schwarz gestrichenen Fregatte, ist Ihr Schiff, die *Apolline.* Ein guter Segler. Letztes Jahr haben sie die Reise in weniger als vier Monaten geschafft.«

Die *Apolline* wirkte relativ unscheinbar. Zwischen der schwarzen Fregatte und einem wuchtigen Schoner auf ihrer anderen Seite schien sie das Lob des Kapitäns nicht zu rechtfertigen. Auf diesem Boot sollten sie über endlose Meere fahren?

Sie legten ein Stück entfernt von ihr an einem freien Platz an, und der Kapitän winkte einige kräftig aussehende Schauerleute herbei. Gegen ein bescheidenes Entgelt erklärten sie sich bereit, die Reisekisten der Schumanns auf die *Apolline* zu schaffen.

Von Weitem mochte die *Apolline* unscheinbar gewirkt haben. Jetzt, da sie unmittelbar vor ihr standen, musste Dorothea den Kopf weit in den Nacken legen, um die Mastspitzen zu sehen. Die Segel waren noch gerefft, aber die turmhohen Masten und die Takelage waren auch ohne Bespannung beeindruckend.

»Sollen wir einfach da rübergehen?« Skeptisch beäugte Auguste Schumann den glitschigen Plankensteg. »Das kommt mir ziemlich gefährlich vor.« Tatsächlich wirkte die provisorische Gangway alles andere als vertrauenswürdig.

»Ich werde jemanden suchen, der uns hilft«, sagte August, und schon balancierte er hinüber. Es sah ganz leicht aus. Einen Moment spielte Dorothea mit dem Gedanken, es ihm nachzutun. Laute Stimmen lenkten sie jedoch von ihrem Vorhaben ab. Vom Ende des Piers näherte sich eine ungewöhnliche Truppe: Voran schritt ein würdiger, korpulenter Herr in schwarzem Gehrock, Zylinder und dem Beffchen des Klerikers; ihm folgte in Zweierreihen eine ganze Anzahl Kinder und Jugendlicher. Als Letzte marschierte eine stämmige Person in einer karierten Pelerine, die einen schwarzen Regenschirm dazu einsetzte, ihre Schutzbefohlenen anzutreiben wie ein Hirte seine Herde. »Come on, hurry up«, rief sie mit Donnerstimme.

Fasziniert beobachtete Dorothea, wie die Gruppe immer näher kam und schließlich neben den Schumanns und ihrem Stapel von Reisekisten anhielt. Der Geistliche lüpfte zwar höflich den Hut, machte aber keine Anstalten, sich bekannt zu machen, sondern sah abwartend auf das Schiffsdeck. Dort tauchte neben Augusts vertrauter Gestalt ein untersetzter Mann mittleren Alters in blauem Tuch auf, in ihrem Schlepptau mehrere Matrosen mit bloßen Füßen. Jeweils zwei schulterten eine Reisekiste und trugen sie unter Deck.

Lischen und Karl starrten unverhohlen neugierig die Kinder neben ihnen an. Dorothea versuchte es ein wenig unauffälliger. Wohl nicht unauffällig genug, denn einer von ihnen, ein hübscher Bursche mit dunklen Locken, grinste und zwinkerte ihr zu. Verlegen wandte sie den Blick ab.

»Hello. Mr. Gibbs?« Der Ton des würdigen Herrn ließ keinen Zweifel aufkommen, dass er die sofortige und exklusive Aufmerksamkeit dieses Mannes beanspruchte. Dorothea verstand nicht alles. Er sprach sehr schnell, und einige Ausdrücke kannte sie nicht. Aber bald wurde ihr klar, dass die Gruppe sich ebenfalls nach Australien einschiffen würde. Es ging nur darum, dass es einige mehr waren, als Plätze gebucht worden waren. Es dauerte nicht lange, bis alles geregelt war. Als die Kinder begannen, paarweise vorzutreten, um sich von ihrem Pastor zu verabschieden, verfolgte Dorothea verblüfft die tiefen Knickse der Mädchen, die devoten Bücklinge der jungen Burschen.

»Familie Schumann. Ich darf Sie im Namen des Kapitäns herzlich begrüßen.« Mr. Gibbs kam auf sie zu. »Wenn Sie mir bitte folgen wollen …« Galant reichte er Mutter Schumann seinen Arm und winkte einem Matrosen, Lischen und Dorothea hinüberzuhelfen.

»Willkommen an Bord! Ihre Kabine ist bereit. Und für den jungen Herrn habe ich einen schönen Platz bei den allein reisenden Männern reserviert.« Dorothea erinnerte sich, dass im Unterschied zu den deutschen Auswandererschiffen die Zwischendeck-Passagiere bei den englischen Linien fest unterteilte Bereiche hatten. Im vorderen Teil die allein reisenden Männer, in der Mitte die Familien, und im Heck befand sich das abgeteilte Quartier alleinreisender Frauen. Vermutlich war dort unten auch die Gruppe vom Kai untergebracht.

Mr. Gibbs führte sie über das Deck, eine Stiege hinunter, und dann standen sie schon vor ihrer Kabine. Sie war nicht nur größer als auf dem deutschen Schiff, sondern auch deutlich komfortabler eingerichtet. Außer den beiden Doppelkojen gab es einen an den Bodenplanken fixierten Tisch, mehrere Hocker, einen ebenfalls festgeschraubten Waschtisch und sogar so etwas wie Wandschränke. Alles aus blank poliertem Holz, das trotz des intensiven Schlickgeruchs, der hier alles zu durchdringen schien, zart und doch unverkennbar einen leichten Duft nach Bienenwachs verströmte.

»Ich werde Ihnen das Dinner bringen lassen, sobald es geht«, sagte der Quartiermeister. »Wir hoffen alle, dass die neuen Küchenjungen sich geschickter anstellen als die letzten.«

»Die Schützlinge vom Reverend sind Dienstboten?«, platzte Dorothea heraus. Ihre Mutter runzelte die Stirn über ihr vorlautes Benehmen, aber Dorothea achtete nicht darauf. Sie wollte unbedingt mehr über den dunkelhaarigen Jungen erfahren.

»Es sind Waisen, die sich in Adelaide nützlich machen sollen«, erklärte Mr. Gibbs. »Der Reverend ist der Leiter einer wohltätigen Stiftung, die sich dafür einsetzt, diese Kinder zu nützlichen Mitgliedern der Gesellschaft zu erziehen, statt sie der Prostitution und dem Verbrechen anheimfallen zu lassen.«

»Ein wahrhaft guter Christenmensch«, lobte Mutter Schumann. »Wie dankbar müssen diese armen Wesen ihm sein!«

»Nun, die Dankbarkeit verliert sich rasch«, meinte Mr. Gibbs trocken. »Soviel ich gehört habe, sind von der letzten Gruppe gerade noch zwei in Stellung. Der Rest hat sich verdrückt. Im Busch verschwunden. Kommen Sie, Mrs. Schumann, ich zeige Ihnen jetzt Ihren Schlafplatz.«

»Was wohl aus denen wird, die ihre Stellung aufgeben? Meinst du, sie finden woanders eine andere?« Dorothea musste wieder an Grete denken.

»Ich weiß es nicht, Herzchen«, sagte ihre Mutter abwesend, während sie weiter den Schrank einräumte. »Hilf mir doch mal mit dem Leinenzeug hier.«

»Vielleicht leben sie ganz wie die Wilden«, spann Dorothea den Gedanken weiter und reichte ihrer Mutter einen Stapel Leibwäsche nach dem anderen zu. »Die Wilden dort ernähren sich ja auch bloß von Jagen und Fischen.«

»Du meinst, sie kennen keinen Kuchen?« Lischen mit ihrer ausgesprochenen Vorliebe für die Tüten mit Kuchenkrümeln vom Konditor Steinhaus fand diese Vorstellung schrecklich.

»Es ist nicht jeder so ein Schleckermaul wie du.« Karl ließ die Zeichenkohle sinken und hob sein Skizzenbuch, sodass alle es sehen konnten. »Wie findet ihr das?«

Dorothea war an die Geschicklichkeit gewöhnt, mit der Karl Gegenstände aufs Papier bannte, aber diese Zeichnung war etwas anderes: Die Gruppe vom Kai hatte er in groben Strichen skizziert. Einige Gesichter jedoch waren so ausgearbeitet, dass Dorothea sie augenblicklich wiedererkannte: die verkniffene Gouvernante mit ihrer spitzen Nase, den arroganten Reverend mit seinen übertrieben hochgezogenen Augenbrauen und den dunkelhaarigen Jungen, der ihr zugezwinkert hatte.

»Es ist großartig«, sagte sie und konnte ihren Blick kaum von dem Gesicht abwenden. »Schenkst du es mir?«

»Was willst du denn damit?« Karl klappte den Block schon wieder zu, als er sich plötzlich anders besann, das Blatt herausriss und seiner Schwester reichte. »Von mir aus. Aber denk daran, dass Kohle schmiert.«

»Ich werde gut darauf aufpassen«, versprach Dorothea und schob die Zeichnung unter ihre Koje.

Zu ihrer heimlichen Enttäuschung war es nicht der Lockenkopf, der einige Zeit später an ihre Kajütentür klopfte. »Na endlich. Ich war schon halb verhungert.« August hatte sich ihnen wieder angeschlossen, als er von der Aktivität in der Kombüse darauf schließen zu können glaubte, dass das Dinner bald serviert werden würde. Leider hatte es noch eine ganze Weile gedauert, in der sein Magen laut und vernehmlich geknurrt hatte. Sehr zum Amüsement seiner jüngeren Geschwister.

Ein magerer Junge stellte vernehmlich ein großes Tablett auf den Tisch. Darauf befanden sich nicht nur ein Topf gekochter Kartoffeln und eine Kasserolle mit Fleischeintopf, sondern auch eine Kanne Tee, ein Krug frischer Milch und ein Schälchen Zucker. Eines der Mädchen folgte ihm auf dem Fuß mit dem Geschirr und Besteck. Dorothea erkannte es wieder: Es war eines der beiden Mädchen, die unmittelbar hinter dem Reverend gegangen waren. Während sie die Steingutteller und Teebecher aufstellte, sah sie immer wieder in Augusts Richtung. Zuerst glaubte Dorothea, sie hätte sich geirrt, aber dann fing sie einen unzweifelhaft herausfordernden Blick auf. Erstaunt beobachtete sie, wie ihr Bruder errötete und sich angelegentlich mit Karl zu unterhalten begann. Trotzdem brachte das Mädchen es fertig, ihn im Vorbeigehen mit der Hüfte zu streifen. August zuckte zurück, als habe etwas ihn verbrannt.

Das Essen war schmackhaft und reichlich. Gerade als sie damit fertig waren, klopfte es, und Mr. Gibbs erkundigte sich, ob sie noch irgendwelche Wünsche hätten. »Kurz nach Mitternacht laufen wir aus«, informierte er sie. »Der nächste feste Boden, den Sie betreten, wird Australien sein!«

2

Sie gewöhnten sich überraschend schnell an die veränderten Lebensumstände auf dem Schiff. Morgens um halb sieben weckte das durchdringende Scheppern der Schiffsglocke alle eventuellen Langschläfer. Kurz darauf wurden den Schumanns zwei Eimer heißes Wasser zum Waschen gebracht. Ein Privileg der zahlenden Kabinenpassagiere, das vor allem Lischen sehr zu schätzen wusste.

Gegen halb acht kam das Frühstückstablett mit Tee und Porridge, einer Art Haferbrei, den keiner mochte. »Schweinefutter ist das«, murrte August, wenn er lustlos darin herumrührte. Mittags gab es meist eine Art Suppe oder einen Eintopf, ähnlich dem, der ihnen am ersten Abend so gut geschmeckt hatte, und abends das Gleiche. Offenbar hielt der Koch es für ausreichend, ein Gericht pro Tag zu produzieren.

»Es ist sicher schwierig, so viele Münder satt zu bekommen«, meinte Mutter Schumann und betrachtete in stiller Resignation den inzwischen wohlbekannten Hammeleintopf mit Kohl. »Wenigstens müssen wir nicht hungern, und wir sind alle gesund. Was will man mehr?«

»Oh, da wüsste ich so einiges«, murmelte August Dorothea zu. »Kommst du nachher mit an Deck? Jim will uns ein neues Lied beibringen.«

Dorothea zögerte. Wie es seine Art war, hatte August schnell mit den übrigen Mitreisenden im Bug Freundschaft geschlossen.

Darunter waren allerdings auch einige Männer, die ihr nicht ganz geheuer waren. Sie hätte nicht zu sagen gewusst, was an ihnen sie irritierte. Waren es die Seitenblicke, die sie ihr zuwarfen, wenn August abgelenkt war? Die übertriebene Höflichkeit, die fast schon an Spott grenzte? Oder das unverständliche Kauderwelsch, in dem sie sich über sie zu unterhalten schienen? Es waren Waliser. Ehemalige Bergleute, hatte August ihr erzählt, die in der neu eröffneten Mine von Glen Osmond bei Adelaide arbeiten würden.

Auch Jim gehörte zu ihnen. Und bei den Liedern, die er August und den höchst interessierten Matrosen beizubringen pflegte, handelte es sich meistens um recht schlüpfrige Texte. Absolut unpassend für eine junge Dame. Ihre Mutter wäre entsetzt gewesen, wenn sie davon gewusst hätte. Aber genau das war es, was Dorothea so faszinierte. Eine neue Welt hatte sich ihr eröffnet. So ganz anders als alles, was sie gewohnt war. Sie konnte einfach nicht widerstehen, sie zu entdecken. Und an Augusts Seite konnte ihr ja nichts geschehen.

Außerdem hoffte sie immer noch, endlich mit dem Lockenkopf zusammenzutreffen. Jetzt waren sie eine Woche unterwegs, und sosehr sie auch nach ihm Ausschau gehalten hatte – er schien wie vom Schiffsrumpf verschluckt. Vielleicht hatte sie heute endlich Glück? Also stimmte sie zu.

Es war ein windiger Tag. Über ihnen knatterten die Segel so laut, als wollten sie gegen die steife Brise protestieren. Dorothea band ihre Haube fester und folgte August zu dem etwas windgeschützteren Winkel des Oberdecks, an dem sich die Passagiere zu treffen pflegten. Nicht nur Jim und seine Freunde drängten sich dort bereits zusammen, sondern auch einige der Frauenzimmer, die Mr. Gibbs mit einem kaum wahrnehmbaren Naserümpfen als »die Ladys für Tasmanien« bezeichnet hatte. Augusts Bekannte waren weniger zurückhaltend gewesen und hatten ihn davon in Kenntnis gesetzt, dass es sich bei den schrill gekleideten und ziemlich selbstbewusst auftretenden Frauen um »streetwhores« handelte, wie sie sie nannten. Die Straßenmädchen hatten sich bereit erklärt, ans andere Ende der Welt verschifft zu werden, um nicht in eines der gefürchteten Londoner Arbeitshäuser gesteckt zu werden. »Will meinte, wenn sie Glück hätten, würden sie dort sogar geheiratet«, hatte August nachdenklich gesagt. »Es scheint, als wäre dort alles ganz anders, viel freier.«

Dorothea wusste wenig über solche Dinge. Wenn es in Dresden Straßenmädchen gegeben hatte, waren sie zumindest nicht so in Erscheinung getreten, dass man sie hätte bemerken müssen. Es war einfach kein Thema gewesen. Jetzt machte sie sich erstmals Gedanken darüber, wie es sich wohl anfühlen mochte, wenn ein Mann »einem zu nahe trat«, wie es in den Romanen, die sie sich aus der privaten Leihbücherei hinter dem Marktplatz hier und da geholt hatte, geheimnisvoll umschrieben wurde. Meist in Zusammenhang mit einem schrecklichen Erlebnis der jeweiligen Heldin, die danach wochenlang mit einem Nervenfieber das Bett hüten musste.

Diese Frauen machten nicht im Geringsten den Eindruck, unter schrecklichen Erlebnissen zu leiden. Im Gegenteil: Selten hatte Dorothea dermaßen selbstbewusste Frauen erlebt. Kein grober Scherz, den sie nicht zurückgaben. Sie hätte sie zu gerne ausgefragt. Ob sie sie auslachen würden? Bisher hatte Dorothea noch nicht den Mut aufgebracht, eine von ihnen direkt anzusprechen.

Entsprechend scheu hielt sie jetzt auch gebührenden Abstand zu den drei Frauen mit dem schrecklich ordinär klingenden Englisch. Während August sich zu Jim durchdrängte, umklammerte sie die Reling und tat so, als ob der Anblick der unendlichen Wasserwüste sie brennend interessierte.

»Na komm, Schätzchen, du frierst dir da ja noch deinen hübschen, kleinen Hintern ab«, rief die Jüngste von den dreien ihr zu. Einladend hob sie ihr Schultertuch. »Wenn wir eng zusammenstehen, ist es wärmer.« Tatsächlich fröstelte Dorothea bereits. Der strahlende Sonnenschein täuschte darüber hinweg, dass der Nordwestwind, der die Segel blähte, nicht nur kräftig, sondern auch ausnehmend kalt war. Abgesehen von ihrer Profession schien sie eine nette Person zu sein, und so schob Dorothea alle Zweifel beiseite und schmiegte sich dankbar an ihre Seite. »Ist es so nicht besser?«, fragte die junge Frau und zwinkerte fröhlich, während sie den zigfach geflickten Wollschal enger um sie beide zog. »Einer von den Seeleuten hat gesagt, es würde jetzt jeden Tag wärmer«, fügte sie hinzu. »Je näher wir der Linie kommen.«

»Versprich der Kleinen nicht zu viel, Rosie«, mischte die zweite sich ein. »Danach wird es stetig wieder kälter. Ich habe gehört, kurz vor Australien soll es sogar Eisberge geben.«

»Ach, Nell, du alte Schwarzseherin! Bis dahin ist es noch lange hin«, gab Rosie gut gelaunt zurück. »Und vorher kommt die Neptuntaufe. Da freu ich mich jetzt schon drauf. Dabei soll es mächtig hoch hergehen.«

»Na, ob das der Käp'tn erlauben wird? Mit solch frommen Mitreisenden …« Nell und die dritte, die bisher zu allem geschwiegen hatte, warfen sich einen vielsagenden Blick zu.

»Wieso? Was hat es mit der Neptuntaufe für eine Bewandtnis?« Dorothea war nur zu klar, dass mit den frommen Mitreisenden ihre Familie gemeint war.

»Es ist eine Art Mummenschanz. Die Matrosen verkleiden sich als Meeresgeister und tauchen alle Passagiere in ein großes Wasserfass«, erklärte Rosie bereitwillig. »Danach gibt es Grog und Tanz und …«

»Belästigen die Weibsbilder Sie etwa, Miss Schumann?«, ertönte plötzlich ein harter Bariton dicht hinter ihnen. Dorothea fuhr herum und sah in das Gesicht des Schiffsarztes, Dr. Miller, der sich mit finsterer Miene vor ihnen aufgebaut hatte. »Du da, nimm deinen verlausten Umhang von den Schultern der jungen Lady und halte gefälligst Abstand. – Miss Schumann, erlauben Sie mir, Sie in Ihre Kabine zu begleiten.« Unmissverständlich hielt er Dorothea einen Arm hin. Dabei strahlte er eine solche Überheblichkeit aus, dass die ursprüngliche Höflichkeit der Geste zur Farce wurde. In Dorothea, die gespürt hatte, wie die junge Frau bei den barschen Worten zusammengezuckt war, stieg heißer Ärger auf. Der Doktor war ihr schon vorher unsympathisch gewesen. Er erinnerte sie an eine der Krähen an den Landungsstegen bei den Fischerbooten. Als Kind hatte sie schreckliche Angst vor den großen schwarzen Vögeln gehabt, die mit misstönendem Geschrei nach jedem hackten, von dem sie glaubten, dass er ihnen das Futter streitig machen könnte. Wenn er auf Deck spazierte, die Hände auf dem Rücken, fehlte nur noch der Schnabel. Mehr als einmal schon hatte Mr. Gibbs, der Quartiermeister, eingreifen müssen. Doktor Miller pflegte nämlich oft und gerne mit seinem dünnen Malakka-Spazierstock um sich zu schlagen. Das kam weder bei den Seeleuten noch bei anderen Passagieren, die das Pech hatten, ihm im Weg zu stehen, gut an. Wenn er als Schiffsarzt nicht gewisse Privilegien genossen hätte, hätte er wohl schon längst mit dem Kabelgatt, der behelfsmäßigen Arrestzelle auf einem Schiff, Bekanntschaft gemacht.

»Danke sehr«, sagte Dorothea mit kalter Stimme. »Ich fühle mich hier äußerst wohl und gedenke noch eine Weile zu bleiben.«

Dr. Miller zog übertrieben erstaunt die Augenbrauen hoch. »Tatsächlich? – Nun ja, da Sie sich schon bald unter Wilden aufhalten werden, ist es vielleicht ganz vorausschauend, die Nase abzuhärten. Aber sagen Sie nicht, ich hätte Sie nicht gewarnt, wenn die Läuse auf Ihnen tanzen.«

Rosie schnaufte empört auf. »Wir haben uns alle von Kopf bis Fuß gewaschen, bevor wir hier auf das Schiff sind!«, rief sie. »Wie können Sie da behaupten, dass wir stinken? – Und Läuse haben wir schon gar nicht. Das hat uns der Herr Amtsarzt sogar schriftlich gegeben. Hier, da können Sie es selber lesen.« Hastig förderte sie aus den Tiefen ihres Rocks ein zerknülltes Stück Papier hervor und machte Anstalten, es Dr. Miller vor die Nase zu halten.

»Halt, Weibsbild, bleib mir ja vom Leib!« Sein Malakka-Stock schnellte nach vorn und traf Rosie am rechten Arm. Mit einem schrillen Schmerzensschrei ließ diese das Zeugnis des Amtsarztes fallen. Augenblicklich wirbelte der Wind es um die Kajütecke, die Reling entlang. Ohne nachzudenken, stürzte Dorothea dem hellen Flecken nach. Versuchte, ihn keinen Moment aus den Augen zu verlieren, als könnte sie ihn dadurch davon abhalten, unwiederbringlich aufs Meer hinausgeweht zu werden. Der Wind trieb es von einer Seite des Decks zur anderen, hob es leicht an, ließ es dann wieder los, und es lag reglos, bis sie es fast greifen konnte. Fast hatten ihre Finger es berührt, da packte ein Wirbel es erneut und ließ es verspielt übers Deck tanzen.

Etwas sauste durch die Luft, bohrte sich mit einem dumpfen Aufprall durch das Papier hindurch in die Deckplanken und blieb zitternd stecken. Ein seltsam geformtes Messer hatte Rosies kostbare Bescheinigung nur eine Handbreit von einer der Lücken in der Reling entfernt festgenagelt.

»Danke.« Dorothea keuchte und versuchte, durch die losen Haarsträhnen, die ihre Sicht behinderten, zu erkennen, wer ihr da so buchstäblich in letzter Sekunde zu Hilfe gekommen war.

»Keine Ursache«, erwiderte ein junger Mann. Der unbekannte Helfer bückte sich, zog die Klinge aus dem Holz und reichte ihr mit einer höflichen Verbeugung das inzwischen ziemlich mitgenommene Blatt. Das war er! Um ein Haar hätte sie es sofort wieder fallen gelassen. Es war kein Zweifel möglich, vor ihr stand der dunkelhaarige Lockenkopf aus der Gruppe vom Pier.

»Hallo, ich bin Dorothy«, sagte sie schüchtern. »Und wie heißt du?«

»Ian.«

»Du bist sehr geschickt mit dem Messer.« Sie musterte neugierig die extrem dicke, kurze Klinge. »Das ist kein normales Messer, nicht wahr?«

»Nein.«

Besonders gesprächig war er nicht. Sie zermarterte sich den Kopf, was sie ihn noch fragen könnte, um ihn in ein Gespräch zu verwickeln.

»Ich habe dich noch nie hier auf Deck gesehen«, sagte sie schließlich. »Du warst doch nicht etwa im Kabelgatt eingeschlossen?« Angesichts seiner unheimlichen Gewandtheit mit dem seltsamen Wurfmesser schien ihr das eine mögliche Erklärung für seine Abwesenheit zu sein.

»Das war ich nicht!« Er errötete. Zuerst vermutete sie aus Ärger, aber es war wohl eher aus Verlegenheit, denn er fuhr fort: »Ich war krank. Ich habe den Seegang nicht vertragen.«

»Geht es dir jetzt wieder besser?« Dorothea bemühte sich, mitfühlend zu klingen. Sie selbst und ihre Familie hatten nicht darunter gelitten, aber Mr. Gibbs hatte ihnen erzählt, dass es Menschen gab, die selbst den leichtesten Wellengang nicht vertrugen. »Armselige Landratten«, hatte er sie genannt.

»Ja.« Er schien zu spüren, dass sie mehr erwartete, und so fügte er hinzu: »Ich helfe jetzt dem Zimmermann. Mr. Gibbs meinte, ich wäre an der frischen Luft am besten aufgehoben. Falls es wieder losgeht …«

»Thea, du kannst doch nicht einfach so davonrennen!« August und die anderen waren ihr gefolgt. Rosie stürzte mit einem Freudenschrei auf Dorothea zu. »Du hast es! Danke, vielen Dank«, stammelte sie, faltete den Bogen sorgfältig und schob ihn wieder in die Tasche.

»Ich hätte es nicht geschafft, wenn Ian es nicht aufgehalten hätte«, wehrte Dorothea Rosies Dankbarkeit ab und wies auf den Jungen, der, ohne die Zuschauer zu beachten, gelassen das Messer in seinem Stiefelschaft verstaute. »Er verdient deinen Dank viel mehr als ich.« Der Anblick des Messers hatte eine eigentümliche Wirkung auf die Umstehenden. Rosie wich ängstlich zurück, und einige der Männer warfen Ian fast feindselige Blicke zu.

Augusts Augen hingegen wurden groß wie Untertassen. »Du kannst Messer werfen?«, fragte er. Seine Stimme war voller Bewunderung. Dorothea erinnerte sich, dass er, nachdem eine Zigeunertruppe in Dresden ihre Kunststücke vorgeführt hatte, einige Wochen lang davon geträumt hatte, sich ihnen anzuschließen. Besonders der Messerwerfer und seine Künste hatten es ihm damals angetan. Deswegen war sie nicht überrascht, als ihr Bruder bat: »Würdest du es mir beibringen?«

Ian richtete sich auf und musterte ihn mit undurchdringlichem Ausdruck. Er war noch recht jung. Dorothea schätzte, dass er etwa ihr Alter haben dürfte. Aber in seinen Augen lag mehr Lebenserfahrung, als es den Jahren entsprochen hätte. »Was bietest du mir dafür?«, erwiderte er bedächtig.

»Wie bitte?« August zwinkerte verblüfft.

»Was würdest du mir dafür geben, wenn ich dir zeige, wie man mit einem Messer wirft?«

»Ähm …« Ihr Bruder warf ihr Hilfe suchend einen Blick zu. So viel Geschäftstüchtigkeit überforderte August, der es gewohnt war, alles mit einem Lächeln oder einem Scherz zu regeln. »Ich habe leider kein Geld.«

Ian machte eine wegwerfende Bewegung. »Ich will kein Geld.«

»Was denn dann?« Jetzt war August völlig verwirrt. »Ich habe nichts, das ich dir anbieten könnte.«

Über Ians Gesicht glitt ein trauriges Lächeln. Auf einmal wirkte er sehr jung und ein bisschen verloren. »O doch. Das hast du«, sagte er mit einer Entschiedenheit, die Dorothea aufhorchen ließ. »Du kannst lesen und schreiben, nicht wahr?«

»Natürlich.«

»So natürlich ist das nicht. – Ich möchte, dass du es mir beibringst.«

»Ist das dein Ernst?« August sah sich unsicher um. Die anderen Deckspaziergänger hatten sich bereits wieder in die windgeschützte Ecke zurückgezogen und warfen ihnen nur hier und da neugierige Blicke zu. Dr. Miller war verschwunden. Sehr zu Dorotheas Erleichterung, die hoffte, dass er das auch blieb. Nur zu gut konnte sie sich seine herablassende Miene und die ätzenden Bemerkungen vorstellen.

»Absolut.« Ian hob fragend die Brauen. »Der Handel gilt?« Er streckte August die Hand hin.

»Ich bin kein guter Lehrer, aber ich will mein Bestes tun.« August hob schon die Hand, um einzuschlagen, als ihm ein Gedanke durch den Kopf schoss. »Moment mal. Dass ich da nicht gleich drauf gekommen bin …« Er wies auf Dorothea. »Meine Schwester wäre viel besser dazu geeignet. Sie hat oft genug in der Sonntagsschule ausgeholfen. Was hältst du davon, Thea? Du hast dich doch die letzten Tage ständig über Langeweile beklagt. Wenn du Ian unterrichten würdest, hättest du eine vernünftige Beschäftigung.«

Dorothea überlegte keine Sekunde. »Wenn Ian einverstanden ist, mache ich es gerne«, sagte sie und wäre ihrem Bruder am liebsten um den Hals gefallen. »Bist du einverstanden, Ian?«

Ian runzelte die Stirn. »Ich denke schon«, erwiderte er in seinem gedehnten Tonfall. »Morgen um die gleiche Zeit hier?«

Am nächsten Tag konnte Dorothea es kaum abwarten, dass die Schiffsglocke endlich die tägliche Deckstunde für die Passagiere ankündigte. Alles lag für die erste Unterrichtsstunde bereit: ein Blatt Papier, auf dem sie in ausgesucht schöner Schrift das Alphabet in Groß- und Kleinbuchstaben aufgemalt hatte, und eine Schiefertafel mit Lappen und Kreidestift aus der für die Missionsschule bestimmten Kiste im Frachtraum. Es hatte sie einige Überredung gekostet, bis Mr. Gibbs ihr die Holzkiste geöffnet und wieder vernagelt hatte. So konnte Ian ausgiebig üben, ohne kostbares Papier zu verschwenden.

Ihre Mutter war nicht allzu begeistert gewesen, als sie ihr von dem Handel erzählt hatten. »Ich weiß nicht so recht, ob es wirklich eine gute Idee ist, Messerwerfen zu lernen«, hatte sie missbilligend bemerkt. »Eine solche Kunst ist nutzlos, wenn man nicht im Zirkus auftreten will. Du solltest lieber deine Studien wieder aufnehmen, August, anstatt deine Schwester in solche dubiosen Unternehmen zu verwickeln.«

»Ach, Mutter, sei nicht so schrecklich streng mit uns«, hatte ihr Bruder erwidert. »Gönn uns doch ein wenig Zerstreuung. Das Schiffsleben ist eintönig genug, da ist man für jede Ablenkung dankbar.«

»Ian ist wirklich ein sehr netter Junge«, hatte Dorothea ihrer Mutter eiligst versichert. »Sehr wissbegierig und fleißig. Vater würde sicher wollen, dass wir ihm helfen. Er würde sagen, es sei unsere Christenpflicht. Ob wir jetzt den Heidenkindern etwas beibringen oder einem Engländer, ist doch fast dasselbe.«

Das gab den Ausschlag. »Also gut. In Gottes Namen«, entschied Mutter Schumann. »Aber seid vorsichtig. Nicht, dass wir Dr. Miller rufen müssen! Das wäre mir sehr unangenehm.«

Spontan schloss Dorothea ihre Mutter in die Arme: »Keine Sorge, Mama. Ian hat mit dem Zimmermann gesprochen. Wir dürfen auf dem Vorderdeck üben. Da kommt niemand zu Schaden.«

Ian erwartete sie, lässig an den Fockmast gelehnt. »Bereit?«, fragte er mit breitem Grinsen, bevor er sich umdrehte und ihnen mit einer tiefen Verbeugung das Gatter aufhielt, das diesen Bereich des Oberdecks vom Hauptdeck trennte. Dorothea sah sich neugierig um. Hinter der Back, wie die Hütte genannt wurde, in der die Seeleute ihre freie Zeit verbrachten und ihre Mahlzeiten einnahmen, lagen Taurollen, Stapel von Ersatz-Segeltuch und ein jetzt zu Beginn der Reise noch recht eindrucksvoller Brennholzvorrat für die Kombüse. Ian wies auf die hintere Wand der Back. Auf dem von der Sonne fast hellgrau gebleichten Holz hatte er mit Teer eine Art Zielscheibe gemalt. Mit einer blitzschnellen Bewegung zog er das Messer aus dem Stiefelschaft und schleuderte es durch die Luft. Die ganze Aktion lief so rasant ab, dass Dorotheas Augen die Flugbahn nicht verfolgen konnten. Ein kaum wahrnehmbares Pfeifen, fast zeitgleich ein leiser, dumpfer Aufprall – und da steckte die Klinge schon zitternd mitten im innersten Kreis.

»Sapperlott!« Mehr brachte August nicht heraus. Er starrte auf das Messer, dann wanderte sein Blick zu Ian. »Wo hast du so werfen gelernt?«

»Von einem Freund«, antwortete Ian ausweichend, schlenderte zur Zielscheibe, zog sein Messer heraus und hielt es August hin. »Du hältst es an der Spitze – nicht am Heft.« Er demonstrierte es. »Und dann wirfst du aus dem Handgelenk, nicht mit dem ganzen Arm. Pass auf, ich mach es langsam vor.« Auch diesmal traf er mitten ins Ziel.

August hatte weniger Erfolg. Beim ersten Versuch prallte das Messer von dem Holz ab, beim zweiten warf er es fast an der Back vorbei. Auch der dritte und vierte waren nicht wesentlich näher am Ziel. »Es hat keinen Zweck. Das lerne ich nie!«, seufzte er.

Ian verzog spöttisch das Gesicht, sagte aber nur: »Es ist nicht so einfach, wie es aussieht. Deine Haltung ist gut so. Übe weiter.«

»Meinst du, ich werde es jemals schaffen, so gut wie du zu sein?«

Ian zuckte mit den Achseln. »Das kann man nicht im Voraus sagen.« Er überließ August seinen Übungen und wandte sich Dorothea zu, die auf einer der Taurollen Platz genommen hatte. »Du willst mich doch nicht auf dieser Kindertafel schreiben lassen?«, fragte er und runzelte unwillig die Stirn, sobald er ihre Ausrüstung in Augenschein genommen hatte.

»Warum nicht? Ich habe nicht genug Papier. Es ist doch nur

zum Üben. Und dafür ist es sehr praktisch, weil man einfach alles wieder abwischen kann, was man schon geschrieben hat«, versuchte Dorothea ihm das unliebsame Gerät schmackhaft zu machen.

Ganz überzeugt war er nicht, aber er nickte und sagte: »Na gut, dann muss es wohl so sein. Und was ist das da?« Er zeigte auf das Blatt mit dem Alphabet.

»Das ist das Alphabet. Die Buchstaben. Man lernt sie zuerst einzeln, und dann setzt man sie zu Wörtern zusammen«, erläuterte Dorothea. Fasziniert beobachtete sie, wie er die Zeichen mit den Augen aufzusaugen schien. »Lies sie mir vor«, verlangte er und deutete auf das große A. »Eines nach dem anderen.«

Dorothea tat wie geheißen und bemühte sich in Erinnerung an ihre eigene Schulzimmerzeit, jeweils passende Worte dazu zu finden. A wie apple, B wie bee, C wie cat, D wie dog, E wie egg. Ian lauschte aufmerksam und wiederholte alles mehrfach, um es sich einzuprägen. Dorothea hatte den Eindruck, dass er alles mit einer fast schon unheimlichen Konzentration in sich aufnahm. »F wie family. Hast du eine Familie, Ian?« Dorothea musste es einfach fragen.

Ian antwortete nicht, starrte nur auf das Blatt.

»Eltern, Geschwister …« Ian schüttelte langsam und stumm den Kopf. Dorothea schluckte. Bei der Vorstellung, dass er tatsächlich mutterseelenallein in der Welt zurechtkommen musste, wurde ihre Kehle eng. »Wenigstens einen Onkel oder eine Tante irgendwo?«

»Nicht dass ich wüsste.« Das klang hart, abschließend. Offensichtlich wollte er nicht ausgefragt werden. Mühsam unterdrückte Dorothea ihre Neugier. Zu gern hätte sie gewusst, wie er aufgewachsen war. Dieser seltsame Handel: Lesen und Schreiben gegen Messerwerfen! Wo hatte Ian diese Kunstfertigkeit gelernt, die im Allgemeinen bloß unter Zigeunern verbreitet war? Seine schwarzen Locken, die gebräunte Haut hätten durchaus zu einem von ihnen gepasst. Seine kornblumenblauen Augen sprachen allerdings dagegen. Konnte es sein, dass er ein von Zigeunern entführtes Kind war? Unter ihnen aufgewachsen und dann von den britischen Behörden befreit? Die Witwe Klingefeld hatte einmal so eine ähnliche Geschichte erzählt. Dorothea konnte sich nicht mehr genau erinnern, aber es war auch um ein entführtes Grafenkind gegangen, das erst Jahre später wiedergefunden worden war.

»G wie glass«, sagte sie hastig. Auf keinen Fall wollte sie, dass Ian sie für aufdringlich hielt. »H wie house.« Oder home. At home. Zu Hause. Würde Ian in Australien ein Zuhause haben? Vermutlich nicht. Sie hatte Mr. Gibbs ein wenig ausgefragt. Als Hilfskraft auf einer Farm warteten vor allem harte Arbeit und ein entbehrungsreicher Alltag auf ihn.

»Ich denke, das reicht jetzt für die erste Stunde«, sagte sie schließlich, als sie bei Z wie zero angelangt waren. »Morgen fangen wir dann mit ersten Schreibübungen an.«

»Warum bist du eigentlich so scharf drauf?«, fragte August in seiner unbedarften Art. »Ich meine, du bist bis jetzt doch gut zurechtgekommen. Oder?«

»Ich will nicht mein ganzes Leben lang ein Bediensteter sein«, sagte Ian ein wenig herablassend. »Man sollte immer auf alles gefasst sein. Deswegen werde ich auch Dorothy zeigen, wie man wirft.« Er stand auf, streckte seine vom Sitzen steifen Glieder und wandte sich dann zu Dorothea um. »Probier es.« Er hielt ihr das Messer hin.

»Aber das ist doch nichts für Mädchen«, protestierte August. »Thea, untersteh dich!«

»Warum eigentlich nicht?« Halb aus Übermut, halb aus dem Gefühl heraus, Ians Angebot nicht zurückweisen zu dürfen, griff Dorothea nach dem Messer. Es wog mehr, als sie erwartet hatte. Vergleichbar dem schweren Hackmesser, mit dem ihre Mutter das Geflügel zerteilte. »Geh beiseite, August!«

Sie fasste es genauso, wie Ian es vorgemacht hatte, versuchte es auszubalancieren und warf. Nicht nur zu ihrer eigenen Überraschung landete es im äußeren Ring der Zielscheibe. Das hatte August erst am Ende der Übungsstunde fertiggebracht.

»Ein Zufall. Das muss Anfängerglück gewesen sein.« Der Stolz ihres Bruders war empfindlich getroffen.

»Noch einmal.« Ian schlenderte zur Wand, zog das Messer aus dem Holz und drückte es Dorothea erneut in die Hand. Diesmal traf es sogar noch zwei Fingerbreit näher am Zentrum auf. »Du hast die richtige Hand dafür.« Ians nüchterne Feststellung kam einem Lob so nahe, dass sie vor Freude errötete.

»Das gibt es doch nicht!« August starrte fassungslos auf die Bretterwand. »Bitte seid so freundlich, das für euch zu behalten, ja?«

Ihr Bruder war zu gutmütig, um lange zu grollen. Sein Eifer, die Kunst des Messerwerfens zu erlernen, hatte jedoch deutlich nachgelassen. Anfangs absolvierte er noch seine Übungsstunden, während Ian unter Dorotheas Anleitung verbissen auf der Schiefertafel kritzelte. Nach und nach jedoch entschuldigte er sich immer häufiger mit anderen Verabredungen. Niemandem von ihnen kam es in den Sinn, dass die Unterrichtsstunden ohne seine Anwesenheit vielleicht als unschicklich empfunden werden könnten. Die zwischen Ian und Dorothea gewachsene Vertrautheit ließ sie gar nicht darüber nachdenken, zumal Ian nie auch nur im Ansatz hätte durchblicken lassen, an Dorothea als weiblichem Wesen interessiert zu sein.

Überhaupt war er nicht sehr mitteilsam. Seine Herkunft und Vergangenheit blieben für sie ein unzugänglicher Bereich, nur selten blitzte hier und da doch etwas hervor. Wie die beiläufige Erwähnung, dass er gelernt hatte, Hasen und Rehe in Fallen zu fangen und auszuweiden. Oder dass er sich mit Pferden gut auskannte. Spuren zu lesen wusste und über erstaunliche Kenntnisse im Freihandel verfügte.

Sie hatte sich angewöhnt, diese Bemerkungen in ihrem Notizbuch aufzuschreiben, um sie nicht zu vergessen. Neben: »7. Juli: Steife Brise, viele fliegende Fische gesehen«, stand dann: »Hat von einem kleinen Hund gesprochen, der ihm einmal gehört hat. Bagster o. Ä.«

Oder: »11. August: mittags schon wieder Fischsuppe. I. nach englischen Kinderreimen gefragt. Sagte, er kenne keine.«

Inzwischen war es tatsächlich heiß und wieder kalt geworden, wie Rosie und Nell es vorausgesagt hatten. Seit gut zwei Monaten waren sie jetzt unterwegs, und Dorothea begann, das Meer zu verabscheuen. Es sah nur unendlich aus, in Wahrheit hielt es sie alle auf engstem Raum gefangen. »Ich wünschte, wir wären endlich da!«, sagte sie und seufzte. Dann zog sie das Messer nach ihrem letzten Wurf aus dem Holz und schlang fröstelnd ihr Tuch enger um die Schultern. »Wünschst du dir das auch, Ian, oder würdest du lieber auf dem Schiff bleiben?«

»Es ist unerheblich, was ich möchte«, gab er zurück, zog sie dicht neben sich und legte ihr einen Arm um die Schultern, um sie zu wärmen. »Die nächsten Jahre werde ich damit beschäftigt sein, meine Überfahrt abzuarbeiten.«

»Vielleicht können wir uns ja in Adelaide weiter sehen«, sagte Dorothea hoffnungsvoll. »Du könntest deinem Patron doch sagen, dass du bei mir Unterricht nimmst.«

Ian machte sich nicht die Mühe zu antworten, schüttelte nur leicht den Kopf. Stumm saßen sie eine Weile auf der Taurolle und verfolgten die halsbrecherischen Flugmanöver der Seevögel, die hier in der Nähe des Kaps der Guten Hoffnung in Scharen unterwegs waren, um unvorsichtige Fische zu erbeuten.

Beide hatten in den vergangenen Wochen gute Fortschritte gemacht. Ian konnte inzwischen leicht stockend, aber problemlos lesen und einigermaßen leserlich schreiben, was Dorothea ihm diktierte. Ihre Fertigkeiten im Messerwerfen konnten sich ebenfalls sehen lassen. Nahezu jeder Wurf traf in den innersten Ring. Ian hatte sie so lange üben lassen, bis sie auch aus größerer Entfernung absolut treffsicher geworden war. Seine Beharrlichkeit als Lehrer war ihr nicht ganz verständlich. Vermutlich war es eine Art Stolz, die es ihm verbot, etwas ohne Gegenleistung anzunehmen. Deshalb hatte sie auch dann noch weitergemacht, als der Reiz der ungewöhnlichen Übung schon längst verflogen war.

Eine lautstarke Auseinandersetzung auf dem Oberdeck ließ sie beide aufhorchen. Nicht nur Dorothea machte die Enge zu schaffen, auch die meisten anderen Passagiere reagierten zunehmend gereizt auf den kleinsten Anlass.

Streitereien um den besten Platz zum Wäschelüften, die größere Essensportion, vermeintliche Kränkungen – nichts war zu unwichtig, um sich nicht darüber in die Haare zu geraten. Auch jetzt vermengten sich Männer- und Frauenstimmen zu einem Chor der Disharmonie.

»Damn you, bloody bigot!«, kreischte ein schriller Sopran. »Show 'em what a good englishman can!«, schrie eine andere.

»Langsam, Leute, nicht so schnell. Was ist denn überhaupt los?« Das war Augusts Stimme, aus der nichts als Unverständnis sprach. »Bleib hier«, befahl Ian schroff und schlich an die Ecke der Back, von der aus man einen ganz guten Überblick auf das Oberdeck hatte. Natürlich folgte Dorothea ihm. Ihr Bruder stand umringt von finster blickenden Seeleuten vor dem Hauptmast und sah zunehmend besorgt in die Runde. Neben ihm stand die Kleine aus Ians Gruppe, vor deren Berührung Theas Bruder am ersten Abend noch zurückgezuckt war.

Spätestens seit der Neptuntaufe hatte er jedoch an ihrer Gegenwart nichts mehr auszusetzen gehabt, erinnerte Dorothea sich. Sie selbst hatte das Spektakel mit ihrer Mutter, den jüngeren Geschwistern, dem Kapitän und Dr. Miller vom Achterdeck aus verfolgen müssen. Obwohl August und sie die Mutter tagelang bestürmt hatten, war sie in diesem Punkt hart geblieben. »Ein junges Mädchen aus gutem Haus hat bei so etwas nichts verloren!«

Voller Neid hatte sie zugesehen, wie alle anderen von den in aberwitzigen Kostümen steckenden Seeleuten in einen großen Bottich mit Seewasser getaucht wurden, während ihr der Schweiß in Strömen den Rücken herunterlief. Die triefend nassen Täuflinge hatten sich danach nicht sofort umgezogen. In der durch die Extraportion Rum angefeuerten Stimmung hatte sich dort unten im Nu ein ausgelassenes Tanzvergnügen entwickelt. Alles wirbelte wild durcheinander, und August als einer der wenigen gut aussehenden, jüngeren Männer war überaus begehrt als Partner gewesen. Sie hätte nicht zu sagen gewusst, worum sie ihn mehr beneidet hatte: um das kühle Bad in der schwülen Mittagshitze oder um den Spaß, den er hatte, während sie höfliche Konversation mit dem grässlichen Dr. Miller und dem Kapitän machen musste. Wenn sie wenigstens wie Karl die Möglichkeit gehabt hätte, sich hinter einem Zeichenblock zu verstecken!

Sie hatte nach Ian Ausschau gehalten, ihn aber unter den Tänzern nicht entdecken können. Dafür war ihr aufgefallen, dass August und das Mädchen sich plötzlich ausnehmend gut zu verstehen schienen.

Jetzt umklammerte das Mädchen mit der schief sitzenden Haube trotzig Augusts Arm und beschimpfte ebenso lautstark wie unverständlich einen der Männer. Es war ein bärenstarker Kerl mit fettigen Haaren, verfilztem Bart und braunen Lippen, die davon rührten, dass er ständig Priem kaute. Er sah ziemlich gefährlich aus, wie er breitbeinig dastand, die bloßen Füße fest auf den Planken, die muskulösen Arme über der Brust verschränkt.

Dorothea wollte an Ian vorbeischlüpfen, um ihrem Bruder beizustehen, aber Ian streckte einen Arm aus und hielt sie zurück.

»Bleib hier, hab ich gesagt«, zischte er. »Vielleicht kriegt Millie das hin. Sie ist nicht auf den Mund gefallen.«

Um sich aus seinem überraschend festen Griff zu lösen, hätte sie mehr Kraft aufwenden müssen, als sie hatte. Also blieb sie stehen und beobachtete ängstlich, wie der Kreis sich um August schloss. Etwas braute sich dort zusammen, das sie nicht verstand. Was hatte ihr Bruder getan, um die Männer dermaßen gegen sich aufzubringen?

Ohne Vorwarnung legte der Mann mit dem Priem den Kopf in den Nacken und spuckte August zielsicher mitten ins Gesicht. Dorothea riss die Augen auf. Auch ihr Bruder schien von der Attacke völlig überrascht. Wie versteinert stand er da, während der braune Speichel über seine Wange rann, auf seine weiße Hemdbrust tropfte und dort hässliche Flecken hinterließ. Erst das verächtliche Grinsen und eine höhnische Bemerkung des Herausforderers brachen die Erstarrung. Neben sich hörte Dorothea Ian leise zischend einatmen, als ihr Bruder bis zu den Haarwurzeln errötete, das Mädchen zur Seite stieß und mit geballten Fäusten vorwärts stürmte.

Begeisterte Ausrufe zeigten, dass dies genau das Ergebnis war, auf das man gehofft hatte. Angefeuert von seinen Kumpanen konnte der bärtige Riese zwei oder drei Treffer landen, ehe August sich auf seine Boxstunden besann. Plötzlich wendete sich das Blatt. Nun war er es, der seinen Kontrahenten über die Deckplanken taumeln ließ. Der Seemann war zwar kräftiger und größer, August jedoch war deutlich wendiger und der bloßen Kraft technisch überlegen. Er wusste genau, wohin er schlagen musste.

Millie kreischte vor Entzücken. Wenn Dorothea sie richtig verstand, dann forderte sie August auf, »das Schwein zu Brei zu schlagen«. Die übrigen Zuschauer waren weniger angetan von der Entwicklung des Zweikampfs. Speziell einer von ihnen, der zuvor besonders laut geschrien hatte, verschwand unauffällig. Zuerst dachte Dorothea, er wolle nur Augusts Sieg nicht mit ansehen müssen. Dann aber sah sie ihn wieder auftauchen, wobei er ein längliches Holzstück notdürftig hinter seinem Rücken verbarg.

Mit verschlagenem Grinsen schlich er um die beiden Kämpfer herum, immer auf der Suche nach einer günstigen Gelegenheit, seine provisorische Waffe einsetzen zu können.

Auf einmal ging alles so schnell, dass in Dorotheas Erinnerung nachher alles miteinander verwoben war: Der Mann hob das Scheit, als August in seine Reichweite kam, holte aus – und im selben Moment sah sie aus den Augenwinkeln einen Blitz durch die Luft fahren. Der hinterhältige Kerl stieß einen Schrei aus und hielt sich mit schmerzverzerrtem Gesicht die Hand, die eben noch das Holzstück geschwungen hatte.

»Darf ich fragen, was hier los ist?« Der Kapitän klang ausgesprochen verärgert. Der nachlässig zugeknöpfte Rock und der fehlende Hut wiesen darauf hin, dass er in aller Hast seine Kajüte verlassen hatte. Offensichtlich von Mr. Gibbs alarmiert, der sich dicht hinter ihm hielt und die Szene zu überblicken versuchte. Ehe irgendjemand seine Frage beantworten konnte, drängte Millie sich zu ihm durch, stemmte die Arme in die Seiten und legte los: »Der Mistkerl da hat mich belästigt, wie ich gerade ganz harmlos mit dem Herrn dort an Deck spazierte«, zeterte sie. »Hat behauptet, ich wäre ihm noch einen Tanz schuldig, und den Herrn angespuckt. Da hat der es ihm aber gezeigt.« Sie lächelte selig bei der Erinnerung an die Schlägerei. »Und dann, grad, wie Sie gekommen sind, hat der da«, sie wies auf den Mann, der immer noch sein Handgelenk umklammerte, »der da hat ihm eins mit dem Prügel da überziehen wollen. Aber irgendwas hat's ihm aus der Hand geschlagen.«

Wie im Theater wanderten die Blicke aller Anwesenden zu dem Holzstück, das gut sichtbar vor dem Niedergang zum Achterdeck lag. Niemandem entging das Wurfmesser, das immer noch darin feststeckte.

»Ich dulde keine Messerstechereien auf meinem Schiff.« So kalt hatte die Stimme des Kapitäns noch nie geklungen. »Wem gehört es?«

»Mir.« Ian schob Dorothea sanft zur Seite und trat aus ihrem Versteck.

»Wer zum Teufel bist du denn, Bursche?« Ungehalten musterte der Kapitän ihn von Kopf bis Fuß. Offensichtlich wusste er nicht so recht, was er von dieser Entwicklung halten sollte. »Und was hast du mit dieser Sache zu schaffen?«

»Nichts. Jedenfalls nicht direkt.« Ian machte Anstalten, sein Messer zurückzuholen.

»Halt!« Der barsche Befehl ließ ihn innehalten. »Mr. Gibbs«, wandte der Kapitän sich an den Quartiermeister. »Seien Sie so gut und nehmen Sie sowohl den Holzprügel als auch das Messer in Verwahrung, bis diese Angelegenheit geklärt ist. Mr. Schumann – ich erwarte Sie in meiner Kajüte, sobald Sie Ihr Äußeres wieder in einen präsentablen Zustand gebracht haben.«

Kleinlaut wie ein gescholtener Schuljunge nickte August und verschwand.

»Und jetzt zu Ihnen!« Der Blick des Kapitäns verfinsterte sich bedrohlich, als er sich dem Bärtigen und dessen Komplizen zuwandte. »Es ist absolut unakzeptabel, dass Mitglieder der Crew Passagiere attackieren. Ab sofort werden Sie nur noch unter Deck Dienst tun, und sollten mir irgendwelche Klagen, egal worüber, zu Ohren kommen, lasse ich Sie beide für den Rest der Reise in Eisen legen. Ist das klar?«

Beide nickten und schlurften davon. Auch der Rest der Zuschauer versuchte, sich so unauffällig wie möglich zu verdrücken.

»Sie, Miss, werden sich in Zukunft ebenfalls allergrößter Zurückhaltung befleißigen«, wurde Millie in etwas milderem Ton abgekanzelt. »Wenn meine Männer sich Ihretwegen noch einmal in die Haare geraten, werde ich die Deckstunden streichen.«

Nun doch leicht eingeschüchtert knickste Millie und beeilte sich, den Niedergang ins Zwischendeck hinunterzuklettern.

»Damit wären wir bei Ihnen, junger Mann!« Der Kapitän musterte Ian ernst, doch nicht unfreundlich. »Sie haben großes Glück, dass niemand verletzt wurde. Wussten Sie, dass man vor gar nicht langer Zeit Leute, die auf See ein Messer einsetzten, mit der Hand an den Mast genagelt hat?«

Dorothea hielt es nicht mehr in ihrem Versteck. »Ian hat verhindert, dass der Mann meinen Bruder mit dem Prügel niederschlug«, sagte sie hastig. »Bitte, Herr Kapitän, er wollte doch nur helfen.«

»Wo kommen Sie denn jetzt her? Haben Sie etwa alles mit angesehen?« Sowohl den Kapitän als auch Mr. Gibbs schien diese Möglichkeit ziemlich zu schockieren.

»Na ja, sozusagen. Ian und ich haben hinter der Back gerade Messerwerfen geübt«, gab Dorothea zu und sah flehentlich zum Kapitän auf. »Ian hat dann den Mann entwaffnet. Er wollte ihn nicht verletzen.«

»Wenn ich ihn hätte treffen wollen, hätte ich ihn getroffen«, bekräftigte Ian ruhig.

Die beiden Männer wechselten einen langen Blick, den Dorothea nicht deuten konnte. Dann schüttelte der Kapitän leicht den Kopf und sagte: »Ich werde von einer Sanktion bezüglich des Messerangriffs absehen. Es scheint sich ja tatsächlich eher um eine Notlage gehandelt zu haben. Mr. Gibbs, Sie können ihm die Waffe wieder aushändigen.« Er nickte ihnen abschließend zu, und Dorothea konnte hören, was er im Weggehen vor sich hinmurmelte: »Messerwerfen! Beim Jupiter, Missionarstöchter sind auch nicht mehr, was sie mal waren!«

Südaustralien, Oktober 1840

3

Der erste Anblick von Adelaide enttäuschte Dorothea zutiefst. Sie hatte zumindest eine Stadt wie Dresden erwartet, nicht aber diese jämmerliche Ansammlung halb verfallener Häuser. Die Straßen waren ja noch nicht einmal gepflastert! Das Ochsengespann, mit dem ihr Vater sie abgeholt hatte, versank immer wieder bis zu den Radnaben im gelblichen Schlamm des Weges. Dann mussten sie alle absteigen und so lange zu Fuß gehen, bis die Räder wieder festeren Untergrund hatten. Ihre Schuhe waren inzwischen total durchweicht, die nassen Rocksäume schlugen bei jedem Schritt schwer und kalt gegen ihre Waden.

Missmutig glitt ihr Blick über die regennassen Büsche am Wegrand. Da waren sie endlich auf dem »trockenen Land« und dann das!

Die letzten Wochen auf dem Schiff hatte sie fast unerträglich gefunden. Nach dem sogenannten »Zwischenfall« hatte ihre Mutter darauf bestanden, dass sie und August während der Deckstunden bei der übrigen Familie auf dem abgeschiedenen Kajütdeck blieben. Dorthin hatten die anderen Passagiere keinen Zutritt. Während ihr Bruder nicht unzufrieden mit diesem Arrangement schien, hatte sie die Stunden mit Ian schmerzlich vermisst. Statt mit ihm auf dem Achterdeck so etwas wie Freiheit zu genießen, musste sie nun mit Lischen und ihrer Mutter »Schwarzer Peter« oder andere alberne Kindereien spielen. Nur äußerst selten war es ihr gelungen, sich davonzuschleichen. Und meist war dann Ian gerade nicht zu sehen.

In Port Adelaide hatten sie kaum ein paar Minuten gehabt, um sich zu verabschieden. Im allgemeinen Aufruhr hatte er sie hinter den Aufbau der Back gezogen, ihr sein kostbares Messer in die Hand gedrückt und gesagt: »Hier, nimm es. Ich habe sonst nichts, was ich dir als Andenken schenken könnte.«

»Das kann ich nicht annehmen«, hatte sie geflüstert, weil sie ihrer Stimme nicht so recht traute. »Ich weiß doch, wie wichtig es dir ist.«

»Ich möchte aber, dass du es hast. Ich kann mir ein neues besorgen. Vielleicht ist es dir eines Tages noch nützlich. Es ist immer gut, sich verteidigen zu können.«

Das war typisch Ian! Unter seiner abweisenden Schale verbarg er recht gut eine überraschend fürsorgliche Natur.

»Danke, ich werde gut darauf aufpassen«, hatte Dorothea gestammelt und ihm vom Abschiedsschmerz überwältigt die Arme um den Hals geworfen. Als sie ihn auf die raue Wange geküsst hatte, war er seltsam erstarrt, ehe er sich hastig losgerissen hatte. »Vergiss nicht zu üben, um dein Handgelenk geschmeidig zu halten«, hatte er ihr noch zugerufen, dann sein Bündel gepackt und war ohne einen Blick zurück auf den vierschrötigen Viehzüchter aus Neu-Südwales zugegangen, bei dem er seine Überfahrt abarbeiten sollte.

So viel zu ihrem schönen Plan, die Unterrichtsstunden fortzusetzen! Der Viehzüchter hatte seine Ländereien am Oberlauf des Murray River. Gewissermaßen am Ende der Welt, wie August ihr mithilfe einer von ihm grob skizzierten Karte Südaustraliens verdeutlicht hatte. Oder »hinter den sieben Bergen, bei den sieben Zwergen«, wie Lischen es unerwartet poetisch in den Worten ihres Lieblingsmärchens ausdrückte.

»Da vorn ist es!« Die Stimme ihres Vaters riss sie aus ihren trübsinnigen Betrachtungen. Die Mission samt dem Haus, in dem sie von nun an alle wohnen würden, lag außerhalb von Adelaide. Obwohl das Wetter alles in einen feuchten Nebelschleier hüllte, war doch zu erkennen, dass die »Native Location«, wie sie genannt wurde, ausgesprochen idyllisch am Nordufer des Torrens River gelegen war. Neben einigen flachen Bauten aus Lehm und mit Schilf gedeckten Dächern stand ein solide gemauertes, zweistöckiges Steinhaus mit umlaufender Terrasse und rotem Ziegeldach.

»Willkommen zu Hause, meine Lieben«, rief ihr Vater, sobald der Wagen direkt vor der großen Vordertreppe zum Stillstand gekommen war. »Ach, was habe ich meine Familie vermisst!« Mit glücklich strahlendem Gesicht bot er seiner Frau den Arm. »Darf ich bitten, gnädige Frau?«

So feierlich, als geleite er sie in eine fürstliche Residenz, führte er sie die Treppe hinauf und öffnete ihr die Vordertür. »Nun, was sagt ihr dazu? Ist das nicht ein großartiges Haus?«

Großartig war vielleicht übertrieben, aber verglichen mit der Kajüte, die monatelang ihre beengte Unterkunft gewesen war, erschien es ihnen allen geräumig, hell und luftig. Im Untergeschoss trat man rechts von der Eingangstür in den zukünftigen Salon. »Ich dachte mir, dass du ihn sicher lieber selber einrichten möchtest, Liebste«, erklärte der Vater die gähnende Leere. Linker Hand, im Esszimmer, zeigte er stolz auf eine Einrichtung aus englischer Eiche. »Das alles – Tisch, Stühle, Vertiko und Anrichte – habe ich äußerst günstig erstanden. Der arme Mann hatte sein ganzes Geld verspekuliert und musste seine Möbel verkaufen, um die Passage zurück nach London zahlen zu können.«

Im hinteren Teil lagen das Arbeitszimmer mit all seinen geliebten Büchern und einem bequemen Ohrensessel, Küche und Speisekammer.

Im Obergeschoss gab es neben dem Elternschlafzimmer mit separatem Ankleidezimmer drei weitere Räume und eine Wäschekammer.

Dorothea wählte das Zimmer über der Küche, weil es den besten Ausblick auf den Torrens River bot, August dasjenige unmittelbar neben der Treppe, um niemanden unnötig zu stören, wenn er abends noch ausginge. Lischen wurde im sogenannten Ankleidezimmer mit der Verbindungstür zum Elternschlafzimmer untergebracht, und Karl bezog, wie immer still und ohne Murren, das letzte freie zwischen der Wäschekammer und Dorotheas Raum.

Wie im Untergeschoss war auch hier die Möblierung noch ziemlich spartanisch. Nach der monatelangen Beengtheit der Kajüte störte sich allerdings niemand von ihnen daran. »Es ist direkt ungewohnt, nirgends anzustoßen«, stellte August fest, als er zusammen mit dem Ochsenknecht alle Reisekisten ablud und auf die Zimmer verteilte. »Und irgendwie kommt es mir seltsam vor, dass der Boden unter meinen Füßen nicht mehr ständig schaukelt.«

Daran musste Dorothea denken, als sie am nächsten Morgen erwachte und für einige Augenblicke orientierungslos war. Auch sie hatte sich so an den beständigen Seegang gewöhnt gehabt, dass der feste Untergrund sie irritierte. Mit dem leicht schwankenden Gang, den sie sich alle angewöhnt hatten, ging sie zum Fenster. Die Wolken hatten sich verzogen. Nur noch ein leichter Dunstschleier hing über dem Wasser des Torrens River, auf dem die Morgensonne glitzerte wie Blattgold. In den Bäumen lärmten Vögel, die ganz anders klangen als die heimischen Finken und Meisen. Sie kniff die Augen gegen das blendende Licht zusammen und versuchte, sie genauer zu betrachten. Bunt schienen sie zu sein. Ausgesprochen bunt. Die Äste waren übersät mit Unmengen kanariengelber und himmelblauer Farbtupfer. Es sah aus wie ein Blütenmeer. Bis auf ein unmerkliches Signal hin der ganze Schwarm aufflog und zwischen den Baumwipfeln verschwand.

Eigentlich hatte sie vorgehabt, Adelaide und die Umgebung näher zu erkunden, aber kaum hatte die Familie sich zum ersten gemeinsamen Frühstück, das zur allgemeinen Erleichterung nicht mehr aus dem gewohnten Porridge, sondern aus frisch gebackenem Brot, Butter und Honig bestand, versammelt, da erschienen bereits die ersten Besucher.

»Oh, das wird der gute Teichelmann sein«, sagte ihr Vater, als von draußen Stimmengewirr zu hören war, und stellte behutsam die Tasse Tee ab, die seine Frau ihm soeben eingeschenkt hatte. »Er will euch wohl seine Aufwartung machen.«

»So früh am Tag?« Ihre Mutter runzelte ungehalten die Stirn.

»Er ist ein wenig verwildert«, gab der Vater zu. »Aber ein herzensguter Mensch. Du wirst schon sehen.«

»So wie es sich anhört, bringt er einen ganzen Hofstaat mit«, bemerkte August launig und erhob sich, um aus dem Vorderfenster zu spähen. »Ach, du lieber Himmel …«

»Er hat die Schüler und einige Eltern dabei«, erklärte ihr Vater und ging schon zur Haustür, um den frühen Gast willkommen zu heißen. »Gestern hatte ich ihnen freigegeben, damit sie ihre Familien besuchen konnten, und nun haben die sie wiederum hierher begleitet.«

»Bitte, Theodor, wir müssen sie doch nicht etwa alle hereinbitten?« Das kaum verhohlene Entsetzen in der Stimme ihrer Mutter war verständlich, fand Dorothea, angesichts der laut schnatternden Menge, die dort draußen durcheinanderwuselte. Bisher hatte sie noch keine australischen Eingeborenen aus der Nähe gesehen. Jetzt nutzte sie die Gelegenheit, sie genau zu betrachten. Es waren mindestens zwanzig Kinder und ebenso viele Erwachsene. Allesamt ebenholzbraun, mager und sehnig, mit üppigem, schwarzem Kraushaar. Auf den ersten Blick schienen sie erschreckend hässlich; ein Eindruck, der durch die zerrissenen, verdreckten Kleidungsstücke noch verstärkt wurde. Nicht einmal die Bettler in Dresden hätten solche Lumpen noch angezogen. Weder trugen sie irgendeine Art von Kopfbedeckung noch Schuhe oder Sandalen.

»Beruhige dich, Liebste.« Theodor Schumann tätschelte ihre Hand, mit der sie seinen Jackenärmel gepackt hatte. »Das würden sie gar nicht wollen. Aber es ist eine gute Gelegenheit, euch alle miteinander bekannt zu machen. Kommt.«

Dorothea griff nach Lischens Hand und zog sie hinter sich mit hinaus. August und Karl folgten ihnen. Mitten unter den Eingeborenen ragte ein hochgewachsener, barhäuptiger Mann auf wie ein Turm: Missionar Christian Teichelmann, von dem ihr Vater nur in Worten höchster Bewunderung geschrieben hatte. Deutlich jünger als Theodor Schumann hatte er nur zu gerne die Reisen zu den Gruppen im Hinterland übernommen und sich dabei ein immenses Wissen über die Eingeborenen der Umgebung angeeignet.

Eben hatte er ihren Vater oben an der Treppe gesehen und hob die Hand, um ihm zuzuwinken. »Gott zum Gruß«, rief er. »Wie freue ich mich, endlich die Familie meines werten Kollegen kennenzulernen! Gnädige Frau, Ihr Diener.«

Die Schwarzen wichen ein wenig zurück und schienen äußerst interessiert zu beobachten, wie Familie Schumann und Missionar Teichelmann sich begrüßten. Er verbeugte sich formvollendet vor ihrer Mutter, machte den guten Eindruck jedoch in Windeseile wieder zunichte, indem er ihr ein abgehäutetes Tier hinhielt. Auguste Schumann war nicht übermäßig empfindsam. Als Hausfrau war sie den Anblick toter Tiere durchaus gewöhnt. Dies jedoch ließ sie angeekelt zurückzucken. »Ein Wallaby«, erklärte er, ohne ihren Abscheu zu realisieren. »Die guten Leute haben es heute bei Sonnenaufgang als Willkommensgeschenk für Sie erlegt.«

Es war offensichtlich, dass ihre Mutter es nicht über sich bringen konnte, die schlaffe, seltsam deformiert wirkende Form anzufassen. Also nahm Dorothea sich ein Herz, trat vor, knickste, sagte: »Vielen Dank«, und fasste das unwillkommene Geschenk mit spitzen Fingern an den Hinterläufen. Vorsichtig, um sich nicht mit Blut zu beschmieren, trug sie es in die Küche und legte es erst einmal in den Spülstein. Dort konnte man es später genauer inspizieren und eventuell in den Fluss entsorgen. Ein seltsames Tier.

Die Bilder, die sie von Kängurus gesehen hatte, hatten aufrecht auf zwei großen Hinterläufen hockende Kreaturen gezeigt mit winzigen Vorderbeinen und einem Kopf wie ein Reh. Dies hier war vielleicht so groß wie ein Feldhase. Aber die Proportionen waren ähnlich. Wenn sie wenigstens den Kopf abgeschnitten hätten! Die dunklen, blinden Augen schienen sie vorwurfsvoll anzustarren. Dorothea erschauerte unwillkürlich, warf ein Tuch darüber und ging zurück zu den anderen.

Dort stellte ihr Vater gerade seine Zöglinge vor. »Das ist Koar, mein Musterschüler. Er liest nicht nur mühelos mehrsilbige Wörter und schreibt nach Diktat nahezu fehlerlos, er beherrscht auch alle Grundrechenarten, kann das Vaterunser und die Zehn Gebote aufsagen und ist sehr gut in Geografie.«

Dem Jungen war nicht anzusehen, ob er überhaupt verstand, dass sein Lehrer über ihn sprach. Irgendetwas an ihm war anders als bei seinen Mitschülern. War es seine so betont zur Schau getragene Gleichgültigkeit, während die anderen vor Ungeduld, endlich ihren Knicks oder Diener vor Auguste Schumann machen zu dürfen, mit den Füßen scharrten? Oder die Aura von Einsamkeit, die ihn umgab? Hielt er sich absichtlich abseits von den anderen? Warum war er als anscheinend Einziger nicht in Begleitung eines Verwandten?

Die Reihe rückte weiter vor, und sie erwiderte automatisch das scheue, freche oder neugierige Lächeln in einem Gesicht nach dem anderen.

Während die Eingeborenen nach der Begrüßung alle zu der Feuerstelle vor der Lehmhütte schlurften, in der die Kinder untergebracht waren, und dort ihre mitgebrachten Essensvorräte auspackten, zogen Familie Schumann und Missionar Teichelmann sich wieder ins Speisezimmer zurück.

»Herr im Himmel, welch ein Anblick: Tee und Honigbrot!« Teichelmann rieb sich vor Freude die Hände. »Ein wahres Festmahl nach all dem, was ich die letzten Wochen im Busch zwischen die Zähne bekommen habe.«

»Was denn so zum Beispiel?«, wollte Lischen es genauer wissen.

»Lass mich nachdenken: Gestern war es eine Eidechse, vorgestern ein Flughörnchen mit Birirablättern, vorvorgestern ...«

»Sie ziehen mich auf! So was isst man doch nicht.«

»O doch, es gibt kaum etwas, was die Eingeborenen nicht essen. Als ich hier neu war, habe ich oft an ihren Mahlzeiten teilgenommen, um ihr Vertrauen zu gewinnen. Dabei habe ich Bekanntschaft mit diversen Maden, Insekten und anderen nach unseren Maßstäben nicht essbaren Dingen gemacht, die du mir nicht glauben würdest.«

»Das ist ja eklig«, hauchte Lischen sichtlich erschüttert. »Wieso können sie nicht normal essen wie wir?«

Teichelmanns Gesicht wurde ernst. »Für sie ist es normal. Schließlich sind sie es nicht anders gewöhnt. Wenn du seit deiner frühen Kindheit Regenwürmer und Engerlinge gegessen hättest, fändest du sie auch nicht eklig.«

»Igitt, Engerlinge«, Lischen schüttelte sich bei der Vorstellung, und auch Dorothea musste schlucken. Sie sah, wie ihre Eltern einen Blick wechselten. Ihr Vater nickte, räusperte sich und sagte: »Bitte, Kollege Teichelmann, könnten wir vielleicht das Thema wechseln?«

Teichelmann sah einen Augenblick verwirrt drein, dann verstand er und lächelte reumütig. »Verzeihung, ich fürchte, ich bin tatsächlich ein wenig verroht. Aber gut, dass Sie mich daran erinnern: Es gibt da etwas Wichtiges, das ich mit Ihnen zu besprechen hätte.« Er leerte seine Tasse mit einem einzigen Schluck und lehnte sich zurück. »Gestern Abend hatte ich eine Unterredung mit Gouverneur Gawler und Mr. Moorhouse. Beide Herren haben nochmals ihr Interesse daran bekräftigt, dass diese Schule erhalten bleibt. Sie wissen ja, dass ich in Kürze zum amtlichen Dolmetscher berufen werde und damit dann nicht mehr als Lehrer zur Verfügung stehe. Kurz und gut, die Herren haben meinem Vorschlag zugestimmt, Ihrem ältesten Sohn ein Salär von dreiunddreißig Pfund per annum als Hilfslehrer zuzugestehen. Ich weiß, Sie hatten andere Pläne, aber wären Sie unter diesen Umständen bereit, das Angebot zu akzeptieren, bis Dresden Ersatz für mich schickt?«

August fiel beinahe sein Honigbrötchen aus der Hand. »Aber ich kann ihre Sprache gar nicht«, wandte er ein. »Wie sollte ich mich ihnen denn verständlich machen?«

Teichelmann lächelte beruhigend. »Sie können doch Englisch. Das Gouvernement möchte sowieso, dass der Unterricht verstärkt auf Englisch gehalten wird. Man ist zu der Ansicht gelangt, dass es nicht sinnvoll sei, ihnen Lesen und Schreiben in einer Sprache beizubringen, in der sie diese Fertigkeiten aller Wahrscheinlichkeit nach niemals anwenden werden.«

»Das finde ich sehr vernünftig«, mischte sich überraschend Auguste Schumann ein. »Um in Australien bestehen zu können, muss man der englischen Sprache mächtig sein. Alles ist doch auf Englisch: die Gesetze, die Zeitungen, der Handel. Ein einheimischer Dialekt, so schön und ehrwürdig er auch sein mag, hilft einem keinen Schritt weiter.«

Dorothea erinnerte sich, wie ihre Mutter darüber geschimpft hatte, dass sie gezwungen sein würde, ihre Muttersprache zugunsten der englischen Sprache aufzugeben. Dass sie jetzt so entschieden dafür sprach, wunderte sie. Ob es damit zusammenhing, dass die Finanzen der Familie ziemlich angespannt waren und ein zusätzliches Einkommen ihr daher sehr willkommen war?

»Ich will das nicht für dich entscheiden, August. Du bist inzwischen alt genug, das selber zu tun«, sagte Vater Schumann leise. »Was meinst du dazu?«

August errötete vor Verlegenheit und warf Dorothea einen hilfesuchenden Blick zu. »Meine Schwester ist viel begabter als ich.

Sie hat auf dem Schiff einem Jungen Lesen und Schreiben beigebracht. Kann sie nicht an meiner Stelle Lehrerin sein?«

»Unmöglich.« Teichelmann schüttelte heftig den Kopf. »Die Eingeborenen betrachten Frauen als inferiore Wesen. In ihren Augen wäre es eine Beleidigung, und sie würden sofort alle Kinder aus der Schule nehmen.«

»Ich bin sicher, dass August der Aufgabe mehr als gewachsen ist«, sagte Dorothea mit Entschiedenheit, wobei sie versuchte, ihrem Bruder mit den Augen zu signalisieren, sich gefälligst nicht so zu zieren. »Du bist viel zu bescheiden, Lieber!« Dreiunddreißig englische Pfund waren ja wohl ein gutes Argument.

»Wenn ihr meint, dass ich es kann …«

»Dann betrachte ich es als abgemacht.« Teichelmann streckte August die Hand entgegen. »Gratulation, Herr Hilfslehrer Schumann!«

Lange hielt er sich nicht mehr auf, bevor er sich verabschiedete. Draußen wurde er sofort von den Eingeborenen umringt und plauderte angeregt in ihrer Sprache mit ihnen, ehe er Richtung Adelaide verschwand.

»Was für ein ungewöhnlicher Mensch«, sagte August und sah ihm vom Fenster aus nach. »Er scheint sich glänzend mit ihnen zu verstehen.«

»Das tut er«, bestätigte sein Vater. »Es gibt wohl kaum jemanden, der ihre Sprache besser beherrscht oder mehr über ihre Mythen und Sagen wüsste. Er und Kollege Schürmann haben bereits eine Grammatik und Vokabelsammlung der Kaurna-Sprache veröffentlicht. Nur schade, dass die Eingeborenen so gar keine Bereitschaft zeigen, die Errungenschaften der Zivilisation anzunehmen! Teichelmann hatte große Hoffnungen auf eine Musterfarm gesetzt. Aber sie wollen einfach keinen Ackerbau betreiben. Lieber streifen sie durch den Busch und sammeln, was sie an Essbarem finden.«

»Das ganze Jahr über? Auch im Winter?« Dorothea grauste es bei der Vorstellung.

»Die Winter sind hier nicht wie in Deutschland«, sagte ihr Vater. »Es friert so gut wie nie. Hauptsächlich regnet es, und der Wind kann ziemlich unangenehm werden. Deshalb ziehen sie dann in die Bergregionen und bauen dort etwas festere Hütten. Im Frühling kommen sie dann wieder hier in die Ebene und an die Küste zurück.«

»Die Missionsschüler auch?«

Theodor Schumann lächelte ein wenig traurig. »Eigentlich sollten sie das ganze Jahr über hier sein. Aber das tun die wenigsten. Wenn ihre Familien in der Nähe kampieren, zieht es sie hinaus. Manche kommen wieder, manche nicht. Das unstete Wanderleben liegt ihnen wohl im Blut.« Er erhob sich und klopfte August auf die Schulter. »Komm mit, mein Sohn, damit ich dich deinen zukünftigen Schülern vorstelle!«

Die folgenden Tage waren angefüllt mit häuslichen Verrichtungen. Ihre Mutter bestand darauf, sämtliches Leinen auf den Wiesen hinter dem Haus auszulegen. Die lange Lagerzeit im Unterdeck war ihm nicht gut bekommen. Immer wieder mussten sie es mit Sodalauge besprengen, bis die Stockflecken ausblichen.

Der Tischler und seine Gesellen gingen ständig ein und aus. Zudem hatte ihre Mutter eine Näherin kommen lassen, die ihnen helfen sollte, die Musselingardinen zu säumen, die hier eher als Schutz vor Insekten als vor neugierigen Blicken üblich waren.

Frau Schmidt entpuppte sich als eine unerschöpfliche Informationsquelle. Sie war es auch, die Dorotheas Bild von den harmlosen, gutmütigen Eingeborenen relativierte.

»Ham Se schon das Neueste gehört?«, begann sie wie immer, sobald sie sich mit dem Nähkorb im bequemsten Stuhl niedergelassen hatte. »Jetzt ham se schon wieder zwei neue Leichen vom Maria-Massaker gefunden!«

»Um Himmels willen, wovon sprechen Sie da?« Dorotheas Mutter klang nicht gerade erbaut. Inzwischen hatte sie sich daran gewöhnt, dass ihre Nähhilfe offenbar nicht schweigend arbeiten konnte, aber bisher hatte sie sich auf urbanen Klatsch und Tratsch beschränkt.

»Na, von dem Massaker im Juni. Als die schwarzen Teufel unten bei Encounter Bay die Schiffsbesatzung und alle Passagiere abgeschlachtet haben. Männer, Frauen und Kinder. Sagen Se bloß, Se haben davon noch nix gehört?«

Dorothea und ihre Mutter mussten zugeben, dass sie das noch nicht hatten.

»Das sollten Se aber«, meinte Frau Schmidt. »Wo Se doch praktisch Tür an Tür mit denen wohnen!« Dabei warf sie einen ausgesprochen feindseligen Blick auf das Schulhaus, vor dem sich ein Grüppchen Eltern die Wartezeit damit verkürzte, aus Gräsern Schnüre zu flechten und Speerspitzen zu schärfen.

»Jetzt sehn se aus, als könnten se kein Wässerchen trüben. Aber in ihnen lauert der Teufel, das können Se mir glauben. Da hilft das ganze Beten und Missionieren nix. Also: Die *Maria* segelte hier am 26. Juni los. Sollte zwei Dutzend Siedler nach Hobart bringen. Da sind se aber nie nicht angekommen. Ein paar Wochen später gab es Gerüchte über ein Wrack, und der Gouverneur schickte Inspektor Pullen und ein paar Leute los. Sollten der Sache nachgehen. Und was soll ich sagen? Die sahen einen Haufen Schwarze in europäischen Kleidern da herumstolzieren. Alles blutdurchtränkt!« Frau Schmidt rollte wild mit den Augen.

»Nach einigem Hin und Her führten sie die Polizisten zu einem Platz, an dem acht schrecklich zugerichtete Leichen vergraben waren. Vier Erwachsene und vier Kinder. Das jüngste grad mal zehn Jahre. Schweinebande! Man hätte sie alle aufhängen sollen! Die ganze Bagage!«

»Aber vielleicht haben die Eingeborenen sie gar nicht ermordet«, warf Dorothea ein. »Wenn die armen Menschen nun auf See ertrunken und angespült worden waren?«

Sie konnte sich einfach nicht vorstellen, dass die so harmlos und friedlich wirkenden Eingeborenen tatsächlich zu Mördern wurden. Und dann auch noch an Kindern?

»O doch, das ham se!« Frau Schmidts Stimme vibrierte vor Triumph. »Warten Se ab! Inspektor Pullen ist dann erst mal nach Adelaide zurück, um dem Gouverneur Bescheid zu sagen. Und Gouverneur Gawler hat nich lang gefackelt und den Polizeichef O'Halloran höchstpersönlich mit einer Strafexpedition losgeschickt.« Sie legte eine Kunstpause ein, um sich ein Glas Limonade einzugießen.

»Und was geschah dann?«, drängte Dorothea, ungeduldig, dass sie endlich weitererzählte.

»Na, die Männer haben die ganze Gegend abgesucht und den Stamm gefangen genommen, der sie ermordet hat. Eine üble Bande – diese Stämme am Murray River. Sogar unsere Schwarzen hier fürchten sie wie den Beelzebub.«

»Wurden sie vor Gericht gestellt?«

Frau Schmidt sah Dorotheas Mutter an, als sei diese nicht recht bei Verstand.

»Aber wo denken Se hin, Frau Schumacher! Das wäre als Abschreckung doch völlig daneben gewesen. Nee, nee: Aufgeknüpft haben se zwei von den Kerlen, an einem Galgen über den Gräbern der armen Opfer. Wahre Teufelsgestalten mit Visagen für Albträume! Ein paar ham se erschossen und die restlichen samt den Frauen und Kindern laufen lassen. Wenn's nach mir gegangen wäre, hätten se se alle aufgeknüpft. Es hätte schon keinen Falschen getroffen.« Sie verzog grimmig das Gesicht. »Dieser ganze Unsinn mit den Aborigine-Schutzgesetzen wird uns noch in Teufels Küche bringen. Woanders ist man auch nicht so zimperlich.«

»Weiß man denn, was aus den restlichen Vermissten wurde?

Sucht man nach ihnen?«, erkundigte Dorothea sich. »Es fehlen doch noch einige. Vielleicht sind sie noch am Leben und warten auf Hilfe.«

Frau Schmidt zuckte fatalistisch mit den Schultern. »Die ham die ganze Gegend abgesucht. Wenn jemand noch am Leben wäre, hätten se ihn gefunden. Der *Register* hat geschrieben, die jetzt wären in Wombatlöchern versteckt gewesen. Weiß der Kuckuck, wo die Saubande die restlichen armen Leute vergraben hat …?« Frau Schmidt verstummte erschöpft und griff erneut zum Limonadenkrug.

»Ist so etwas schon öfter vorgekommen?« Auguste Schumann wirkte besorgt. Dorothea entging nicht, dass sie fast ängstlich zu den Eingeborenen hinübersah, die gerade in lautes Gelächter ausbrachen. »Ich meine, dass sie …« Obwohl sie es nicht über sich brachte, die Worte auszusprechen, verstand Frau Schmidt sofort.

»Bisher nich. Jedenfalls nich hier in der Gegend. Aber man weiß ja nie, was noch kommt, nich?«

»Sie sagten, der *Register* hätte darüber geschrieben?« Dorothea war fasziniert. »Ob man dort wohl noch alte Exemplare bekommt?« Sie hätte zu gerne mehr darüber in Erfahrung gebracht. Vielleicht ergab sich eine Gelegenheit, wenn sie Dünnebiers Empfehlungsschreiben abgab. Bisher ruhte es gut verwahrt unter ihren Taschentüchern. Aber sie war fest entschlossen, so bald wie möglich ihr Glück zu versuchen. Ursprünglich hatte sie einen Artikel über die Waisen schreiben wollen, aber Ian hatte sich schlichtweg geweigert, ihr die nötigen Auskünfte zu geben. Also hatte sie sich hier und da mit Millie unterhalten. Die war sehr viel gesprächiger gewesen und hatte sich auch nicht gescheut, Dorothea erschütternde Einblicke in das Leben auf Londons Straßen zu geben. Danach hatte Dorothea zumindest eine Ahnung davon, was einen dazu bewegte, ans andere Ende der Welt zu reisen. Leider hatte sie Ian nach den Waisenkindern, die zu Taschendieben abgerichtet wurden, auszufragen versucht. Danach war Millie ihr ausgewichen, als ob sie die Krätze hätte. Trotzdem hatte sie eine zu Herzen gehende Geschichte aufs Papier gebracht, die Herrn Dünnebier begeistert hätte. Und hoffentlich auch die hiesigen Redakteure! Sobald sie sie zu Gesicht bekamen …

»Dorothea!« Ihre Mutter wirkte geradezu entsetzt. »Du beabsichtigst doch wohl nicht im Ernst, in eine Zeitungsredaktion zu spazieren, nur um dort deine morbide Neugierde zu befriedigen.« Ihrem Tonfall nach rangierte eine Zeitungsredaktion nur um Haaresbreite vor einer Kaschemme übelsten Rufs. »Lasst uns lieber ein Gebet für diese armen Seelen sprechen.«

Sie senkte den Kopf über ihre gefalteten Hände. Aber noch ehe sie beginnen konnte, kam Lischen laut kreischend um die Hausecke gerannt: »Ein Ungeheuer, ein Ungeheuer! Es hat mich angefaucht.«

»Lischen, sei nicht albern«, sagte ihre Mutter streng. »Es gibt hier keine Ungeheuer.«

»Vielleicht ne große Eidechse?«, schlug Frau Schmidt vor und lächelte breit. »Die tun aber nix, Kindchen.«

»Ich schau mal nach«, sagte Dorothea, froh darüber, die endlose Stoffbahn beiseitelegen zu können, und nahm Lischens Hand. »Zeig mir, wo du es gesehen hast.«

Sobald sie um die Hausecke bogen, war das rätselhafte Wesen zwar nicht zu sehen, dafür jedoch deutlich zu hören: Aus dem Dickicht, das einmal der Gemüsegarten werden sollte, drang tatsächlich erschreckend lautes Fauchen und Grollen. Der Lautstärke nach zu urteilen, war es nahezu unmöglich, dass ein solch großes Tier sich in dem mannshohen Gebüsch verbergen konnte. Lischen kreischte erneut entsetzt auf und flüchtete. Dorothea schwankte gerade noch zwischen dem Drang, es ihr nachzutun, und dem Wunsch, der Sache auf den Grund zu gehen, als einige der Kaurna-Eltern sich näherten. Der Aufruhr hatte offenbar ihr

Interesse geweckt. Allerdings schienen sie nicht im Geringsten beunruhigt von den unheimlichen Lauten. Im Gegenteil – sie grinsten und machten anscheinend Witze darüber. »Wombat«, sagte einer von ihnen. »Viel gut.« Er rieb sich genüsslich die Bauchregion. Einige der anderen begannen, mit Speeren in dem Dickicht herumzustochern und Steine hineinzuwerfen. Das Fauchen und Grollen verstummte. Es raschelte, und dann brachen zwei biberähnliche Tiere aus dem Gebüsch. Ehe Dorothea ganz begriff, was da vor sich ging, hatten zwei der Männer sie bereits mit keulenartigen Gerätschaften erschlagen. Eines der beiden Exemplare betrachtete sie sich genauer: eine Fellkugel mit Stummelschwanz und einem ungewöhnlich geformten Kopf. Zwischen der gespaltenen Oberlippe konnte sie gelbliche Zähne erkennen. Das waren Wombats? Frau Schmidts Erzählung über die Leichen in Wombatlöchern schoss ihr durch den Kopf. Was fraßen diese Tiere?

Als die Eingeborenen sie mit Gesten fragten, ob sie die Tiere nehmen dürften, nickte Dorothea erleichtert. Das Känguru hatte zwar gut geschmeckt, aber diese Wombats wollte sie nicht essen.

Die Geschichte der ermordeten Schiffbrüchigen ging Dorothea nicht mehr aus dem Kopf. Sie musste einfach mit jemandem darüber sprechen. Leider zeigte August deutlich weniger Enthusiasmus, als sie gehofft hatte. »Ja, davon habe ich gehört. Wer nicht? Grässliche Sache. Ich möchte gar nicht darüber nachdenken – und schon gar nicht mehr darüber wissen«, sagte er. »Weißt du, dass zu Mrs. Gawlers Teeparty am Sonntag auch Professor Menge erwartet wird?«

Die unterdrückte Erregung in seiner Stimme ließ sie trotz der Enttäuschung über sein Desinteresse aufhorchen.

»Nein, woher sollte ich das wissen? Wer ist das?«

Der förmlichen Geselligkeit bei der Gattin des Gouverneurs sah sie nicht gerade mit Vorfreude entgegen. Mrs. Gawler hatte die

Einladung gestern persönlich überbracht, aber trotz der freundlichen Geste war die Frau Dorothea nicht sympathisch gewesen. Sie erinnerte sie zu sehr an die Frau Geheimrätin in Dresden, die Grete so übel mitgespielt hatte. Auch deren aufdringlich zur Schau getragene Frömmigkeit hatte nur als Deckmantel gedient.

»Professor Menge ist der größte, lebende Mineraloge«, erklärte ihr Bruder geradezu schwärmerisch. »Er hat hier in Südaustralien bereits zweihundert Mineralien entdeckt, und derzeit hält er Vorlesungen am mechanischen Institut. Ich würde ihn zu gerne über seine Reisen sprechen hören. Er hat Kangoroo-Island erforscht und Neu-Schlesien und den Murray River. Und überall hat er neue Mineralien gefunden. Ach, wenn Vater nur sehen würde, dass ich nicht zum Geistlichen geschaffen bin!«

»Rede mit ihm. Wenn er merkt, wie sehr dein Herz an der Mineralogie hängt, wird er es dir nicht abschlagen«, riet Dorothea.

August seufzte schwer. »Du weißt doch, wie sehr *sein* Herz daran hängt, dass ich Missionar werde. Du hast gut reden – sagst du ihm etwa, dass du lieber Zeitungsreporter würdest als eine brave Pastorenfrau?«

Sein Vorwurf traf ins Schwarze. Auch Dorothea hatte es noch nicht über sich gebracht, ihrem Vater ihren Herzenswunsch zu gestehen.

Schon als Kinder hatten sie gemerkt, dass der Vater ihren Wünschen sehr viel eher nachgab als die Mutter. Er hatte eine triste Kindheit im Waisenhaus verbracht. Vielleicht konnte er es deshalb nicht ertragen, seine Kinder unglücklich zu sehen. Keines von ihnen hatte je die Rute zu spüren bekommen, obwohl sie es zuweilen sicher verdient gehabt hätten. »Könnt ihr mir eine Stelle aus dem Neuen Testament zeigen, an dem unser Herr Jesus Christus es gutgeheißen hätte, Kinder zu züchtigen?«, hatte er erwidert, als ihm ein erboster Nachbar, dessen prämierte Pflaumen gerade in den Mägen von August und Dorothea verschwunden waren, zu einer kräftigen Tracht Prügel riet, und stattdessen den Geldbeutel gezückt.

Das brennende Gefühl der Scham, als die Münzen, die für ein dringend benötigtes, neues Paar Stiefel vorgesehen waren, im Hosensack des Nachbarn verschwanden, empfand sie noch heute. Konnte man einen solchen Mann enttäuschen?

»Ich werde es ihm schon noch sagen. Sobald ich meine erste Geschichte verkauft habe. Aber um mich geht es hier nicht. Du jammerst doch ständig, dass deine Zukunft grau und öde vor dir läge. Tu etwas dagegen!« Manchmal hätte sie ihren Bruder am liebsten gepackt und geschüttelt. Wie konnte man nur so unentschlossen sein?

August wirkte leicht verärgert. »Du weißt immer genau, was andere tun müssen, nicht wahr? Dein zukünftiger Mann ist wahrlich nicht zu beneiden, du, du … Xanthippe!« Damit drehte er ihr den Rücken zu und stapfte aus dem Zimmer.

Dorothea stand wie erstarrt. Was war nur mit ihrem Bruder los? So hatte er noch nie mit ihr gesprochen! Ärger begann die Überraschung zu überlagern. Was bildete er sich eigentlich ein?

»Er wollte dich sicher nicht kränken«, kam Karls Stimme aus dem Ohrensessel im Winkel.

Sie schoss herum. »Du hast gelauscht?«, fauchte sie, erbost darüber, dass er Zeuge ihrer Kränkung geworden war.

»Das habe ich nicht.« Im Gegensatz zu August ließ Karl sich nicht provozieren. Er fasste den Zeichenstift fester und beobachtete sie mit schief gelegtem Kopf. »Wenn du wütend bist, sind deine Augen schmaler als sonst und fast schräg«, stellte er sachlich fest. »Wie bei einer Katze. Auch dein Mund ist dann ganz anders …« Die Kohle flog über das Papier, und nur Augenblicke später hielt er ihr das Blatt hin. »So etwa.«

Leicht erschrocken sah Dorothea in ihr Gesicht, wie andere es sahen. Karl hatte sie gut getroffen. Aber schaute sie wirklich so finster drein? Sträubten sich ihre Augenbrauen tatsächlich dermaßen?

»Es ist ein bisschen überzeichnet«, sagte Karl ruhig. »Eine solche Skizze nennt man eine Karikatur. – August hat es nicht so gemeint. Sicher tut es ihm schon leid.«

Wider Willen musste Dorothea lachen. »Du wärst ein guter Anwalt, Karl. Schon gut, ich bin nicht mehr wütend. Es war mein Fehler. Ich weiß ja, dass August es nicht leiden kann, zu etwas gedrängt zu werden. Aber manchmal gehen einfach die Pferde mit mir durch.«

Karl schwieg. Er redete nicht gerne mehr als nötig. Auf einmal verspürte Dorothea das Bedürfnis, ihrem stillen Bruder mehr über sich zu entlocken.

»Die Zeichnung erinnert mich an die, die du auf dem Schiff gemacht hast. Aber du hast große Fortschritte gemacht seitdem«, sagte sie freundlich. »Hast du Vater schon gefragt, ob du hier weiter Unterricht nehmen kannst?«

Karl schüttelte den Kopf. »Das wird nicht nötig sein. Mr. Kingston war so freundlich, mir seine Unterstützung und Hilfe anzubieten, als er meine Zeichnungen im Schulzimmer gesehen hat.«

Pastor Teichelmann hatte Karl das Privileg vermittelt, zusammen mit den Söhnen des Gouverneurs und einiger Honoratioren unterrichtet zu werden. Eines der zwölf Zimmer der Residenz war extra zu diesem Zweck hergerichtet worden. Bisher hatte Karl so gut wie gar nichts darüber erzählt. Keiner hatte ihn gefragt, und er war nicht von der Art, die von sich aus alles heraussprudelt. »Sag mal, wie ist es eigentlich so bei diesen Gawlers?«, erkundigte Dorothea sich. »Wie sind deine Mitschüler? Nett?«

Karl hob gleichmütig die Achseln und ließ sie wieder sinken. »Engländer eben. Wenn man ihnen nicht widerspricht und zu allem Ja und Amen sagt, sind sie ganz in Ordnung. Den Gouverneur habe ich noch nicht kennengelernt. Mrs. Gawler scheint überaus fromm zu sein. Ständig ist sie mit wohltätigen Werken beschäftigt.« Er lächelte schief. »Sie spricht mit mir wie mit einem Halbgescheiten. Vermutlich denkt sie, ich sei unfähig, mich in ihrer Sprache zivilisiert zu unterhalten.«

An diesen Ausspruch ihres Bruders wurde Dorothea erinnert, als sie Mrs. Gawler gegenüberstand. Trotz der frühsommerlichen Temperaturen trug sie ein langärmliges, schwarzes Kleid aus Merinowolle mit schlichtem, weißem Kragen. Die Wirkung kam einem Pastorenhabit so nah, dass Dorothea sich fragte, ob sie ihre Garderobe absichtlich so ausgewählt hatte. Auch der Gouverneur trug Schwarz. In Verbindung mit seiner ungesund bleichen Gesichtsfarbe und den verhärmten Gesichtszügen erschien er ihr eher bemitleidenswert als Ehrfurcht einflößend. Das war der Gouverneur? Der mächtigste Mann Südaustraliens?

Aber seine Stimme, als er sie alle begrüßte, war fest, und seine dunklen Augen schienen nachgerade zu erahnen, was sie dachte. Verlegen senkte sie den Blick und knickste besonders tief. Während er sich bereits den nächsten Gästen zuwandte, nahm Mrs. Gawler sie unter ihre Fittiche. »Wie schön, dass unser lieber Pastor Schumann endlich seine Familie wieder um sich hat. Die Damen vom Kirchenkomitee freuen sich schon so darauf, Sie kennenzulernen, Mrs. Schumann. Ich werde Sie gleich zu Ihnen geleiten«, sagte sie betont langsam und deutlich akzentuiert. Dorothea wechselte einen kurzen Blick mit Karl und biss sich auf die Unterlippe. Er hatte ihren Tonfall gut beschrieben. »Für die jungen Leute haben wir auf der hinteren Veranda gedeckt. Von dort aus hat man einen guten Überblick über das *palti,* das unsere Schützlinge heute veranstalten. Mr. Moorhouse, wären Sie so freundlich, sie dorthin zu führen und bekannt zu machen?«

Ein großer, schlanker Mann mit auffallend gut geschnittenen Gesichtszügen verbeugte sich höflich. »Zu Ihren Diensten, Madam.« Dorothea musterte ihn neugierig. Von ihm hatte sie schon einiges gehört. Matthew Moorhouse war seit über einem Jahr der offiziell bestellte »Protector of Aborigines« für Südaustralien, ein Amt, das er mit Hingabe ausfüllte. Ihr Vater hatte mit größter Hochachtung von ihm gesprochen. Seine Aufgaben waren vielfältig: Er hatte dafür Sorge zu tragen, dass die Landstücke, die von Gesetz wegen den Eingeborenen zustanden, nicht von Siedlern okkupiert und Übereinkommen eingehalten wurden.

Er musste Streitigkeiten schlichten, die stetig zunehmenden Schafsdiebstähle aufklären, Verstöße gegen die Gesetze – egal ob von Weißen oder Schwarzen begangen – anzeigen, vor allem jedoch sollte er die Aborigines »zivilisieren«.

»Ich befürchte allerdings, dass damit vor allem beabsichtigt ist, sie zu willigen Dienstboten zu erziehen«, hatte Pastor Schumann nachdenklich bemerkt. »Ich wurde schon mehrfach gefragt, wann die Mädchen denn so weit wären, dass man sie als Dienstmädchen gebrauchen könnte.«

Dorothea, die sich sofort wieder an Grete erinnerte, war empört. Niemand sollte einem anderen Menschen so ausgeliefert sein!

»Man kann sie doch nicht zwingen, oder?«

Pastor Schumann lächelte milde. »Natürlich nicht. Moorhouse würde das keinesfalls gestatten. Aber du kannst es den Engländern nicht übel nehmen. Sie sind es gewöhnt, dass in ihren Kolonien in Afrika und Indien die Einheimischen ihnen alle Wünsche von den Augen ablesen. Dass diese hier nicht zum Dienen geboren sind, müssen sie wohl noch lernen.«

Auf der hinteren Veranda ging es bereits munter zu. Eine junge Dame in violett gestreifter Seide löste sich aus einer der Gruppen, sobald sie ihrer ansichtig wurde, und kam ihnen ein paar Schritte entgegen. Ihr strahlendes Lächeln galt vor allem dem Protector, aber es schloss auch die Schumanns mit ein.

Matthew Moorhouse legte ihre Hand zärtlich in seine Armbeuge und sagte: »Darf ich Ihnen meine Verlobte Miss Mary Ruth Kilner vorstellen?«

Neue Gesichter wurden in der überschaubaren Gesellschaft von Adelaide begeistert begrüßt, wie Miss Mary Dorothea zuflüsterte, und so drängten sich alle Anwesenden darum, mit den Schumann-Geschwistern bekannt gemacht zu werden. Vor allem junge Herren umlagerten sie und wetteiferten um ihre Aufmerksamkeit. Das war kein Wunder, wenn man berücksichtigte, dass von der ganzen Gesellschaft außer ihr nur Miss Kilner und zwei albern kichernde Backfische in rosarot-karierten Rüschenkleidern weiblichen Geschlechts und dem Kinderzimmer entwachsen waren.

Das Missverhältnis zwischen den Geschlechtern war so auffällig, dass sie Miss Kilner danach fragte. »Nach Südaustralien kommen sehr viele alleinstehende junge Männer«, erklärte die ihr. »Aber nur wenige Familien mit Töchtern im passenden Alter. Eine Ehefrau zu finden ist deswegen nicht einfach. – Auch Sie werden sich bald vor Verehrern nicht mehr retten können, Miss Schumann.«

Das war nicht gerade eine Aussicht, die Dorothea begeisterte. Irgendwann in ferner Zukunft lauerte ein gesichtsloser Ehemann, aber doch nicht so schnell! Sie hatte nicht das geringste Bedürfnis, in die Rolle einer Ehefrau zu schlüpfen. Erleichtert wandte sie sich daher dem älteren Herrn im abgetragenen Anzug zu, der ihnen als Professor Menge vorgestellt wurde.

»Bin lieber hier als bei den steifen Gestalten im Salon«, vertraute er ihnen an und zwinkerte fröhlich. »Kann dieses ganze vornehme Getue nicht leiden. Sie auch nicht, was, Moorhouse?«

August hatte sich sein Idol wohl anders vorgestellt, dachte Dorothea eine Spur schadenfroh, als sie sah, wie ihr Bruder etwas verkrampft versuchte, mit ihm ins Gespräch zu kommen.

»Nicht jetzt, junger Mann«, wehrte Menge ungeduldig ab. »Jetzt schauen Sie doch lieber mal zu diesen prächtigen Burschen dort hinüber! Es sind die besten Tänzer des Stammes. Die bekommen Sie nicht oft zu sehen.«

Dorothea versorgte Lischen so reichlich mit Kuchen, dass diese für die nächste Zeit beschäftigt war, ehe sie sich selbst eine Tasse Tee holte und zu den anderen Interessierten ans Geländer trat. Auf einem von jeglichem Bewuchs gesäuberten Platz am Torrens River hatte sich eine größere Menge Aborigines versammelt. Am östlichen Rand saßen in einer langen, ordentlich aufgereihten Linie die Frauen, Kinder und einige alte Männer. Am gegenüberliegenden Rand hatten sich die Tänzer aufgestellt. Fasziniert musterte Dorothea ihre exotische Aufmachung. Außer einem Lendenschurz waren sie nackt, allerdings von Kopf bis Fuß mit roter und weißer Farbe bemalt. Kreise und Striche hoben ihre Körperkonturen auf, ließen sie fast wie Wesen einer anderen Welt erscheinen. Auf dem Kopf, unter den Knien und an den Oberarmen waren Federtuffs befestigt. In den Händen trugen sie ebenfalls große Büschel aus Federn und Blattwerk. Sie schienen bester Laune zu sein, denn sie neckten sich ständig wie Kinder, indem sie sich gegenseitig mit den Federbüscheln kitzelten.

Einer der alten Männer gab das Signal anzufangen, indem er zwei Stöcke laut gegeneinanderschlug. Gleich darauf begann die erste Frau in der Reihe, mit der flachen Hand auf das Fellbündel zu schlagen, das sie auf dem Schoß hielt. Eine nach der anderen nahm den Rhythmus der provisorischen Trommel auf.

»Worauf schlagen sie?«, wollte Karl wissen.

»Auf ihre Umhänge.« Menge verzog spöttisch das Gesicht. »Natürlich geht das nur bei den traditionellen Umhängen aus Opossumfell. Mrs. Gawlers löchrige Decken, die sie ihr zuliebe angelegt haben, taugen nicht dafür. Sie sehen nicht nur armselig aus – sie sind es auch.« Er zeigte auf den alten Weißhaarigen: »Der dort trägt als Einziger noch die traditionelle Tracht. Bei Männern bleiben der rechte Arm und die Schulter frei, damit sie beim Werfen nicht behindert werden. Tagsüber wird er mit einem Gürtel in der

Taille gebunden, und nachts dient er als Bettdecke. Normalerweise gehen sie jetzt im Sommer sowieso nackt, aber das würde Mrs. Gawler in Sichtweite der Residenz nicht dulden.«

Dieselbe Frau, die den Trommelrhythmus vorgegeben hatte, fing zu singen an. Eine ziemlich eintönige Melodie, fand Dorothea, ohne Höhen und Tiefen. Ihre klare Altstimme schien immerzu die gleichen Worte zu wiederholen. Hier und da setzte sie aus, und dann fielen die anderen wie ein Chor ein.

Nahezu unmerklich steigerte sich das Tempo. Auf ein einstimmiges »Waugh« hin begannen die Männer, die ihnen bisher reglos gegenübergestanden hatten, mit den Füßen aufzustampfen und ihre Büschel zu schütteln. Es sah so lustig aus, dass Dorothea fast in Gelächter ausgebrochen wäre. Plötzlich stürmte eine weitere Männergruppe aus ihrem Versteck im Gebüsch auf den Platz. Mit sich trugen sie eine Art ausgestopfte Puppe aus Känguruhaut mit der Fellseite nach innen. Die Leerseite war über und über mit kleinen weißen Kreisen bemalt. Statt eines Kopfes ragte ein Stock mit einem besonders großen Federtuff in die Höhe. Die Arme und Hände wurden durch ebensolche Stöcke und rot gefärbte Federbüschel repräsentiert. Aus der Mitte ragte ein kürzerer Stock, verziert mit einem dicken Ende aus Gras und buntem Stoff.

»Was soll denn das?«, fragte jemand aus dem Hintergrund. »Soll das ein Tier oder einen Menschen darstellen?«

»Ich bin mir nicht ganz sicher. Tänze werden ständig neu erfunden und oft von anderen Stämmen übernommen, die deren Bedeutung gar nicht mehr kennen. Es scheint mir eine Art Kängurutanz zu sein. Was meinen Sie, Moorhouse?«

»Sie dürften mit Ihrer Vermutung recht haben, Professor. Etwas Ähnliches habe ich weiter im Süden gesehen. Aber da ging es um einen Emu.«

»Die guten Leutchen lieben es doch über alles, zu tanzen und zu singen«, bemerkte Menge eine Spur wehmütig. »Da sind sie wie

Kinder. Kein Gedanke an das Morgen. Aber irgendwie charmant. Finden Sie nicht, Miss Schumann?«

Was sollte man darauf erwidern? Dorothea dachte an ihren Vater und Pastor Teichelmann, die so überzeugt davon waren, ihren Zöglingen die nötigen Fähigkeiten vermitteln zu können, um sich in der Welt der Weißen zu behaupten.

»Glauben Sie, dass man ihnen beibringen kann, wie wir zu leben? Wenn man ihnen Zeit lässt und ihnen dabei hilft?«

Sie spürte, wie er sie von der Seite her betrachtete. »Nein, das glaube ich nicht«, sagte er endlich so leise, dass sie ihn gerade noch verstand. »Sie sehen es einfach nicht ein, dass sie so leben sollen wie wir. Und wenn man wie ich mit ihnen monatelang durch den Busch gezogen ist, dann sieht man es auch nicht mehr ein.«

Das konnte Dorothea wiederum nicht verstehen. »Was ist denn so herrlich daran, jede Nacht im Freien zu schlafen? Jede Mahlzeit erst mühsam erjagen oder sammeln zu müssen? Ich finde, unsere Art zu leben ist der ihrigen bei Weitem überlegen.«

»Ach ja, das gute, preußische Arbeitsethos!« Spott und eine Spur Traurigkeit glitzerten in seinen Augen. »Nein, mein Kind, das können Sie natürlich nicht nachfühlen. Dafür müssten Sie die unendliche Freiheit unter diesem fantastischen Sternenhimmel des Südens geschmeckt haben, die Grenzenlosigkeit. Wer davon gekostet hat, der empfindet ein Haus nur noch als Gefängnis, unsere Zivilisation als quälend enges Korsett, das einen hindert, frei zu atmen.«

Professor Menge begann ihr unheimlich zu werden. War der Mensch wirklich ganz bei Trost? Es mochte ja noch angehen, vom Sternenhimmel hier zu schwärmen. Auch ihr war aufgefallen, dass die Sternbilder anders aussahen und heller zu strahlen schienen als zu Hause. Ein Haus nicht als Schutz, sondern als Kerker anzusehen ging aber einwandfrei zu weit! So unmerklich wie möglich rückte sie von ihm ab und war erleichtert, als August die Gelegenheit wahrnahm und sich neben den Professor drängte.

Dass es sich tatsächlich um einen Kängurutanz handelte, wurde sehr schnell deutlich, als der Träger der Puppe begann, wie eines dieser Tiere umherzuspringen. Er imitierte es so gut, dass alle Zuschauer in schallendes Gelächter ausbrachen, während er zwischen den Tänzern und den Musikerinnen hin und her hüpfte. Die Pantomime wurde auf dramatische Art beendet, als die Tänzer mit den Federbüscheln ihren Schmuck ablegten und nach ihren Waffen griffen. Auf einmal hielten sie lange Speere und seltsam geformte Keulen in den Händen. Die Gruppe wirkte so kriegerisch, dass Dorothea äußerst unbehaglich zumute wurde. Was, wenn sie sich entschieden, ihre Speere und Wurfhölzer nicht nur zur Zierde zu tragen, sondern sie gegen die Weißen einzusetzen? Niemand von ihnen hier war bewaffnet. Schutzlos wären sie einem Angriff ausgeliefert.

Glücklicherweise dachten die Aborigines nicht im Traum daran, ihnen etwas zuleide zu tun. Sie begnügten sich damit, unter wildem Geschrei die Waffen zu schwingen und das arme Känguru zu bedrohen. Indem sie so heftig aufstampften, dass der trockene Lehm in Staubwolken aufgewirbelt wurde, umkreisten sie ihre imaginäre Beute. Inzwischen lief den Männern der Schweiß in Strömen über den Körper, verwischte die Bemalung und ließ die dunkle Haut darunter schimmern wie poliertes Ebenholz. Die animalische Ausstrahlung der Darbietung war so überwältigend, dass Dorothea zwischen Bewunderung und einer gewissen Verlegenheit schwankte. Aus den Reihen der Frauen waren anfeuernde Rufe zu hören. Keine von ihnen machte jedoch Anstalten, sich den Tänzern anzuschließen.

»Tanzen bei ihnen eigentlich nur die Männer?«, fragte Karl und sprach damit aus, was Dorothea auch gerade gedacht hatte.

»Bei dieser speziellen Art von Tanz, ja«, erwiderte Matthew Moorhouse, ohne den Blick von dem Schauspiel abzuwenden. »Es gibt aber auch andere Tänze. Nur für Frauen oder solche, bei denen beide Gruppen sich gegenüberstehen. Das kommt ganz auf den Anlass an.«

»Gibt es auch Kriegstänze?«, wollte einer der jungen Männer wissen. »Wie bei den Schwarzen auf Neuseeland? Ein Freund hat sie mir beschrieben. Sie sollen überaus beeindruckend sein.«

»So kriegerisch geht es hier nicht zu.« Moorhouse lächelte plötzlich nicht mehr. »Glücklicherweise. Die Kaurna hier um Adelaide sind ausgesprochen friedliebend.«

»Was man von der Bande am Coorong nicht behaupten kann!«, warf ein anderer der jungen Männer halblaut ein. »Und mit den Murraystämmen wird O'Halloran noch alle Hände voll zu tun bekommen!«

»Ein Hoch auf unseren Commissioner! Auf dass er dort bald Klarschiff macht!«, grölte sein bereits leicht alkoholisierter Freund neben ihm. »Hängt sie alle auf!«

»Mäßigen Sie sich! Es sind Damen anwesend.« Moorhouse verfolgte mit verächtlicher Miene, wie er seinen Flachmann vollends leerte und mit unsicheren Fingern zuschraubte, ehe er ihn in den Tiefen seiner Rockschöße verschwinden ließ. »Offensichtlich sind Sie nicht ganz wohl. Vielleicht sollten Sie sich jetzt entschuldigen. Guten Abend.« Damit drehte er ihm ostentativ den Rücken zu und überließ es dem peinlich berührten Freund, ihn nach einem heftigen Disput im Flüsterton hinauszuführen.

Der Gesang der Frauen war währenddessen immer leidenschaftlicher geworden. Auf- und abschwellend steigerte die primitive Melodie sich zu einer Art Beschwörung, die Dorothea trotz aller Fremdartigkeit in ihren Bann zog.

Mit einem letzten, kollektiven Aufschrei endete die Jagd. Von zahlreichen Speeren getroffen sank das Känguru samt seinem Träger unter dramatischem Stöhnen zu Boden. Augenblicklich stürzten sich die Jäger darauf. Ein wirres Knäuel aus bemalten Körpern entzog es ihren Blicken, bis sich ein Mann, der den Stock mit dem

Stoffknubbel triumphierend gen Himmel reckte, aus ihm löste und ihn unter lautem Triumphgeschrei dem alten Mann brachte.

Damit war die Darbietung beendet. Die Tänzer hatten sich so verausgabt, dass einige taumelten und von Mittänzern in den Schatten geführt wurden, wo sie erschöpft zu Boden sanken. Die Kinder beeilten sich, ihnen große, mit Wasser gefüllte Muscheln zu bringen, das sie durstig hinunterstürzten. Einer nach dem anderen sammelte sich unter den Akazien.

»Was kommt jetzt?«, fragte Dorothea. »Sie scheinen auf etwas zu warten.«

»Auf ihr Schaf«, sagte Moorhouse und wies auf einen kräftigen Bediensteten des Gouverneurs, der, einen Schafskadaver über die Schulter geworfen, auf sie zuging und ihn vor dem alten Mann zu Boden fallen ließ. »Sobald sie in ihrem Lager sind, werden die Ältesten jedem seinen Anteil zusprechen.«

»Warum gerade die Alten? Haben sie keinen Anführer?«

»Die Alten sind die Anführer. Die jungen Männer haben kaum etwas zu sagen. Sie müssen sich erst bewähren, ehe ihr Wort Gewicht hat.«

»Und das scheint ziemlich lange zu dauern«, bemerkte August scherzhaft, während sie zusahen, wie die Männer die Beine des Schafs zusammenbanden, einen Speer dazwischen hindurchschoben und das schwere Tier schulterten. »Ich hätte auch gedacht, dass einer von den Kräftigsten der Häuptling ist.«

»Nein, mein Junge. Erfahrung zählt bei ihnen mehr als bloße Kraft.« Professor Menge klopfte Moorhouse anerkennend auf die Schulter. »Kompliment, Mr. Moorhouse! Wie lange sind Sie jetzt Protector? Etwas über ein Jahr, nicht? Dafür haben Sie bereits erstaunlich gute Kenntnisse von ihren Sitten und Gebräuchen.«

»Ich gebe mir Mühe.« Moorhouse war sichtlich erfreut über das Lob. »Aber sie überraschen einen immer wieder aufs Neue.«

4

Dieser Ausspruch von Protector Moorhouse kam Dorothea wieder in den Sinn, als er ein paar Wochen später in der Mission vorsprach. Ihre Mutter und sie waren gerade vom Einkaufen gekommen. Auguste Schumann liebte es, auf den Markt zu gehen. »Da kann ich mir fast einbilden, wieder zu Hause zu sein«, hatte sie einmal mehr gesagt.

Die meisten Marktfrauen waren deutsche Bäuerinnen. Speziell die Hahndorferinnen waren bekannt für die Qualität ihrer Waren. Allerdings auch für ihre Preise.

»Wir sollten sehen, so rasch wie möglich den Gemüsegarten anzulegen«, hatte ihre Mutter geseufzt, während sie die Ausgaben fein säuberlich ins Haushaltsbuch eintrug. »Fünf Pence für einen Bund Petersilie und einen Shilling für einen Salatkopf! Ich muss mit deinem Vater sprechen, ob man nicht jemand von diesen Eingeborenen draußen dafür abstellen kann. Sie lungern sowieso nur herum.«

Für jemanden wie Auguste Schumann war es fast eine Sünde, untätig herumzusitzen. Die Familien der Schüler, die sich vor der Missionsschule die Zeit vertrieben, entlockten ihr nicht selten spitze Bemerkungen.

»Ich fürchte, dazu haben sie alle viel zu viel Angst vor dir, Mama.« Dorothea musste immer noch lachen, wenn sie sich daran erinnerte, wie ihre Mutter wutentbrannt mit einem Besen auf den vorwitzigen Eingeborenen losgegangen war, der die Kühnheit besessen hatte, mit schmutzigen Fingern die frisch gewaschene Tischwäsche zu befühlen. Seitdem hatten sie respektvollen Abstand zu dieser gefährlichen Frau und ihrem *wodli* gehalten.

»Auguste, kannst du bitte in den Salon kommen? Du auch, Dorchen.«

Pastor Schumann stand in der Küchentür und sah verwirrt aus. »Mr. Moorhouse hat mir ein Anliegen vorgetragen, das ich nicht allein entscheiden möchte.«

Dorothea stellte noch rasch einen Krug Limonade sowie einige der guten Gläser auf ein Tablett und folgte dann den Eltern. Mr. Moorhouse erhob sich höflich bei ihrem Eintreten, machte ihr ein Kompliment über ihr frisches Aussehen und nahm dankend ein gefülltes Glas entgegen. Es war ihm aber deutlich anzusehen, dass er mit seinen Gedanken ganz woanders war.

»Ich komme in einer delikaten Angelegenheit zu Ihnen«, begann er. »Ich fürchte, ich muss ein wenig ausholen.«

»Lassen Sie sich ruhig Zeit«, ermutigte Pastor Schumann ihn freundlich. »August ist durchaus imstande, die Bande im Zaum zu halten, wenn es nötig ist.«

»Gut. Es geht darum, dass Jane, wie Kauwewingko sich jetzt nennt, lernen möchte, wie man als weiße Frau lebt.« Dorothea verschluckte sich fast an ihrer Limonade. Auch die Eltern starrten den Protector nur sprachlos an. »Ich sagte ja, ich muss weiter ausholen«, fuhr der fort. »Ich kenne Jane seit meiner Anfangszeit hier. Sie hat kurz diese Schule besucht. Erinnern Sie sich vielleicht noch an sie, Pastor Schumann? Sie muss eine gute Schülerin gewesen sein, denn sie spricht besser Englisch als die meisten.«

Dorotheas Vater schüttelte bedauernd den Kopf. »Der Name sagt mir jetzt nichts. Aber ich habe in meiner ersten Zeit nicht unterrichtet, weil ich ja selber noch Kaurna lernen musste.«

»Warum möchte sie denn wie eine weiße Frau leben?« Dorothea

erinnerte sich gut an den Ausspruch von Professor Menge, dass die Eingeborenen nicht zu zivilisieren seien. Und nun das?

»Jane möchte einen weißen Mann heiraten«, sagte Moorhouse, und sein Gesichtsausdruck signalisierte, dass er es für keine gute Idee hielt. »Nach Kaurna-Sitte sind sie bereits verheiratet. Aber Tim Burton möchte sie auch nach englischem Recht zur Frau nehmen. Mit einer Trauung in der Trinity Church und allem.«

»Wie romantisch!« Auguste Schumann war tief gerührt.

»Ich fürchte eher berechnend, Madam«, erwiderte Moorhouse schmallippig. »Burton ist Schafhirte, und sein Heiratswunsch dürfte in erster Linie darauf zurückzuführen sein, dass Jane ein ordentliches Stück Land beanspruchen kann. Sie wissen ja, dass die Regierung einen Teil der vermessenen Gebiete für die Eingeborenen zurückhält. Sie können also jederzeit eine Parzelle einfordern, wenn sie sie bebauen wollen.«

»Sie sind nicht glücklich mit der Sache?« Pastor Schumann musterte sein Gegenüber.

»Nein, das bin ich ganz und gar nicht«, sagte Moorhouse offen. »Aber ich habe keine Handhabe, es zu verbieten. Meiner Meinung nach hätte Jane etwas Besseres verdient, aber es ist nun einmal ihr Wille. Wahrscheinlich war ihr Leben im Harem ihres vorigen Ehemanns auch kein Vergnügen. Die jüngsten Ehefrauen bekommen immer die unangenehmsten Arbeiten zugeteilt.«

»Sie war schon verheiratet?«, platzte Dorothea heraus. »Wie alt ist sie denn?«

»Sechzehn, höchstens siebzehn.«

Mein Gott, sie war jünger als sie! Als sie zum ersten Mal geheiratet hatte, musste sie noch ein Kind gewesen sein.

Moorhouse, dem ihr Entsetzen nicht entging, lächelte schwach. »Ich darf Ihnen versichern, Miss Schumann, dass Jane keineswegs verdorben ist, wie man es nach unseren Maßstäben vermuten würde. Die Eingeborenen verheiraten ihre Töchter sehr früh. Sobald sie ungefähr zwölf oder dreizehn Jahre alt sind, verlassen sie ihren Stamm und ziehen zur Gruppe des Ehemanns.«

»Die armen Dinger!« Mutter Schumann schüttelte empört den Kopf. »Kann der Magistrat nicht dagegen vorgehen? Das ist einfach …« Ihr fehlten sichtlich die passenden Worte, um das auszudrücken, was nicht taktvoll auszudrücken war.

»Sie würden es nicht verstehen. Schließlich sind sie diese ihre Art gewohnt seit Urzeiten. Es wäre ein Kampf gegen Windmühlen.«

»Um auf den eigentlichen Grund Ihres Besuchs zurückzukommen: Verstehe ich Sie richtig? Sie möchten, dass wir sie als Haustochter aufnehmen?«, fragte Pastor Schumann, und Dorothea bewunderte ihn dafür, dass seine Stimme so ruhig klang. »Für wie lange?«

»Ich denke, länger als ein, zwei Monate wird Burton sich nicht gedulden«, sagte Moorhouse bedauernd. »Aber sie ist ausgesprochen aufgeweckt. Ich denke, in dieser Zeit wird sie alles lernen, was nötig ist.«

»Bringen Sie uns das arme Mädchen ruhig her. Wir werden uns gut um sie kümmern«, rief Auguste Schumann mitleidig. »Sie kann bei Dorothea schlafen. Es ist zwar ein bisschen eng, aber es wird schon gehen, nicht, Dorchen?«

In stummer Frage ruhten die Augen von Pastor Schumann und Protector Moorhouse auf ihr. Eingeschüchtert nickte sie. »Natürlich.« Es würde seltsam sein, das Zimmer mit einer so ungewöhnlichen Person zu teilen. Aber hatte sie sich nicht immer gewünscht, interessante Menschen kennenzulernen?

Mit dem zweiten Bett wurde es tatsächlich ziemlich eng. Dorothea tröstete sich damit, dass sie sich jetzt in den Sommermonaten sowieso nicht allzu viel dort aufhalten würden. Bei ihrer Ankunft hatten noch durchaus angenehme Temperaturen geherrscht. Die zauberhaften Frühlingstage hatten sich jedoch nur zu rasch zu trockenen, staubigen Sommertagen gewandelt, an denen einem der Schweiß bereits am Vormittag die Kleidung durchnässte. Dorothea und den Geschwistern machte das weniger aus, aber ihre Mutter litt bei der zunehmenden Schwüle immer häufiger an Kopfschmerzen, die so stark waren, dass sie sie zwangen, das Bett zu hüten.

So spielten Dorothea und Lischen allein auf der Veranda, als Moorhouse vorfuhr. Neben ihm saß ein schlicht gekleidetes, dunkelhäutiges Mädchen mit wachen Augen. »Das muss sie sein«, flüsterte Lischen und starrte mit aufgerissenen Augen auf die beiden Besucher. »Glotz nicht so!« Dorothea stieß ihre kleine Schwester mit dem Fuß an, ehe sie sich anschickte, die beiden angemessen zu begrüßen.

»Es tut mir leid, meine Mutter ist nicht wohl. Herzlich willkommen, Jane. Ich bin Dorothea, und das ist Lischen.«

»Ich bin euch sehr dankbar, dass ich bei euch lernen darf«, sagte Jane mit überraschend dunkler, weich klingender Stimme. »Ich werde mir große Mühe geben, euch nicht zur Last zu fallen.«

»Ich bin sicher, dass du das nicht wirst, Jane«, sagte Protector Moorhouse herzlich und reichte ihr das Bündel mit ihren Habseligkeiten. »Grüßen Sie Ihre Eltern von mir, Miss Schumann. Ich muss leider gleich weiter. Gouverneur Gawler erwartet mich.«

Er verschwand in der unvermeidlichen Staubwolke, und die drei Mädchen betrachteten sich neugierig und eine Spur befangen. »Möchtest du etwas trinken oder dich lieber zuerst frisch machen?«, fragte Dorothea schließlich.

»Was ist frisch machen?«

Lischen brach in hilfloses Gekicher aus. Ihre ältere Schwester zog sie energisch am Zopf, um sie zur Ordnung zu rufen.

»Sich frisch machen bedeutet: den Staub abzuwaschen oder sich umzuziehen – das Kleid wechseln«, fügte sie hinzu, als sie bemerkte, dass Jane das Wort nicht kannte. »Soll ich dich hinaufführen?«

»Ja, bitte.«

Jane zog sich natürlich nicht um. Sie trug ja bereits ihr bestes Kleid aus indigofarbener Baumwolle, zusammen mit einem Paar abgetragener Stiefel, die notdürftig für sie passend gemacht worden waren. Ein Waschtisch war ihr offensichtlich genauso unbekannt wie ein Kleiderschrank. Mit großen Augen nahm sie die neuartige Umgebung in sich auf. Als Dorothea Wasser aus dem Krug in die Waschschüssel goss, sah sie sie verwirrt an. »Zum Trinken?«

Dorothea verbiss sich das Lachen. »Nein, zum Waschen. Schau, das ist die Seife, und dort ist der Handtuchständer. Das schmutzige Wasser gießen wir hier einfach aus dem Fenster.«

Geradezu andächtig schnupperte Jane an dem Seifenstück. »Sie riecht ja nach Blumen«, stellte sie fest. »Wie macht ihr das?«

»Wir machen sie nicht selber. Wir kaufen sie in dem neuen Drugstore in der Hindley Street«, gab Dorothea zu. »Ich wüsste gar nicht, wie man Seife herstellt.«

»Es ist nicht schwer. Tim hat auch manchmal Seife gekocht, aber die stinkt.«

Sie wusch sich mit so kindlicher Freude an dem ungewohnten Luxus, dass Dorothea geduldig wartete, bis sie zum dritten Mal ihre Hände eingeschäumt hatte, ehe sie sagte: »Ich glaube, du bist jetzt sauber genug. Möchtest du dich noch ein wenig umsehen? Sonst können wir hinuntergehen und auf der Veranda etwas trinken. Ich habe vorhin frische Zitronenlimonade gemacht.«

»Ihr trinkt kein Wasser?«, fragte Jane erstaunt.

»Doch, auch. Aber Limonade schmeckt besser. Findest du nicht?«

Das gab Jane ohne Weiteres zu, nachdem sie vorsichtig gekostet hatte. »Es schmeckt wirklich sehr gut«, sagte sie höflich und stellte ihr Glas behutsam ab. »Viel besser als Tee oder Branntwein.«

Lischen spitzte die Ohren, und Dorothea warf ihr einen warnenden Blick zu. »Tee wird in englischen Haushalten viel getrunken«, sagte Dorothea. »Vom Morgen bis zum Abend und zu jeder Gelegenheit, habe ich gehört. Branntwein, glaube ich, eher nicht.« Sie wusste zwar nicht genau über englische Gepflogenheiten Bescheid, doch bei der Einladung des Gouverneurs war zumindest auf der Veranda kein Alkohol gereicht worden. Das schien bekannt zu sein, sonst hätte der junge Mann ja nicht seinen Flachmann dabeigehabt.

»Trinkst du oft Branntwein?« Lischen legte neugierig den Kopf schief. »Wie schmeckt er?«

»Scheußlich.« Jane schüttelte sich unwillkürlich. »Ich mag ihn nicht. Er brennt wie flüssiges Feuer in der Kehle. Aber Männer lieben ihn. Sowohl die Schafhirten als auch unsere. Was ein Glück ist.« Sie lächelte zufrieden. »So konnte Tim mich loskaufen.«

Dorothea beschlich das Gefühl, dass die Konversation für ein zehnjähriges Mädchen ganz und gar nicht passend war. Ihre Mutter hätte Lischen sicher weggeschickt. Aber sie kannte Lischen besser: Die Kleine war eine wahre Meisterin im Lauschen. So versuchte sie lieber, der Unterhaltung eine andere, harmlosere Richtung zu geben.

»Wie hast du eigentlich bisher gewohnt? Ich meine, habt ihr ein eigenes Haus, dein Mann und du?«

Jane schüttelte den Kopf. »Noch nicht. Aber sobald wir unser Land haben, wird Tim uns ein schönes wie dieses hier bauen«, erklärte sie mit unüberhörbarem Stolz in der Stimme.

Dorothea verstand so gut wie nichts von Hausbau, dennoch bezweifelte sie, dass ein Mann imstande wäre, einen solchen Bau ganz allein zu errichten. Jane schien diesem Tim ja wahre Wunder zuzutrauen!

Janes Beschreibung der Behausungen, die sie bisher gewohnt gewesen war, ließ beide Schwestern staunen. Bei den Kaurna waren feste Bauten unbekannt. Im Sommer wurden nur Windschirme errichtet, in den Wintermonaten etwas festere Schutzhütten. Es war ihr schwergefallen, sich an die aus massiven Baumstämmen errichtete Schäferhütte zu gewöhnen. »Am Anfang bin ich oft nachts nach draußen gegangen und habe mich dort unter einen Busch gelegt, weil ich das Gefühl hatte zu ersticken«, erzählte Jane.

»Hattest du keine Angst – so ganz allein im Dunkeln?« Lischen sah sie mit großen Augen an.

»Ich hatte doch ein Feuer, *yakkanilya!*«

»Ist das mein Name in deiner Sprache?«

»Nein, es bedeutet ›kleine Schwester‹. Darf ich dich so nennen? Dein Name ist für meine Zunge sehr schwer.«

»Natürlich.« Lischen strahlte. »Yakkanilya, das klingt nett. Viel hübscher als Lischen.«

»Eigentlich heißt du ja auch Elise«, warf Dorothea ein.

»Ihr habt auch andere Namen für kleine Kinder?« Jane wirkte verwirrt. »Ich dachte immer, Engländer bekommen ihre Namen für alle Zeiten?«

Dorothea erklärte ihr die Unterschiede zwischen Tauf- und Kosenamen und fragte dann, wie es bei den Kaurna gebräuchlich sei. »Wenn ein Kind geboren wird, ruft man es zuerst nur ›Kartamaru‹ – das bedeutet Sohn Nummer eins oder ›Kartanya‹ – das bedeutet Tochter Nummer eins«, sagte Jane. »Erst wenn es alt genug ist, mit den Männern oder mit den Frauen zu gehen, geben die Geister seinen endgültigen Namen bekannt.«

»Wie machen sie das denn?« Lischen war geradezu fasziniert.

»Sie schicken den Eltern einen Traum«, erwiderte Jane schlicht.

»Was denn für einen?«

»Ganz verschieden. Man träumt von einem Tier oder einem bestimmten Platz. Und dann wissen die Eltern, wie ihr Kind heißen soll.«

»Ihr nennt sie nicht nach Verwandten? Ich heiße nämlich nach meiner verstorbenen Großmutter«, erklärte Lischen.

Diese harmlose Eröffnung hatte eine seltsame Wirkung auf die junge Aborigine. Zu Dorotheas Verblüffung betrachtete sie Lischen mit einer Mischung aus Schrecken und Mitleid. »Nein«, sagte sie schließlich. »Wir nennen Kinder niemals nach Menschen. Menschen sterben eines Tages und gehen dann zu den Ahnengeistern. Und die Ahnengeister müssen respektiert werden. Ihre Namen sind tabu. Man darf sie nicht einmal aussprechen.«

»Das kommt mir ziemlich albern vor«, befand Lischen ungerührt und zog die Nase kraus. »Mama spricht ständig von Großmutter Elise.«

»Wir glauben nicht an Ahnengeister«, sagte Dorothea mit der Entschiedenheit einer Missionarstochter. »Wir glauben, dass die Seelen der Verstorbenen in den Himmel kommen und von dort auf uns herabsehen. Wir glauben, dass …« Lautes Geschrei aus Richtung des Schulhauses zeigte an, dass der Unterricht für heute beendet war. »O Himmel, ist es schon so spät?« Sie sprang auf. An den Tagen, an denen Auguste Schumann nicht wohl war, war es Dorotheas Aufgabe, das Essen zuzubereiten. »Jetzt haben wir uns aber mächtig verplaudert.«

Ungeduldig wartete sie, bis ihr Vater und ihr Bruder sich ausgiebig von ihren Schülern und deren Familien verabschiedet hatten und endlich auf das Haus zusteuerten.

»So, das ist also unser Gast«, sagte Pastor Schumann freundlich und streckte Jane eine Hand entgegen. »Willkommen, Kind. Ich hoffe, Sie werden sich bei uns wohlfühlen. – Was gibt es denn Schönes zu essen, Dorchen?«

»Ich fürchte, es gibt heute später Abendbrot, Papa. Lischen, deck schon mal den Tisch!«

Bis Dorothea mit Augusts Hilfe die Pastete aufgeschnitten und die Beilagen angerichtet hatte, war die Tageshitze von einer angenehm kühlen Abendbrise vertrieben worden, und Auguste Schumanns Lebensgeister erwachten wieder. Zumindest so weit, dass sie sich der Gesellschaft im Esszimmer anschloss. Janes offensichtliche Nervosität bei der Vorstellung befremdete Dorothea zuerst. Dann fiel ihr wieder ein, was Protector Moorhouse einmal über die Hierarchie bei den Kaurna-Frauen erzählt hatte. Älteren war absoluter Gehorsam zu leisten. Und vielleicht war ja auch die Geschichte mit dem Besen und der Tischwäsche herumgegangen? Das würde erklären, wieso Jane Mutter Schumann fast schon unterwürfig begegnete. Ihre Vermutung bestätigte sich, als Jane, die mit dem ungewohnten europäischen Besteck zu kämpfen hatte, einen Bissen auf die blütenweiße Tischdecke fallen ließ und vor Schreck erstarrte.

»Ich bitte um Entschuldigung. Ich bin zu ungeschickt«, wisperte sie und schien auf ein schreckliches Donnerwetter gefasst. Als Auguste Schumann nur beiläufig bemerkte: »Das macht doch nichts, es war sowieso nicht mehr frisch«, wirkte sie auf geradezu absurde Weise erleichtert.

Später, allein auf ihrem Zimmer, erklärte sie Dorothea, dass das Haus und seine ganze unbekannte Einrichtung sie nervös mache. »Ich fürchte, ich werde es niemals schaffen, mich an englische Sitten zu gewöhnen«, sagte sie verzagt. »Ich habe immerzu Angst, dass ich etwas kaputt mache. Dies zerbrechliche Geschirr, von dem ihr esst – sicher werde ich noch etwas fallen lassen, und deine Mutter wird sehr böse werden.«

»Du musst keine Angst haben. Mama wird nicht mit dir schimpfen«, beruhigte Dorothea sie. »Sie hat viel zu viel Mitleid mit dir.«

»Mitleid?« Jane sprach das Wort mit so viel Unverständnis aus, dass Dorothea hinzufügte: »Sie findet, dass du sehr schlecht behandelt wurdest.«

»Wieso?«

»Weil du praktisch schon als Kind verheiratet wurdest.«

»Ich wurde nicht als Kind verheiratet. Ich war genau im richtigen Alter, als mein erster Mann mich zur Frau nahm«, widersprach Jane.

Was sollte man darauf erwidern? Dorothea schwieg, nahm sich aber vor, bei nächster Gelegenheit Protector Moorhouse nach gewissen Aspekten des Lebens der Kaurna zu fragen.

»Soll ich das wirklich anziehen?« Jane drehte das Musselin-Nachthemd, das Dorothea ihr überlassen hatte, unschlüssig hin und her. »Es ist doch viel zu vornehm, um darin zu schlafen. Das ist ein Kleid für ein *palti!*«

»Findest du?« Dorothea musste bei der Vorstellung lachen, in einem Nachthemd zu einer Gesellschaft zu erscheinen. »Wenn du nicht magst, musst du es natürlich nicht anziehen. Was trägst du denn sonst in der Nacht?«

»Nichts.«

Dorothea zwinkerte. »Wie bitte?«

»Nichts. Wozu braucht man nachts Kleidung?«

Diese Frage hatte sich Dorothea noch nie gestellt. Es war eben so. »Anständige Frauen tragen Nachthemden«, sagte sie bestimmt. »Du wirst dich schon noch daran gewöhnen.«

In der Folgezeit wurden allerdings mehr Überzeugungen und Gewohnheiten der Schumanns auf den Prüfstand gestellt, als die es sich je hätten träumen lassen. Aus zahlreichen beiläufigen Bemerkungen und Erzählungen setzte sich allmählich ein Bild von Janes Alltag zusammen. Ihr Leben mit Tim Burton war in den Augen der Schumann-Frauen keine wesentliche Verbesserung gegenüber dem mit ihrem Stamm. Seine Hütte war zwar stabiler als die Windschirme, aber die Einrichtung war so spartanisch, wie es bei einer von Männern für Männer gedachten Unterkunft zu erwarten war: ein Kastenbett mit einer Matratze aus heimischen Farnen, ein großer Tisch und grob gezimmerte Stühle sowie eine gemauerte Herdstelle.

»Eine erbärmliche Hütte«, wie Mutter Schumann es zusammenfasste.

Trotzdem schien Jane dort nicht unzufrieden gewesen zu sein. »Ich werde froh sein, wieder nur Blechgeschirr benutzen zu dürfen«, vertraute sie Dorothea an. »Da muss man nicht ständig drauf aufpassen. Und keine Tischdecken, die man ununterbrochen waschen muss.«

Um sie nicht mit unnötigen Zwängen der Zivilisation zu konfrontieren, hatte Auguste Schumann den Schwerpunkt ihres hauswirtschaftlichen Unterrichts auf die Zubereitung einfacher Speisen, Wäschepflege sowie Grundkenntnisse in Näharbeiten gelegt. »Flicken muss man immer! Und man sollte imstande sein, aus alten Kleidungsstücken neue zu schneidern. – Puh, wenn es nur endlich wieder kühler würde!«

Damit war noch lange nicht zu rechnen. Erst gegen Ostern würde es Herbst werden. »Verrückte Welt«, hatte Mutter Schumann gemurrt. »Alles ist andersherum. Im Sommer ist Winter und zu Weihnachten Hochsommer. Man wird ja ganz wirr im Kopf.«

Tatsächlich empfanden es alle als äußerst seltsam, bei sommerlichen Temperaturen Advents- und Weihnachtslieder zu singen. Als Pastor Schumann Jane gebeten hatte, ihnen bei der Suche nach »geeigneten Zweigen für einen Kranz« behilflich zu sein, hatte Dorothea einige Momente gebraucht, bis sie realisiert hatte, dass er von einem Adventskranz sprach. Ihrem Gefühl nach konnte es ohne Kälte und Schnee einfach nicht Vorweihnachtszeit sein.

Es war ein wunderschöner Sommermorgen, als die beiden Mädchen, begleitet von Karl und Lischen, zu ihrer Exkursion aufbrachen. Jane wusste von einem Flecken ein Stück flussaufwärts, an dem Büsche mit biegsamen, lange haltbaren Zweigen wuchsen.

»Dort gibt es ganz in der Nähe auch eine Stelle, an der *goannas* leben. Ich werde aus ihnen eine Medizin für die Kopfschmerzen eurer Mutter machen.«

»Bist du denn ein Arzt?«, fragte Lischen erstaunt.

Jane schüttelte den Kopf. »Nein, ein Arzt bin ich nicht«, erwiderte sie. »Aber ich glaube, ich weiß, was ihr helfen könnte. *Ngalyipi* wäre auch gut, wenn wir welches finden.«

»Was sind *goannas* und *ngalyipi?«,* fragte Karl, während er sich neugierig über einen Busch beugte, der von roten Spinnen übersät schien. »Diese Blüten sind äußerst ungewöhnlich. Könnt ihr kurz warten, ich möchte sie zeichnen.«

»Goannas sind Tiere wie die da«, sagte Jane und zeigte auf eine zierliche, braune Eidechse, die aus dem Schilfbüschel flüchtete, von dem sie die breiten Blätter abzupfte. Geschickt begann sie, daraus ein dichtes Netz zu flechten. »Ich werde ein paar von ihnen fangen und in diesem *yammaru* mit nach Hause nehmen. Ihr Fett ist ein gutes Mittel gegen Kopfschmerzen.«

Alle drei Schumanngeschwister erstarrten vor Entsetzen. Dorothea fasste sich als Erste: »Du willst diese Tiere kochen?« Sie traute sich nicht vorzustellen, was ihre Mutter dazu sagen würde.

»Nicht kochen, nur das Fett auslassen«, erklärte Jane, ohne zu bemerken, welche Gefühle sie in ihren Begleitern geweckt hatte. »Sie sind noch ziemlich klein, deshalb werde ich ein paar von ihnen brauchen.«

»Das wird Mama niemals erlauben!« Lischen sprach aus, was sie alle dachten. Jane sah überrascht von ihrer Tätigkeit auf. »Wieso denn nicht? Sind sie für sie tabu?«

»Nein, natürlich nicht.« Dorothea überlegte, wie sie Jane taktvoll erklären sollte, dass ihre Mutter ganz bestimmte Ansichten darüber hatte, was in ihren Kasserollen und Töpfen zubereitet wurde und was nicht. Amphibien gehörten ganz sicher zu Letzteren. »Weißt du, Jane, vielleicht wäre es besser, wenn du die Eidechsen am Leben lässt. Ich könnte mir vorstellen, dass Mama lieber eine Arznei aus Pflanzen nehmen würde. – Was ist denn *ngalyipi?«*

»Es wächst um Bäume.« Die junge Aborigine machte eine kreisende Handbewegung, um zu demonstrieren, dass es sich offenbar um ein Schlinggewächs handelte. »Es hat gelbe Blüten. Man zerdrückt die Stängel und Blätter und macht daraus einen Umschlag für den Kopf. Aber *goanna*-Fett ist besser!«

»Trotzdem denke ich, dass Mama die Umschläge lieber wären«, sagte Dorothea. Sie bezweifelte im Stillen, dass ihre Mutter sich überhaupt auf »Eingeborenenkram« einlassen würde, aber sie wollte Jane nicht kränken, indem sie das laut äußerte. »Was sind das für Berge?«, fragte sie stattdessen und wies auf die bläulich schimmernde Bergkette am Horizont. »Kennst du ihren Namen, Jane?«

»Die Engländer nennen sie Mount Lofty Ranges. Für uns ist das *Yurrebillas* Rumpf«, sagte Jane so ernsthaft, dass niemand lachte.

»Ein seltsamer Name für eine Bergkette«, bemerkte Karl, klappte seinen Zeichenblock zu und studierte mit zusammengekniffenen Augen die fernen Strukturen. »Wer oder was ist *Yurrebilla?«*

»Es ist eine Traumzeitgeschichte.«

»Erzählst du sie uns? Bitte, Jane, ich liebe Geschichten«, bettelte Lischen.

»Ich bin keine gute Geschichtenerzählerin«, wehrte sie ab.

»Ach, bitte, bitte!«

»Jetzt hast du uns so neugierig gemacht, da musst du sie uns schon erzählen«, stimmte Karl mit ein. »Dort drüben ist ein netter Schattenplatz.«

»Es war vor langer, langer Zeit«, begann Jane in einem eigentümlichen Singsang. »Das Land war noch nicht lange aus den Wassern gestiegen, und unsere Vorfahren warteten noch darauf, geboren zu werden. Damals war das Land bewohnt von Riesen, und der größte von ihnen, ein unbezwingbarer Kämpfer, war *Yurrebilla.* Aber auch *Yurrebilla* wurde alt, und seine Kräfte schwanden. Zuerst bemerkte das niemand. Er war schlau genug, es geheim zu halten. Immer noch war er stark genug, es mit jedem einzelnen seiner Feinde aufnehmen zu können.

Eines Tages kam ein Zauberer zu ihnen. Niemand wusste, woher er kam, aber er war ein sehr, sehr mächtiger Zauberer. Er verriet ihnen, wie sie *Yurrebilla* besiegen könnten. Sie sollten sich aufteilen: Ein Teil würde den großen Krieger herausfordern und ihm in der Ebene zum Kampf gegenübertreten. Der andere Teil jedoch sollte sich versteckt halten und *Yurrebilla* von hinten angreifen.

So geschah es: *Yurrebilla* tötete so viele der Männer, dass ihre Leichen sich auftürmten wie ein Termitenhügel, aber der Blutverlust durch die unzähligen Speere in seinem Rücken schwächte ihn nach einiger Zeit so, dass er zu Boden sank. Als sie das sahen, kamen die Männer aus ihrem Versteck und erschlugen ihn mit ihren Keulen. Aus dem toten *Yurrebilla* formte sich das Land hier: Seine beiden Ohren wurden zu den zwei großen Berggipfeln dort im Süden, der Rumpf zu der Hügelkette nördlich von *Nuriootpa,* die ausgestreckten Arme berührten das Meer, und sein Kopf kam südlich bei *Parewarangk* zu liegen. So umschließt *Yurrebillas* toter Körper die Ebene, und sein Geist beschützt von den Hügeln herab alles Leben in der Ebene.«

Sie verstummte, und Dorothea hatte den Eindruck, dass sie sich mühsam wieder in die Gegenwart zurückkämpfte.

»Was für eine grässliche Vorstellung!« Lischen zog die Nase kraus. »Zu denken, dass ein toter Riese da herumliegt.«

»Es ist eine sehr alte Geschichte aus der Traumzeit, *yakkanilya«,* sagte Jane leise. »Ich weiß noch, wie ich sie das erste Mal hörte: Der Vater meines Vaters erzählte sie mir, als ich mir bei einem großen *palti* in *Warriparinga* einen giftigen Dorn in den Fuß getreten hatte. Es war sehr schmerzhaft, und ich habe viel geweint. Aber während er sie mir vortrug, habe ich keine einzige Träne vergossen. Und jetzt sollten wir weitergehen.«

In nachdenklichem Schweigen folgten sie Jane im Gänsemarsch. Der Bewuchs hier war dichter als in den Parklands von Adelaide. Die schütteren Baumkronen der Red River Gums ließen viel Licht durch. Kein dichtes Blätterdach spendete Schatten, wie sie es von deutschen Wäldern her gewohnt waren. Dementsprechend üppig gediehen Gräser und niedrige Sträucher um die einzelnen Tümpel und Weiher im ehemaligen Flusslauf.

Der Torrens River führte den Sommer über nicht durchgehend Wasser. Zu einem großen Teil versickerte es im sandigen Grund. Sobald in den Bergen die Regenfälle einsetzten, würde er wieder zu einem richtigen Fluss anschwellen, aber derzeit schien das schwer vorstellbar.

»Ist es noch weit?« Lischen hatte schon vor einiger Zeit aufgehört, den Eidechsen und Schmetterlingen nachzujagen, um zu sehen, wo sie zu Hause waren, wie sie es ausdrückte.

»Wir sind gleich da«, sagte Jane aufmunternd. »Siehst du die hohen Bäume dort vorn? Dahinter ist es.«

Tatsächlich erstreckte sich unter der Akaziengruppe, zu der sie sie führte, ein verlassener Lagerplatz. Von den ehemals vier Windschirmen stand nur noch ein einziger aufrecht, und die dazugehörigen Feuerstellen waren kaum mehr zu erkennen. Dazwischen verstreut lagen diverse unbrauchbar gewordene Gerätschaften aus Holz und zwei zerbrochene Branntweinflaschen. »Wofür benutzt man das?« Karl bückte sich und hob einen Stock mit abgebrochenem Ende auf.

»Das ist ein *katta.* Damit graben die Frauen nach Yamsknollen, Wurzeln oder Larven im Boden. Er ist auch nicht schlecht, um Opossums aus ihren Baumhöhlen zu jagen«, erklärte Jane mit leicht verschleiertem Blick.

»Und das?«

»Das ist die Hälfte von einem *wirri.* Ein Schwirrholz zur Vogeljagd.«

Jane schluckte plötzlich und lief auf das Wasserloch zu. Dort ging sie, den Blick fest zu Boden gerichtet, hin und her, bis sie gefunden zu haben schien, wonach sie Ausschau gehalten hatte.

Mit bloßen Händen begann sie zu graben und stieß nach kurzer Zeit einen unterdrückten Freudenschrei aus. Als sei er eine wahre Kostbarkeit, hielt sie einen zerbeulten Emaillebecher in die Höhe. »Mein Becher von Großvater!«

»Warum hast du ihn hier vergraben?«, wollte Lischen wissen.

»Ich hatte Angst, dass die erste Frau meines Mannes ihn als Geschenk verlangen könnte«, sagte Jane, ohne den Blick von ihrem wiedergefundenen Besitz zu heben. »Also habe ich ihn versteckt, um ihn irgendwann später zu holen. Aber dann ging alles so schnell, dass ich keine Zeit mehr hatte.«

»War dies hier der Lagerplatz deiner Familie?«, fragte Karl und sah sich interessiert um.

»Nur einer für den Frühsommer«, sagte Jane. »Aber es war mein Lieblingsplatz. Vor allem, weil es hier so viele *makus* gibt. Mein Lieblingsessen.«

»Makus?« Dorothea schwante, dass es sich dabei um etwas handelte, was nicht unbedingt dem entsprach, was sie unter Leibspeise verstand.

»Ich zeige es euch.« Jane nahm den *katta* auf, setzte sich in Bewegung und führte sie einige Meter in den Busch. Ihre Augen suchten den Boden ab. Neben einem halb vermoderten Akazienstamm stieß sie den Grabstock zielsicher in den Boden und förderte ein Stück Wurzel zutage. Als sie es zerbröselte, fielen einige weiße Würmer zu Boden. Jane hob sie auf und hielt ihnen ihre Handfläche mit dem Gewürm unter die Nase. »Sie schmecken sehr gut, wenn man sie über Feuer röstet.«

»Igitt! Wie eklig!« Lischen wich ein paar Schritte zurück und schüttelte sich vor Abscheu. Auch Dorothea waren die weißlichen Maden zuwider. Konnte man so etwas wirklich essen? Und es auch noch gut finden?

»Wonach schmecken sie?« Karl schien als Einziger von ihnen nicht von dem Anblick abgestoßen zu sein. Interessiert beugte er sich über die *makus* auf Janes Hand. »Es scheinen Käferlarven zu sein. Jedenfalls sehen sie ganz genau wie Maikäferlarven aus.«

»Sie schmecken wirklich gut: wie weiche, fette Nüsse«, verteidigte Jane ihr Lieblingsessen. »Soll ich sie mitnehmen und für dich zum Abendessen rösten?«

»Nein danke«, lehnte Karl ihr Angebot eilig ab. So weit ging sein Wissensdurst nun auch wieder nicht. »Ich glaube, ich muss nicht selber probieren, wie sie schmecken. Ich bleibe lieber bei Pastete.«

»Tim wollte sie auch nicht probieren. Er meinte, er sei kein Huhn«, sagte Jane kopfschüttelnd. »Aber ihr habt doch nichts dagegen, wenn ich sie für mich mitnehme?«

Als sie, beladen mit den Zweigen für den Adventskranz, einem Vorrat an *ngalyipi*-Stängeln sowie einigen Jungpflanzen, die sie in Hausnähe einpflanzen wollten, zur Mission zurückkehrten, erwartete Mutter Schumann sie nicht alleine auf der Veranda.

»Wer ist denn das?« Karl stöhnte unwillig, als er den jungen Mann in kariertem Anzug erblickte. Schweißüberströmt und staubverkrustet war keiner von ihnen in der Stimmung, einen Gast willkommen zu heißen. Es hatte länger gedauert, den *ngalyipi* zu finden, und der Rückweg in der Mittagshitze hatte allen zu schaffen gemacht. Selbst Jane ging nicht mehr so leichtfüßig wie sonst.

Der elegant gekleidete Mann kam ihnen entgegen, zog seinen Panamahut und fragte geradezu aufreizend munter: »Kann ich den Damen irgendwie behilflich sein? – Miles Somerhill vom *Register.«*

»Ja, gehen Sie uns aus dem Weg«, knurrte Karl und stapfte, den Bund Zweige auf der Schulter, weiter. »Die letzten Meter schaffen wir jetzt auch noch alleine.«

»Oje, da bin ich wohl ins Fettnäpfchen getreten.« Somerhill lachte, schien jedoch keineswegs zerknirscht. »Werden Sie mir auch gleich zu verstehen geben, wie nutzlos und lästig ich bin?«

»Führen Sie mich nicht in Versuchung«, gab Dorothea im gleichen Ton zurück. »Weswegen sind Sie eigentlich hier?« Sie warf dem jungen Mann einen Seitenblick zu. Er sah gut aus, sehr gut sogar. Viel besser als der ältliche Reporter, der am Schiffskai in Port Adelaide jeden der Neuankömmlinge nach seinem Namen und seinen weiteren Plänen gefragt hatte.

»Mein Chef hat von Ihrem Gast gehört und ist der Ansicht, dass der *Register* eine solche Geschichte unbedingt bringen müsse.« Er sah Jane hinterher, die ihr Bündel Richtung Torrens River trug. »Was hat sie vor?«

»Konkret oder im übertragenen Sinn?« Dorothea ließ ihre Zweige an die Hauswand neben die von Karl fallen und wischte sich mit dem Handrücken den Schweiß von der Stirn.

»Im Augenblick frage ich mich, was sie mit diesem Grünzeug vorhat«, sagte Somerhill. »Was macht sie denn jetzt?« Sein Tonfall drückte ein solches Ausmaß an Erstaunen aus, dass Dorothea seinem Blick folgte. Jane hatte ihren Rock über einen der Büsche geworfen und knöpfte gerade ihre Bluse auf. Unterwegs hatte sie zwar davon gesprochen, wie unangenehm ihr die europäische Kleidung wäre und dass sie lieber wie früher nackt ginge, aber Dorothea hatte das nicht ernst genommen.

»Würden Sie bitte meiner Mutter auf der Veranda Gesellschaft leisten, Mr. Somerhill«, stieß sie jetzt hastig hervor. »Wir kommen gleich nach.« Ohne darauf zu achten, ob er ihrer Bitte Folge leistete, eilte sie auf die Stelle zu, an der Jane ihre Kleidung abgelegt hatte und Anstalten machte, in ein Wasserloch zu steigen.

»Jane, was machst du da? Zieh dich sofort wieder an!«

»Wenn ich gebadet habe«, gab Jane ungerührt zurück und watete vorsichtig tiefer. »Du solltest auch ins Wasser kommen. Dein Kleid ist ganz nass geschwitzt.«

Die Wassertropfen glitzerten auf Janes dunkler Haut wie Perlen auf Samt. Kühl und frisch. Einen Moment verspürte Dorothea die

Versuchung, es ihr nachzutun. Es müsste herrlich sein, sich von diesem Wasser umspülen zu lassen. Den ganzen Schweiß, der ihre Glieder mit einem klebrigen Film überzog, auf einmal abzuwaschen. Aber ein Blick in die Runde zeigte ihr, dass der Badeplatz keineswegs vor Blicken geschützt war. Also sagte sie bedauernd: »Ich kann nicht. Wenn jemand käme und mich so sähe!«

Jane lachte, sagte aber nichts. Stattdessen kam sie langsam zum Ufer zurück, streifte sich das Wasser vom Körper und kleidete sich wieder an. Erst bei den Stiefeln zögerte sie und sah Dorothea an. »Meinst du, dieser Reporter wäre sehr schockiert, wenn ich barfuß bliebe?«

Jane hasste europäisches Schuhwerk. Wann immer es ging, lief sie mit bloßen Füßen. Selbst Mutter Schumann hatte sich inzwischen an den Anblick gewöhnt. Also nahm Dorothea die ungeliebten Stiefel mit hinauf, als sie sich waschen ging, während Jane sich schon ihrer Mutter und Mr. Somerhill auf der Veranda anschloss.

Obwohl sie sich beeilte, war bis auf Karl die übrige Familie bereits vollzählig versammelt. Der Reporter erzählte gerade von den Zuständen in Adelaide, die er als Neuankömmling noch miterlebt hatte. »Kennen Sie die Geschichte von dem Hut auf der Wakefield Street? Nein? – Also, in der Regenzeit geht ein Mann die Straße entlang, als er einen Zylinder im Schlamm liegen sieht. Er bückt sich, um ihn aufzuheben. Zu seinem Entsetzen kommt darunter ein Männerkopf zum Vorschein, der ihn um Hilfe bittet. Der Mann geht ein Brett holen, stellt sich darauf und zieht und zieht. Aber der Gentleman im Schlamm steckt fest, rührt sich keinen Zentimeter. Ein zweiter Mann kommt ihm zu Hilfe – vergebens. ›Verdammt‹, sagt der Mann im Schlamm schließlich. ›Ich komme einfach nicht aus den Steigbügeln!‹«

August brach in schallendes Gelächter aus. »Der Witz ist gut«, prustete er. »War es wirklich so schlimm?«

»Mr. Stevenson, mein Chef, schwört Stein und Bein, dass er das selbst erlebt hätte.« Somerhill grinste. Da sah er Dorothea in der Tür stehen und sprang auf. »Miss Schumann, Ihre Mutter hat mir verraten, dass Sie ein äußerst schmeichelhaftes Interesse an unserer Zeitung geäußert haben. Es wäre mir eine Ehre und ein Vergnügen, Ihnen alles zu zeigen, was Sie sehen möchten.«

Überrascht sah Dorothea zu ihrer Mutter. »Mama!«

Auguste Schumann lächelte verhalten. »Glaubst du, ich habe nicht gemerkt, dass du immer dann den kleinen Umweg durch die Hindley Street vorschlugst, wenn beim *Register* eine neue Ausgabe aushing? Und es waren nicht die Familienanzeigen, die du verschlungen hast.«

Tatsächlich hatte die Eloquenz, ja Bissigkeit der Kommentare, in denen meist die Arroganz und Überheblichkeit der Verwaltung gegenüber den Eingeborenen gegeißelt wurde, sie begeistert. Dagegen war Herr Dünnebier in Dresden ein Chorknabe! Man musste die Menschen aufrütteln. Überhaupt waren die Philanthropen in ihren Augen viel zu zurückhaltend: Anstatt Waisenkinder von den Straßen Londons in die australische Wildnis zu verfrachten, wäre es doch sinnvoller gewesen, die Missstände anzuprangern, die dazu führten, dass die Kleinen als Diebe und Huren abgerichtet wurden. So, wie Mr. Stevenson es hier mit seinem *Register* tat.

Wenn sie ein Mann gewesen wäre, hätte sie schon längst dort vorgesprochen und ihre Dienste angeboten. Stattdessen hatte sie seit Wochen überlegt, wie sie es anstellen konnte, den Herausgeber zu überzeugen, ihr als Frau eine Chance zu geben. Dorotheas Gedanken überschlugen sich: Janes Geschichte bot ihr die erste Möglichkeit, ihr Geschlecht zu ihrem Vorteil einzusetzen. Im persönlichen Gespräch konnte sie diesen Mr. Stevenson sicher davon überzeugen, dass die Geschichte einer Frau besser von einer anderen Frau geschrieben würde als von einem Mann.

Dorothea holte tief Luft und lächelte Miles Somerhill an. »Sie glauben gar nicht, was Sie mir damit für eine Freude machen«, sagte sie und spürte, wie ihr Herz vor Aufregung wie rasend klopfte. Dass ihr sehnlichster Wunsch jetzt so plötzlich und unerwartet in greifbare Nähe rückte, erschien ihr wie ein Wunder. »Wann?«, fragte sie atemlos.

»Ist Ihnen gleich morgen Vormittag um zehn Uhr recht?« Somerhill sah fragend zu ihren Eltern. »Wir könnten dann einen kleinen Lunch nehmen, und anschließend würde ich Ihre Tochter selbstverständlich wieder nach Hause bringen.«

5

Miles Somerhill kam auf die Minute pünktlich mit einem eleganten Gig vorgefahren. »Was für ein Angeber«, kommentierte Karl das geschickte Manöver, mit dem er vor den Treppenstufen wendete. Es war offensichtlich, dass er den jungen Reporter nicht mochte. War es eine Art Eifersucht auf die Weltläufigkeit des Älteren, oder ging die Abneigung tiefer? Bei Karl war das schwer zu beurteilen.

»Ein Wagen wäre wirklich nicht nötig gewesen«, sagte Dorothea, sobald sie neben Somerhill auf dem Bock Platz genommen hatte und ihren neuen Strohhut zurechtrückte. »Wir sind beide jung und gesund und hätten die paar Schritte auch gut zu Fuß gehen können.«

»Lassen Sie mir doch die Freude, mit einer bezaubernden, jungen Dame durch die Straßen zu kutschieren und mich von allen Herren beneiden zu lassen«, gab er mit einem Augenzwinkern zurück. »Ich dachte mir, ich nutze die Gelegenheit und zeige Ihnen etwas von der Stadt. Oder haben Sie etwa keine Lust auf eine kleine Spazierfahrt?«

»Doch, doch«, beeilte Dorothea sich zu sagen. »Ich hatte nur nicht damit gerechnet.«

»Zum *Register* kommen wir noch früh genug. Aber im Ernst: Ich habe den Auftrag, einen Blick auf die neuen Bauten zu werfen, und dachte, zwei Fliegen mit einer Klappe zu schlagen. Bin gespannt, wie weit sie inzwischen mit dem Hospital sind.«

Tatsächlich folgten ihnen zahlreiche neugierige Blicke von Passanten, während er in flottem Trab die North Terrace entlangfuhr. Vor den Baracken neben der Residenz des Gouverneurs exerzierten etwa zwei Dutzend uniformierter Polizisten unter dem Befehl eines bärtigen Mannes. Seine harte, metallisch klingende Stimme deutete auf eine lange militärische Karriere hin. »Unser neuer Commissioner, Major O'Halloran, mit seiner Fußtruppe.« Somerhill tippte sich an den Zylinder, seine höfliche Geste wurde jedoch ignoriert. »Er ist nicht gut auf den *Register* zu sprechen«, bemerkte Somerhill mit süffisantem Grinsen. »Ein irischer Haudegen und Sturkopf, wie er im Buche steht. Haben Sie von seiner Strafexpedition wegen des Maria-Massakers im Coorong gehört?«

»Unsere Näherin hat davon gesprochen.« Dorothea bemühte sich, ihre Stimme ruhig klingen zu lassen, obwohl sie vor Aufregung, endlich mehr darüber zu erfahren, am liebsten gejubelt hätte. »Stimmt es, dass die Eingeborenen dort wirklich alle Schiffbrüchigen ermordet und verscharrt haben? Es ist kein Irrtum möglich?«

Somerhill schüttelte den Kopf. »Es gibt einige ungeklärte Fragen. Beispielsweise die nach den verschwundenen Seeleuten, die wie vom Erdboden verschluckt sind. Aber die Leichen, die man gefunden hat, wurden von Eingeborenen getötet. Das ist sicher.«

»Woher weiß man das?«

»Ihre Verletzungen. Ich habe den inoffiziellen Bericht von Dr. Penney gelesen.« Somerhill schluckte. »In der Zeitung haben wir es nicht gebracht. Wollen Sie es wirklich wissen?«

Dorothea nickte. Einige Augenblicke später wünschte sie, sie hätte dies nicht getan.

»Den Männern haben sie mit ihren Waddies, das sind diese Keulen, die Arme gebrochen, und dann wurden sie mit Speeren getötet. Die Frauen und Kinder wurden alle erschlagen. Zum Teil wurden ihre Köpfe regelrecht zertrümmert.«

Dorothea verspürte plötzlich leichte Übelkeit. Sie atmete tief durch und wartete, bis das Unwohlsein nachließ, ehe sie die Frage stellte, die sich ihr aufdrängte. »Gibt es eine Erklärung für diesen Wahnsinn?« Ein solcher Gewaltausbruch konnte doch nicht einfach so stattfinden. Es musste irgendeinen Grund dafür geben! Wie brachte man es sonst fertig, unschuldige Kinder umzubringen?

»Das hat sich hier auch jeder gefragt«, sagte Somerhill nachdenklich. »Natürlich gab es wie immer die Leute, die von der schlechten Natur der Eingeborenen überzeugt sind und die das gerne zum Anlass genommen hätten, kurzen Prozess mit allen zu machen. Egal, ob unschuldig oder schuldig. Dr. Penney, der die dortigen Dialekte ganz gut beherrscht, wollte noch einmal bei den Salt-Lake-Stämmen nachforschen, was im Einzelnen vorgefallen ist. Aber ich bezweifle, dass er damit Erfolg haben wird. Es wird wohl auf immer ein Geheimnis bleiben, was diese Tragödie letztendlich ausgelöst hat.«

»Es gibt keine Hinweise? Nicht einmal gerüchteweise?«

»Gerüchte gibt es immer. Es heißt, die Seeleute hätten sich an Eingeborenenfrauen vergriffen. – Na ja, inzwischen ist es ein paar Monate her, und die Leute haben andere Sorgen. Die verschollenen Seeleute waren nicht von hier, und die Passagiere haben keine Verwandten in Adelaide, die die Erinnerung wachhalten könnten. Aber wenn es Sie so interessiert, kann ich Ihnen nachher die entsprechenden Ausgaben heraussuchen. Da müsste auch die Passagierliste dabei sein und die offiziellen Berichte, die wir abgedruckt haben.«

»Die Behörden betrachten die Angelegenheit also als abgeschlossen?«

»Das wäre Gouverneur Gawler nur zu recht«, sagte Somerhill eine Spur boshaft. »Aber seine und Richter Coopers unpassend großzügige Auslegung der Rechtsprechung wird vermutlich ebenso Folgen für ihn haben wie sein noch großzügigerer Umgang mit den Finanzen der Kolonie.«

Am letzten Markttag hatte Dorothea mitbekommen, wie sich am Bierstand eine Gruppe gut gekleideter Herren lautstark über »Gawlers Bauwut« und dass er Südaustralien damit in den Ruin triebe ausgelassen hatte.

»Ist es wirklich so gefährlich?«, erkundigte sie sich nun etwas besorgt.

Der Reporter nickte. Mit der Kutscherpeitsche wies er hinter sich auf die Residenz, die gerade noch durch die Bäume des Parklands zu sehen war. »Dieser Prachtbau alleine hat fast zehntausend Pfund gekostet. Für das Gefängnis dort hinter den Polizeibaracken, übrigens ebenfalls nagelneu, hat sein Architekt Kingston fast das Doppelte ausgegeben wie eigentlich vorgesehen.« Er unterbrach sich, um das Pferd mit einem Zungenschnalzen zu einer etwas flotteren Gangart zu bewegen, und fuhr dann fort: »Das neue Hospital, die neue Werft und das Zollhaus in Port Adelaide, nicht zu vergessen die zahllosen neuen Straßen ins Landesinnere – es gibt nicht wenige Leute, die sagen, dass Gouverneur Gawler uns mit seiner Bauwut in den Bankrott treibt.«

Dorothea erinnerte sich an den nüchtern gekleideten Mann mit der asketischen Ausstrahlung.

»Ist er wirklich ein solcher Verschwender?«

Somerhill hörte die Skepsis in ihrer Stimme und verzog den Mund zu einem schiefen Lächeln. »Persönlich ist Gouverneur Gawler ganz sicher ein sehr bescheidener Mensch. Aber er hält zu viel von den Theorien eines Adam Smith.«

»Von dem habe ich noch nie gehört«, gestand Dorothea und kam sich auf einmal sehr ungebildet vor.

»Er ist auch schon gestorben, bevor Sie das Licht der Welt erblickten: Adam Smith, ein schottischer Wissenschaftler, vertrat in seinem berühmten Werk *Vom Wohlstand der Nationen* die Auffassung, dass in Krisenzeiten der Staat seine Ausgaben drastisch erhöhen muss, um den Wegfall privater Investitionen auszugleichen. – Und das tut Gawler nicht zu knapp: Die öffentlichen Schulden Südaustraliens belaufen sich inzwischen auf über dreihunderttausend Pfund! Lange wird London ihn nicht mehr das Geld mit vollen Händen zum Fenster hinauswerfen lassen. Auch wenn ich über keinerlei hellseherische Gaben verfüge – das kann ich mit Sicherheit voraussagen. Sie werden jemanden in Marsch setzen, der ihn ablöst, und dann dürfte es für einige Herrschaften hier ziemlich unangenehm werden.«

»Was wird dann geschehen?« Dorothea war es bei seiner düsteren Prophezeiung kalt den Rücken hinuntergelaufen.

Miles Somerhill sah in ihr ängstliches Gesicht und musste lachen. »Entschuldigung, da ist mein Hang zu dramatischen Formulierungen wieder mit mir durchgegangen! Befürchten Sie eine Revolution? Nein, nein – einige Herren werden ihre gut dotierten Posten verlieren, und weitere Straßen dürfen wir wohl vergessen. Aber fallen lassen wird England uns nicht! – He, du Biest, du sollst gefälligst abbiegen!« Letzteres war an das Pferd gerichtet, das wenig Neigung zeigte, sich lenken zu lassen, sondern sich mehr für das üppige Grün der umzäunten Gärten interessierte.

Dennoch schaffte Miles Somerhill es, sie zielsicher bis vor das Gebäude des *Register* in der 53, Hindley Street zu kutschieren. Die Hindley Street galt als erste Adresse Adelaides, und diesem Umstand war es wohl auch zu verdanken, dass sie als eine der ersten bereits über gepflasterte Bürgersteige verfügte. Das nagelneue zweistöckige Haus erinnerte in nichts mehr an die Lehmhütte, in der am 3. Juni 1837 die erste Ausgabe der *South Australian Gazette and Colonial Register* gedruckt worden war. Inzwischen war die Belegschaft auf einundzwanzig Personen angewachsen und die Auflage des wöchentlich erscheinenden Blatts auf neunhundert Exemplare. Aus dem Hausinneren drang das Stampfen der Druckerpresse wie der Herzschlag eines riesigen Tieres.

Wumm, wumm, wumm. Wenn sie mit Dampf betrieben würde, hätte August sicher darauf bestanden, mitzukommen. Die Geschicklichkeit der Drucker, die bis zu zweihundertfünfzig Seiten in der Stunde produzieren konnten, interessierte ihn weniger.

»Bringen Sie die Mähre doch bitte in den Mietstall zurück, Tom«, bat Somerhill den jungen Mann, der dienstbeflissen auf ihn zukam. »Ach, und richten Sie Mr. Myers aus, dass ich das Tier am Nachmittag noch mal brauche.« Er wandte sich Dorothea zu, die nervös an ihrem Beutel herumfingerte, in dem sich außer einem Taschentuch und ein paar Münzen auch das Zeugnis von Herrn Dünnebier befand. Von ihm unterschrieben bestätigte sie sich darin »brillante Formulierungskunst«, »ein ungewöhnliches Geschick im Umgang mit Informanten« sowie »ein unbestechliches Gespür für Wahrheit und Anstand«. Jetzt, wo sie ihre Hymne tatsächlich gleich einem Herausgeber vorlegen würde, beschlich sie das Gefühl, vielleicht doch ein bisschen zu dick aufgetragen zu haben.

In respektvollem Abstand passierten sie die Stanhope-Presse und die beiden Männer in ihrer Arbeitskleidung aus grobem Drillich, die die Maschine mit Papier fütterten und die fertigen Druckseiten einem Jungen weiterreichten, der sie zu den Trockentischen brachte. »Auf dieser Presse wurde im Januar 1837 die Proklamation zur Errichtung der Kolonie Südaustralien gedruckt«, erklärte Somerhill ihr mit erhobener Stimme, um den Lärm zu übertönen. »Am Strand von Holdfast Bay. Die erste Ausgabe des *Register* wurde dann schon hier gedruckt, auf diesem Grundstück. In einer Lehmhütte, deren Dach bei Regenwetter ständig undicht war.«

Im ersten Stock folgten ihnen einige erstaunte Blicke der Setzer, als sie auf die Tür mit der Aufschrift »George Stevenson, Chefredakteur« zugingen.

Im Büro befanden sich bereits zwei Herren. Der Jüngere von ihnen lümmelte in einem Schreibtischstuhl, die Füße auf der Tischplatte. Er war nicht sehr groß, sein Haar und Kinnbart von einer undefinierbareren Schattierung zwischen dunkelblond und hellbraun. Mit seinen aufgekrempelten Hemdsärmeln, dem herabhängenden Halstuch und den ungeputzten Stiefeln wirkte er nicht nur nachlässig gekleidet, sondern geradezu schlampig.

Der andere lehnte am Fenster: ein freundlich wirkender, älterer Herr mit einem mächtigen grauen Backenbart. Gerade sah er von dem Papier auf, das er überflogen hatte, und fragte bekümmert: »Willst du uns unbedingt ruinieren, George? Wenn Gawler uns den letzten Regierungsauftrag auch noch entzieht – und das wird er, sobald er das gelesen hat –, dann müssen wir den *Register* einstellen.«

»Verzeihung«, stammelte Miles Somerhill mit vor Verlegenheit feuerroten Ohren. »Ich habe nicht gehört, dass Sie Besuch haben, Sir.«

»Macht nichts, macht nichts. Robbie wollte sowieso gerade gehen«, sagte der Mann hinter dem Schreibtisch, sprang auf und klopfte dem Älteren freundschaftlich auf die Schulter. »Mach dir nicht so viele Sorgen, alter Junge! Ich werde es überarbeiten. Versprochen.«

Der Grauhaarige wirkte nicht unbedingt beruhigt, verabschiedete sich jedoch mit einem flüchtigen Nicken.

»Sie sind also die junge Dame, die sich so glühend für unseren *Register* interessiert?« Mr. Stevenson musterte Dorothea aus wachen, grauen Augen unter buschigen Brauen. »Was halten Sie davon?« Er griff nach dem Papier und las laut: »Wir erinnern an die Proklamation, die wir im Auftrag unseres verehrten damaligen Gouverneurs Hindmarsh die Ehre hatten zu drucken. Stand darin nicht wörtlich:

Es ist auch, speziell zu diesem Zeitpunkt, meine Pflicht, die Kolonisten von meiner Resolution in Kenntnis zu setzen, dass jedes gesetzliche Mittel anzuwenden ist, der einheimischen Bevölkerung denselben Schutz angedeihen zu lassen wie dem Rest der Untertanen Ihrer Majestät. Und es ist meine feste Absicht, mit exemplarischer Härte jeden Akt der Gewalt oder Ungerechtigkeit, der in irgendeiner Art gegen die Eingeborenen, die unter demselben Schutz des Gesetzes wie die Kolonisten stehen und denen die gleichen Privilegien wie britischen Bürgern zustehen, ausgeübt oder versucht wird, zu bestrafen.

Was ist aus diesem hehren Anspruch geworden? Es mag nicht wenige Kolonisten geben, die Major O'Halloran für seine Aktion am Coorong Beifall zollen. Denen sei diese Proklamation ins Gedächtnis gerufen. Nach Recht und Gesetz hätten die Beschuldigten vor Gericht gebracht werden müssen. Angeblich steht den Eingeborenen doch dasselbe Recht wie uns zu. Was würden wir sagen, wenn Gouverneur Gawler seine Truppe gegen einen Engländer schickte und diesen, auf die bloße Anschuldigung eines Nachbarn hin, aufhängen ließe?

Genau das ist hier geschehen: Es ist unbestritten, dass die unglücklichen Schiffbrüchigen auf gewaltsame Art zu Tode gekommen sind. Zumindest diejenigen, deren Überreste gefunden wurden. Wie es jedoch zu der Tragödie kam, wird sich aufgrund der voreiligen Lynchjustiz unseres werten Major O'Halloran wohl niemals mehr aufklären lassen.

Und das Schlimmste ist der Verdacht, dass in Wahrheit Unschuldige ermordet wurden. Ja, ermordet, denn unser englisches Recht wurde hier mit Füßen getreten. Die angeblich Schuldigen hatten keine Möglichkeit, sich zu verteidigen. Kein Anwalt stand ihnen zur Seite. Das Urteil des Standgerichts, die stümperhafte Vollstreckung desselben war eine einzige Verhöhnung unserer Werte. Major O'Halloran ist ein Mörder, und unser werter Gouverneur ist zumindest ein Anstifter, wenn nicht ein Mittäter. Wollen wir wirklich solchen Männern unsere Sicherheit anvertrauen?«

Während seine Worte nachklangen, war für einige Momente nichts zu hören als das Klappern von Pferdehufen draußen auf der Straße. Dann räusperte sich Somerhill und sagte: »Sir, ich fürchte, Mr. Thomas hat recht.«

Stevenson schnaubte unwillig und wedelte mit der Hand, als wolle er eine lästige Fliege verscheuchen. »Feiglinge, alle beide. Und was sagen Sie, junge Dame?«

»Ich finde es großartig.« Dorothea holte tief Luft. »So möchte ich auch schreiben können.«

Kurz entschlossen zog sie das Zeugnis aus ihrem Beutel und hielt es ihm hin. »Mr. Stevenson, bitte, lassen Sie mich Ihnen beweisen, dass ich zu Ihrer Zeitung passe. Hier, schauen Sie, ich habe daheim in Deutschland schon einen Artikel verkauft.«

Der Chefredakteur hob die Brauen. »Worum ging es? Blumen stecken? Marmeladenwettbewerb? Na, geben Sie schon her.« Seine Mundwinkel zuckten, als er das Zeugnis las. »Dieser Mr. Dünnebier lobt Sie ja in den höchsten Tönen.«

»Nein, ich schrieb keineswegs über etwas so Banales«, erwiderte Dorothea leicht beleidigt. »Ich schrieb über ein Dienstmädchen und die Ungerechtigkeit und Schlechtigkeit ihrer Dienstherrschaft.«

»Tatsächlich?« Mr. Stevenson wirkte nicht übermäßig beeindruckt. »Da gibt es hier nicht viel zu berichten. Dienstboten sind rar und werden entsprechend zuvorkommend behandelt.«

»Ich dachte eher, ich könnte Mr. Somerhill vielleicht bei dem Artikel über Jane zur Seite stehen«, schlug Dorothea vor. »Viele der Menschen haben keine Ahnung vom wirklichen Leben der Eingeborenen. Sie kennen nur die *paltis* und die Bettler. Wäre es nicht eine gute Idee, ihnen ihre Lebensweise näherzubringen?«

George Stevenson musterte sie mit unleserlichem Gesichtsausdruck. »Das kommt jetzt etwas plötzlich, Miss Schumann. Darf ich fragen, ob dieser Plan mit Mr. Somerhill abgesprochen ist?«

»Nein, Sir. Aber ich hielte es tatsächlich für eine gute Idee«, sagte der nachdenklich. »Die Geschichte von Burtons Verlobter bietet ausreichend Potenzial. Eine entsprechende Hintergrundschilderung würde gut dazu passen. Und ich denke, im Gespräch von Frau zu Frau ist diese Jane vielleicht zugänglicher, als sie es mir gegenüber war. Vor allem wäre es einmal etwas anderes als die ewigen gestohlenen Schafe.«

»Hm.« Stevenson schien sich allmählich für den Vorschlag zu erwärmen. »Vielleicht wäre es wirklich nicht schlecht. Im Magistrat haben wir erst neulich darüber gesprochen, dass man etwas unternehmen müsste, um bei der Bevölkerung mehr Verständnis für die Eingeborenen zu wecken. Richter Cooper wird mit Diebstahlsklagen überhäuft, die oft genug auf Missverständnisse zurückzuführen sind. – Also gut.« Er nickte abschließend. »Bringen wir zur Abwechslung mal etwas, was dem guten Gouverneur nicht auf den Magen schlägt und Robbie ruhig schlafen lässt! Liefern Sie mir bis nächste Woche eine Arbeitsprobe, Miss Schumann. Wenn ich zufrieden bin, akzeptiere ich Sie als freie Mitarbeiterin auf Honorarbasis. Ist das für Sie in Ordnung?«

»Ja, natürlich. Danke«, hauchte Dorothea. In ihrem Kopf formte sich bereits der Artikel. Sie würde mit einer Beschreibung der täglichen Pflichten und Aufgaben einer Eingeborenenfrau beginnen. Jane konnte ihr ja alles aus eigener Anschauung schildern. Hier und da hatte sie über ihr Leben im Harem gesprochen, und es war Dorothea recht schnell klar geworden, dass es kein schönes Leben gewesen war. Ob Professor Menge ein solches Dasein auch so romantisch verklärt gesehen hätte?

Und dann hatte sie Tim Burton getroffen, den Prinzen, der sie aus dem Elend erlöst hatte. Oder war das zu theatralisch?

»Miss Schumann?«

Erschrocken zuckte sie zusammen. George Stevenson hielt ihr die Hand zum Abschied hin. »Ich sehe Sie dann nächste Woche.« Damit waren sie entlassen. Wie in Trance schwebte sie hinter Miles Somerhill die Treppe hinunter und wäre vermutlich einfach weiter auf die Straße hinausgeschwebt, wenn er sie nicht am Ellenbogen gezupft hätte.

»Wollten Sie nicht noch die alten Ausgaben ansehen?«

Das Archiv befand sich im hinteren Teil des unteren Stockwerks. »Natürlich ist es noch nicht sehr eindrucksvoll«, sagte Somerhill. »Der *Register* existiert ja auch erst seit vier Jahren, wenn man die Londoner Ausgabe mitzählt. Das ist die dort an der Wand. Aber ich bin zuversichtlich, dass sich die Ausgaben in diesem Raum noch einmal bis unter die Decke stapeln werden.«

Er klang ein wenig verschnupft. Nahm er ihr insgeheim übel, dass sie ihn praktisch benutzt hatte? Auf einmal war es ihr sehr wichtig, dass er nicht schlecht von ihr dachte. Dorothea nahm ihren Mut zusammen und sah ihm offen in die Augen. »Ich kann Ihnen gar nicht genug für Ihren Beistand danken. Bitte glauben Sie mir, dass ich nicht vorhatte, Sie zu verdrängen. Ich wollte doch nur, dass Mr. Stevenson mir eine Chance gibt.«

»Und das hat er getan. Schwamm drüber. Ich muss noch kurz in die Redaktion hoch und hole Sie dann zum Lunch ab. Kommen Sie bis dahin hier zurecht?«

Dorothea versicherte ihm, keine weitere Hilfe zu benötigen, und stürzte sich auf die letzten Ausgaben, kaum dass die Tür hinter ihm zugefallen war.

Die Berichterstattung im *Register* begann mit einer Sonderausgabe vom 1. August mit den Schlagzeilen:

Verdächtiges Schiffswrack
Mord durch Eingeborene?

Dorothea überflog den Artikel, der auf dem offiziellen Bericht der Polizeistation von Encounter Bay fußte: Ungefähr eine Woche früher hatten örtliche Eingeborene Mitglieder eines Nachbarstamms, des »Big Murray tribe«, in blutdurchtränkter europäischer Kleidung gesehen, und ihnen war erzählt worden, zehn weiße Männer, fünf weiße Frauen und einige Kinder seien zwei Tagesreisen entfernt am Coorong getötet worden.

Eine Suchmannschaft, die der Sache nachgehen sollte, war tatsächlich auf zahlreiche Eingeborene in blutbefleckten europäischen Kleidern und auf eine Stelle gestoßen, an der acht verstümmelte Leichen von Männern, Frauen und Kindern oberflächlich verscharrt worden waren. Sie wurden als Mr. Und Mrs. Denham, vier ihrer fünf Kinder, eine Mrs. York und ein Mr. Strutt identifiziert. Alle waren sie, wie der offizielle Bericht explizit vermerkte, »mit äußerst brutaler Grausamkeit« ermordet worden.

Und alle acht Toten waren Passagiere der *Maria* gewesen, die am 26. Juni mit neun Besatzungsmitgliedern und einem guten Dutzend Passagieren an Bord Port Adelaide in Richtung Van Diemensland verlassen hatte.

Sobald diese Nachricht Adelaide erreichte, hatte der Gouverneur seinen Polizeichef Major O'Halloran mit einer Strafexpedition beauftragt. Er sollte gründliche Nachforschungen anstellen und, sobald die Täter identifiziert und gefangen genommen worden seien, bis zu vier von ihnen zur Abschreckung möglicher Nachahmer erschießen oder erhängen.

Major O'Halloran begann seine Nachforschungen am Massengrab, in dem die Reste der Denhams und ihrer Begleiter von der ersten Suchmannschaft beigesetzt worden waren. Von dort aus durchkämmten er und seine Leute die Dünenlandschaft. Zwar fanden sie keine weiteren Leichen, stießen dafür jedoch am Lake Albert auf das Lager eines von befreundeten Einheimischen als schuldig bezeichneten Stammes. Dort wurden entsprechende Indizien sichergestellt: blutverschmierte Kleidung, Briefe, Bücher, Silberlöffel, eine Taschenuhr, die einwandfrei einem der Getöteten gehört hatte. O'Halloran ließ den gesamten Stamm, fast siebzig Personen, festnehmen. Einige der Männer, die zu flüchten versuchten, wurden dabei verletzt oder getötet. Zwei, die von ihren Stammesgenossen als Haupttäter bezeichnet wurden, verurteilte ein sogenanntes Kriegsgericht zum Tod durch den Strang. Sie wurden auf dem Massengrab ihrer Opfer an einem rasch errichteten Galgen erhängt. Nach eingehender Ermahnung, dass Engländer auf diese Art Mord bestraften, ließ der Polizeichef den Rest des Stammes laufen.

Bei der weiteren Suche wurden eine Woche später auf dem Festland, südöstlich vom Massengrab, nochmals zwei Leichen, in Wombatlöchern versteckt, gefunden, die aufgrund ihres Zustands nur noch als männlich und weiblich zu identifizieren waren.

Aufgrund der Aussagen von Eingeborenen ging Major O'Halloran davon aus, dass zwei oder drei der Männer und eine Frau – vielleicht Captain Smith und Mr. und Mrs. Young – von einem anderen Eingeborenenstamm an der Ostseite des Murray ermordet worden waren. Man hoffte, dass die Suchmannschaft wenigstens die Leichen dieser Personen finden würde, damit alle Zweifel über ihr Schicksal ausgeräumt würden. Aber die Suche verlief ergebnislos und wurde schließlich eingestellt.

In der Zwischenzeit war eine offene Auseinandersetzung zwischen Befürwortern und Gegnern der von Gouverneur Gawler gewählten Lösung ausgebrochen.

»Nach diesem Stand der Dinge würde ich sagen, dass man allen Grund hat zu glauben, dass die prompte Exekution der Schuldigen auf dem Platz, wo das Verbrechen begangen worden war, und in Anwesenheit ihres Stammes, der sich der Schuld vollkommen bewusst war, für die Zukunft einen sehr wohltuenden Effekt auf die Eingeborenen dieses Distrikts hat, indem es sie von mutwilligen und unprovozierten Attacken gegen Personen oder Besitz von Europäern, die in ihrer Nachbarschaft siedeln, abschreckt.

Wenn die Beschuldigten nach Adelaide verbracht worden wären, ist es sehr wahrscheinlich, dass sie nicht verurteilt und nach dem englischen Gesetz hätten bestraft werden können. Aber selbst wenn es geschehen wäre, hätte es keinen abschreckenden Effekt auf die anderen Mitglieder des Stammes gehabt, die durch eine Verhaftung ihrer Kameraden eher verwirrt als abgeschreckt und eingeschüchtert worden wären, was auch immer sie über die Bestrafung der Übeltäter hören mögen«, schrieb O'Halloran selbst.

Diese Art von Rechtsauffassung hatte wiederum Stevenson in beißenden Kommentaren gegeißelt. Er hatte nicht nur schlüssige Beweise für die konkrete Schuld der Hingerichteten gefordert, sondern auch einen »deutlichen und ernsten Protest gegen das Recht der Kolonialregierung von Südaustralien, Todesurteile gegen irgendjemanden zu verhängen, außer unter Umständen, die vom englischen Recht und der Verfassung des Britischen Empire anerkannt und genauestens definiert wurden«, geäußert. Es sei nicht hinnehmbar, dass ein »Busch-Gerichtshof« Todesurteile fällte.

Kein Wunder, dass Gouverneur Gawler auf Mr. Stevenson und den *Register* nicht allzu gut zu sprechen war! Selbst ihr, die nicht die geringste Ahnung von englischem Recht hatte, war klar, dass er ihm mit diesem Protest im Grunde öffentlich vorwarf, sich willkürlich über das Gesetz hinweggesetzt zu haben. Ob das zutraf, konnte sie nicht beurteilen. Trotzdem kam ihr die Handlungsweise des Polizeichefs zumindest nicht allzu gründlich vor.

Wie konnte es angehen, dass eine Handvoll Männer allein für den Tod so vieler Menschen verantwortlich war? Wie konnte man wissen, ob die Beschuldiger nicht selbst Beteiligte waren?

Und wo waren die Besatzungsmitglieder? Sie hatte alles gründlich durchgelesen, aber sie wurden nirgends erwähnt. Neun erwachsene Männer, acht, wenn man den Schiffsjungen abzog, konnten doch nicht einfach spurlos verschwinden? Wenn sie dort Nachforschungen betrieben hätte, hätte sie die Eingeborenen sehr viel eingehender nach dem Verbleib dieser Vermissten befragt.

Vielleicht konnte sie ja zu einem späteren Zeitpunkt Mr. Stevenson davon überzeugen, dass es sich durchaus lohnte, dieser mysteriösen Geschichte genauer nachzugehen. Momentan schien er ihr mehr daran interessiert, sie als Waffe gegen den missliebigen Gouverneur einzusetzen, als sie aufzuklären.

Sie war gerade eifrig damit beschäftigt, sich Notizen zu machen, als eine Stimme hinter ihrer rechten Schulter ertönte: »Was halten Sie jetzt von einem netten Lunch zur Feier des Tages?« Sie hatte Somerhill gar nicht eintreten gehört!

Hastig klappte sie ihr Notizbuch zu. »Ist es schon so spät?«

»Wissen Sie, dass ich noch nie zuvor einer jungen Dame begegnet bin, die so begeistert von einer Zeitung ist wie Sie?« Der Reporter musterte sie mit der Aufmerksamkeit, die ein Forscher einer neuen Art entgegenbringt. »Die meisten interessieren sich bloß für die Gesellschaftsnachrichten.«

»Vielleicht kommt es daher, dass ich so schrecklich neugierig bin«, sagte Dorothea, etwas aus der Fassung gebracht durch die Art, wie er sie ansah. »Gesellschaftsnachrichten langweilen mich.«

Somerhill sah aus, als fiele es ihm schwer, ihr zu glauben. Aber er sagte nur: »Wenn Sie dann so weit sind, sollten wir gehen.«

Er führte sie in ein relativ kleines Lokal ganz in der Nähe, über dessen Eingangstür ein bescheidenes Blechschild hing. »Zur freien Presse« stand darauf. »Der Inhaber unterstützt Mr. Stevensons Ansichten über die absolute Unabhängigkeit der Zeitungen«, erklärte Miles. »Und wir sind natürlich gehalten, wiederum ihn zu unterstützen. Tavernen gehen nicht allzu gut, wenn die Leute kaum Geld in der Tasche haben.«

»Wegen Gouverneur Gawlers Verschwendungssucht?«

»Nein, das kann man so nicht sagen«, erwiderte Somerhill ernsthaft. »Es gibt hier in Südaustralien zu viele Spekulanten, die ein Vermögen mit dem Kauf und Verkauf von Land gemacht haben, anstatt es zu bewirtschaften. Deshalb fehlen unserer Kolonie Waren für den Export. Was die deutschen Siedlungen rund um Adelaide anbauen, reicht gerade für den Eigenbedarf. Die paar Ballen Schafwolle, die wir nach England schicken können, fallen dagegen kaum ins Gewicht.«

»Wenn wir also mehr Waren produzieren würden, die woanders verkauft werden könnten, ginge es allen besser?«

»So ungefähr.« Miles Somerhill schmunzelte. »Respekt, Sie haben schnell begriffen, worum es geht! Man muss Gawler zugestehen, dass er alles getan hat, um den Landverkauf anzukurbeln: Er hat vermessen und parzellieren lassen, was das Zeug hielt. Dazu jede Menge Straßen bauen lassen – aber damit hat er die Spekulation nur noch angeheizt.«

»Konnte er das nicht einfach verbieten?«

»Leider nein. Der freie Handel ist ein Grundrecht englischer Bürger, das kann nicht einmal die Königin verbieten. Schon gar nicht ein kleiner Gouverneur in einer Kolonie am Ende der Welt.«

Dorothea stutzte, als ihr ein störender Gedanke in den Sinn kam. »Wie kann man überhaupt das Land hier einfach verkaufen? Gehört es nicht den Eingeborenen?«

»Die wissen doch gar nicht, was sie damit anfangen sollen, Missy«, mischte Hoby, der Wirt, sich ein und stellte einen Krug Limonade vor sie auf den Tisch. »Oder haben Sie schon mal einen Schwarzen auf dem Feld arbeiten sehen?« Herausfordernd stemmte er beide Arme in die fülligen Seiten. »Na also. Steht übrigens schon in der Bibel: Wenn einer seinen Weinberg verkommen lässt, dann soll man ihn einem anderen geben. Er gehört dem, der ihn pflegt. Ist es nicht so, Mr. Somerhill?«

»Ich bin nicht sehr bibelfest«, sagte der einschränkend. »Aber sowieso greift hier juristisch das Prinzip der *Terra nullius,* was bedeutet, dass das Land als Niemandsland angesehen wird, auf das jeder Anspruch erheben kann.«

»Und wir Engländer waren die Ersten, die es taten.« Hoby kicherte, bei einem derart massigen Mann ein irgendwie unpassender Heiterkeitsausbruch. »Wenn ich denke, dass dieser Kontinent anfangs nur wegen der Sträflinge kolonisiert wurde! Sie sind Deutsche, nicht? Wussten Sie, dass es sogar schon Verhandlungen gab mit einem deutschen Fürstentum, ich weiß jetzt nicht, welches, aber die wollten auch ihre Zuchthäusler hierher verschiffen. War ihnen dann nur zu teuer, die Passage.«

»Es gibt Sträflinge hier? Doch nicht in Adelaide?«, fragte Dorothea erschrocken.

»Keine Sorge, Missy. In ganz Südaustralien gibt es keine. Hier leben nur anständige Leute. Die großen Sträflingskolonien sind an der Ostküste, nicht hier«, beruhigte Hoby sie. »Was darf ich bringen? Lamm-Stew, Entenpastete oder Kängurubraten?«

Dorothea wählte das Lamm-Stew, und während sie auf das Essen warteten, unterhielt Miles sie mit mehr oder minder skurillen Anekdoten aus den ersten Tagen der Kolonie.

Es gefiel Dorothea ungemein, dass er mit ihr nicht wie mit einem unwissenden Kind sprach, sondern sie wirklich als gleichwertigen Gesprächspartner ansah. Wie ihre zukünftige Zusammenarbeit wohl aussehen würde? Miles Somerhill schien keiner zu sein, der sein Wissen hütete wie einen Schatz, den man nicht mit anderen teilt. Wenn Mr. Stevenson mit ihrem Artikel zufrieden war – und sie zweifelte nicht daran –, dann begann für sie ein neues Leben!

Wie Mr. Stevenson und Mr. Somerhill würde sie sich dafür einsetzen, dass niemand ungerecht behandelt wurde, dass alles mit rechten Dingen zuging, dass auch Höhergestellte die Gesetze einhielten, die für alle galten. Und sie würde aus erster Quelle erfahren, was in der großen, weiten Welt vor sich ging.

Wer sich nicht für die Schönheit griechischer Hexameter oder den Aufbau polymorpher Gesteine interessierte, dem boten die häuslichen Gespräche im Hause Schumann wenig Unterhaltung, geschweige denn Anregung. Ihr Vater interessierte sich ebenso wenig wie ihr Bruder August für Politik. Er fühlte sich in seinem kleinen, überschaubaren Kosmos der Missionsstation wohl und schien kein Bedürfnis zu verspüren, zu erfahren, was in der Außenwelt vor sich ging. Vermutlich hätte es ihn auch nur verstört. Sie hatte nicht umhinkönnen, zu bemerken, wie geschickt Pastor Teichelmann für ihren verträumten Vater die Fäden gezogen hatte. Die Hilfslehrerstelle für August, die fest zugesagte weitere Unterstützung der Missionsschule durch die Regierung – der zukünftige Regierungs-Dolmetscher ließ seinen Kollegen in diesen unruhigen Zeiten wohlversorgt zurück.

»Es würde mich interessieren, zu erfahren, wieso Sie sich für so unweibliche Dinge wie Politik interessieren«, sagte Miles Somerhill und riss sie mit dieser Frage aus ihren Gedanken.

»Erzählen Sie mir von sich?« Er stützte die Ellenbogen auf den Tisch und sah sie erwartungsvoll an. Sein Interesse an ihrer Person verunsicherte sie gleichermaßen, wie es ihr schmeichelte. Für einen so weltläufigen jungen Herrn wie ihn konnte ihr Leben nur äußerst langweilig sein. Auf einmal bedauerte sie, nicht versierter in Konversation zu sein. »Spannen Sie mich nicht auf die Folter!«, bat er. »Ich würde wirklich gerne mehr über Sie und Ihre Familie erfahren. Wo sind Sie aufgewachsen?« Dabei strahlte er sie so charmant an, dass sie nicht anders konnte, als sein Lächeln zu erwidern.

»In Dresden«, erwiderte Dorothea. »Das ist eine Stadt an der Elbe, ziemlich in der Mitte von Deutschland, in der Nähe von …«

»Ich weiß, wo Dresden liegt«, unterbrach er sie. »Ein Cousin von mir hat eine Zeit lang dort studiert. Es soll eine sehr schöne, elegante Stadt sein. Kommt Ihnen Adelaide dagegen nicht richtig provinziell vor?«

»Ein bisschen.« Dorothea musste lachen. »Außer an Markttagen laufen dort zumindest keine Schweine herum.« Damit spielte sie auf das gut genährte Ferkel an, das zwischen den Tischen nach Essensresten suchte. Auch in den Gärten an der North Terrace, ja selbst in unmittelbarer Nachbarschaft der Residenz, hatte sie welche gesehen und sich gewundert, dass der Magistrat der Stadt das duldete.

»Und sonst? Vermissen Sie nicht das kulturelle Leben einer Großstadt? Theater, Konzerte, Bälle?«

Dorothea schüttelte den Kopf. »Wir haben ausgesprochen zurückgezogen gelebt. Bevor mein Vater nach Australien vorausgereist ist, war ich noch zu klein für solche Vergnügungen. Und danach mussten wir sehr haushalten. Also habe ich viel gelesen, weil die Leihgebühr nicht hoch war.« Sie lächelte verschmitzt. »Und Zeitungen konnte man in der Leihbücherei sogar umsonst lesen.«

Er erwiderte ihr Lächeln in stillem Einverständnis. »Daher also. Sind Ihre Geschwister auch so wissbegierig?«

»August interessiert sich für nichts anderes als Mineralien und Dampfmaschinen«, erklärte sie. »Was diese Themen betrifft, ist er sicher besser informiert, als ich es je sein könnte. Karl sieht alles nur mit den Augen eines Zeichners, und Lischen ist noch ein Kind.«

Ein schrilles Quieken und ärgerliche Stimmen von der Straße ließen sie aufspringen und hinauslaufen. Vor der Taverne standen sich ein erzürnter Hoby, sein Ferkel unter dem Arm, und ein gleichfalls aufgebrachter Eingeborener gegenüber. Zwischen ihnen lag im Staub der Straße eine angefressene Melone. Der finster blickende Schwarze fuchtelte wild mit seinem Speer, drauf und dran, den Übeltäter damit zu durchbohren, traute sich jedoch offensichtlich nicht, den Wirt dabei zu gefährden.

»Was ist denn hier los?« Ein Constabler in schweißdurchtränkter Uniform kam herbei und musterte den Eingeborenen misstrauisch.

»Mein Schweinchen hat die Melone gefunden und sich drüber hergemacht«, erklärte Hoby in unschuldigem Ton. »Plötzlich kam der anspaziert, behauptete, es sei seine Melone, und verlangte, dass ich ihm dafür einen Shilling bezahle. Was lässt er sie auch herumliegen? Außerdem kann man sie noch gut essen. Es ist noch mehr als die Hälfte da.«

»Sie wissen, dass Schweine auf den Straßen verboten sind!« Der Constabler zückte seinen Block. »Eigentlich müsste ich Sie dafür verwarnen, Hoby, dass Sie Ihr Viehzeug frei herumlaufen lassen. Aber in diesem Fall …« Er stieß die angefressene Melone verächtlich mit dem Fuß an, sodass sie auf den Schwarzen zurollte. »Der hat sie doch sowieso irgendwo geklaut. – Du da, troll dich gefälligst! Und dass du dich hier so schnell nicht wieder blicken lässt. Haben wir uns verstanden?« Er unterstrich die in barschem Ton hervorgestoßene Anweisung mit entsprechenden Handbewegungen.

Der Angesprochene gehorchte, wobei er den Wirt und sein Haustier mit wütenden Blicken bedachte. »Die nächste Zeit würde ich Ihren kleinen Liebling nicht mehr unbewacht lassen«, riet der Constabler. »Na, Mr. Somerhill, wieder auf der Suche nach einem zündenden Thema für die nächste Ausgabe?« Er bemerkte Dorothea nicht sofort, weil sie im Schatten stehen geblieben war. »Langsam wird es für den *Register* eng, was?« Die leise Schadenfreude in seiner Stimme war nicht zu überhören.

»Wetten Sie lieber nicht darauf, dass Thomas und Stevenson das Handtuch werfen«, gab der Reporter kühl zurück. »Uns, nicht dem *Southern Australian,* sind die Regierungsaufträge zugesichert worden. Wir werden ja sehen, was London zu Gouverneur Gawlers Eigenmächtigkeit sagt. – Hoby, die Rechnung bitte.«

»Worum geht es bei diesen Regierungsaufträgen eigentlich?«,

erkundigte Dorothea sich, als sie in bestem Einvernehmen Arm in Arm zum Mietstall schlenderten. »Sie scheinen ja sehr wichtig zu sein.«

»Das kann man bei einem Volumen von eintausendachthundert Pfund im Jahr wohl sagen«, meinte Somerhill trocken. »Ursprünglich war der *Register* die einzige Zeitung hier in Südaustralien, und die Kolonialbehörde hatte Mr. Thomas auch sämtliche Druckaufträge der hiesigen Regierung zugesichert. Mr. Stevensons Kampf für die Pressefreiheit und seine Opposition gegenüber Gouverneur Gawler haben dann einige Herren dazu bewogen, ein Konkurrenzblatt zu gründen.« Er schnaubte verächtlich durch die Nase. »Der *Southern Australian* ist nichts anderes als ein Sprachrohr der Verwaltung. Aber mit den Druckaufträgen, die uns entzogen und ihnen zugeschanzt werden, floriert das Blatt recht ordentlich.«

So viel zur Pressefreiheit! Dorothea verspürte einen Stich der Enttäuschung darüber, dass es auch hier am anderen Ende der Welt immer noch um gesellschaftliche Rücksichten und schnöden Mammon ging. Hatte nicht auch Herr Dünnebier Angst vor einer Klage beziehungsweise deren finanziellen Folgen gehabt?

6

Dass Weihnachten praktisch vor der Tür stand, kam Dorothea genauso unwahrscheinlich vor wie ihre neue Position als freie Korrespondentin. Ihre Mutter hatte zwar den Kopf geschüttelt, als sie davon hörte, jedoch keine Einwände erhoben. Auch ihr Vater hatte nur gemurmelt: »Tempora mutantur. Ich hoffe nur, dass du nicht Schaden an deiner Seele nimmst, wenn du in die Niederungen menschlichen Daseins hinabblickst.«

Jane war hellauf begeistert von der Aussicht, dass nunmehr Dorothea diejenige sein würde, die ihre Geschichte aufschrieb. »Ich spreche viel lieber mit dir als mit diesem Mann«, vertraute sie ihr an. »Er wird allerdings ärgerlich sein, jetzt nicht mehr herkommen zu können.«

»Wieso denn das?«

»Ich habe gesehen, wie er dich mit den Augen verschlungen hat. Wenn es nach ihm ginge, würde er dich hinter einen Busch ziehen«, sagte Jane und lächelte vielsagend.

Dorothea schluckte bei der Vorstellung, Miles Somerhill auf diese Art näherzukommen. Er gefiel ihr wirklich ausnehmend gut. Nicht nur, dass er glänzend aussah mit seinem gut geschnittenen Gesicht, das sie an die Abbildungen römischer Büsten in den Büchern ihres Vaters erinnerte. Mehr noch zog sie sein herausforderndes Lächeln, sein bissiger Humor und der Hauch von Unverfrorenheit an, der ihn umgab. Sie hätte absolut nichts dagegen gehabt, wenn er den Versuch unternommen hätte, sie zu küssen. Irgendetwas sagte ihr, dass es keine unangenehme Erfahrung sein würde. Aber er hatte keinerlei Anstalten dazu gemacht, und sie hatte nicht die geringste Ahnung, wie sie es anstellen sollte, ihn zu ermutigen.

»Jane, so etwas sagt man nicht«, brachte sie schließlich verlegen hervor. »Außerdem ist Mr. Somerhill ein Gentleman. Der würde so etwas nie tun.«

»Alle Männer sind gleich.« Die junge Aborigine war nicht im Mindesten beeindruckt. »Die Weißen, die in unser Lager kamen, wollten immer nur … Wie sagt man in eurer Sprache dazu?« Sie vollführte eine obszöne Geste, die an Deutlichkeit nichts zu wünschen übrig ließ.

»Man spricht überhaupt nicht über solche Dinge.« Dorothea bemühte sich um Fassung.

»Nie?« Überrascht hob Jane die Augenbrauen. »Nicht einmal, wenn ihr heiratet?«

»Doch, ich glaube schon. Aber nicht einfach so. Das Thema ist – wie soll ich sagen – sehr, sehr privat.«

»Bei uns im Lager sprachen alle ständig davon. Die Männer über die Frauen, die Frauen über die Männer und alle gemeinsam über die weißen Männer. Die Frauen, die oft mit Weißen hinter einen Busch gingen, sagten, dass sie sehr unterschiedlich wären. Schafhirten seien fast wie unsere Männer, aber die vornehmen aus der Stadt schwächlich wie ein Greis.« Sie lachte kehlig. »Was für ein Glück, dass Tim ein Schafhirte ist!«

Und was für ein Glück, dass weder ihre Mutter noch Lischen in Hörweite waren! Dorothea wagte nicht, sich die Reaktion Mutter Schumanns auf diese in aller Harmlosigkeit geäußerte Information auszumalen.

»Du willst damit doch nicht sagen, dass Herren aus Adelaide sich …« Dorothea fehlten die Worte.

»Aber natürlich. Oder hast du wirklich geglaubt, nur Schafhirten gingen zu *lubras?*«

Dorothea versuchte, das zu verdauen. Sie konnte sich einfach nicht vorstellen, dass die Herren in ihrem feinen Zwirn, die immer so höflich den Zylinder lupften, wenn sie ihnen auf der Straße begegnete, mit Eingeborenenfrauen »hinter einen Busch gingen«, wie Jane es so malerisch ausdrückte. Ihr Widerwillen spiegelte sich so deutlich auf ihrem Gesicht, dass Jane ganz erstaunt fragte: »Hast du das denn nicht gewusst? Ach, wie dumm von mir. Ihr sprecht ja nicht darüber.« Sie lachte erneut, offenbar fand sie diese Zurückhaltung äußerst albern.

»Stört es die Männer denn gar nicht, wenn ihre Frauen mit fremden Männern … in den Busch gehen?«, erkundigte Dorothea sich. Bekanntermaßen betrugen die Eingeborenen sich nicht nach europäischen Vorstellungen von Sitte und Anstand, aber dennoch fiel es ihr schwer, zu glauben, dass es Ehemännern tatsächlich gleichgültig war, wenn ihre Frauen sich mit anderen Männern einließen.

»Nur, wenn sie keine Kompensation dafür bekommen.« Plötzlich wurde Jane ernst. »Dann ist das Gleichgewicht nicht mehr gewahrt, verstehst du?«

Dorothea nickte geistesabwesend, weil ihr eben ein schrecklicher Gedanke durch den Kopf geschossen war: Ging Miles Somerhill etwa auch in den Busch? Sie brachte es nicht über sich, Jane zu fragen. Was, wenn sie es bejaht hätte? Stattdessen griff sie nach ihrem Notizbuch und sagte betont munter: »Ich denke, wir sollten dann anfangen mit dem Interview. Die meisten Leserinnen interessieren sich sicher brennend dafür, wie eine Hochzeit bei deinem Stamm gefeiert wird. Welche Zeremonien werden dabei abgehalten? Kannst du sie mir beschreiben?«

»Nachdem die Verhandlungen über den Brautpreis abgeschlossen waren, hat mein Bruder mir befohlen, alle meine Sachen zusammenzupacken und meinem Ehemann zu seinem Lager zu folgen«, sagte Jane nüchtern. »Eine spezielle Zeremonie gibt es nicht. Dafür ist es nicht wichtig genug.«

Fassungslos ließ Dorothea den Stift sinken und starrte sie an. »Nicht wichtig genug? Eine Hochzeit?!« Bisher hatten sie, auch wenn sie allein gewesen waren, weder über Janes ersten Ehemann noch über ihr Leben bei seinem Stamm gesprochen. Irgendwie hatte es sich nie ergeben. Jane kicherte. »Du solltest lieber den Mund wieder zumachen, sonst fliegt noch eine Mücke hinein«, riet sie. »Tim hat mir erzählt, dass bei den Weißen eine Eheschließung eine großartige Angelegenheit ist. Deswegen will er mich ja auch nach euren Zeremonien heiraten. Er meinte, sonst fühlte er sich überhaupt nicht verheiratet.« Sie verzog spöttisch den Mund. »Dass man vor der Hochzeitsnacht enthaltsam bleiben muss, hat er mir aber erst viel später erzählt. Damals war ich schon lange seine Frau.«

»Musstest du nicht erst von deinem Mann geschieden werden? Kommt es oft vor, dass Ehefrauen ihren Mann verlassen?«

Jane schüttelte den Kopf. »Eine Ehefrau kann ihren Mann nicht verlassen. Sie gehört ihm. Wenn sie wegläuft, weil sie Heimweh nach ihrer Familie hat oder weil er sie schlecht behandelt hat, wird sie sofort zurückgebracht und hart geschlagen. Einmal hat mir gereicht!« Sie beugte sich vor, zog ihre Haare am Scheitel etwas auseinander und ließ Dorothea einen Blick auf eine lange, hässliche Narbe auf der Kopfhaut werfen. »Du kannst mir glauben, dass es lange gedauert hat, bis es nicht mehr schmerzte und mich nicht mehr an meinen Fehler erinnerte«, sagte sie gelassen, ohne auf Dorotheas offenes Entsetzen einzugehen. »Nein, es ging alles nach den Regeln. Tim hat mich ihm abgekauft, und damit bin ich in seinen Besitz übergegangen. Jetzt gehöre ich ihm.«

»Das ist ja Sklaverei!«, empörte Dorothea sich.

»Was ist Sklaverei?«

»Es war gar nicht so einfach, Jane das zu erklären!«, sagte sie ein paar Tage später, als sie mit Miles Somerhill wieder ihre Notizen für den neuesten Artikel sichtete. Chefredakteur Stevenson hatte nach einem kurzen Blick in ihre erste Beschreibung über das »Leben einer Eingeborenen vom Kaurna-Stamm« diese als »talentiert, aber noch ein wenig ungeschliffen« bezeichnet und vorgeschlagen, dass Miles Somerhill sie in »die Tricks und Kniffe der Zeitungsschreiberei« einweihen sollte.

»Es geht vor allem darum, die Leser nicht zu langweilen«, hatte der ihr eingeschärft. »Das ist die größte Todsünde für einen Journalisten. Die zweite, jedenfalls hier in Adelaide, ist, die werte Leserschaft mit obszönen Details zu schockieren. Dass der Akt mit einem Mann dazu dient, einer Kinderseele den Weg zu bahnen, und deswegen so oft wie möglich vollzogen wird, lassen wir weg. Es reicht, wenn Sie schreiben, dass die Eingeborenen glauben, die Kinderseelen schwebten in der Geisterwelt herum und suchten sich von da aus ihre zukünftigen Mütter selber aus. Überhaupt – wir müssen aufpassen, dass wir die Empfindsamkeit der Damen der Literarischen Gesellschaft nicht beleidigen.«

Sie hatte seine Ratschläge befolgt, und das mit so gutem Erfolg, dass Dorotheas Artikel inzwischen sowohl in der Literarischen Gesellschaft, dem wichtigsten Zirkel Adelaides, als auch in Regierungskreisen äußerst wohlwollend aufgenommen und kommentiert wurden.

»Ich fürchte, ich bin inzwischen zu sehr an Janes Art gewöhnt, um noch über irgendetwas schockiert zu sein«, gab Dorothea zu. »Was ich als verabscheuungswürdig bezeichne, ist für sie bloß eine Tradition, die sie ohne Widerwillen akzeptiert. Sie ist so vollkommen anders. Manchmal werde ich ganz wirr im Kopf.«

»Interessant. Und was irritiert Sie besonders?«

»Diese Geschichte mit dem ›in den Busch gehen‹«, platzte Dorothea heraus und wurde im selben Augenblick knallrot. Was musste

Miles Somerhill jetzt nur von ihr denken! Warum hatte sie nicht den Mund gehalten? »Ich meine, bei ihr hört es sich an, als ob unsereins sagen würde: Ich habe etwas gegessen«, versuchte sie zu erklären. »So, wie soll ich sagen … als wäre es ganz selbstverständlich.«

Somerhills Mund verzog sich zu einem amüsierten Lächeln. »Und wenn es für sie eben tatsächlich so selbstverständlich ist wie zu essen oder zu trinken? Schließlich wäre die Menschheit ohne diesen ›Akt‹, wie er so schamhaft genannt wird, schon längst ausgestorben.«

Dorothea wurde bewusst, dass die Unterhaltung in eine Richtung driftete, die ganz und gar nicht schicklich war. Ihre Mutter hätte sich spätestens in diesem Moment laut geräuspert, und ihr Vater hätte augenblicklich dafür gesorgt, dass das Thema gewechselt wurde. Aber keiner von beiden war anwesend. Überhaupt war niemand anwesend, wie sie auf einmal feststellte.

Verlegen fixierte sie den zweiten Knopf seiner Weste, um ihm nicht ins Gesicht sehen zu müssen. »Jetzt sehen Sie aus, als ob Sie am liebsten die Flucht ergreifen würden! Soll ich mich entschuldigen, dass ich Sie mit meinen ungehörigen Bemerkungen in Verlegenheit gebracht habe?« Seine Stimme klang sanft und dunkel. Etwas in ihrem Inneren reagierte darauf mit dem irrwitzigen Wunsch, sich in seine Arme zu werfen und ihn zu bitten, sie zu küssen. Plötzlich war das Einzige, woran sie denken konnte, wie es sich wohl anfühlen mochte, wenn er seine Lippen auf ihre presste. Wie würde er schmecken?

»Vertrauen Sie mir?«, fragte Somerhill sanft und erhob sich von seinem Stuhl auf der anderen Seite des Schreibtischs. Unschlüssig sah sie zu ihm auf, während er langsam um den Tisch herumgeschlendert kam. Die kleine Stimme in ihrem Hinterkopf, die ihr riet, vor dem inneren Aufruhr, den seine Nähe in ihr anrichtete, erst einmal zu flüchten, hatte keine Chance. Wie gebannt versuchte sie, in seinem Gesicht zu lesen. Er würde sie küssen, das war klar. Ihr Herz klopfte so stark, dass sie glaubte, er müsste es hören. Schließlich war er inzwischen nahe genug.

»Vertrauen Sie mir?«, fragte er erneut. Seine Stimme klang anders als sonst, irgendwie rauer. Dorotheas geschärfte Sinne saugten jeden Eindruck auf: den dezenten Geruch von Irispuder, den scharfen von Brandy, darunter eine kaum wahrnehmbare Moschusnote und ein Hauch Schweiß. Als er die Arme ausstreckte, ihre Hände ergriff und sie aus dem Stuhl hochzog, wunderte sie sich, wie unsicher sie auf den Beinen stand. Aber schon im nächsten Moment war das völlig gleichgültig. Somerhill hielt sie so fest an seine Brust gedrückt, dass sie auch nicht umgefallen wäre, wenn sie völlig den Dienst versagt hätten.

»Sieh mich an«, befahl er, immer noch mit dieser fremden, aufregenden Stimme, die ihr Schauer über den Rücken jagte. Sie gehorchte und sah scheu zu ihm auf. Somerhill war einen guten Kopf größer als sie, sie musste den Kopf in den Nacken legen, um ihm wirklich in die Augen zu sehen. Auch sein Lächeln war anders. Fast jagte es ihr Angst ein.

»Braves Mädchen«, sagte er mit belegter Stimme und senkte den Kopf. Instinktiv schloss Dorothea die Augen, aber statt der erwarteten Leidenschaft hauchte er federleichte Küsse auf ihre Stirn und Schläfen. Zart wie Schmetterlingsflügel glitten seine Lippen über ihre Haut; kaum spürbar und doch so präsent, dass sie alles um sich herum vergaß und zitternd vor Ungeduld nur noch darauf wartete, dass er endlich Ernst machte.

Als sein Mund sich über ihrem schloss, wurde sie überrascht von dem Strudel der Gefühle, den sein Kuss auslöste. Nichts hatte sie darauf vorbereitet, dass die Welt um sie herum sich zu drehen beginnen würde. Sie umschlang Miles Somerhills sehnigen Körper fester, was ihn dazu ermutigte, den Kuss zu vertiefen. Die intensive Berührung verdrängte jede andere Empfindung. Alles, was noch zählte, war dieses schwindelerregende Einswerden ihrer Münder. Mit einem kehligen Stöhnen protestierte sie dagegen, dass er plötzlich den Kopf hob und sich von ihr löste.

»Pscht, Kleines, es kommt jemand«, flüsterte er, während er sie flink auf ihren Schreibtischstuhl drückte und nach einem der Papiere griff, die überall verstreut lagen.

»Ähm, ich würde vorschlagen, Sie konzentrieren sich also lieber auf die unverfänglichen Teile wie die Jagd, das Sammeln und solche Sachen«, sagte er in leicht gelangweiltem Tonfall, als auch schon die Tür aufgerissen wurde.

»Wie kommt ihr beiden voran? Kann ich es für die nächste Ausgabe einplanen?«, erkundigte sich der Chefredakteur, ohne Dorotheas roten Wangen und der verrutschten Krawatte von Somerhill die geringste Aufmerksamkeit zu schenken.

»Alles bestens, Sir. Ich habe Miss Schumann nur gerade empfohlen, die Damen vom Zirkel mit den anstößigen Details des Eingeborenenlebens zu verschonen.«

»Wozu sind wir eigentlich ans Ende der Welt gezogen, wenn wir dann nicht den Mut haben, neue Wege zu gehen?«, brummte Stevenson, mehr zu sich selbst. »Sie haben mein volles Vertrauen, mein Junge«, sagte er laut und musterte das Durcheinander. »Übrigens, ehe ich es vergesse: Nächste Woche hält unser exzentrischer Professor Menge wieder einmal einen Vortrag bei der Literarischen Gesellschaft. Davon hätte ich gerne einen zweispaltigen Bericht.« Er hob einen Zeigefinger wie ein gestrenger Oberlehrer. »Zwei Spalten. Nicht mehr und nicht weniger.« Er fixierte Dorothea mit scharfem Blick, die gerade überlegte, ob er ihr etwas ansah. Stattdessen fragte er: »Wann ist diese Hochzeit terminiert?«

»Am 27. Januar«, sagte sie nach kurzem Zögern. Ihm war offenbar nichts aufgefallen.

»Gut, richten Sie sich schon mal auf eine Sonderausgabe ein. Ich will alles drinhaben: Kleid, Schuhe, Hut, na, eben der ganze Weiberkram. Das wird *das* gesellschaftliche Ereignis der Saison. Und der Höhepunkt Ihrer Artikelreihe. Ich erwarte, dass Sie Ihr Bestes geben, Miss Schumann.« Er nickte ihnen zu und war gleich darauf wieder verschwunden.

»Hättest du Lust, mich zu diesem Vortrag zu begleiten?«, fragte Miles Somerhill. »Dass es unterhaltsam wird, kann ich dir nicht versprechen – es sei denn, du hast eine geheime Leidenschaft für Mineralien und Bodenproben –, aber ich würde zu gerne einen ganzen Abend in deiner Gesellschaft verbringen.«

Augenblicklich sagte Dorothea zu. Wenn es auch nicht haargenau der Wahrheit entsprach, konnte sie ihren Eltern doch erklären, dass es sich bei dieser Verabredung um eine durch ihre neuartige Berufstätigkeit bedingte, rein geschäftliche Angelegenheit handelte. Tatsächlich erwies sich als unerwartet großes Hindernis für den gemeinsamen Abend ausgerechnet ihr Bruder August.

»Ich komme mit«, verkündete er, kaum dass sie diesen Vortrag beim Abendessen erwähnt hatte. »Überall wird schon davon gesprochen, dass der Professor sicher seine neuesten Entdeckungen präsentieren wird. Seit Jahren wartet man darauf, dass er Gold oder Kupfer findet. Schließlich hat er immer behauptet, in Südaustralien gäbe es eine Menge davon. Man müsse es nur finden. Es kann gut sein, dass es endlich so weit ist und er tatsächlich ein El Dorado aufgetan hat. Eine solche Gelegenheit lasse ich mir nicht entgehen.«

»Wie kommst du denn darauf? Es wird sicher fürchterlich langweilig«, versuchte sie ihn abzuschrecken. »Es geht nicht um Mineralien, sondern wo in der Kolonie die besten Böden für die Schafzucht oder für Weizenanbau zu finden sind und solche Dinge. Das interessiert dich doch gar nicht.«

»Na und? Vielleicht gelingt es mir, mit Menge ein paar Worte unter vier Augen zu sprechen«, beharrte August.

»Ich würde auch gerne mitkommen.« Alle starrten Jane an, als wären ihr plötzlich Hörner gewachsen. »Ich würde ihn gerne einmal wiedersehen.«

»Du kennst Professor Menge? *Den* Professor Menge?« August wirkte so irritiert, als hätte sie behauptet, mit der englischen Königin Tee getrunken zu haben.

»Wir haben ihn hier und da getroffen, wenn wir ins Winterlager wanderten«, erklärte Jane. »Er hat in den Bergen, die wir Yurrebillas Rumpf nennen, wie nannte er es doch noch ...« Sie zog die Stirn kraus. »Ach ja, prosperiert. Er ist sehr nett. Er hat uns schöne Geschichten erzählt.« Sie lächelte. »Das erste Mal hielten wir ihn für einen Geist und sind schreiend weggelaufen. Er sah auch sehr seltsam aus mit seinen bloßen Füßen und den zerrissenen Kleidern.«

Professor Johann Menge war als Sonderling bekannt, der plötzlich monatelang im Busch verschwand und ebenso plötzlich wieder auftauchte. Mit den Eingeborenen verstand er sich glänzend. Mit derselben Leichtigkeit, mit der er Hindi, Farsi, Hebräisch, Lateinisch und eine beeindruckende Reihe anderer Sprachen beherrschte, hatte er sich auch die örtlichen angeeignet. Man munkelte, dass er seine Erfolge bei der Mineraliensuche zum großen Teil seinen guten Beziehungen zu den Stämmen im Hinterland verdankte.

Ob er auch mit den Frauen seiner Gastgeber in den Busch ging? Dieser Gedanke war Dorothea unwillkürlich durch den Kopf gegangen. Seit Miles sie geküsst hatte, beschäftigten solche Fragen sie zunehmend. Eines Abends beim Schlafengehen hatte sie Jane danach gefragt, wie es wäre, wenn ein Mann eine Frau »nahm«. Im Studierzimmer ihres Vaters, das er ihr zu benutzen erlaubt hatte, war sie zufällig auf eine »Menschliche Anatomie für jedermanns Hausgebrauch und zur geflissentlichen Beachtung für Studenten der Medizin« gestoßen. Darin waren nicht nur nackte Körper abgebildet, sondern sogar schematische Darstellungen des »Aktes«, die an Deutlichkeit nichts zu wünschen übrig ließen. Von daher war sich Dorothea jetzt über den Vorgang an sich im Klaren. Was sie allerdings mehr als alles andere beschäftigte, war: Wie fühlte es sich an? Darüber schwieg das Buch.

Auch Jane hatte sich nicht als sehr informativ erwiesen. »Es ist ganz verschieden«, hatte sie nachdenklich gesagt. »Manche Männer sind so grob, dass es wehtut. Manche sind behutsam, dann ist es nicht schlimm. Manchmal sogar angenehm.« Sie seufzte und strich sich versonnen über den kleinen Bauch. »Ich mag es, wenn Tim sich die Zeit nimmt, mich zu küssen. Dann kribbelt es hier. Und wenn er dann …« Sie unterbrach sich und demonstrierte, was sie meinte, indem sie den Zeigefinger der rechten Hand rhythmisch durch die zu einem Kreis geschlossenen Daumen und Zeigefinger der linken Hand stieß. »Dann habe ich manchmal verstanden, wieso die Männer es immerzu wollen.« Sie lächelte etwas verzerrt. »Meine Mutter hat immer gesagt, dass die Geister der Traumzeit sich so über die Frauen geärgert hätten, dass sie ihnen ihren Teil der Freude daran wegnahmen und alles den Männern gaben.«

»Warum? Was haben sie getan?«

Jane zuckte mit den Schultern. »Das wusste sie auch nicht. Frauen dürfen so etwas nicht wissen. Solche wichtigen Geheimnisse sind allein den *bourka* vorbehalten.«

Bei den Kaurna durchliefen die Männer diverse Stadien. Bis zum Alter von zehn Jahren galten sie als Kinder. Erst mit Vollendung der Tatauierung, im Alter von etwa zwanzig Jahren, waren sie *wilyaru,* erwachsene Männer. Das fünfte Stadium, das der angesehenen *bourka,* wurde erst mit dem Grauwerden der Haare erreicht.

Eine vergleichbare Hierarchie für Frauen gab es nicht. Sie wurden als zu unwichtige Lebewesen angesehen, um irgendein Aufhebens um sie zu machen.

Vermutlich waren deshalb nur so wenige Mädchen unter den Schülern der Mission.

»Warst du mit diesem Mr. Somerhill im Busch?« Janes unschuldige Frage riss Dorothea aus ihren Überlegungen.

»Nein, natürlich nicht! Miles ist ein Gentleman.«

Jane grinste breit, schwieg aber.

Zu dem Vortrag in den Räumen der Literarischen Gesellschaft hatte sich fast alles eingefunden, was in Adelaide Rang und Namen hatte. Dazu gesellten sich noch eine ganze Menge unbekannter Gesichter. Offensichtlich hatte das Gerücht über die bevorstehende Veröffentlichung von Goldfunden die Runde gemacht. Normalerweise sprengte die Anzahl der an den Vorträgen Interessierten nicht die Räumlichkeiten. Heute jedoch sah es ganz danach aus, als ob man jenen Londoner Veranstaltungen Konkurrenz machen wollte, die erst als gelungen bezeichnet wurden, wenn die Gäste sich aus Platzmangel ständig gegenseitig auf die Füße traten. Sobald man die Schwelle zum Foyer überschritten hatte, tauchte man in ein Gedränge ein, das August spöttisch bemerken ließ: »Sagtest du nicht, es sei nur für Schafzüchter und Farmer interessant?«

»Da können Sie sehen, wie viele es davon in unserer schönen Kolonie gibt«, ertönte eine sonore Männerstimme hinter ihnen.

Jane fuhr herum. »Mr. Masters!« Mit strahlendem Gesicht packte sie die Rechte des hageren Herrn mit ergrauten Schläfen, der sie angesprochen hatte, und schüttelte sie kräftig. »Was machen Sie denn hier?« Ohne seine Antwort abzuwarten, wandte sie sich Dorothea zu und sagte: »Mr. Masters ist der Gentleman, für den Tim arbeitet. Tim und viele, viele andere.«

»So viele sind es nun auch nicht.« Die dunklen Augen hefteten sich auf Dorothea. »Darf ich mich selber vorstellen: Robert W. Masters.« Etwas steif beugte er sich über ihre Hand. Offensichtlich war der Gehstock mit dem opulenten Silberknauf nicht nur ein modisches Accessoire. »Und Sie sind vermutlich Miss Schumann, die Tochter von Pastor Schumann? Ihre Artikel über das

Leben der Eingeborenen fand ich überaus interessant. Besonders den, in dem Sie über Namensgebung und Ahnenverehrung schrieben. Ich wusste gar nicht, dass es so kompliziert ist. Sie haben das wunderbar erläutert. Kompliment!«

»Guten Abend, Mr. Masters«, erwiderte Dorothea höflich. Während sie ihm August vorstellte, musterte sie ihn so unauffällig wie möglich. Auf schwer fassbare Art schien ihn eine Aura würdevoller Trauer zu umgeben. Die Augen unter den jettschwarzen Brauen gaben nichts preis, doch tiefe Stirnfalten zeugten von körperlichen oder seelischen Schmerzen. Unter den nahezu unbewegten Zügen schien etwas verborgen zu sein, das sowohl ihr Interesse wie auch ihr Mitgefühl weckte.

»Sie interessieren sich also für die Beschaffenheit der Böden Südaustraliens?«, versuchte August sich in Konversation, nachdem er festgestellt hatte, dass Professor Menge so umlagert war, dass er keine Chance hätte, zu ihm durchzudringen. »Darf ich fragen, wo sich Ihre Ländereien befinden?«

»Am unteren Murray River«, antwortete Masters freundlich. »Nördlich von Wellington. Das ist eine ausgezeichnete Gegend für Merinos. Aber ich halte auch eine kleine Herde Milchkühe für den eigenen Bedarf und ein paar Pferde.« So beiläufig, wie er das erwähnte, wäre niemand auf die Idee gekommen, dass der Preis für ein gutes Reitpferd dem Jahressalär eines lutheranischen Pastors entsprach. Dorothea wusste es auch nur, weil sie erst neulich darüber mit Miles gesprochen hatte. Sie hatte ihm vorgeschlagen, sich ein Pferd zuzulegen. Daraufhin war er zuerst in lautes Gelächter ausgebrochen und hatte ihr danach haarklein vorgerechnet, was ein solcher Luxus in Adelaide kostete.

Dieser Mr. Masters musste in Geld schwimmen wie Krösus!

»Guten Abend, Miss Schumann. Jane, Mr. Schumann. Mr. Masters.« Die kalte Höflichkeit, mit der Miles Somerhill sich vor Robert Masters verbeugte, war so greifbar, dass Dorothea ihm einen erstaunten Blick zuwarf. Masters ließ mit keiner Regung erkennen, ob er es ebenfalls bemerkt hatte. Er verabschiedete sich stattdessen und gesellte sich zu einer Gruppe älterer Herren nahe der Tür, um in deren Begleitung den Vortragssaal zu betreten.

»Ich fasse es nicht, dass er sich noch in Gesellschaft wagt«, murmelte Miles verärgert. »Man sollte meinen, mein Artikel hätte ihm gereicht.«

»Was hat er denn verbrochen?« Dorothea konnte sich beim besten Willen nicht vorstellen, dass dieser Mann, den Jane so überschwänglich begrüßt hatte und der auch ihr sympathisch gewesen war, etwas getan haben könnte, das die offensichtliche Verachtung des jungen Mannes verdiente.

»Nicht jetzt«, gab Miles zurück und zog sie mit sich in den Vortragssaal, wo einige Sessel für die Pressevertreter reserviert worden waren. Während Begriffe wie Tonmergel oder Schiefer, dessen Vorkommen in Macclesfield groß genug war, um wirtschaftlich relevant zu sein, an ihrem Ohr vorbeirauschten, rätselte sie darüber, was es sein mochte, das Miles so gegen Robert Masters aufgebracht hatte. Dankbar für ihre Rolle als Pressevertreterin, die es ihr erlaubte, offen alle Anwesenden zu beobachten, schien ihr die öffentliche Meinung zweigeteilt. Einige zeigten ihm ganz ungeniert die kalte Schulter, während der andere Teil umso bemühter war, ihm seine Sympathie zu bezeugen.

Sie konnte es kaum erwarten, bis die Veranstaltung endlich beendet war. Mit keinem Ton hatte Professor Menge zur Enttäuschung eines Großteils seiner Zuhörer Metalladern erwähnt. Nichts als langweilige Ausführungen über die Zusammenhänge zwischen Bodenbeschaffenheit und Flora. Kein Wunder, dass die Männer mit den von der Sonne gebräunten Gesichtern und den schwieligen Händen nahezu geschlossen dem nächsten Pub zustrebten, um sich dort bei einem Krug Ale darüber auszulassen, dass der Professor sie wieder einmal alle an der Nase herumgeführt hatte.

Leider zeigte auch Miles wenig Neigung, ihre bohrenden Fragen nach Robert Masters zu beantworten. Dieser Mann interessierte sie. Nur zu gern hätte sie mehr über ihn und sein Schicksal erfahren. Zu ihrem Ärger blieb keine Zeit dazu, weil ein überaus enttäuschter August unmissverständlich zum Aufbruch drängte. Erst ein paar Tage später gelang es ihr, Miles Somerhill wieder darauf anzusprechen.

»Du wolltest mir noch verraten, was du Mr. Masters vorwirfst«, erinnerte sie ihn, als er sich in gewohnter Nachlässigkeit auf die Schreibtischkante hockte. Das Bein, das wie ein Uhrenpendel hin und her geschaukelt hatte, stockte.

»Eine ziemlich schlimme Sache«, sagte Miles, erhob sich und vergrub die Hände in den Hosentaschen. »Wenn Richter Cooper nicht alle dazu verdonnert hätte, Stillschweigen zu bewahren …«

»Er wird ja wohl niemanden umgebracht haben«, bemerkte sie spöttisch. Umso erstaunter war sie, als Miles mit plötzlich verfinstertem Gesichtsausdruck nickte. »Doch. Und er hat es sogar zugegeben. Es ist nur nicht klar, wie viele er auf dem Gewissen hat.«

»Du scherzt!« Noch während sie es aussprach, wusste sie, dass er das nicht tat.

»Masters' Frau war todunglücklich dort draußen in der Wildnis«, begann er. »In London war sie der Mittelpunkt jeder Gesellschaft, jedes Balls gewesen, und das vermisste sie. Kann man es ihr verdenken, dass sie nicht für diese Art Pionierleben geschaffen war? In gewisser Hinsicht allerdings wusste sie sich schadlos zu halten. Recht bald kamen Gerüchte in Adelaide auf, wonach sie nicht einmal davor zurückschreckte, ihre Gunst Schafhirten und Viehtreibern zu schenken. Man hielt es für rachsüchtiges Geschwätz der Entlassenen.

Bis zu dem Tag, an dem Masters bei Richter Cooper erschien und ihm mitteilte, er habe eine Gruppe Eingeborener erschießen müssen, die seine Frau entführt und ermordet hätten.«

»Der arme Mann!«, entfuhr es Dorothea mitleidig. Wie schrecklich musste es sein, einen geliebten Menschen auf solch brutale Art und Weise zu verlieren! Kein Wunder, dass er so unglücklich wirkte!

»Hm.« Miles Somerhill schnaubte verächtlich. »So lautete *seine* Geschichte.« Er wartete einen Moment ab, ehe er fortfuhr. »Es kommt immer wieder vor, dass Eingeborene draußen bei den Stationen erschossen werden. Und immer wieder prangern wir vom *Register* es an, aber Richter Cooper steht auf dem Standpunkt, dass solche ›bedauerlichen Vorkommnisse‹, wie er sie nennt, nicht aufzuklären wären, weil Eingeborene als Zeugen vor Gericht nicht eidfähig seien. Die meisten Schafzüchter machen sich inzwischen nicht einmal mehr die Mühe, es anzuzeigen, obwohl es vorgeschrieben ist. Zu befürchten haben sie so oder so nichts.«

»Aber Mr. Masters hat es doch angezeigt?«

»In seinem Fall war das auch dringend geboten. Der Stamm, zu dem die erschossenen Männer gehörten, behauptete nämlich, die weiße Frau sei völlig freiwillig zu der Jagdgruppe gekommen. Und auch, dass es nicht zum ersten Mal geschehen wäre.«

Dorothea stockte der Atem. »Was passierte dann?«

Somerhill zuckte mit den Achseln. »Nichts. Masters hatte die Leichen der Schwarzen ja bereits beseitigt und seine Frau begraben. Sehr praktisch, dass die Sommerhitze ihm nicht die Zeit ließ, das Eintreffen von einem Arzt abzuwarten.« Miles' Stimme hatte einen höhnischen Unterton, der Dorothea aufhorchen ließ.

»Du vermutest, dass es nicht mit rechten Dingen zuging?«

»Nicht nur ich!« Der junge Mann runzelte die Stirn. »Es war alles ein wenig zu glatt, wenn du verstehst, was ich meine. Alle Beteiligten tot, Masters der einzige Überlebende. Unter der Hand kursierte das Gerücht, er habe die günstige Gelegenheit genutzt und sich seiner Frau entledigt.«

Dorothea war schlicht entsetzt. »Das hast du doch nicht in der Zeitung geschrieben?«

»Natürlich nicht. Nur ganz dezent angedeutet. Mit dem Erfolg, dass Richter Cooper wutschnaubend bei uns auftauchte und mit ernsthaften Konsequenzen wegen Rufmords drohte.«

Janes Hochzeitstermin war für Ende Januar festgesetzt worden. Tim Burton hatte sich gewünscht, in der Trinity Church getraut zu werden. Angesichts des immensen öffentlichen Interesses hatte der anglikanische Geistliche Reverend Howard erst durch eine größere Spende von Mr. Masters dazu gebracht werden können, seine Kirche zum Theater umfunktioniert zu sehen, wie er es nannte.

Gerade mal zwei Tage vor dem Termin war der Bräutigam in der Mission aufgetaucht. Ein ziemlich grobschlächtiger Mann mit lauter Stimme und einem ausgeprägten Hang zur Selbstdarstellung. Dorothea mochte ihn nicht. Wie abscheulich musste Janes Leben bei ihrem Stamm gewesen sein, um dieses Großmaul als Verbesserung anzusehen? Wenigstens schien er Jane einigermaßen gut zu behandeln.

Am Morgen ihres großen Tages wirkte Jane nicht im Geringsten so nervös, wie man es gemeinhin von einer Braut erwartete. Es war Dorothea, die fahrig ihre Schublade mit den Taftbändern und dem übrigen Haarputz durchwühlte, weil sie die Seidenblumen nicht mehr finden konnte, die sie Jane ins Haar flechten wollte. In ihrer Ungeduld packte sie schließlich die ganze Lade und schüttete den Inhalt auf das Bett.

»Was ist denn das?« Jane zeigte auf das kompakte, ungewöhnlich geformte Wurfmesser. Ians Abschiedsgeschenk. Zwischen all den Spitzen und bunten Borten wirkte es unpassend martialisch. »Was macht man damit?«

»Das ist ein Wurfmesser.« Fast zärtlich nahm sie es auf und balancierte es probeweise zwischen den Fingerspitzen aus. »Das hatte ich ganz vergessen.« Tatsächlich hatte sie nicht ein einziges Mal daran gedacht, dass sie Ian versprochen hatte, ihr Handgelenk geschmeidig zu halten. Wie es ihm wohl derzeit ging? Ob er an sie dachte? Gleich morgen würde sie wieder anfangen zu üben, nahm sie sich vor, bevor sie es wieder in die Schublade zurücklegte. Die Seidenblumen fanden sich schließlich in einem Spankästchen auf dem Fensterbrett. Während sie Janes drahtiges Haar zu zwei dicken Zöpfen flocht, die sie dann später zu einer Art Krone aufstecken wollte, erzählte sie ihr von Ian und wie es dazu gekommen war, dass sie Messerwerfen gelernt hatte.

»Vermisst du ihn?«, fragte Jane leise, als sie geendet hatte. »So, wie deine Stimme klingt, wenn du über ihn sprichst, muss er dir sehr nahegestanden haben.«

»Ach, Jane, du bist unheilbar romantisch«, erwiderte Dorothea und lachte auf. »Ian war ein guter Freund. Ein sehr guter Freund. Mehr nicht.«

»Nicht so wie Miles?«

»Wo denkst du hin! Ian war noch ein Junge. Miles hingegen …« Sie verstummte verlegen, während sie an vorgestern dachte, als er sie in ihrem gemeinsamen Zimmer in der Redaktion so leidenschaftlich geküsst hatte, dass sie jeden Rest Selbstbeherrschung verloren hatte. Geradezu fiebrig waren ihre Hände über seinen Rücken geglitten, seine Schultern – und wenn nicht in dem Moment einer der Setzer direkt vor der Tür gehustet hätte, hätte auch Miles sich vermutlich nicht mehr zurückgehalten. Fast unmerklich hatte sie die anfängliche Scheu vor seinem Körper verloren, und es verlangte sie nach mehr. Was war schließlich schon dabei? Miles und sie würden sowieso heiraten, sobald er die Anstellung als Redakteur bekäme, mit der er jede Woche rechnete. Jane hatte auch nicht die Hochzeit abgewartet, und es musste ja niemand erfahren, wenn sie es genauso hielte.

Als ihre Mutter einmal vorsichtig angesprochen hatte, ob es für Dorotheas Ruf nicht besser wäre, wenn sie nicht ständig »mit diesem jungen Reporter zusammen« gesehen würde, hatte ihr Vater nur gelächelt und gesagt: »Lass gut sein, mein Herz. Wozu sind wir ans andere Ende der Welt gezogen, wenn wir nicht all die lächerlichen Konventionen und Vorschriften hinter uns lassen können, die uns in der alten Welt doch bloß das Leben schwer machten. Unser Dorchen ist hier richtig aufgeblüht, und wenn diese Schreiberei sie glücklich macht, soll es mir recht sein.«

Dass nicht »die Schreiberei« die Ursache für Dorotheas Aufblühen war, ahnte er in seiner Naivität nicht. Und wenn ihre Mutter eine leise Besorgnis verspüren sollte, so behielt sie sie für sich.

Sobald die Glocken von Holy Trinity zu läuten begannen, machten sie sich auf den Weg. Voran schritten Pastor Schumann in seinem Sonntagsrock und Jane. Die junge Aborigine sah bezaubernd aus. In dem hellblauen Seidentaftkleid mit den azurblauen Ziegenlederstiefeletten, einem Geschenk von Mr. Masters, wirkte sie mädchenhaft und geradezu ätherisch anmutig. Dorothea beglückwünschte sich dazu, mit Jane das Gehen in den ungewohnten Stiefelchen geübt zu haben. Sicher schritt sie an Pastor Schumanns Arm den Weg zur North Terrace entlang. August folgte mit seiner Mutter und Schwester, danach Karl und Lischen, die vor Aufregung ununterbrochen belangloses Zeug schnatterte. Die Missionsschüler und ihre Familien bildeten den Abschluss des Zuges. Eine Hochzeit nach Art der Weißen war für sie ein großartiges Ereignis, das sicher Eingang in ihre Geschichten finden würde.

Die Straßenzüge um die Kirche waren so voller Menschen, die sie alle neugierig anstarrten, sodass Dorothea begann, sich unbehaglich zu fühlen. Dem abgerissenen Äußeren einiger Zuschauer nach zu urteilen, waren auch von den Buschstationen alle abkömmlichen Männer in die Stadt gezogen, um Zeuge der Hochzeit eines der ihren mit einer Eingeborenen zu werden. Von ihnen kamen die ersten schüchternen Vivat-Rufe, ehe einige Herren in Stadtkleidung sie aufnahmen. Jane winkte ihnen allen zu, kein bisschen eingeschüchtert. Dorothea bewunderte sie für die freundliche Gelassenheit und Würde, mit der sie ihrer zentralen Rolle in diesem öffentlichen Spektakel mehr als gerecht wurde.

Die Bänke der Kirche waren bis auf den letzten Platz gefüllt. Selbst in den Seitengängen und auf der Empore drängten sich die Zuschauer, die keinen Sitzplatz mehr gefunden hatten.

Tim Burton stand in einem vermutlich geliehenen Frack vorn am Altar und drehte seinen Hut nervös in den Händen. Ein Lächeln erhellte seine Züge, als er Jane am Arm des Pastors auf sich zuschweben sah. In diesem Moment war er Dorothea fast sympathisch.

Selbst Reverend Howards strenge Züge verloren ein wenig von ihrer hölzernen Härte, als er sie begrüßte und alle bat, auf der für sie reservierten vorderen Bank Platz zu nehmen. Von Janes Herkunftsfamilie war kein Einziger erschienen. Niemand war darüber verwundert, denn ihre Eltern waren tot, und ihr Bruder hatte sich von ihr losgesagt, als sie zu Burton gezogen war.

Die Zeremonie zog sich hin. Vor allem die englische Predigt. Dorothea ertappte sich dabei, dass ihre Gedanken abschweiften. Gerade formulierte sie im Stillen, wie sie den endlosen Sermon auf seinen wesentlichen Inhalt kürzen würde, als Reverend Howard die vor sich hindämmernde Gemeinde mit der Ankündigung aufschreckte, jetzt die Ehegelübde sprechen zu lassen. »Ich bitte das Brautpaar, zu mir an den Altar zu treten.«

»Na endlich! Ich dachte schon, er kommt überhaupt nicht zum Ende«, flüsterte August Dorothea ins Ohr. »Diese anglikanischen Geistlichen sind verflixt langatmig!«

Pastor Schumann erfüllte den letzten Teil seiner Aufgabe als Brautvater, indem er Jane ihrem zukünftigen Ehemann zuführte. Burtons »Ja, ich will« klang ein wenig belegt vor Aufregung. Janes dunkler, warmer Stimme hingegen war nicht die geringste Gefühlsregung anzumerken. Dorothea erinnerte sich, dass die kirchliche Zeremonie für sie bedeutungslos war. Sollte sie das im

Artikel schreiben, oder würden sich dann einige der Leser vor den Kopf gestoßen fühlen? Es war gar nicht so einfach, die Balance zwischen der Wahrheit und der nötigen Rücksichtnahme zu finden.

Dann ging auf einmal alles sehr schnell: Tim Burton führte Jane zu dem Ochsenwagen, der auf sie wartete. Eine hastige Umarmung, ein kurzes »Ich werde dich besuchen«, und im nächsten Augenblick rumpelte der schwere Karren los, wobei er Unmengen rötlichen Staubs aufwirbelte, der die Menge rascher auseinandertrieb, als es einer Kompanie Dragoner möglich gewesen wäre.

Eigentlich war ein ausgiebiges Festessen geplant gewesen, aber Burton hatte darauf gedrängt, die Stadt möglichst schnell wieder verlassen zu können. Er fühlte sich nicht wohl zwischen »all den feinen Pinkeln« und konnte es nicht erwarten, das neue Land in Besitz zu nehmen.

»Ich hoffe, dass Jane glücklich wird«, sagte Dorothea, während sie der Staubwolke nachsah, die den Ochsenkarren ihren Blicken entzog.

»Warum sollte sie es denn nicht werden?« August warf ihr einen erstaunten Blick zu.

»Ach, es war nur so ein Gedanke«, murmelte sie. »Komm, Lischen.«

7

»Irgendwie vermisse ich unsere Jane jetzt schon«, seufzte Mutter Schumann, als sie ins Haus zurückkehrten. »Das Mädchen ist mir richtig ans Herz gewachsen – trotz ihrer manchmal mehr als seltsamen Angewohnheiten.«

Auch Dorothea konnte sich nicht so recht darüber freuen, ihr Zimmer nun wieder für sich zu haben. Ihr fehlte die Freundin noch mehr als den anderen, weil sie nun niemand mehr hatte, dem sie sich anvertrauen konnte. Jane hatte immer ein offenes Ohr für sie gehabt, auch wenn sie oft Dorotheas Probleme nicht hatte nachvollziehen können.

Umso freudiger reagierte sie, als Miles Somerhill eines Tages mit geheimnisvoller Miene eine Überraschung für sie ankündigte. »Du hast deine Stelle als Redakteur genehmigt bekommen?«, riet sie auf gut Glück.

Er lächelte, schüttelte jedoch den Kopf.

»Was dann?« Dorothea schmiegte sich an ihn und begann, an einem der Westenknöpfe zu drehen. »Sag es, ich bin nicht in der Stimmung für lange Ratespiele.«

»Setz deinen Hut auf, dann zeige ich es dir.« Miles löste ihren Griff vom gefährdeten Knopf.

»Es ist in meinem Zimmer bei Mrs. Wilson.«

Die Straßen der Stadt waren nahezu ausgestorben. In der Gluthitze des Spätsommers mieden Mensch und Tier um diese Tageszeit den Aufenthalt im Freien. Glücklicherweise lag Mrs. Wilsons Haus nur ein paar Straßenecken weiter. Ein einstöckiges Haus zwischen einer bereits halb zerfallenen Lehmhütte, deren Bewohner schon vor Monaten ausgezogen waren, und einer Schlosserei, an deren Tür noch das Schild hing »Zu verkaufen«. Niemand hatte sie gekauft, also hatte der Handwerker einfach seine Sachen gepackt und das nächste Schiff Richtung England bestiegen. Und nicht nur er. Immer mehr Einwohner verließen die Stadt auf Nimmerwiedersehen.

Adelaide verfiel langsam, aber sicher. Erst neulich hatte der Bürgermeister die besorgniserregende Entwicklung in Zahlen gefasst: Von den rund eintausendachthundert Häusern stand rund ein Fünftel bereits leer, und der Trend schien sich eher zu verstärken als abzuebben. Von der sich selbst finanzierenden Kolonie, wie sie die Gründer der South Australian Company vorgesehen hatten, war schon lange nicht mehr die Rede.

»Wo ist Mrs. Wilson eigentlich?« Dorothea sah sich erstaunt im düsteren Hausflur um. Miles hatte ihr immer Schauergeschichten von seiner Vermieterin erzählt, und sie war entsprechend neugierig darauf, sie endlich kennenzulernen.

»Sie ist zu einer kranken Freundin nach Glenelg gereist«, sagte Miles mit solch sonderbarer Stimme, dass Dorothea sich zu ihm umdrehte und fragte: »Bist du sicher, dass sie nichts dagegen hat, dass du mich in ihr Haus gebracht hast?«

»Was sie nicht weiß, macht sie nicht heiß«, murmelte Miles und betrachtete sie mit einem ganz eigenartigen Glanz in den Augen. »Hier entlang.« An der Hand zog er sie in das hinterste Zimmer, in dem der größte Teil des Raums von einem Bett und einer Spiegelkommode eingenommen wurde. Das Bett war aufgeschlagen, auf dem Tischchen daneben standen eine Flasche Champagner und zwei Gläser.

»Miles?« Dorothea schluckte nervös und suchte seinen Blick.

Er wich ihr aus und beugte sich stattdessen vor, um die zwei Gläser einzuschenken.

»Hier – auf uns und unsere Liebe!«

Ihr wurde heiß. Auch wenn sie es sich insgeheim gewünscht haben mochte – das jetzt kam doch sehr überraschend. Verlegen nahm sie das Glas entgegen und leerte es mit raschen Schlucken.

Miles nahm ihr das leere Glas aus den Fingern, stellte es ab und nahm sie in die Arme. »Ganz ruhig, Liebes. Ich werde nichts tun, was du nicht willst«, versprach er und küsste sie sanft.

Es passierte genau dasselbe wie in seinem Büro: In dem Augenblick, in dem seine Lippen ihre berührten, schien ihr Körper sich ihrem Willen zu entziehen. Sie schloss die Augen und überließ sich willig dem Zauber, der ihr normales Bewusstsein auslöschte. Als sei sie durch einen Spiegel gegangen, zählte nichts anderes mehr als das unbestimmte Verlangen, das in ihrem Inneren alles andere – Scham, Furcht vor dem Unbekannten, den letzten Rest instinktiver Zurückhaltung – verdrängte. Ihre Finger glitten wie selbstverständlich unter sein Hemd, gierig auf das Gefühl nackter Haut. Strichen über seine harten Flanken, seinen mit drahtigem Haar überzogenen Oberbauch, um schließlich kühn an seinem Hosenbund zu zerren.

Ohne den leidenschaftlichen Kuss zu unterbrechen, zog Miles sie zum Bett. Zitternd vor Ungeduld ließ sie es zu, dass er sie langsam auszog. Warum dauerte das nur so lange? Unbeherrscht grub sie ihre Fingernägel in seinen Rücken, um ihn zu größerer Eile anzutreiben. Er lachte. Ein kehliges, triumphierendes Lachen. Ehe er sie in die Kissen drückte und sich über sie schob.

Miles war ein guter Liebhaber. Auch wenn sie auf diesem Gebiet noch unerfahren war, spürte sie mehr, als dass sie es bewusst wahrnahm, wie geschickt er ihre Leidenschaft so weit anstachelte, bis sie ihn völlig außer sich vor Lust anflehte, der süßen Qual ein Ende zu bereiten.

Der eigentliche Akt, vor dem sie sich in klaren Momenten gefürchtet hatte, war nur ein nichtiger Schmerz, der sich sofort verflüchtigte. An seiner Stelle wuchs in ihr der Wunsch nach etwas, das sie nicht fassen konnte. Ihr Körper spannte sich wie eine Bogensehne, während die Lust sich mit jeder Bewegung von Miles' Körper steigerte. Keines klaren Gedankens mehr fähig, bäumte sie sich unter ihm auf, zitternd vor Gier auf den Höhepunkt, der zum Greifen nah schien. Als sie ihn erreichte, schrie sie auf, weil sie das Gefühl hatte, sich aufzulösen, in Tausende winziger Splitter zu zerspringen, die in die Unendlichkeit des Firmaments geschleudert wurden.

»Alles in Ordnung?« Miles' Frage ließ sie widerwillig in die Gegenwart zurückkehren. Sie öffnete die Augen und lächelte.

»Oh, Miles, das war – einfach wundervoll.«

Mit Worten ließ es sich nicht ausdrücken, was sie empfand, also hob sie die Arme, zog seinen Kopf zu sich herunter und küsste ihn leidenschaftlich.

»Können wir es gleich noch einmal tun?«

»Ich fürchte nein.« Miles schien von ihrer Frage sowohl überrascht als auch amüsiert. »Lass mir ein bisschen Zeit, dann geht es wieder.«

Er erhob sich, ging zu dem Beistelltisch und füllte die Gläser erneut. »Auf dich!« Er hob eines der Gläser zum Toast. »Und auf unsere nähere Bekanntschaft.«

Dorotheas Blick glitt mit einer Art Besitzerstolz über seinen nackten Körper, bis er an seinem Glied hängen blieb, das feucht und schlaff in nichts mehr an den Zustand erinnerte, in dem sie es kennengelernt hatte. »Ich hätte nicht gedacht, dass ihr Männer so seltsam beschaffen seid«, bemerkte sie leicht herausfordernd. Begierig darauf, erneut jene Lust zu empfinden, die er ihr eben verschafft hatte, erschien ihr jede Verzögerung als Ärgernis. »Kannst du es irgendwie beschleunigen, dass er wieder hart wird?«

Miles' Augen verschmälerten sich plötzlich zu Schlitzen, und ein laszives Lächeln umspielte seine Mundwinkel. »Jaaaa, es gäbe da etwas«, erwiderte er gedehnt. »Soll ich es dir zeigen?«

Der Nachmittag schien zu verfliegen. Miles zeigte ihr Dinge, von denen sie nie gedacht hätte, dass man sie überhaupt machen könnte. Die neue Welt, die sie unter seiner Anleitung entdeckte, begeisterte sie. Am liebsten hätte sie sie nie wieder verlassen. Miles war es, der bei einsetzender Dämmerung daran erinnerte, dass sie jetzt besser nach Hause ginge. »Nicht, dass deine Eltern anfangen, sich Sorgen zu machen.«

Bedauernd ließ sie sich von Miles beim Ankleiden helfen und bat ihn um einen Kamm oder eine Bürste, um ihr zerzaustes Haar zu frisieren. Gespannt überprüfte sie ihr Spiegelbild nach irgendwelchen Anzeichen für Verruchtheit. Angeblich sah man losen Frauenzimmern ihren Lebenswandel an. Zu ihrer Erleichterung unterschied sich ihr Aussehen in nichts von dem üblichen. Vielleicht wirkte sie ein bisschen erschöpft, aber das konnte sie mit der Hitze und dem Fußweg zur Mission erklären.

»Ich liebe dein wundervolles Haar«, sagte Miles und hob die schweren Flechten an, um sie mit den Lippen zu berühren. »Es ist wie schwere Seide, wenn es über meinen Körper gleitet.« Er verzog die Lippen, als sie bei dieser Anspielung feuerrot wurde. »Ach, meine kleine Missionarin. Nach all dem, was wir miteinander geteilt haben – immer noch so prüde?«

»Sei nicht albern. Ich bin überhaupt nicht prüde«, widersprach Dorothea heftig. »Und jetzt nimm deine Hände da weg, sonst bekomme ich es nie gerichtet.«

Jegliche Sorge, ihre Familie könnte ihr etwas anmerken, verflog in dem Augenblick, in dem sie durch die Hintertür die Küche betrat und ihre Eltern und August in heller Aufregung vorfand.

»Karl ist verschwunden«, rief ihre Mutter, die verzweifelt die

Hände rang. »Er wollte irgendetwas zeichnen, irgendetwas mit Ohren als Berge. Aber er ist nicht zurückgekommen. Weißt du vielleicht, wohin er wollte?«

Ohren als Berge? Jane hatte doch die Geschichte von dem getöteten Riesen erzählt, dessen Ohren zu Mount Lofty und Mount Barker geworden waren. Vermutlich war Karl zu der Stelle gegangen, an der man die Bergkette so gut gesehen hatte. »Ich denke, ja«, sagte sie rasch. »Aber wir sollten besser welche von Papas Schülern bitten, uns zu begleiten. Ich bin nicht sicher, ob ich im Dunkeln den Weg dorthin finde.«

Pastor Schumann schüttelte den Kopf. »Sie gehen niemals nach Sonnenuntergang von ihrem Feuer weg. Angeblich schleicht dann dieses Nachtgespenst Nokunna im Busch umher. Vor dem fürchten sie sich mehr als vor allem anderen.«

»Ich fürchte ihn nicht.« Alle fuhren herum. Im Türrahmen stand Koar. Der Junge, den Pastor Schumann als seinen besten Schüler bezeichnet hatte und der Dorothea damals aufgefallen war, weil er sich auf schwer fassbare Weise von den anderen seiner Gruppe unterschieden hatte. Stolz warf er den Kopf zurück und wiederholte: »Ich fürchte weder Nokunna noch sonst einen Geist. Der Geist meines Ahnen ist mächtiger als sie.« Mit zwei Fingern holte er einen bräunlichen Gegenstand aus dem Lederbeutel an seinem Hals und hielt ihn andächtig auf der Handfläche. »Das ist die Hand von Tenberry, dem großen Zauberer. Kein böser Geist wird es wagen, mich anzurühren. Ich werde euren Sohn finden und zurückbringen.«

Mutter Schumanns Augen hingen wie gebannt an dem mumifizierten Körperteil. Sie schwankte zwischen Grausen und Dankbarkeit, und ihr fehlten sichtlich die Worte. Auch Dorothea betrachtete die krallenartig zusammengeballte Hand mit unterdrücktem Ekel. Unter der verschrumpelten, dunkelbraunen Haut waren noch deutlich die Fingerglieder zu erkennen. Es war zweifellos eine menschliche Hand, die dieser Junge als Talisman mit sich herumtrug.

Ihr Vater und ihr Bruder reagierten erstaunlich gleichmütig auf diese seltsame Reliquie. Ohne weiter darauf einzugehen, sagte August nur: »Das finde ich großartig von dir, Koar. Lass uns gleich losgehen. Kannst du uns zeigen, wo ihr damals gegangen seid, Doro?«

Wortlos ging Dorothea voraus. Anfangs war der Weg noch deutlich zu erkennen. Dann wurde der Pfad allmählich immer schmaler, bis sie schließlich unsicher auf einer Lichtung stehen blieb. Im Mondlicht sahen die Sträucher alle gleich aus. Erleichtert überließ sie Koar die Führung, der ihnen jetzt wie ein Spürhund vorauslief, zuweilen tatsächlich mit der Nase fast auf dem Boden. August und Dorothea hatten ihre liebe Mühe, ihm zu folgen. Immer wieder blieben sie stehen und riefen. Und immer wieder war nur Rascheln und das Knacken von trockenen Ästen die Antwort. Nach einer halben Stunde blieb Koar plötzlich stocksteif stehen und hob eine Hand. »Hört ihr?«

Dorothea lauschte angestrengt, und wirklich vernahm sie ein schwaches »Hallo, hier bin ich«. Es drang aus einem dichten Gebüsch ein Stück weiter vorn. August wollte sofort losstürzen, aber Koar hielt ihn zurück. »Er hängt in einem Schlammloch fest. Wir müssen aufpassen, dass wir nicht ebenfalls hineingeraten!«, sagte er. Vorsichtig führte er sie näher an die Stelle heran, bis sie zwischen dem Schilf hindurch ihren Bruder Karl bis zu den Hüften in schwarzem Schlamm stecken sahen. Mit beiden Händen klammerte er sich an einer dicken Wurzel an dem Abbruch über sich fest, aber seine Kräfte reichten nicht aus, sich daran aus dem zähen Schlick zu ziehen.

»Gott sei Dank, dass ihr kommt«, rief er ihnen erschöpft zu. »Lange hätte ich mich nicht mehr halten können! Dieser verfluchte Matsch! Seid vorsichtig, dass ihr nicht auch noch abrutscht.«

August warf sich direkt am Abbruch auf den Boden und streckte ihm seine Hand entgegen. Es fehlte gut eine halbe Armlänge. »Wir bräuchten ein Seil. Oder einen Ast. Aber etwas Stabiles!« Verzweifelt sah er sich nach etwas Brauchbarem um.

»Deine Hose!«

August brauchte ein paar Sekunden, bis er verstand, was Koar meinte. Dann setzte er sich auf den Boden, riss sich die Stiefel von den Füßen und zog seine Hose aus festem Baumwollköper aus. Unter normalen Umständen hätte Dorothea sich köstlich über den Anblick amüsiert: August in Hemd und Socken wie ein Kleinkind. Jetzt aber achtete weder sie noch einer der anderen darauf. Erneut legte ihr Bruder sich auf den Bauch und schob sich so nah es ging an die Abbruchkante heran. »Kannst du sie greifen?« Etwas ungeschickt schwang er die Hose so lange hin und her, bis es Karl gelang, erst eines und gleich darauf auch das zweite der Hosenbeine zu packen. »Ich hab sie!«

»Wickle sie dir einmal um die Handgelenke«, wies Koar ihn an. »Du darfst auf keinen Fall loslassen! Und bleib ganz ruhig: Wir ziehen dich jetzt langsam heraus.«

Koar und August stemmten die Fersen in den harten Lehmboden und begannen zu ziehen. Der Schlamm schmatzte mehrmals wie ein großes Tier, das unwillig ist, seine Beute wieder auszuspucken, ehe er Karl aus seinen Untiefen freizugeben begann. Fingerbreite um Fingerbreite zogen sie ihn aus der schwarzen Masse. Karl war ein schlanker Junge, aber die klebrige Masse des Schlamms, in dem er feststeckte, vervielfachte sein Gewicht.

Als er endlich mit einem letzten, lauten Schmatzen freikam, lief August und Koar der Schweiß übers Gesicht. Nachdem sie ihn über die Kante gehievt hatten, ließen sie sich vor Erschöpfung auf den Rücken fallen und keuchten nur noch.

Vor Erleichterung über den glücklichen Ausgang hätte Dorothea in Tränen ausbrechen können. Stattdessen stürzte sie auf Karl zu und schüttelte ihn wie einen jungen Hund. »Weißt du überhaupt, welche Sorgen du Mama und Papa bereitet hast? Wie konntest du nur so leichtsinnig sein?«, schrie sie ihn an, nur um im nächsten Moment die Arme um ihn zu schlingen und ihn an sich zu pressen. Wieso war ihr erst in diesen Momenten höchster Gefahr klar geworden, wie sehr sie an ihrem Bruder hing?

»Es war ein Unfall«, verteidigte der sich schwach. »Ich war wirklich nicht leichtsinnig. Dieses verdammte Schlammloch war einfach nicht zu sehen.«

»Lass ihn!«, sagte Koar ruhig und richtete sich langsam auf. »Es war ihm so vorherbestimmt. Solche Ereignisse kann man nicht ändern.« Seine dunklen Augen ruhten mit fast ungläubigem Staunen auf Karls mitgenommener Erscheinung. »Der weise Tenberry hat es vorhergesagt, und es ist genau so eingetroffen.«

»Behaupte jetzt bitte nicht, dein Ahne hätte prophezeit, dass Karl in ein Schlammloch fällt!«, schnaubte Dorothea. »Das glaube ich einfach nicht.«

Im Mondlicht, das inzwischen schräg durch die Büsche fiel, blitzten Koars Zähne, als er lächelte. »Nein, natürlich nicht«, gab er mit leichter Ungeduld zurück. »So funktionieren Voraussagen nicht.«

»Wie dann?« Augusts Atem hatte sich wieder normalisiert, und er musterte den jungen Aborigine mit Interesse.

»Tenberry träumte von einem weißen Stern, der auf die Erde herniederfiel und in unserem Lagerfeuer verglühte. Am nächsten Morgen lag dort ein Kind mit heller Haut und einem sternförmigen Mal auf der Brust. Dieses Kind fühlte sich einsam und war unglücklich, weil niemand etwas mit einem Unglücksbringer zu tun haben wollte. Eines Nachts stieg es deswegen auf zum Wodliparri, das ist dort.« Koar legte den Kopf in den Nacken und zeigte auf das helle Bild der Milchstraße über ihnen am Nachthimmel. »Im Wodliparri, an dessen schilfbewachsenen Ufern die Ahnengeister hausen, fand er in einem der Löcher von Jura, dem Wasserungeheuer, einen Bruder.«

»Eine tolle Geschichte«, sagte August verständnislos. »Aber was hat sie mit dir zu tun?«

»Sie ist der Grund dafür, dass ich lebe«, erwiderte Koar schlicht.

»Wie bitte?«

»Als ich geboren wurde, war meine Haut so hell, dass meine Familie mich töten wollte. – Kinder mit ungewöhnlich heller Haut bringen Unglück«, fügte er hinzu. »Aber Tenberry entdeckte zufällig das Mal auf meiner Brust und verbot es ihnen. Ich sei ein Kind, das den Geistern gehörte. Niemand wollte die Geister erzürnen, aber ebenso wenig wollte jemand mich aufziehen. Also nahm Tenberry mich zu sich. Er war schon sehr alt und fürchtete, nicht lange genug zu leben, um mir all sein Wissen weitergeben zu können. Deswegen begann er bereits damit, mich zu unterrichten, als ich noch ein Kind war.«

»Bist du jetzt schon, nach den Sitten deines Stammes, ein richtiger Zauberer?«, wollte Karl wissen, während er vergeblich versuchte, den Schlamm von seiner Hose zu klopfen.

»Niemand traut sich, es herauszufinden«, sagte Koar und grinste. »Tenberrys Hand schützt mich immer noch.« In einer liebevollen Geste bedeckte er den Beutel auf seiner Brust mit der Hand.

»Aber ich vermisse ihn.«

»Wann ist er gestorben?«, fragte Dorothea leise. Das Schicksal dieses Jungen war wirklich ungewöhnlich.

»Vor vier Wintern. Danach zog ich allein umher, bis ich beschloss, dass es an der Zeit sei, auch die Bräuche und Künste der Weißen zu lernen. Tenberry hat immer gesagt, Wissen sei wie die Beeren und Wurzeln am Wege. Man sollte alles mitnehmen, auf das man stoße. Alles sei auf seine Art wertvoll.«

»Gehen die anderen dir deswegen aus dem Weg, Koar? Weil sie Angst vor dir haben?« Karl sah ihm forschend ins Gesicht.

Der Junge machte eine wegwerfende Handbewegung. »Sie sind dumm. Sie fürchten, dass ich sie verfluchen könnte.«

»Und du lässt sie in dem Glauben, was?« Karl nickte verständnisvoll. »Auf die Art hast du deine Ruhe vor ihnen. – Ich bin dir zu großem Dank verpflichtet, Koar«, sagte er dann sehr ernst. »Ohne dich hättet ihr mich wahrscheinlich nicht mehr rechtzeitig gefunden. Lange hätte ich mich nicht mehr halten können. Und ich danke euch beiden ebenfalls, dass ihr nicht erst die Constabler abgewartet habt.«

»Spar dir deinen Atem«, brummte August, sprang auf und verpasste ihm liebevoll eine Kopfnuss. »Das war doch selbstverständlich. – Wo ist meine Hose?«

Nach diesem Abenteuer waren Karl und Koar unzertrennlich. Bald ging der junge Aborigine bei den Schumanns ein und aus, als hätte er schon immer dazugehört. Nach einigem Bedenken rang er sich sogar dazu durch, bei der Anlage des Gemüsegartens mitzuhelfen. Eigentlich sei das reine Frauenarbeit, erklärte er dem verblüfften Karl. Aber angesichts der Tatsache, dass auch August und Pastor Schumann sich nicht zu schade waren, mit anzupacken, würde er sich den europäischen Sitten anpassen.

Bei Mutter Schumann hatte er bald einen Stein im Brett, als er den Kopfschmerz-Umschlägen aus den Stängeln des Ngalyipi, der ausgezeichnet an den Bäumen hinter dem Haus gedieh, einige Substanzen zufügte, über die er sich geheimnisvoll ausschwieg, deren Wirksamkeit jedoch unbestreitbar war. Wenn Dorothea oder Karl sich an Janes Vorschlag mit dem Goannafett erinnerten, sprach es doch keiner aus. »Hauptsache, Mama fühlt sich dadurch besser«, verteidigte Dorothea ihr Schweigen gegenüber Miles, der sich köstlich darüber amüsierte.

»Ein schlauer Bursche! Es könnte auch ganz einfach daran liegen, dass die Hitze nachgelassen hat. Bald wird die Regenzeit einsetzen. – Hast du übrigens schon davon gehört? Man erwartet praktisch jede Woche Gawlers Nachfolger. Das wird ein lustiger Tanz werden.« Miles streckte sich genüsslich und fuhr dann mit den Fingerspitzen über Dorotheas nackte Schulter. »Mr. Stevenson macht sich große Hoffnungen, dass der neue Gouverneur ihm wieder die Regierungsaufträge zuspricht.«

»Und? Wird er das tun?« Dorothea schmiegte ihre Wange an seinen Handrücken, ein wenig abgelenkt von der Tatsache, dass Miles' Knie sich gerade zwischen ihre Schenkel schob.

»Keine Ahnung. Über Grey ist eher bekannt, dass er ein Teufelskerl ist«, sagte ihr Geliebter nachdenklich. »Auf seinen Forschungsreisen hat er Unglaubliches geleistet. Aber als Regierungsvertreter hat er nicht viel Erfahrung. Gerade mal ein Jahr als Bevollmächtigter am King George Sund im Südwesten. Er muss glänzende Beziehungen in London haben.«

»Wenn er den neuen Gouverneur davon überzeugen kann, uns wieder die lukrativen Aufträge zu geben, dann könntest du doch auch deine Festanstellung bekommen, oder?« Miles hatte oft genug durchblicken lassen, dass eine sichere Anstellung die Voraussetzung für ihre gemeinsame Zukunft wäre. Das war nur vernünftig. Schließlich musste er ja auch eine Familie ernähren können. Aber warum kümmerte er sich dann nicht etwas mehr darum? Sie hätte schon längst mit Mr. Stevenson gesprochen.

»Das wird dann sicher auch klappen, Liebes. Ganz bestimmt. Aber jetzt sollten wir sehen, noch rasch die letzte Galgenfrist auszunutzen, ehe Mrs. Wilson vom Whist zurückkommt.« Verführerisch strichen seine Lippen über ihre empfindliche Kehle, ehe er sie in die Kissen drückte. Sie hatten es sich angewöhnt, sich an den Nachmittagen in Miles' Zimmer zu treffen, an denen seine Vermieterin zu ihren wöchentlichen Whist-Turnieren in die Nordstadt ging.

Wenn sie dann, durch ihren Gewinn und den stets reichlich ausgeschenkten Portwein in äußerst heitere Stimmung versetzt, in den frühen Abendstunden heimkehrte, war sie gegenüber verdächtigen Gerüchen oder Spuren deutlich weniger argwöhnisch als normal.

Dorotheas Familie hatte sich in der Zwischenzeit so an ihre ungeregelten Abwesenheiten gewöhnt, dass sie, wenn sie sich in die Redaktion verabschiedete, höchstens mit der Frage rechnen musste: »Bist du zum Abendbrot zurück?«

Nachdem ihr erster unter ihrem eigenen Namen erschienener Bericht über Janes ungewöhnliche Liebesgeschichte, die der Hochzeit vorausgegangen war, zahlreiche positive Leserbriefe zur Folge gehabt hatte, hatte Stevenson von ihr weitere »Frauengeschichten« verlangt. Als Erstes hatte sie mit den deutschen Marktfrauen gesprochen, und erst dabei war ihr die ganze Tragweite des Schicksals der gemeinhin als »lutherans« bezeichneten Gruppe klar geworden.

»Wie schäbig vom preußischen König, sie derart zu schikanieren!«, hatte sie sich entrüstet, als sie beim gemeinsamen Essen der Familie von den Gefängnisstrafen und harten Geldbußen erzählt hatte, mit denen man sie zum Einlenken hatte zwingen wollen. »Stellt euch vor: Die armen Menschen sind nur wegen ihres Glaubens verfolgt worden. Wie im alten Rom!«

»Jetzt lass aber mal die Kirche im Dorf«, hatte ihr Vater ungewohnt vehement eingeworfen. »Es hat genug lutheranische Gemeinden gegeben, die sich der gemeinsamen Agenda nicht verweigert haben. Die Absicht des Königs, in Preußen eine einzige unierte Landeskirche zu schaffen, sollte anderen Menschen den Kummer ersparen, den er als zutiefst frommer Mann empfunden hat, weil er niemals mit seiner geliebten Frau gemeinsam das Abendmahl einnehmen durfte! Sosehr ich Pastor Kavel als Theologe schätze, als Seelsorger zeigt er einen bedenklichen Hang zum Fanatismus.«

»Du gibst ihm die Schuld an der Misere?«

Pastor Schumann seufzte leise und schüttelte den Kopf. »Nein, Dorchen. So einfach ist es nie. Da sind schon mehrere Dickköpfe aufeinandergeprallt. Ich wollte dich nur davor warnen, vorschnell einseitig Partei zu ergreifen. Du hast eine gute Auffassungsgabe und einen scharfen Verstand. In einer Zeitung zu schreiben bedeutet auch eine große Verantwortung. Die Leser erwarten, dass das, was du schreibst, der Wahrheit entspricht. Das darfst du nie vergessen!«

Der Fund von vier weiteren Leichen des Maria-Massakers Ende April 1841, darunter vermutlich die des Kapitäns und seiner Frau, hätte wohl mehr Aufsehen erregt, wenn die Nachricht sich nicht mit der Ankunft des neuen Gouverneurs überschnitten hätte. »Ich werde mich doch jetzt nicht in die Einöde schicken lassen, wenn in Adelaide die Fetzen fliegen!«, hatte Miles ihren Vorschlag, nach Encounter Bay zu reisen, um seine Eindrücke der einsamen Gräber in den Dünen besser schildern zu können, von sich gewiesen. »Du glaubst doch nicht ernsthaft, dass sich noch irgendjemand für die armen Schweine interessiert? Jetzt, wo dieser bigotte Gawler endlich abgesägt ist, werden andere Zeiten anbrechen.«

Miles Somerhill sollte recht behalten, allerdings nicht ganz in dem Sinne, in dem er es gemeint hatte. Der neue Gouverneur schien nach dem Sprichwort zu verfahren: »Neue Besen kehren gut.« Noch ehe sein Vorgänger das Land verlassen hatte, wurden bereits Stimmen laut, die meinten, man sei vom Regen in die Traufe geraten. Nicht nur, dass Grey mit sofortiger Wirkung sämtliche Baumaßnahmen gestoppt hatte – er hatte auch all jene Angestellte aus dem öffentlichen Dienst entlassen, die seinen Anforderungen nicht genügten oder sonst sein Missfallen erregt hatten. Den stechenden Augen unter buschigen Brauen entging nichts. Ein Angestellter wurde entlassen, weil er versehentlich eine Fensterscheibe zerbrochen hatte; ein Bürojunge, weil dem Gouverneur dessen acht Pence Lohn zu hoch schienen.

Der zuständige Beamte für Immigration musste sich anhören, dass Senf unnötiger Luxus bei der Beköstigung der Bedürftigen sei. Ihre staatliche Unterstützung wurde auf ein absolutes Minimum heruntergefahren, in der Absicht, die Menschen dazu zu bewegen, sich außerhalb Adelaides um Arbeit und Brot zu bemühen und so die öffentlichen Kassen zu entlasten.

Der schmale Mund unter dem blonden Schnurrbart verzog sich fast nie zu einem Lächeln, was zu seinem Ruf beitrug, arrogant und selbstherrlich zu sein.

Natürlich hatte er nicht sofort alle Aufträge wieder dem *Register* zugesprochen. Mr. Thomas hatte sich gezwungen gesehen, nach London aufzubrechen, um dort seine Ansprüche zu verfechten. Bis zu seiner Rückkehr musste sein Partner Stevenson sehen, wie er zurechtkam.

Derweil kehrte Gouverneur Grey weiterhin mit eisernem Besen. Die Polizeikräfte wurden halbiert und mit Truppen aus Sydney aufgestockt. Im Vermessungsamt bemängelte er die »ruinöse Unbedachtsamkeit«, mit der weiter entfernte neue Landstriche erschlossen wurden.

Selbst die Missionsschule blieb nicht verschont. Eines Morgens brachte ein Bote einen knapp formulierten Brief, der August darüber in Kenntnis setzte, dass sein bis Ende des Jahres laufender Kontrakt leider nicht verlängert werden könnte.

»Das macht mir weniger aus, als er denkt«, vertraute er Dorothea an. »Ich habe bereits am Mechanischen Institut vorgesprochen, und dort würden sie mich als Gehilfen anstellen, sofern der Professor mich akzeptiert.«

»Wie schön für dich!«, sagte Dorothea geistesabwesend. Sie bewegten ganz andere Sorgen.

In letzter Zeit war Miles manchmal so seltsam gewesen. Wann immer sie die gemeinsame Zukunft anzusprechen versuchte, hatte er es einzurichten gewusst, sie davon abzulenken. Die ersten Male war es ihr nicht aufgefallen, aber inzwischen war es nicht mehr zu beschönigen: Er wich jedem Gespräch über Heirat oder Familiengründung so rasch aus wie ein Hase, der Haken schlägt. Sogar das letzte wöchentliche Treffen hatte er abgesagt. Angeblich war Mrs. Wilson krank gewesen. War sie das wirklich?

Die ersten, diffusen Zweifel, ob Miles ihre Beziehung so wie sie sah, hatte sie noch mühelos abgetan. Sie war so selbstverständlich davon ausgegangen, dass sie heiraten würden, dass sie gar nicht auf die Idee gekommen war, dass es bei ihm anders sein könnte. Doch seit einigen Tagen nagte genau diese Befürchtung an ihr. Liebte er sie nicht mehr? Rückblickend fiel ihr auf, dass hauptsächlich sie es gewesen war, die ihn mit Liebesbeteuerungen überschüttet hatte. Er hatte dann meist nur gelächelt und sie stumm geküsst.

Ihr wurde abwechselnd heiß und kalt vor Schrecken, als sie sich zu vergegenwärtigen versuchte, wann Miles von sich aus über Heirat gesprochen hatte: Nie. Er konnte sie doch nicht in dem Glauben gelassen haben, dass sie ein Ehepaar würden, wenn er …

»Schau mal!« Lischen hielt ihr eine verschwitzte Hand unter die Nase, aus der sich eine graugrüne Eidechse zu befreien versuchte. »Ist sie nicht schön?« Seit ihrem vorweihnachtlichen Ausflug mit Jane hatte die Kleine ihr Interesse für die Tierwelt der Umgebung entdeckt. Kaum ein Tag, an dem sie nicht stolz irgendein mit ihrem Schmetterlingsnetz gefangenes Exemplar anbrachte. »Ich werde sie in den Glaskrug setzen und mit Fliegen füttern.«

»Lass sie lieber frei«, sagte Dorothea automatisch. »Sicher hat sie Kinder zu Hause, die auf sie warten!« Das sagte ihre Mutter auch immer, wenn sie Lischen zu überreden versuchte, ihre Beute wieder laufen zu lassen. Aber diesmal versetzte ihr die harmlose Bemerkung einen Stich.

Konnte es wirklich sein, dass Miles sie so hintergangen hatte? Dass er sich so unglaublich hinterhältig verhalten hatte? Miles? Der stets so moralische Miles?

Nicht nur wegen der kühlen Temperaturen jetzt im Juni fröstelte sie, und sie zog sich das wollene Umschlagtuch enger um die Schultern. Morgen würde sie ihn zur Rede stellen. Und wenn es sich bewahrheiten sollte, dass er nur mit ihr gespielt hatte, würde sie ihm den Laufpass geben. Unbewusst ballten sich ihre Hände zu Fäusten. Heiße Wut stieg in ihr auf. Wut auf Miles – und auch Wut auf sich selbst. Wie hatte sie nur so unglaublich dumm sein können?

Sie hatte sich ihm ja praktisch an den Hals geworfen. Daran war nichts zu beschönigen. Eine solch leichte Beute dürfte er selten in seinem Zimmer empfangen haben!

In einem winzigen Winkel ihres Herzens hoffte sie noch, dass alles Misstrauen sich am nächsten Morgen zerstreuen würde wie die morgendlichen Nebel über dem Torrens River. Miles würde ihr einen förmlichen Heiratsantrag machen, und alles würde gut enden. Aber ihr Verstand, den ihr Vater so gelobt hatte, sagte ihr, dass sie sich solche Hoffnungen sparen könnte.

Die halbe Nacht lag sie wach und schwankte zwischen bitteren Selbstvorwürfen und Rachegelüsten.

Am nächsten Morgen hingen dunkelgraue Regenwolken wie ein böses Omen tief über Adelaide. Dorothea bemühte sich, den zahllosen Pfützen auszuweichen, die den Weg zur Stadt hinunter in eine Miniaturseenlandschaft verwandelt hatten. So trocken der Sommer gewesen war, so nass zeigte sich jetzt der Winter. Mit dem Einsetzen der Regenzeit verfiel die Kolonie in eine Art Winterstarre. Zwar schneite es nicht, und Nachtfröste waren äußerst selten, aber die Straßen waren bloß noch bodenlose Schlammpisten. Niemand unternahm eine Reise, wenn es nicht absolut unvermeidlich war.

In den Räumen des *Register* herrschte gespenstische Stille. Dorothea trat unwillkürlich leise auf, als sie durch das menschenleere Erdgeschoss auf die Treppe zuging. Auch im oberen Stockwerk schien niemand zu sein.

»Miles?«, rief sie verunsichert, als sie auf die offen stehende Tür ihres gemeinsamen Büros zuging. Auf der Schwelle blieb sie wie angewurzelt stehen. Dort, wo sie letzte Woche noch Miles am Schreibtisch gegenübergesessen hatte, stapelten sich jetzt Wollballen über Wollballen. Der Geruch nach feuchtem Schaf war so überwältigend, dass sie unwillkürlich den Atem anhielt.

»Was machen Sie denn hier?«

Die herrische Stimme ließ sie herumfahren. George Stevenson stand vor seinem Büro und betrachtete sie ungehalten. »Ich habe Ihnen doch ausrichten lassen, dass Sie warten sollen, bis ich mich wieder bei Ihnen melde.«

»Niemand hat mir etwas gesagt«, stieß sie trotzig hervor und griff nach dem Türrahmen, weil um sie herum alles zu schwanken begann.

»Somerhill wollte doch …« Stevenson brach ab und kam mit schnellen Schritten auf sie zu. »Mir scheint, was Sie jetzt brauchen, ist ein Brandy«, sagte er, ergriff ihren Arm und führte sie ins Allerheiligste. Dort drückte er sie in den Besuchersessel und klappte den hölzernen, hohlen Globus auf, in dem er seinen berühmten Brandy aufbewahrte.

»Somerhill hat nicht mit Ihnen gesprochen?« Es war mehr eine Feststellung als eine Frage. Er drückte ihr ein Glas mit einer reichlich bemessenen Portion des intensiv duftenden Getränks in die Hand und nahm ihr gegenüber Platz. »Nicht nippen. Herunter damit.« Dorothea gehorchte. Im nächsten Moment bedauerte sie es, denn der Alkohol schien ihre Kehle zu versengen. Hustend und mit Tränen in den Augen kämpfte sie um ihre Fassung.

»Den Rest auch noch«, sagte Stevenson ruhig und wartete danach geduldig, bis ihr Gesicht wieder seine normale Färbung hatte. »So, Miss Schumann, reden wir offen miteinander. Sie haben ja sicher mitbekommen, dass die Lage für den *Register* immer prekärer wurde. Deswegen hatte ich Somerhill bereits vor Längerem geraten, sich besser um eine Anstellung bei einer anderen Zeitung zu bemühen. Vor vier Tagen hat er sich nach Singapur eingeschifft.«

»Nach Singapur? Liegt das nicht in Ostindien?« Halb betäubt starrte sie auf die große Landkarte an der gegenüberliegenden Wand, ohne wirklich etwas davon zu sehen. »Und wann wird er wiederkommen?«

»Überhaupt nicht.« Der Chefredakteur räusperte sich. »Ich dachte, dass Sie das wüssten.«

Miles hatte sich feige aus dem Staub gemacht! Die Erkenntnis traf sie wie ein Schlag. Damit hatte sie nicht gerechnet. Jetzt konnte sie ihm ihre Verachtung nicht einmal mehr ins Gesicht schleudern. Selbst um diese letzte kleine Genugtuung hatte er sie gebracht!

In Stevensons harten Gesichtszügen war nichts zu lesen. Weder Mitgefühl noch Neugier.

Plötzlich erschien es ihr überaus wichtig, vor ihm nicht die Fassung zu verlieren. »Er ist wohl nicht dazu gekommen, es mir zu sagen.« So würdevoll wie möglich richtete sie sich auf und sah ihm ins Gesicht. »Sie erwähnten vorhin eine Nachricht, die Sie mir haben schicken lassen? Dass Sie mich nicht mehr bräuchten?«

»Verstehen Sie das bitte nicht falsch! Sie sind eine verdammt gute Reporterin. Aber ich kann Sie nicht mehr bezahlen.« Stevenson verzog den Mund zu einem bitteren Grinsen. »Sie haben es ja vorhin selbst gesehen: Sämtliche Büros sind zu Lagerräumen umfunktioniert und vermietet. Das bringt jedoch nur das Nötigste. Bis wir wieder flüssig sind, muss ich, so leid es mir tut, auf Ihre Dienste verzichten.«

»Ich bin sicher, dass der *Register* bald wieder an seine große Zeit anknüpfen kann«, sagte Dorothea und versuchte dabei, überzeugt zu klingen. Irgendwie ging gerade alles schief: erst Miles' Verrat und nun auch noch dieser Rückschlag! »Dann will ich Sie nicht länger aufhalten. – Danke für den Brandy, Mr. Stevenson.«

Dass es erneut zu regnen angefangen hatte, bemerkte sie nicht einmal. Wie im Traum setzte sie Fuß vor Fuß, ohne auch nur im Entferntesten darauf zu achten, dass ihr leichtes Schuhwerk bald total durchnässt war. Wut und Enttäuschung kämpften in ihr. Hin- und hergerissen zwischen dem Bedürfnis, in Tränen auszubrechen, und dem Wunsch, sich irgendwie an Miles rächen zu können, schritt sie so kräftig aus, dass Protector Moorhouse Mühe hatte, sie einzuholen.

»Miss Schumann – warten Sie doch. Wenn Sie gestatten: Ich würde Sie gerne begleiten. Ich hätte mit Ihrem Vater etwas zu besprechen. – Geht es Ihnen gut?«

Die Besorgnis in seinen freundlichen Augen war ehrlich, und so rang sie sich ein Lächeln ab. »Danke, mir geht es gut. Ich war nur völlig in Gedanken versunken.«

»Ein neuer Artikel?« Er sah sie fragend an, während er seinen Schritt dem ihren anpasste. »Ich wollte Ihnen schon seit Längerem sagen, wie gut mir der über Jane und ihr Leben gefallen hat. Auch der über die Frauen der Lutheraner. Wissen Sie schon, worüber Sie als Nächstes schreiben werden?«

»Das ist leider noch völlig ungewiss. Mr. Stevenson hat mir eben eröffnet, dass der *Register* sich keine weiteren Artikel von mir leisten kann.«

»Oh, das tut mir leid«, murmelte er. Offensichtlich hielt er ihren Zustand für eine Folge dieser Unterredung, und Dorothea war ihm dankbar, dass er den Rest des Weges über nur belanglose Konversation führte.

Endlich allein auf ihrem Zimmer, gab sie dem Bedürfnis nach, das sie die ganze Zeit unterdrückt hatte. Den Kopf im Kissen vergraben, schrie sie ihren ganzen Zorn hinaus und hielt auch die Tränen nicht mehr zurück, die ihr in den Augen brannten; Tränen der hilflosen Wut. Dorothea war noch nie eine Heulsuse gewesen, und so dauerte der Sturm nicht lange. Sobald sie sich einigermaßen beruhigt hatte, schniefte sie kräftig, zog die nassen Sachen aus, wusch ihr Gesicht mit kaltem Wasser und nahm sich vor, Miles Somerhill so rasch wie möglich zu vergessen. Nur gut, dass sie niemanden in die Heiratspläne eingeweiht hatte! Jetzt Gegenstand des unvermeidlichen allgemeinen Mitleids zu sein hätte sie nicht ertragen.

Aber da keiner davon wusste, konnte sie so tun, als wäre nichts gewesen. Vielleicht sollte sie einen kleinen Flirt zugeben. Sonst würden einige von sich aus mehr vermuten. Schließlich waren sie ständig zusammen gesehen worden.

Hoffentlich erging es diesem Schuft richtig schlecht in Singapur! Sie schwelgte in Vorstellungen darüber, wie Miles als niederer Dienstbote von seiner Herrschaft schikaniert wurde oder sich gar als Lastenträger verdingen müsste. Und wenn er sich die Passage vom Munde abgespart hätte und hier wieder auftauchte, um sie um Verzeihung zu bitten, würde sie ihn nicht zu kennen vorgeben.

Nach diesem Entschluss fühlte sie sich deutlich besser.

Der Besuch von Mr. Moorhouse hatte einen konkreten Anlass gehabt: Pastor Schumann wurde gebeten, den neuen Gouverneur mit einer Delegation, bestehend aus Geschäftsleuten und Vertretern der Südaustralischen Company, in den Süden zu begleiten. Dort, im Gebiet am unteren Murray River und weiter südlich waren angeblich deutlich bessere Böden entdeckt worden als die bereits bewirtschafteten im Norden Adelaides. Pastor Schumann sollte in seiner Eigenschaft als Geistlicher und Sprachkundiger eventuell feindselige Eingeborene beruhigen. In Anbetracht der schlechten Reiseverhältnisse zu Lande, würde man mit dem Schiff von Port Adelaide südwärts die Küste entlangsegeln. Sollten sich die Gerüchte bestätigen, würde eine weitere Expedition klären, ob der Viehtrieb aus Neu-Südwales nicht zukünftig besser an der Küste erfolgen sollte.

»Sie haben sicher davon gehört, dass die Maraura im April einen Viehtreck auf der Höhe von Lake Bonney angegriffen haben«, hatte Moorhouse erklärt. »Die versprengten Tiere – immerhin fünftausend Schafe und achthundert Rinder – sind immer noch verschwunden, obwohl schon zwei Expeditionen nach ihnen gesucht und dabei einige Eingeborene erschossen haben. – Und unsere letzte Expedition, von der ich gerade zurückgekehrt bin, war ein Desaster.« Er starrte düster auf seine Hände.

»Sind dabei nicht auch Hirten umgekommen?«, fragte Dorotheas Mutter leise.

»So ist es. Major O'Halloran und ich trafen mit unseren Männern einen verfluchten Tag zu spät ein. Bei dem Überfall am Abend zuvor waren vier von Mr. Langhornes Männern mit Speeren getötet worden. Wie viele Maraura erschossen worden waren, ließ sich nicht mehr eruieren.«

»Es ist sicher klug, die Situation nicht weiter eskalieren zu lassen und nach einem anderen Weg für die Trecks zu suchen«, sagte Pastor Schumann nachdenklich. »Gibt es denn eine Erklärung für diese plötzliche Feindseligkeit? Ich kann mich nicht erinnern, dass die Maraura in früheren Jahren Weiße angegriffen hätten.«

»Sicher weiß man es natürlich nicht.« Moorhouse wirkte bedrückt. »Es gibt Stimmen, die den Viehtreibern die Schuld daran geben. Es heißt, sie vergriffen sich ohne jede Kompensation an den Eingeborenenfrauen und die Männer des Stammes rächten sich dafür.«

»Kann man denn diese Kerle nicht unter Kontrolle halten?« Mutter Schumann war empört. »Es geht doch nicht an, dass sie sich straflos an diesen armen Frauen vergreifen!«

Der Protector lächelte schwach. »Das ist leichter gesagt als getan, Madam. Die meisten von ihnen sind ehemalige Sträflinge oder ähnlich dubiose Gestalten, die man guten Gewissens als Abschaum bezeichnen kann. Anständige Männer sind die wenigsten. Doch das ist den Viehbaronen egal. Für sie zählt nur ihr Profit, sprich eine möglichst große Anzahl Tiere lebend hierherzubringen.«

»Dann verstehe ich nicht, wieso der Gouverneur ihnen Major O'Halloran und seine Truppe zu Hilfe schickt.« Pastor Schumann schüttelte verständnislos den Kopf. »Ich dachte, militärisches Eingreifen wäre Angelegenheiten von allgemeinem öffentlichen Interesse vorbehalten. Sollen die Herren doch sehen, wie sie ihr Vieh transportieren.«

»Der Gouverneur möchte damit vor allem denjenigen Siedlern den Wind aus den Segeln nehmen, die nach einer strengen Bestrafung der Eingeborenen rufen. Indem er Major O'Halloran den Gebrauch von Schusswaffen untersagte und mich mitschickte, wollte er den größtmöglichen Schutz der Maraura sicherstellen. Wie gesagt, leider kamen wir zu spät. Und ich fürchte, Mr. Bull wird jetzt umso lauter darauf drängen, endlich ein Exempel zu statuieren.«

»Ich verstehe. Deshalb wäre eine neue Route die beste Lösung.« Pastor Schumann nickte. »Natürlich komme ich mit. Wie könnte ich mich einem so guten Zweck verweigern?«

8

Zwei Wochen waren für die Erkundungsreise angesetzt worden. Zwei Wochen, in denen Dorothea sich darüber klar werden musste, wie es weitergehen sollte. »Wenn ich wiederkomme, müssen wir uns ernsthaft über deine Zukunft unterhalten, Dorchen«, hatte ihr Vater mit leichtem Schmunzeln angekündigt. »Ich habe da einige sehr schmeichelhafte Anfragen erhalten.«

»Papa!« Fast ärgerlich sah sie von dem Pastetenteig auf, den sie gerade knetete. »Bitte verschone mich damit. Ich will nicht heiraten. Ich will schreiben.«

»Papperlapapp«, gab er vergnügt zurück, während er sich unauffällig einige Rosinen aus der Schüssel daneben fischte. »Jede Frau will heiraten und ihrem eigenen Haushalt vorstehen.«

»Ich nicht!«

»Das besprechen wir dann in aller Ruhe, wenn ich wieder zu Hause bin, mein Kind«, sagte er, von ihrer strikten Weigerung nicht im Mindesten beeindruckt.

Kurz nach seiner Abreise war etwas geschehen, oder besser war nicht geschehen, das Dorotheas Welt auf den Kopf stellte. Ihre Monatsblutung war überfällig!

Es war ihr erst aufgefallen, als sie sich eines Morgens beim Anblick der säuberlich gefalteten Binden in ihrer Schublade gefragt hatte, wann sie sie eigentlich das letzte Mal benutzt hatte. Sie konnte sich noch gut daran erinnern, weil es die Woche vor dem

Eintreffen des neuen Gouverneurs am 10. Mai gewesen war. Und nun war der 20. Juni!

Das war einfach nicht möglich! Sie musste sich verrechnet haben. Oder es gab eine andere harmlose Erklärung dafür? Miles hatte ihr doch versichert, er wisse, was zu tun sei, damit sie keinesfalls schwanger würde. Panik stieg in ihr auf, schiere Panik. Nein, das konnte nicht sein, das durfte einfach nicht passiert sein. Sie brauchte lange, um zu akzeptieren, dass es eben doch passiert war. Im Anatomiebuch waren auf äußerst präzisen Stichen sämtliche Phasen der Schwangerschaft abgebildet, und irgendwie zweifelte sie nicht mehr daran, dass sie in sich bereits diesen kleinen Ball aus Fleisch und Blut trug, aus dem sich später ein Kind entwickeln würde. Miles' Kind.

Was sollte sie tun? Was konnte sie tun? Unwillkürlich kamen ihr die Gerüchte über die sogenannten Engelmacherinnen in den Sinn. In Dresden hatte sie einmal einen Wortwechsel zweier Dienstmädchen aufgeschnappt. Die eine hatte nach der Adresse einer »Engelmacherin« gefragt, um »ein Kind wegmachen zu lassen«, und die andere hatte sie sofort hinter die nächste Hausecke gezogen. Dorothea hatte völlig arglos ihre Mutter gefragt, was es damit auf sich hätte und wie man ein Kind »wegmachte«. Es war ihr rätselhaft erschienen, wieso jemand Gottes Geschenk, wie es immer in den Geburtsanzeigen hieß, nicht haben wollte.

Ihre Mutter hatte sie seltsam angesehen und dann ruhig erklärt, dass nur sehr schlechte Menschen so etwas täten. Es sei eine schwere Sünde, die man damit auf seine Seele lade. Sie hatte dabei so ernst gewirkt, dass Dorothea nicht gewagt hatte, weiter nachzufragen. Aber es hatte sie noch wochenlang beschäftigt, wie man dabei vorging. Schnitt man den Frauen dafür den Bauch auf? Sie hatte sich fest vorgenommen, das Dienstmädchen abzupassen und danach zu fragen, aber die junge Frau tauchte nicht wieder auf. Nach einigen Wochen hatten andere Themen die Frage nach den

Engelmacherinnen in den Hintergrund treten lassen. Dorothea hatte – bis jetzt – nicht mehr daran gedacht.

Aber gab es solche Frauen überhaupt hier in Adelaide? Und wenn, wie sollte sie sie finden?

Das Gesicht ihrer Mutter in dem Moment, als sie von der schweren Sünde gesprochen hatte, vor Augen, schob sie diesen Gedanken rasch von sich. Nein, das wollte sie nicht.

Aber was blieben ihr sonst für Möglichkeiten?

Die Gedanken rasten in ihrem Kopf, ohne dass sie einer Lösung auch nur ansatzweise näher gekommen wäre. Wenn Miles noch hier in Adelaide wäre, müsste er sie jetzt, unter diesen Umständen, selbstverständlich heiraten. Aber er war auf See. Wenn sie ihm eine Nachricht hinterherschickte, konnte die ihn – wenn überhaupt – frühestens in einigen Monaten erreichen. Falls er dann noch in Singapur war. Auf jeden Fall wäre es zu spät, um noch vor der Geburt heiraten zu können. Und wollte sie ihn überhaupt heiraten? Hatte sie sich nicht geschworen, ihn aus ihrem Leben und ihrer Erinnerung zu streichen? Sie lachte bitter auf, als ihr bewusst wurde, dass sein Kind sie immerzu an ihn erinnern würde. Tag für Tag.

In den folgenden Tagen fielen ihr fehlender Appetit, die dunklen Ringe unter den Augen und ihre Niedergeschlagenheit sogar Lischen auf. Als Einzige sprach sie aus, was alle anderen nur dachten: »Bist du traurig, weil du dich mit Mr. Somerhill gezankt hast?«

»Wie kommst du denn darauf?« Überrascht sah Dorothea von ihrem Teller hoch, auf dem sie gedankenverloren die Bissen hin und her geschoben hatte.

»Na, weil er gar nicht mehr kommt. Und du machst immerzu ein Gesicht wie sieben Tage Regenwetter.«

»Lischen«, mahnte die Mutter.

»Aber es stimmt doch«, beharrte die Kleine. »Außerdem habe ich Karl noch zu August sagen hören, dass dieser Laffe Somerhill Doros Kummer gar nicht wert wäre. Und August sagte darauf, dass

Frauenzimmer eben manchmal ziemlich dämlich wären, und ... Autsch!« Sie verstummte erschreckt, als einer ihrer Brüder sie offensichtlich heftig vors Schienbein getreten hatte. Karl war rot bis über beide Ohren, und auch Augusts Wangen wiesen eine gesunde Färbung auf.

»Schäm dich, Lischen! Man belauscht nicht anderer Leute Unterhaltung«, sagte Mutter Schumann streng. »Koar, sei so gut und reich mir bitte die Bohnen herüber.«

Auch Koar war kein willkommenes Kind gewesen, dachte Dorothea. Ohne das Eingreifen des greisen Zauberers wäre sein Leben sehr, sehr kurz gewesen. Aber ohne ihn wäre Karl jetzt nicht mehr am Leben. Gab es so etwas wie eine Bestimmung? Dann hätte auch ihr Kind eine. Es war ein seltsam tröstlicher Gedanke, der ihr Mut gab. Sie würde es irgendwie schaffen. Schließlich lebten hier in der Kolonie Witwen, die sogar mehr als ein Kind ernähren mussten. Und sie hatte ihre Familie. Sie war nicht allein wie diese armen Frauen.

Sobald ihr Vater wieder da war, würde sie sich den Eltern anvertrauen. Sie würden nicht gerade in Jubel ausbrechen, so viel war klar. Aber sie war sich sicher, dass sie sie nicht im Stich lassen würden.

Zwei Tage später beendete Mr. Moorhouses Besuch alle Zukunftspläne. Noch bevor sie den schwarzen Flor am Ärmel bemerkte, fiel ihr sein ernster Gesichtsausdruck auf. Sie hatte den Eindruck, dass er nur zögernd der Einladung ihrer Mutter in den Salon folgte, in dem die Familie gerade beim Frühstück saß. »Ich habe Ihnen leider eine traurige Nachricht zu überbringen«, begann er tonlos, die Finger um die Hutkrempe verkrampft. Vor Schreck setzte Dorotheas Herzschlag aus. »Jane ...?«, flüsterte sie rau. Die letzten Tage hatte sie manchmal an ihre Freundin gedacht. Hatte dieser Tim Burton ihr etwas angetan?

Moorhouse schüttelte den Kopf. »Nicht Jane, Ihr Vater ...« Dorothea hörte die Worte, aber irgendetwas hinderte sie daran, sie zu begreifen. Wie durch eine Fensterscheibe hindurch sah sie, wie jegliche Farbe aus dem Gesicht ihrer Mutter wich. Wie August die Tasse aus den Fingern glitt und auf dem Boden zersprang. Wie Karl aufsprang, so heftig, dass sein Stuhl umstürzte, und rief: »Nein, das ist nicht wahr!«

Mr. Moorhouse senkte in stummem Mitgefühl den Kopf.

»Wie … Ich meine, was ist geschehen?« Die Stimme ihrer Mutter klang unnatürlich ruhig. Immer noch totenbleich saß sie dennoch aufrecht wie stets und fixierte den Protector, als sei er das Einzige, das im Augenblick von Wichtigkeit war.

»Das Boot ist gekentert, mit dem sie bei Encounter Bay an Land rudern wollten. Pastor Schumann fiel so unglücklich, dass er bewusstlos wurde und unterging, ehe man ihm zu Hilfe kommen konnte. Die See war zu dem Zeitpunkt sehr rau.« Moorhouse bemühte sich sichtlich, die Vorgänge möglichst schonend darzustellen. »Ich bin sicher, er hat nicht gelitten.«

»Hat man seine … Leiche bergen können?« Nur mit äußerster Selbstbeherrschung war es Mutter Schumann gelungen, diesen Ausdruck über ihre Lippen zu bringen.

»Ja, aber erst am folgenden Tag«, sagte Moorhouse bedrückt.

»Ich möchte ihn sehen.«

»Das wird leider nicht möglich sein, Madam.«

»Warum nicht?« Mutter Schumann sah fast flehend zu ihm auf. »Wir waren zweiundzwanzig Jahre verheiratet. Sie können mir nicht verbieten, von ihm Abschied zu nehmen.«

Moorhouse räusperte sich vor Verlegenheit. »Es ist keine Frage des Wollens, Mrs. Schumann. Verstehen Sie doch: Sein Körper war nach mehr als zwölf Stunden in der Brandung nicht mehr unversehrt. Wir mussten ihn dort auf dem Friedhof von Encounter Bay bestatten.«

Friedhof. Bestatten.

Schlagartig fiel die Erstarrung von Dorothea ab. Ihr Vater war tot! Er würde nie wieder durch die Tür treten und fröhlich fragen: »Na, was gibt es denn heute Feines?«

Nie wieder würde sie ihn über eine vorlaute Bemerkung Lischens schmunzeln, über eine von ihr oder August nachdenklich die Lippen verziehen sehen.

Nie wieder würde sie von ihm getröstet werden wie bei den zahllosen Malen, wenn sie sich in kindlichem Kummer in seine Umarmung geflüchtet hatte. Sie konnte immer noch den kratzigen Stoff an ihrer Wange spüren, den vertrauten Geruch nach Pfeifentabak und Lavendel riechen.

Nie wieder würde das geschehen, denn er war tot.

Die Wucht, mit der die Erkenntnis der brutalen Wahrheit sie traf, spürte sie fast körperlich. Nie wieder. Bloß zwei dürre, kurze Worte. Aber welch grauenhafte Worte, wenn es dabei um einen geliebten Menschen ging.

August trat neben die Mutter und legte in einer hilflosen Geste die Hand auf ihre Schulter. Sie reagierte nicht. Sie schien wie eine Puppe aus Glas, die jeden Augenblick zerspringen konnte, sobald man sie nur ein wenig heftiger anstieß.

»Wenn Papa im Himmel ist – was wird denn jetzt aus uns?«, flüsterte Lischen kaum hörbar. Sie umklammerte ihre Puppe und sah von einem zum anderen. »Müssen wir jetzt in ein Asyl für Waisenkinder?«

»Nein, Kleines«, beruhigte Moorhouse sie. »Ihr bleibt erst mal hier in eurem Haus wohnen wie bisher.«

»Geht das denn?« August hatte genug vom Ruf des neuen Gouverneurs gehört, um besorgt auszusehen. »Wird Gouverneur Grey nicht verlangen, dass wir sofort ausziehen?«

Moorhouse schüttelte den Kopf. »Machen Sie sich bitte darüber keine Sorgen! – Ich würde vorschlagen, dass ich in einigen Tagen wiederkomme, um mit Ihnen und Mrs. Schumann zu besprechen, wie es weitergehen soll.« Er griff in seine Brusttasche und holte ein in Ölpapier geschlagenes Päckchen hervor. Unentschlossen wanderte sein Blick einige Augenblicke zwischen Mutter Schumann und August hin und her, ehe er es vor der Witwe auf den Tisch legte und leise sagte: »Seine Uhr und ein Medaillon, das er am Herzen trug. Die Kleidung war leider zu sehr in Mitleidenschaft gezogen. – Wenn ich Ihnen sonst irgendwie behilflich sein kann, zögern Sie bitte nicht, es zu sagen.«

»Danke, sehr freundlich von Ihnen«, sagte Mutter Schumann mit dünner Stimme, während sie das schlichte Päckchen an sich drückte, als sei es die größte Kostbarkeit. »Aber wir kommen schon zurecht.«

Tatsächlich kam es Dorothea so vor, als befände sie sich in einer Art Traum: Sie aßen und sie schliefen, jedenfalls taten alle so. Wenn es auch nur war, um sich gegenseitig eine Normalität vorzugaukeln, die es nicht mehr gab. Die es niemals mehr so geben würde.

Nach einer Nacht, in der sie immer wieder hochgeschreckt war, weil sie glaubte, die Schritte ihres Vaters auf der Treppe zu hören, hielt es sie nicht mehr im Bett. Sobald es hell genug war, stand sie leise auf, zog sich an und ging nach unten, um den Küchenherd anzuheizen.

Das war keine Arbeit, nach der sie sich gewöhnlich drängte, aber untätig herumzusitzen schien ihr geradezu unerträglich.

Aus dem Arbeitszimmer ihres Vaters drang unterdrücktes Schluchzen. Leise drückte sie die Klinke herunter. Es war nicht ihre Mutter, wie sie angenommen hatte, die dort ihrem Kummer freien Lauf ließ. Es war Karl, der im lederbezogenen Ohrensessel kauerte und sie aus verquollenen Augen anblickte. Er wirkte so unglücklich, so verloren, dass sie spontan auf ihn zulief und ihn fest in die Arme schloss. Zuerst versteifte er sich, doch dann überlief ihn ein Zittern, und er erwiderte ihre Umarmung mit einer verzweifelten Kraft, deren Intensität Dorothea überraschte.

»Konntest du auch nicht mehr schlafen?«, fragte sie und spürte überrascht, wie es sie selber tröstete, ihn im Arm zu halten. »Sitzt du schon länger hier?«

»Seit ein paar Stunden«, erwiderte er und wischte sich mit dem Ärmel über das Gesicht. »Ich wollte Papa nahe sein, und hier …« Er schniefte verlegen, während er sich aus ihren Armen löste. »Hast du vielleicht ein Taschentuch?«

Wortlos reichte sie ihm ihres, und er ließ es in seiner Rocktasche verschwinden, nachdem er mehrmals kräftig geschnäuzt hatte. »Sag, hast du nicht auch das Gefühl, dass er immer noch hier ist?« Er hob den Kopf und schnüffelte wie ein Jagdhund. »Ich kann ihn sogar noch riechen.«

»Ich weiß, was du meinst«, sagte sie traurig. »Aber wir werden uns daran gewöhnen müssen, ohne Papa auszukommen. Der Geruch wird verfliegen, und dann gibt es nichts mehr, das von ihm noch übrig ist.« Ihr Blick glitt über die Bücherreihen, die die Wände bedeckten. Hier und da steckten Zettel dazwischen mit Notizen oder Skizzen. Vielleicht war es dieser Anblick, der sie auf den Gedanken brachte: »Du musst ihn zeichnen, Karl!«

»Wozu?« Er schaute sie an, als hätte sie den Verstand verloren.

»Zur Erinnerung. Damit wir sein Gesicht nicht vergessen«, erklärte sie ihm. »Schau, du kannst so wunderbare Porträts zeichnen. Du hast einen Blick für das Wesentliche, was ein Gesicht ausmacht. Ich bin sicher, Mama würde sehr gerne ein Bild von Papa zur Erinnerung haben. Und wir anderen auch.« Da sie Karls unausgesprochene Vorbehalte spürte, fragte sie: »Du könntest es doch, oder?«

»Jaaa«, erwiderte er gedehnt. »Aber ich bin nicht sicher, ob es ihm recht wäre. Weißt du nicht mehr, wie Papa immer über den *Totenkult der Papisten* gespottet hat?«

»Das ist doch etwas ganz anderes«, gab Dorothea ungeduldig zurück. »Ich will ja nicht, dass wir Papas Bild auf einen Altar stellen. Nur eine Skizze, wie du sie nennst. Du könntest jedem von uns Papa zeichnen, wie er uns immer angesehen hat. Verstehst du, was ich meine? Für Mama diesen Blick, wenn er sie geneckt hat. Und für mich …«, sie musste schlucken, weil ihr die Kehle eng wurde, »für mich diesen Ausdruck, wenn er gedacht hat: ›Halt, mein Kind, jetzt gehen gerade die Pferde mit dir durch!‹«

Karl lächelte schwach. »Ich weiß. Sag nichts mehr.« Er schloss die Augen, und auf seiner Stirn erschienen Falten der Konzentration. »Ich sehe es vor mir.«

Ihre Mutter strahlte eine unheimliche Ruhe aus, als sie kurz danach die Küche betrat. Sie trug Schwarz. Von den Schuhspitzen bis zu der Haube. Dorothea hatte gar nicht gewusst, dass sie so viele schwarze Kleidungsstücke besaß. Scheu musterte sie die dunklen Ringe unter den Augen, die geröteten Lider. Ihre Mutter sah nicht aus, als hätte sie auch nur eine Minute geschlafen. Die strenge Trauerkleidung ließ sie so abweisend erscheinen, dass Dorothea sich nicht überwinden konnte, sie einfach in den Arm zu nehmen. Zu groß war ihre Scheu.

Die Stimme jedoch war fest wie immer, als sie Dorothea anwies, den Schulraum, in dem ihr Vater immer die Andachten abgehalten hatte, herzurichten. Sie wollte, dass die Familie im engsten Kreis gemeinsam vom Vater Abschied nahm.

Von den Schülern und Eltern war nichts zu sehen. Sicher hatte sich der Unglücksfall herumgesprochen. Es war nicht damit zu rechnen, dass sie in nächster Zeit hier wieder auftauchen würden. Nur Koar schlüpfte plötzlich durch den Seiteneingang und setzte sich in Karls Nähe auf den Boden. Im Unterschied zu seinen Stammesmitgliedern schien er Todesfällen gegenüber nicht das panische Entsetzen zu empfinden, das sie selbst nähere Hinterbliebene meiden ließ, als hätten diese eine ansteckende Krankheit.

In Ermangelung eines Sargs hatte Mutter Schumann die Taschenuhr und das goldene Medaillon mit den ersten Haarlocken jedes Kindes auf den Behelfsaltar gelegt. Beim Anblick des Schmuckstücks kämpfte Dorothea mit den Tränen. Mehr als alles andere verkörperte es die hingebungsvolle Liebe, die Pastor Schumann seinen Kindern entgegengebracht hatte.

Sie alle kannten die Gebete und Lieder anlässlich eines Gedenkgottesdienstes. Aber noch nie war es Dorothea so schwergefallen, die Worte über die Lippen zu bringen. Besonders die Stellen, an denen von Gottes Weisheit und Güte die Rede war, reizten sie zu wütendem Widerspruch. Was war gütig oder weise an diesem schrecklichen Unglück? Es gab so viele Menschen, die ihrer Ansicht nach keine größere Lücke hinterlassen hätten. Warum hatte Gott nicht einen solchen sterben lassen? Warum ausgerechnet Papa?

Sie war unendlich erleichtert, als das letzte »Amen« verklang.

Fünf Tage später kam Mr. Moorhouse in Begleitung Miss Mary Kilners zu seinem angekündigten Besuch. Da die Kondolenzbesucher sich in den letzten Tagen die Klinke praktisch in die Hand gegeben hatten, verwunderte das niemanden. Inzwischen waren sie alle ganz gut darin, mit höflicher Miene die Beileidsbekundungen entgegenzunehmen, auch wenn August nicht nur einmal mit zusammengebissenen Zähnen geknurrt hatte: »Am liebsten würde ich ihnen sagen, sie sollten uns einfach in Ruhe lassen!« Allmählich hatte sich ein gewisser Abstumpfungseffekt eingestellt. Nur Karl zog es noch immer vor, tagsüber mit Koar im Busch zu verschwinden, weil er »diesen Haufen schwarzer Krähen, die über einem Leichnam kreisen«, wie er es nannte, nicht ertrug.

Nachdem Miss Kilner in angemessener Weise ihr Mitgefühl ausgedrückt hatte, wandte sie sich an Dorothea und bat sie um ein Gespräch unter vier Augen. Es war zu kalt, um draußen auf der

Terrasse zu sitzen, also gingen die beiden jungen Frauen in das Arbeitszimmer von Pastor Schumann. Der Geruch nach Pfeifentabak und Lavendel war inzwischen so schwach geworden, dass man ihn kaum noch wahrnahm, aber für Dorothea war es immer noch der Raum, in dem sie sich ihrem Vater am nächsten fühlte. Miss Kilner nahm etwas umständlich auf dem Ohrensessel Platz, während Dorothea sich den Besucherstuhl zurechtrückte. »Sie möchten etwas mit mir besprechen?«, ermutigte sie Mr. Moorhouses Verlobte, die sichtlich verlegen nach Worten suchte.

»Ich weiß, dass ich Ihnen jetzt ziemlich herzlos vorkommen muss«, sagte sie schließlich. »Und ich bitte Sie aufrichtig um Verzeihung für meine Impertinenz, so mit der Tür ins Haus zu fallen.« Sie blickte auf ihre in schwarzen Häkelhandschuhen steckenden Finger, mit denen sie nervös an den Bändern ihres Retiküls zupfte. »Erinnern Sie sich noch an den Nachmittag, an dem wir vom Haus des Gouverneurs aus den Kängurutanz verfolgten?«

Dorothea nickte und wartete ungeduldig darauf, dass Miss Kilner endlich zur Sache käme. Sie wollte so rasch wie möglich zurück in den Salon und zu den Gesprächen über ihr zukünftiges Leben.

»Damals sagte ich Ihnen voraus, dass Sie bald umworben würden. Nun, soviel ich weiß, sind Sie noch nicht versprochen?«

»Nein«, erwiderte Dorothea brüsk. »Und ich gedenke auch nicht zu heiraten.« Dass eine Fremde an das letzte Gespräch, das sie mit ihrem Vater geführt hatte, anknüpfte, tat erstaunlich weh.

»Wirklich nicht?« Miss Kilner wirkte überaus erstaunt. »Wie schade. Dann erübrigt sich alles Weitere. Ich bitte nochmals um Entschuldigung.«

Jetzt hatte sie doch Dorotheas stets wache Neugierde geweckt. Konnte es sein, dass Miss Kilner sich hier als Kupplerin versuchte?

»Andererseits, wenn ich es recht bedenke, wäre es unter den gegebenen Umständen vielleicht angebracht, meine Haltung zu überdenken«, lenkte sie ein. »Sie verstehen sicher, dass ich mir darüber jetzt keine weiteren Gedanken gemacht habe.«

»Natürlich. Das ist absolut verständlich«, sagte Miss Kilner verständnisvoll. »Und ich hätte auch niemals zu diesem Zeitpunkt davon gesprochen, wenn sich nicht – wie soll ich sagen? – die Dinge gerade überschlagen würden.«

»Bitte reden Sie ganz offen«, bat Dorothea.

»Ich glaube, Sie haben Mr. Masters kennengelernt? Auf der Soiree anlässlich des Vortrags von Professor Menge?«

Der Viehzüchter vom Murray River! Nur zu gut erinnerte Dorothea sich an den durch ihn verursachten gesellschaftlichen Eklat. Hatte Miles nicht sogar behauptet, man hätte ihn verdächtigt, am Tod seiner Frau zumindest nicht gänzlich unbeteiligt gewesen zu sein? Jane hatte das allerdings mit Empörung zurückgewiesen, als sie darauf zu sprechen gekommen war. Miss Kilner hob die Hand, um sie am Sprechen zu hindern. »Ich sehe, die hässlichen Gerüchte wurden Ihnen bereits zugetragen. Glauben Sie mir, wenn ich Ihnen versichere, dass sie völlig aus der Luft gegriffen sind? Ich kenne Robert seit vielen Jahren, und er wäre absolut außerstande, einer Frau auch nur ein Haar zu krümmen.«

Robert Masters hatte auf Dorothea einen äußerst sympathischen Eindruck gemacht. Zudem traute sie Janes Menschenkenntnis. Also nickte sie. »Ja, ich glaube Ihnen. Aber Sie wollen doch nicht andeuten, dass Mr. Masters sich für mich interessiert? Wir sind uns nur ein einziges Mal begegnet.«

Miss Kilners Wangen färbten sich leicht rosa. »Ich muss zugeben, dass ich es war, die ihn auf Sie aufmerksam machte. Sie müssen wissen, dass er eine sechsjährige Tochter hat. Heather. Roberts Tante, Lady Arabella Chatwick, hat bisher Mutterstelle an ihr vertreten, aber sie ist nicht mehr die Jüngste. Das Kind entgleitet ihr täglich mehr. Es braucht dringend Führung und Anleitung durch eine Person, die Heathers Ungestüm gewachsen ist.«

»Ich bin nicht sicher, ob ich Sie richtig verstehe: Sucht er jetzt eine Gouvernante für das Kind oder eine neue Ehefrau?«

»Beides in einer Person.« Miss Kilner senkte erneut leicht verlegen den Blick. »Robert bat mich um Rat. Er suchte eine junge Frau, die selbstbewusst genug sein sollte, es mit Heather und Lady Chatwick aufzunehmen. Von ausreichender geistiger Beweglichkeit, um sich mit ihr über mehr als Banalitäten unterhalten zu können, sowie genug Mut, um sich dort draußen nicht zu fürchten.« Dorothea musste bei dieser Stellenbeschreibung unwillkürlich lächeln. Miss Kilner erwiderte das Lächeln fast komplizenhaft und fügte hinzu: »Ich weiß wirklich nicht, wieso ich sofort an Sie dachte.«

Dorothea unterdrückte den ersten Impuls, das nicht gerade romantische Angebot abzulehnen.

Bei näherer Betrachtung verdiente es zumindest ernsthafte Überlegung. Natürlich war es nicht das, was sie sich als junges Mädchen erträumt hatte. Aber hatte sie nicht sowieso mit einer Ehe aus Liebe abgeschlossen?

Soweit sie wusste, war Masters ausgesprochen wohlhabend. Ein guter Fang, wie man zu sagen pflegte. Als seine Ehefrau würde es ihr an nichts fehlen, und sie könnte, statt ihrer Mutter eine zusätzliche Bürde zu sein, ihrer Familie hilfreich unter die Arme greifen. Dorothea war pragmatisch genug, um sich darüber im Klaren zu sein, dass das Leben für Witwen und Waisen alles andere als erfreulich war. Meist vegetierten sie am Rande des Existenzminimums dahin, oft genug abhängig von der Güte und Großzügigkeit anderer.

Den Ausweg einer zweiten Ehe würde ihre Mutter ganz sicher von sich weisen. Also blieb nur sie, Dorothea.

»Kann ich darüber nachdenken?«

»Selbstverständlich«, beeilte Miss Kilner sich zu sagen. »Robert – Mr. Masters – ist für ein paar Tage im Hotel in der King William Street abgestiegen. Darf ich ihm sagen, dass er morgen hier vorsprechen und sich seine Antwort holen soll? Oder benötigen Sie mehr Bedenkzeit?«

Insgeheim hatte Dorothea sich bereits entschlossen, Mr. Masters nüchternen Antrag, oder besser: Stellenangebot, anzunehmen. Langes Zaudern und Abwägen war ihre Sache nicht. Im Grunde ist es eine Arbeit wie jede andere, dachte sie ironisch. Vielleicht mit etwas mehr Renommee – zumindest in diesem Fall. Sie holte tief Luft und richtete sich auf: »Nein, das passt mir ausgezeichnet«, ließ sie Miss Kilner wissen. »Ich möchte Sie nur bitten, die Sache nicht vor meiner Familie zu erwähnen.«

»Selbstverständlich nicht!« Miss Kilner schien geradezu schockiert. »Übrigens: Auch mein lieber Matthew ist nicht eingeweiht. Sie, Mr. Masters und ich sind die einzigen Menschen, die davon wissen. Robert wollte seine Suche nicht publik werden lassen.«

Angesichts der teilweise unverblümt feindseligen Reaktionen der Menschen war das nicht unverständlich, fand Dorothea.

Am Abend fragte sie ihre Mutter, ob sie ein paar Minuten Zeit für sie hätte. Nachdem sie das Problem überdacht hatte, war sie zu dem Entschluss gekommen, sich ihr anzuvertrauen und sie um Rat zu fragen.

»Was ist denn, Kind?« Ihre Mutter sah so müde aus, dass Dorothea kurz mit sich kämpfte. Aber sie brauchte die Lebenserfahrung einer Älteren.

»Ich habe einen Heiratsantrag bekommen, Mama«, platzte sie heraus. Ihre Mutter reagierte nicht wie erwartet. Anstatt sich zu freuen, runzelte sie die Stirn. »Von wem denn? Du hast doch gesagt, dein Mr. Somerhill wäre verreist?«

»Nicht von Miles. Miles denkt gar nicht daran, mich oder sonst jemanden zu heiraten. Von Mr. Robert Masters.«

»Und wer ist Mr. Robert Masters? Ich kann mich nicht an jemanden dieses Namens erinnern.«

»Er war auf dem Vortrag von Professor Menge, zu dem ich vor ein paar Wochen mit Jane und August gegangen bin. Er ist Viehzüchter am Murray River bei Wellington. Ein sehr wohlhabender Viehzüchter. Um nicht zu sagen: steinreich.«

»Gut, dass dein lieber Vater dich nicht so reden hört«, seufzte Mutter Schumann. »Aber davon abgesehen: Magst du ihn?«

»Er machte auf mich einen sehr netten Eindruck«, sagte Dorothea ausweichend. »Und Jane hält große Stücke auf ihn. Wärst du einverstanden, wenn ich ihm zusagte?«

»Wenn man dich so reden hört, könnte man glauben, es ginge um die Einladung zu einem Ball! Eine Ehe sollte aber mehr sein. Ich hatte gehofft, du würdest jemanden finden, mit dem du so glücklich sein könntest, wie dein Vater und ich es waren.« Ihre Mutter sah sie traurig an. »Dorchen, mein Kind, ich bin nicht sicher, ob es klug ist, in diesen Tagen eine so wichtige Entscheidung zu treffen. Du solltest damit zumindest ein paar Wochen warten.«

»Das kann ich nicht!«

»Wieso nicht?« Ihre Mutter musterte sie scharf. Unter ihrem inquisitorischen Blick senkte Dorothea die Augen.

»Es eilt ihm. Seine erste Frau ist gestorben, und er braucht jemanden für das Kind und seine kranke Tante.«

»Das tut mir leid für ihn. Aber ich sehe immer noch keinen Grund, dass du dich kopflos in diese Ehe stürzt. Ich dachte immer, du und Mr. Somerhill, ihr würdet ein Paar.« Mutter Schumann kniff die Augen zusammen und nahm ihre Älteste noch einmal genau ins Visier. »Kann es sein, dass diese Entscheidung etwas mit der unerwarteten Abreise dieses jungen Herrn zu tun hat?« Als Dorothea darauf nicht antwortete, fuhr sie fort: »Gekränkte Eitelkeit ist keine gute Basis für eine Ehe, Kind.«

»Es geht nicht um meine Eitelkeit, Mama.« Dorothea ballte die Hände zu Fäusten und wappnete sich innerlich für das Geständnis, das sie gleich machen musste. »Ich muss ihn so rasch wie möglich heiraten, weil ich ein Kind von Miles erwarte.«

Das Schweigen währte so lange, dass Dorothea sich fragte, ob ihre Mutter sie gehört hatte. Ihre erschlafften Züge ließen keine Gefühlsregung erkennen. Schließlich sagte sie mit tonloser Stimme: »Dann musst du tun, was du für richtig hältst. Ich kann dir keinen Rat geben.« Sie erhob sich und schlurfte gebeugt wie eine alte Frau aus dem Raum.

Robert W. Masters erschien am nächsten Tag gegen elf Uhr. »Schon wieder einer«, stöhnte Karl, als das Getrappel der Pferdehufe vor dem Haus verstummte. »Nimmt das denn kein Ende?« Er reckte den Hals, um durch die Musselingardinen einen Blick auf den Neuankömmling zu werfen. »Wer ist das? Er sieht aus wie einer von den feinen Pinkeln aus dem Club in der King William Street. Und sogar ein Bukett hat er dabei! Komm, Koar, lass uns verschwinden!« Während die beiden Jungen, gefolgt von Lischen, ihre Worte in die Tat umsetzten, erhob August sich und warf ebenfalls einen Blick auf den unwillkommenen Besucher.

»Den Mann habe ich schon einmal gesehen«, bemerkte August und verfolgte ohne größere Anteilnahme, wie Masters, behindert durch sein steifes Bein, umständlich vom Bock des Gigs kletterte. »Schau mal, Doro, ist das nicht dieser seltsame Mann, der sich uns selber vorgestellt hat?«

»Wenn es Mr. Masters ist, dann will er vor allem zu mir«, sagte Dorothea, ohne von ihrer Näharbeit aufzusehen. »Wir haben etwas zu besprechen.«

»Was hast du mit einem wildfremden Mann zu besprechen?« August sah sie völlig perplex an. »Du hast mit ihm keine zwei Worte gewechselt!«

Mutter Schumann hatte bereits die Haustür geöffnet und nahm in stoischer Ruhe die Beileidsbekundung entgegen. Sie hörten, wie sie sagte: »Ich bitte, mich zurückziehen zu dürfen. Mir ist nicht ganz wohl. Dorothea ist im Salon. August, hilfst du mir bitte auf mein Zimmer?«

Dorothea warf ihrem Bruder einen warnenden Blick zu und zischte: »Na los, geh schon! Und versuch, nicht ganz so belämmert dreinzuschauen!« Gehorsam tat er wie geheißen, und nach ein paar Worten zwischen den beiden Männern war sie mit ihrem zukünftigen Ehegatten allein.

Von ihrem kurzen Aufeinandertreffen hatte sie ihn als gepflegte Erscheinung in Erinnerung. Tatsächlich war er mehr als das. Bei näherer Betrachtung war nicht zu übersehen, dass die elegant geschnittenen Stiefel aus feinstem Leder gefertigt waren, der Anzug faltenlos den gut proportionierten Körper umspannte. Zwar stützte er sich auf einen Stock mit Silberknauf, aber dennoch wirkte er nicht im Mindesten gebrechlich. Ohne das leichte Hinken hätte man den Stock für ein modisches Accessoire gehalten.

Das leicht gebräunte Gesicht, die Körperspannung, die Vitalität, die er ausstrahlte, ließen vermuten, dass er sich viel im Freien aufhielt. Bei einem Viehzüchter war das ja auch zu erwarten. Sicher war er viel unterwegs …

»Prüfung bestanden?«, murmelte er und verzog den Mund zu einem leichten Lächeln. Er trat auf sie zu, um ihr ein exquisit gebundenes Bukett aus weißen Rosen, zartrosafarbenen Nelken und silbernen Eukalyptuszweigen zu überreichen. »Miss Schumann, lassen Sie mich mein ehrliches Bedauern darüber ausdrücken, dass ich meine Werbung zu einem so unpassenden Zeitpunkt vortragen muss! Ich bin mir der Tatsache vollkommen bewusst, welch eine Zumutung es für Sie sein muss, sich jetzt mit meinen vergleichsweise lächerlichen Problemen abgeben zu müssen. Umso größer ist meine Dankbarkeit, dass Sie bereit waren, mich zu empfangen. Darf ich das als ein Ja auffassen?«

Dorothea nickte, weil ihr jetzt doch etwas beklommen zumute war. Obwohl sie es in einer langen Nacht geschafft hatte, ihre Zweifel, ob sie richtig handelte, zu zerstreuen, verlangte dieser letzte, endgültige Schritt ihr einiges an Überwindung ab.

»Wie schnell können wir heiraten – Robert?«, fragte sie so forsch, dass sie selber über sich erschrak.

Wenn Masters über die Ungeduld der Braut erstaunt sein sollte, ließ er sich nichts anmerken. »Ich denke, dass ich Reverend Howard überzeugen könnte, das Aufgebot auf ein paar Tage zu beschränken«, erwiderte er gelassen. »Wenn deine Familie keine Einwände erhebt, dass alles so – überhastet – abläuft …«

»Eine Hochzeitsfeier wie die von Jane wäre jetzt sowieso nicht angebracht. Und Miss Kilner hat angedeutet, dass du dringend auf die Hilfe einer Frau angewiesen wärst.«

Seine dunklen Brauen hoben sich. »So, hat sie das? Ich fürchte, die gute, alte Mary ist da etwas über das Ziel hinausgeschossen. Natürlich wäre eine lange Verlobungszeit in meiner augenblicklichen Lage eher unpraktisch; aber so prekär, dass ich meine zukünftige Frau praktisch vor den Altar zerren müsste, ist sie nicht. Auf ein paar Wochen kommt es mir nicht an. Ich möchte nicht, dass du dich überrumpelt fühlst.«

Dorothea fühlte Panik in sich aufsteigen: Eine längere Verlobungszeit würde all ihre raffinierten Planungen über den Haufen werfen. Sie hatte einfach nicht mehr genug Zeit. Sie wusste nicht, ab wann ein Ehemann die Schwangerschaft seiner Frau bemerkte, aber dieser Robert Masters war kein Dummkopf. Wenn sie ihm weismachen wollte, dass ihr Kind von ihm war, musste die Hochzeitsnacht sehr bald stattfinden. Also suchte sie Zuflucht bei dem weiblichen Trick, den sie immer aufs Tiefste verabscheut hatte: Sie griff nach einem Taschentuch und vergrub ihr Gesicht darin. »Es ist so bedrückend hier«, stammelte sie. »Ich schäme mich, es zu sagen, aber als Miss Kilner von einer möglichst raschen Hochzeit sprach, war das ein gewichtiger Grund, deinen Antrag anzunehmen. Bitte, zwing mich nicht, noch lange in diesem Trauerhaus auszuharren!«

Sie musste einen Nerv bei ihm getroffen haben, denn er trat neben sie und legte ihr tröstend eine Hand auf die Schulter. Die Wärme, die seine Handfläche ausstrahlte, schien sich in ihre Haut zu brennen. »Ich verstehe dich besser, als du denkst«, sagte er leise. »Weine nicht, Dorothy, wenn es wirklich dein Wunsch ist, werde ich die nötigen Formalitäten so rasch wie möglich erledigen. Nächste Woche müssten wir Adelaide dann schon als Mann und Frau verlassen können.«

Dorothea ließ das Tuch sinken und lächelte ihn an. »Danke, Robert!«

»Ich habe dir zu danken. Mary behauptete, du wärest die perfekte Frau für mich, und sie hatte – wie immer – recht. Ich freue mich schon darauf, dir alles auf Eden-House zu zeigen.«

»Ich freue mich auch darauf«, sagte Dorothea höflich, doch in ihrem Innersten kämpfte sie mit dem Unbehagen, es auf so hinterhältige Weise bewerkstelligt zu haben. Quasi als Wiedergutmachung war sie fest entschlossen, ihrer neuen Rolle, so gut es irgend ging, gerecht zu werden. Robert Masters sollte es nicht bedauern, um sie angehalten zu haben! Um ihm zu zeigen, dass sie ihre zukünftigen Pflichten als Stiefmutter sehr ernst nahm, erkundigte sie sich nach seiner Tochter.

»Heather ist ein bisschen ungebärdig«, gab Masters zu. »Sie braucht eine feste Hand. Umso mehr, als Tante Arabella ihr meist ihren Willen gelassen hat. Ich verstehe nichts von Kindererziehung, aber ein sechsjähriges Mädchen sollte nicht wie ein Stallbursche fluchen, wenn es sich über etwas ärgert. Ich hoffe, das wirst du ihr bald abgewöhnen.«

Dorothea hoffte das auch. Jetzt schon sah sie der Begegnung mit ihrer Stieftochter voller Nervosität entgegen.

»Und deine Tante?«

Robert lächelte, ein warmes Lächeln, das sein Gesicht auf einmal jung und unbekümmert aussehen ließ. »Du wirst Tante Arabella mögen! Sie ist ein Schatz. Vielleicht ein bisschen verschroben – sie besteht immer noch auf der Mode ihrer Jugend und pflegt auch sonst ein paar harmlose Marotten –, aber daran gewöhnt man sich rasch.«

Ehe Dorothea sich näher nach den sogenannten Marotten erkundigen konnte, hüstelte August vor der Tür zum Salon. Der Beschützerinstinkt ihres Bruders konnte manchmal etwas lästig werden. »Robert hat mir einen Antrag gemacht, und ich habe ihn angenommen«, informierte sie ihn, kaum dass er den Raum betreten hatte. »Wir werden so bald wie möglich heiraten.«

August fehlten sichtlich die Worte. Robert Masters trat ein paar Schritte auf ihn zu und sagte halblaut: »Tut mir leid, ich hätte natürlich vorher mit Ihnen sprechen müssen. Aber die besonderen Umstände … Ich hoffe doch, Sie haben keine Einwände?«

»Einwände? Nein, nein, welche denn?«, stammelte August völlig verwirrt. »Aber Sie kennen Doro doch gar nicht. Ich meine, wie können Sie ihr da gleich einen Antrag machen? Ich dachte immer …«

Ehe ihr Bruder weitersprechen konnte, griff Dorothea ein. »Miss Kilner hat die Verlobung vermittelt.« Sie stellte sich neben Robert Masters und griff nach seinem Arm. »Willst du uns nicht gratulieren?«

»Natürlich.« August wurde rot bis unter die Haarwurzeln. »Bin nur so überrascht. Ich wünsche dir alles Gute, Doro!« Er umarmte sie kurz und heftig. Dann streckte er seinem zukünftigen Schwager die Hand hin: »Herzlichen Glückwunsch, Mr. Masters.«

»Robert, bitte. Wir sind ja jetzt bald verwandt.«

»Sehr bald«, bestätigte Dorothea. »Wir werden diese oder spätestens nächste Woche heiraten. Robert kann seine Tochter nicht lange alleine in Eden-House lassen.«

Diesmal fehlten August nicht nur die Worte. Er starrte sie lediglich an und schnappte nach Luft wie ein Fisch auf dem Trockenen.

»Ich weiß, es ist absolut gegen jede Konvention«, sagte Robert Masters. »Aber die Trauerzeit abzuwarten würde bedeuten, dass Heather noch ein halbes Jahr ohne mütterliche Aufsicht bleiben muss. Daher bin ich Dorothea zutiefst dankbar, dass sie sich bereit erklärt hat, sofort und ganz im Stillen zu heiraten.«

»Es gefällt mir trotzdem nicht«, sagte August und sah nicht gerade glücklich drein. »Bei diesen überstürzten Heiraten gibt es immer jede Menge bösartigen Klatsch. Ich möchte nicht, dass es von meiner Schwester heißt, sie hätte heiraten müssen.«

»August, was fällt dir ein!«, fauchte Dorothea, zutiefst entsetzt darüber, wie nahe ihr ahnungsloser Bruder der Wahrheit gekommen war.

»Ich denke, diese Art von Tratsch dürfte unsere geringste Sorge sein«, murmelte Masters ironisch. »Aber Miss Kilner ist sicher gerne bereit, die Sache klarzustellen und meine familiäre Notlage als Begründung publik zu machen.«

Noch nicht völlig überzeugt, brachte August keine weiteren Einwände vor. Erst als Masters sich mit einem keuschen Kuss auf Dorotheas Stirn verabschiedet hatte, brach es aus ihm heraus: »Was ist nur in dich gefahren? Wir werden es schon irgendwie schaffen, auch ohne Papa. Wir werden uns einschränken müssen, ja, aber so verzweifelt ist unsere finanzielle Lage nun auch wieder nicht, dass du dich meistbietend verkaufen musst!«

»Halt den Mund!«, fuhr sie ihn an. Ihre Nerven lagen nach einer durchwachten Nacht nahezu blank, und Augusts unerwarteter Widerstand reizte sie bis aufs Blut. »Kannst du dir nicht vorstellen, dass ich ihn heiraten *will?«*

»Aber warum? Er ist alt und hat nicht gerade den besten Ruf, um mich vorsichtig auszudrücken. Wieso solltest du ihn heiraten wollen?«

»Er ist reich, und ich mag ihn ganz gern. Ist das nicht genug?«

»Nein, es ist nicht genug!« August packte sie an den Oberarmen, um sie zu zwingen, ihm ins Gesicht zu sehen. »Ich versteh dich nicht mehr. Du hast dich doch immer über diese Frauenzimmer lustig gemacht, die nur darauf aus sind, sich einen reichen Ehemann zu angeln. Und jetzt machst du es selber.«

»Man wird älter und vernünftiger«, gab sie schnippisch zurück und riss sich los. »Kümmere dich gefälligst um deine eigenen Angelegenheiten. Ich weiß schon, was ich tue!«

»Ich hoffe, dass du das wirklich weißt.« Er wandte sich ab und ging verärgert aus dem Zimmer.

9

Nach Dorotheas Ausbruch ging August ihr aus dem Weg. Und obwohl ihre Mutter kein Wort mehr über die Heirat verlor, schien von ihr ein ständiger Vorwurf auszugehen. Karl und Koar nahmen die Eröffnung mit der Gleichgültigkeit Halbwüchsiger entgegen. Einzig Lischen war hellauf begeistert; besonders, als sie erfuhr, dass ihre Schwester bald die Stiefmutter eines kleinen Mädchens sein würde.

So war Dorothea ausgesprochen erleichtert, als der Tag der Trauung anbrach. Robert Masters hatte Wort gehalten: Reverend Howard hatte aus Rücksicht auf die ungewöhnlichen Umstände, vielleicht auch milde gestimmt durch eine großzügige Spende, die Aufgebotszeit auf das absolute Minimum beschränkt. Auch Gouverneur Grey hatte entschieden, dass auf eine Überprüfung der Brautleute verzichtet werden konnte. Schließlich waren sie ihm beide gut bekannt. Er hatte sich sogar als Trauzeuge angeboten. Miss Mary Kilner fungierte als zweite Zeugin. Sie und der Protector waren die ersten Gratulanten nach der nüchternen Zeremonie in der Registratur.

»Ich freue mich so für Sie«, flüsterte Miss Kilner ihr ins Ohr, als sie sie herzlich umarmte. »Ich bin sicher, dass Sie mit Robert sehr, sehr glücklich werden.«

Protector Moorhouse drückte seine Freude etwas zurückhaltender aus, als er dem Brautpaar mit einem freundlichen Lächeln die

Hände schüttelte und dabei meinte, es sei doch manchmal erstaunlich, wie sich manche Dinge zum Guten wandten.

Moorhouse und seine Verlobte begleiteten das frischgebackene Ehepaar anschließend auch zur kirchlichen Trauung in der Holy Trinity Church, wo Familie Schumann wartete. Gouverneur Grey entschuldigte sich mit häuslichen Verpflichtungen. »Der arme Mann ist wirklich geschlagen!«, bemerkte Miss Kilner mitleidig, als sie die North Terrace entlanggingen. »Erst stirbt sein kleiner Sohn, und jetzt kränkelt seine Frau. Kein Wunder, dass er manchmal etwas harsch reagiert.«

Außer einigen Neugierigen, die sich in die hinteren Bänke drückten, um einen Blick auf den verruchten Viehzüchter und seine neue Ehefrau zu werfen, waren keine Besucher anwesend. Dorothea sah scheu zur vordersten Bank, auf der ihre Familie aufgereiht saß. Ihre Mutter, auffallend blass unter der schwarzen Witwenhaube, blickte starr geradeaus, als ginge sie das alles nichts mehr an. August neben ihr zerrte immer wieder an seinem Halstuch. Auch Karl und Koar wirkten nicht so glücklich, wie man es von Hochzeitsgästen erwarten durfte. Karl hatte ihr am Tag zuvor heftige Vorwürfe gemacht, dass sie ihre Familie im Stich ließe. Das hatte sie tief getroffen. »Jetzt, wo Papa tot ist, müssten wir umso mehr zusammenhalten«, hatte er mit Bitterkeit in der Stimme gesagt. »Du kennst August so gut wie ich: Glaubst du, er ist der Halt, den Mama jetzt bräuchte? Und was tust du? Du heiratest einen Geldsack und verschwindest. Schämst du dich nicht?«

»Ich verschwinde nicht«, hatte sie protestiert. »Natürlich ist es ziemlich unglücklich so, aber ich kann doch nichts dafür, dass Robert seine kleine Tochter nicht zu lange dort draußen in der Wildnis alleine lassen will.« Inzwischen glaubte sie schon fast selber daran, dass die hastige Eheschließung einzig und allein der Sorge um Heather zuzuschreiben war. »Das Mädchen ist noch klein. Es braucht dringend eine Mutter.«

Karls Augen hatten sich zu Schlitzen verengt, und voller Verachtung sagte er: »Ach, was soll's? Du hast dich ja sowieso schon längst entschieden.« So verständlich sein Ärger war – wie groß wäre er erst gewesen, wenn er die Wahrheit gewusst hätte?

Es belastete sie, dass ihre Geschwister glaubten, dass sie des Geldes wegen heiratete. Aber das war immer noch besser als der wirkliche Grund. Mit der Zeit würde ihr Zorn sich legen, und sie würden wieder zu ihrem guten Verhältnis zurückfinden, tröstete sie sich. Sobald ihre Schwangerschaft offensichtlich wäre, würden sie ihr schon verzeihen. Dann würde alles gut werden.

Plötzlich fand sie sich vor dem Altar wieder, und Reverend Howard intonierte die zeremonielle Frage: »Willst du …«

»Ja, ich will«, antwortete sie mit fester Stimme. Es gab keinen Weg mehr zurück. Sie hatte ihre Entscheidung getroffen, und jetzt musste sie dazu stehen. Der schwere Goldreif, den Robert Masters ihr auf den Finger schob, fühlte sich so kalt an, dass sie unwillkürlich erschauerte. Auch ihre Hände waren eisig, als sie ihm seinen Ehering ansteckte. Lieber Gott, bitte, lass ihn nichts merken, flehte sie stumm, und ich schwöre dir, dass ich alles tun werde, um ihm eine gute Ehefrau zu sein!

Masters' erster Kuss als Ehemann war so zart, dass sie kaum spürte, wie seine Lippen ihre berührten. »Keine Angst, ich werde dich zu nichts drängen«, murmelte er an ihrem Ohr und fasste nach ihrer Hand, um sie in seine Armbeuge zu legen. »Komm, Liebes, die Gäste warten.«

In Robert Masters' bevorzugtem Hotel in der King William Street war ein opulenter Stehempfang vorbereitet worden. Überrascht registrierte Dorothea die Menge der Gratulanten, die sich drängte, ihre Glückwünsche zu überbringen. Selbst Mr. Stevenson, der Chefredakteur vom *Register*, war darunter und bemerkte eine Spur brummig: »Dass Sie mal als biedere Ehefrau enden würden, hätte ich nicht von Ihnen gedacht. Na, trotzdem alles Gute, und wenn es da unten was Interessantes gibt – ich habe immer ein offenes Ohr für Ihre Berichte!«

Die meisten der Anwesenden kannte sie nicht. Dem Äußeren und der recht unverblümten Sprache nach zu urteilen, waren es zum großen Teil Viehzüchter.

»He, Masters, alter Junge! Ihr Diener, Ma'am.« Ein Bär von Mann schlug Robert so herzhaft auf die Schulter, dass der schmerzlich das Gesicht verzog. »Hast du Interesse an ein paar erstklassigen Devonshire-Rindern? In den nächsten Wochen erwarte ich einen neuen Treck aus Neu-Südwales. Hab schon mächtig Druck gemacht, dass der Gouverneur diesmal Begleitschutz schickt. Nicht, dass die Schwarzen wieder alle Tiere stehlen.«

»Sind die denn nicht wieder eingesammelt worden? Ich dachte, ihr hättet eine private Expedition losgeschickt?«

Der Mann schnaufte resigniert. »Von den fünftausend Schafen keine Spur, und von den achthundert Rindern haben wir ein paar traurige Überreste gefunden. Man sollte diese Maraura alle aufknüpfen! Major O'Halloran hätte da oben schon längst für Ruhe gesorgt. Aber der Gouverneur ziert sich wie eine alte Jungfer. Hat Angst, ihnen auch nur ein Haar zu krümmen, dabei wäre eine ordentliche Lektion das Einzige, was sie Mores lehren würde. Kein Wunder, dass die Kerle ihm auf der Nase herumtanzen!«

»Mäßigen Sie sich, Mr. Inman!« Protector Moorhouse, der in einer Gruppe ganz in der Nähe gestanden hatte, drehte sich um und fixierte den aufgebrachten Mann etwas schmallippig. »Ich darf Sie daran erinnern, dass die Eingeborenen genau die gleichen Rechte englischer Staatsbürger besitzen wie Sie. Eine Strafexpedition, wie Sie sie fordern, ist nur gegen aufständische Fremdvölker zulässig.«

»Pffff«, machte Inman verächtlich. »Diese Winkeladvokaten in London sollten mal ihre Nasen aus den Büchern heben und sich hier umsehen: diese Halunken Bürger Englands – dass ich nicht lache.«

Wie aus dem zustimmenden Gemurmel in der Umgebung ersichtlich wurde, stand er mit seiner Ansicht nicht alleine da. Der Protector ließ sich jedoch nicht aus der Ruhe bringen: »Das sind sie aber nun einmal. Und deswegen werde ich auch Major O'Halloran begleiten, wenn er morgen mit seiner berittenen Truppe zum Rufus River aufbricht.«

»Als Kindermädchen? Da wird der Gute aber nicht sehr erfreut sein«, bemerkte Stevenson spöttisch vom Büfett her. »Wo er doch so wild darauf ist, endlich wieder für Ruhe und Ordnung im Norden zu sorgen.«

»Das wäre jetzt genau das Richtige!«, murrte Mr. Inman. »Stattdessen hat man das Gefühl, dass der Gouverneur sich eher um das Wohl der Schwarzen sorgt als um das seiner Landsleute.«

»Vielleicht hat er mehr Grund dazu.« Moorhouse sah den verärgerten Mann vielsagend an.

»Es gibt äußerst unschöne Gerüchte über das Verhalten der Viehtreiber den *lubras* gegenüber. Wenn diese zutreffen, wäre es nur zu verständlich, dass die Maraura bis aufs Blut gereizt sind.«

»Ich habe Langhorne gesagt, er solle nicht immer den Abschaum mitschicken«, erwiderte Inman eine Spur kleinlaut. »Aber er meinte, nur Strauchdiebe und Halsabschneider wären bereit, die Drecksarbeit zu machen. Und wenn die sich unterwegs an den schwarzen Weibern schadlos hielten, ginge es ihn nichts an.«

»Wenn erst einmal die Südroute erkundet ist, wird das Problem mit den Maraura sich von selber lösen«, warf Robert Masters beschwichtigend ein. »Sobald das Vieh da ist, kannst du mir Bescheid geben, Henry. Ein paar Stück kann ich immer gebrauchen.« Mit einem kurzen Nicken gab er dem Viehhändler zu verstehen, dass er das Gespräch als beendet betrachtete, und wandte sich anderen Gästen zu. Unter anderen Umständen hätte Dorothea sich glühend für die angedeuteten Ungeheuerlichkeiten interessiert, die hinter den Zusammenstößen steckten. Im Augenblick beschäftigte sie jedoch nichts außer der Frage, ob es ihr gelingen würde, Robert Masters eine verschreckte Braut vorzuspielen. Nervös genug war sie jedenfalls!

Es war vorgesehen, dass sie gleich nach dem Empfang nach Glen Osmond aufbrechen sollten. Dort würden sie im Haus eines Freundes von Robert die Hochzeitsnacht verbringen, ehe sie am nächsten Tag so rasch wie möglich zu Roberts Besitzungen weiterreisen wollten. Der ständige Regen hatte, ungewöhnlich genug für Anfang Juli, einer Phase freundlichen, trockenen Wetters Platz gemacht, und das musste ausgenutzt werden.

Gerade wollte Dorothea sich von ihrer Familie verabschieden, die sich in eine etwas ruhigere Ecke des Raums zurückgezogen hatte, als eine bekannte Gestalt auf sie zusteuerte: Mrs. Wilson! Was suchte die denn hier? Ihres Wissens war sie nicht eingeladen gewesen. Alles andere als begeistert sah sie der alten Fregatte entgegen. »Na, so was!« Mrs. Wilson lächelte breit und wohlwollend. »Ich kenne Sie doch. Das dachte ich mir schon in der Kirche. Habe ich Sie nicht ein paar Mal mit meinem Untermieter, Mr. Somerhill, gesehen?«

Dorothea spürte, wie sie vor Schreck erstarrte. Hatte die Alte ihnen nachspioniert? Ihres Wissens hatte Miles immer sehr darauf geachtet, dass sie auch tatsächlich abwesend war, wenn sie sich in seinem Zimmer aufgehalten hatten. Aber wenn sie nun doch …?

»Ja ja, die beiden jungen Leute waren meine besten Spürhunde«, sagte Stevenson. »Jammerschade, dass ich sie nicht beim *Register* halten konnte. – Lesen Sie den *Register,* Madam?«

Schwindlig vor Erleichterung beobachtete Dorothea, wie Mrs. Wilsons Aufmerksamkeit sich sofort auf die stattliche Erscheinung des Chefredakteurs richtete. Besser hätte eine Ablenkung nicht funktionieren können. War es Absicht gewesen? Ahnte Stevenson gar etwas? Man unterschätzte ihn immer, weil er es mit seiner persönlichen Selbstinszenierung so übertrieb. Dabei war er ein scharfer Beobachter und exzellenter Menschenkenner.

»Ihr brecht auf?« August sah sie fragend an.

»Ja. Gleich.« Dorothea bedachte ihre Familie mit einem liebevollen Blick. »Ich werde euch schrecklich vermissen. Lischen, lass dich umarmen.« Karl und Koar ließen Dorotheas Überschwang mehr oder weniger stoisch über sich ergehen, August jedoch drückte sie so fest an sich, dass es beinahe schmerzte. »Ich werde dich auch vermissen, Schwesterherz! Aber ich besuche dich, sobald ich kann.«

Ihre Mutter hatte stumm und ernst daneben gestanden. Jetzt aber, als Dorothea die Arme ausstreckte, um sich von ihr zu verabschieden, sagte sie leise: »Ich komme mit und helfe dir beim Umkleiden.«

Ohne ein weiteres Wort miteinander zu wechseln, gingen die beiden Frauen nach oben in das Zimmer, das Robert Masters bewohnt hatte und in dem nun Dorotheas Reisekleidung bereitlag.

Dorothea versuchte, im Gesicht ihrer Mutter zu lesen. War sie zu einem Urteil gekommen und wollte es ihr nun mitteilen? Würde sie sich von ihr lossagen?

»Mama?«, flüsterte sie. »Bist du noch böse auf mich?«

Mutter Schumann seufzte kaum hörbar auf und drückte Dorothea auf die Chaiselongue vor dem Fenster. »Ach, Kind, ich weiß selber nicht mehr, was richtig und falsch ist. Dein lieber Vater hat oft darüber philosophiert, wie seltsam es wäre, dass aus guten Absichten häufig Böses entstünde und ein Betrug oder eine Lüge so viel Gutes bewirken könne. Es lag ihm sehr am Herzen, dass du eine gute Ehe eingehen würdest.« Sie schloss für einen Moment die Augen, von Erinnerungen überwältigt, ehe sie fortfuhr: »Ich maße mir nicht an, dich zu verurteilen. Du bist alt genug, um dein Handeln selbst zu bestimmen. Und vielleicht entsteht ja auch in diesem Fall aus der Täuschung etwas Gutes.« Sie setzte sich dicht neben Dorothea, öffnete ihren Beutel und zog eine winzige gläserne Phiole sowie ein Stück Schwamm heraus. Dorothea glaubte, ihren Augen nicht trauen zu dürfen: Der Inhalt des gläsernen Behälters schimmerte rubinrot. Und das Schwammstück sah haargenau wie ein abgeschnittenes Stück des Schumann'schen Badeschwamms aus.

»Ich habe das Blut mit Pökelsalz vermischt, damit es frisch aussieht«, sagte Mutter Schumann so gelassen, als erkläre sie ein Rezept für Hefebrötchen. »Unmittelbar bevor ihr zu Bett geht, zieh dich zurück, tränke diesen Schwamm mit dem Blut und führe ihn ein.« Sie lächelte schwach. »Wie das geht, muss ich dir ja wohl nicht im Einzelnen erklären. Wenn du dann noch daran denkst, im richtigen Moment einen Schmerzensschrei auszustoßen, dürfte dein Mann von deiner Jungfräulichkeit überzeugt sein.«

Fassungslos betrachtete Dorothea die Utensilien. »Woher weißt du das alles, Mama?« Nie und nimmer hätte sie solche Kenntnisse ausgerechnet bei ihrer Mutter vermutet. »Und woher hast du das Blut?«

Wortlos schob Mutter Schumann ihren linken Ärmelsaum hoch. Knapp über dem Handgelenk, unter den langen Ärmeln gut verborgen, hatte sie sich einen Verband angelegt. »Ich wollte kein Tierblut nehmen« war ihre lapidare Erklärung für das Opfer, das Dorothea die Tränen in die Augen trieb.

»Danke, Mama«, flüsterte sie zutiefst gerührt. »Ich weiß gar nicht, wie ich dir danken kann.« Sie warf ihr die Arme um den Hals und vergrub ihr Gesicht an ihrer Schulter.

»Indem du versuchst, deinem Mann eine gute Ehefrau zu sein«, antwortete ihre Mutter. »Ich habe mich für diese Täuschung nur hergegeben, weil ich hoffe, dass es eine ist, die allen Beteiligten Gutes bringt. Dafür werde ich jeden Tag beten. Und jetzt solltest du deinen Mann nicht unnötig warten lassen.«

»Ich hoffe, du fühlst dich gut?«, erkundigte sich Robert besorgt, sobald sie die Straßen Adelaides verlassen hatten und das Kutschpferd in einen gemächlichen Trott fiel.

»Ja, wieso?« Dorothea, die gerade noch damit beschäftigt gewesen war, die letzten Reiskörner aus ihrem Umhang zu schütteln, sah überrascht auf.

»Eine gewisse Nervosität wäre nichts Ungewöhnliches bei einer jungen Ehefrau. Ich versichere dir jedoch, dass ich keine Ansprüche an dich stellen werde, solange du nicht dazu bereit bist«, erklärte er etwas steif.

Dorothea erschrak. Roberts übertriebene Rücksichtnahme passte jetzt überhaupt nicht! Ihre Ehe musste so rasch wie möglich vollzogen werden. Jede Verzögerung, so gut gemeint sie auch sein mochte, gefährdete den Plan.

»Ich bin sehr wohl bereit«, erklärte sie daher so entschieden, dass ihr Gatte ihr einen erstaunten Seitenblick zuwarf. »Kennst du es nicht: dass etwas immer schlimmer erscheint, je länger man es aufschiebt? Nein, ich würde es vorziehen, die Hochzeitsnacht so, wie es sich gehört, zu verbringen.«

Robert nickte. »Ich verstehe, was du meinst. Das Unbekannte macht immer Angst, aber ich verspreche dir, dass es unnötig ist, sich davor zu fürchten.« Er nahm die Zügel in eine Hand und legte seine in einem Lederhandschuh steckende Rechte sanft auf Dorotheas im Schoß verkrampfte Hände. »Ich bin kein Rohling.«

Dorothea traute ihrer Stimme nicht, also nickte sie nur. Vermutlich hielt er das für jungfräuliche Scheu, denn, wohl um sie abzulenken und zu unterhalten, er begann, ihr von sich und den übrigen Bewohnern auf Eden-House zu erzählen. Robert William Masters war als jüngster Sohn eines Landadeligen mit fünf lebenden Brüdern schlicht und einfach überflüssig gewesen. Versehen mit seinem Erbteil und in Begleitung eines erfahrenen Stallknechts war er also nach Südaustralien ausgewandert, um sich dort eine Zukunft als Viehzüchter aufzubauen.

Noch unter dem ersten Gouverneur Hindmarsh hatte er eine gute Nase bewiesen und billig ein großes Stück Land am Murray

River erstanden, als die meisten anderen Immigranten sich noch davor scheuten, weiter im Land zu siedeln. »Erst später habe ich begriffen, was für ein Glück ich hatte«, sagte er nachdenklich. »Im Unterschied zu den Kaurna um Adelaide leben die Ngarrindjeri hier vor allem aus dem Fluss. Sie kennen keine Notzeiten wie die Stämme im Norden, die auf Jagdwild angewiesen sind. Umso einfacher war es, ihnen den Geschmack an Rindfleisch zu verderben.« Er grinste bei der Erinnerung. »Der alte Sam hatte die Idee: Wir nahmen das älteste Tier, das wir hatten, schlachteten es und rieben das Fleisch mit Rizinusöl ein. Dann hängten wir die Stücke über Nacht an die Bäume am Fluss. Natürlich war es am nächsten Morgen verschwunden. Aber seitdem ist mir kein Stück Vieh gestohlen worden.«

Mit den Schafen funktionierte das natürlich nicht. Um seine Herden teilweise äußerst wertvoller Merinos zu schützen, hatte Robert mit den Häuptlingen der umliegenden Stämme einen Handel abgeschlossen: Sie bekamen einen festgelegten Anteil an den Tieren, Mehl und Tabak. Dafür garantierten sie, dass niemand von ihnen eines tötete.

Der rasche wirtschaftliche Erfolg hatte seine Familie dazu bewogen, einen weiteren Sohn samt seiner Familie nachzuschicken. Unglücklicherweise war dieser während der Überfahrt gestorben, und Robert stand vor der Aufgabe, die Verantwortung für eine vom Schicksal enttäuschte junge Witwe und ihre kleine Tochter übernehmen zu müssen. »Da haben wir eben geheiratet. Es schien mir damals das Einfachste.«

»Dann ist Heather gar nicht deine leibliche Tochter?«, entfuhr es Dorothea.

»Nein, aber sie glaubt es. Ihre Mutter wollte es damals so. Ich glaube nicht, dass sie noch eine wirkliche Erinnerung an ihren Vater hat, und nachdem ihre Mutter starb, wollte ich ihr nicht auch noch den Vater nehmen. Das arme Kind hat genug mitgemacht.«

Dorothea murmelte etwas Zustimmendes und wartete gespannt darauf, dass er weitersprach.

Robert Masters schien im Zwiespalt, wie viel er ihr anvertrauen wollte. Schließlich rang er sich ein schiefes Lächeln ab und sagte: »Es hat einfach nicht funktioniert. Claire konnte sich nicht an das Leben draußen im Busch gewöhnen.

Sie brauchte Gesellschaft, Bewunderung und Gelegenheiten, ihre schönen Kleider zu tragen. All das konnte ich ihr nicht bieten. Ich musste mich ja um meine Tiere kümmern. Und ich gebe zu, ich blieb öfter draußen auf den Stationen als nötig. Um mein Gewissen zu beruhigen, ließ ich Tante Arabella nachkommen. Ich dachte, wenn sie ihr Gesellschaft leistete, würde Claire sich nicht mehr so einsam fühlen.«

»Hat es geholfen?«

»Nur kurz.« Masters kämpfte sichtlich mit den unschönen Erinnerungen. »Tante Arabella meinte, Claire sei vermutlich schwer nervenkrank. Sie begann, in die Eingeborenenlager in der Umgebung zu gehen und dort mit den Männern zu kokettieren. Wir haben sie dann in ihrem Zimmer eingesperrt, um sie vor sich selbst zu schützen. Aber eines Nachts ist sie durchs Fenster gestiegen und im Nachthemd in den Busch gelaufen.«

Der Rest der Geschichte war bekannt. Zumindest die Tatsachen oder was als Tatsachen angesehen wurde. Dorothea schluckte und murmelte: »Es tut mir mehr leid für dich, als ich sagen kann. Es muss schrecklich gewesen sein.«

»Das war es.« Mehr sagte er nicht dazu, und sie traute sich nicht, weiter in ihn zu dringen. Es gab Erinnerungen, die man besser ruhen ließ.

»Wie sind die Ngarrindjeri eigentlich so? Wie die Kaurna?«, fragte sie, auch um das Thema zu wechseln. Masters zuckte mit den Achseln. »Mehr oder minder sind sie alle gleich. Zumindest die, die ich kenne. Die Gruppen in unserer Umgebung sind ganz friedlich.

Die an der Küste haben mehr schlechte Erfahrungen mit Weißen gemacht, deswegen sind sie uns nicht gerade freundlich gesonnen. Das kann man ihnen kaum übel nehmen, wenn man bedenkt, dass die Walfänger und Fischer seit Generationen ihre Frauen als Sklavinnen nach Kangaroo-Island zu verschleppen pflegten.«

»Sind das nicht dieselben, die die Schiffbrüchigen der *Maria* erschlagen haben?«

Ihr Mann nickte. »Wenn lang unterdrückter Zorn ausbricht, trifft es selten die Schuldigen«, meinte er grimmig. »Seit es hier eine Regierung und Gesetze gibt, sind kaum noch Fälle bekannt geworden. Moorhouse tut sein Bestes, aber es braucht viel Zeit, verlorenes Vertrauen wieder aufzubauen.«

Dorothea fühlte sich plötzlich unwohl, als sie an die schrecklichen Verletzungen der Getöteten dachte. »Diese Stämme kommen aber nicht bis zu uns nach Eden-House?«

»Nein, die Gruppen haben alle ihre angestammten Gebiete, die sie nur zu größeren Stammestreffen verlassen. Und die finden eher auf der Halbinsel Fleurieu statt. Da haben sie ihre heiligen Stätten, wo sie den Ocker für die Körperbemalung holen oder andere Zeremonien abhalten. Hat dir Jane nicht davon erzählt?«

»Nein, es gab so viel anderes, worüber wir gesprochen haben«, sagte sie und musste lächeln, als sie sich an Janes unbefangene Art erinnerte, in der diese über sexuelle Beziehungen gesprochen hatte. Jane hätte ihre Entscheidung sicher voll und ganz gebilligt. Ein Kind kam von den Ahnengeistern. Wenn Robert seinen Vaterpflichten nachkam, war es auch sein Kind. Egal, wer es gezeugt haben mochte. Wie einfach und richtig! Alle taten immer so, als seien die Eingeborenen ungebildet und dumm, aber es gab durchaus Dinge, die man von ihnen lernen konnte, fand Dorothea.

In Glen Osmond erwartete sie der Hausherr von Woodley bereits. »Na, ihr Turteltäubchen«, rief er ihnen zu und schwenkte eine

Weinflasche. »Lasst uns anstoßen auf viele glückliche Jahre und eine zahlreiche Nachkommenschaft!«

»Findest du nicht, dass du ein bisschen sehr direkt bist?«, gab Robert zurück und grinste. »Dorothy, meine Liebe, darf ich dir einen meiner ältesten und besten Freunde vorstellen: Osmond Gilles. Er ist bekannt für sein teuflisches Temperament. Also sei vorsichtig mit ihm.«

»Alles böswilliger Klatsch. Ich bin der friedlichste Mensch auf Gottes schönem Erdboden«, behauptete der kleine, dicke Mann mit dem zerknautschten Gesicht fröhlich und streckte die Arme aus, um ihr beim Absteigen behilflich zu sein. »Ich habe gehört, Sie sind Deutsche, Madam?«

»Aus Dresden. Kennen Sie es?«

»Natürlich, eine bezaubernde Stadt!«, erwiderte er in nahezu akzentfreiem Deutsch. »Ich habe lange Jahre in Hamburg gelebt, ehe ich mich hier niederließ. Dort habe ich meine Erfahrungen im Wollhandel gesammelt.« Er lächelte Robert Masters freundschaftlich an. »Ohne mich hättest du hier ziemlich bald schlecht ausgesehen, nicht wahr, alter Junge?«

Er zwinkerte Dorothea verschwörerisch zu und flüsterte: »Was er über seine sächsischen Merinos weiß, das hat er alles von mir gelernt. Und jetzt tut er so, als sei ihm sein Wissen vom Himmel zugefallen, der Angeber!«

»Lass gut sein, Osmond«, bat Robert und hob die Hände wie ein Fechter, der seine Niederlage eingesteht. »Wenn du so weitermachst, wird meine Frau noch denken, sie hätte einen Schwachkopf geheiratet.«

Osmond Gilles entpuppte sich als glänzender Unterhalter. Und er war kein Kostverächter: Das Dinner, das er auftragen ließ, hätte jedem Feinschmeckerlokal Ehre gemacht. Der Tisch bog sich unter der Menge der Pasteten, Gelees, Bratenplatten und Terrinen.

»Was macht deine Silbermine? Seid ihr fündig geworden?«, erkundigte Robert sich. »Das letzte Mal, als ich dich traf, hattest du große Pläne.«

»Im März sind wir auf eine ordentliche Menge Silbererz gestoßen«, erwiderte Gilles zufrieden. »Meine Waliser meinen, sie würde sich zu einer Goldgrube entwickeln. Ihr Wort in Gottes Ohr! Die Kolonie könnte zur Abwechslung einmal ordentliche Export-Einnahmen gebrauchen.«

Während sich das Gespräch der Männer um ihre Geschäfte zu drehen begann, wurde Dorothea zunehmend nervöser. In immer kürzeren Abständen glitt ihr Blick zu der imposanten Standuhr an der Schmalseite des Raums, auf deren Zifferblatt die Messingzeiger mit der Gleichgültigkeit unbeseelter Materie weiterwanderten.

Halb erleichtert, halb verlegen hörte sie ihren Mann endlich sagen: »Nimm es uns nicht übel, wenn wir früh zu Bett gehen. Wir haben noch eine ganz schöne Strecke vor uns bis nach Hause. Und es war ein verflixt anstrengender Tag!«

Sein kauziger Freund lachte herzlich, hielt sich aber mit anzüglichen Bemerkungen zurück, zumindest bis Dorothea die Tür hinter sich zugezogen hatte. Derselbe Diener, der bei Tisch aufgelegt hatte, erwartete sie im Flur, um ihr das für sie vorgesehene Zimmer zu zeigen. Osmond Gilles hielt offenbar nichts von einem großen Dienstbotenstamm. Ohne die prächtige Ausstattung eines Blickes zu würdigen, stürzte Dorothea, kaum dass der Mann den Raum verlassen hatte, hinter den Paravent, der eine Ecke des Zimmers abtrennte. Nur gut, dass Robert sich an die Sitte hielt, der Braut einen zeitlichen Vorsprung zu lassen!

Mit zitternden Fingern holte sie den Schwamm und die Phiole aus ihrem Beutelchen. Die ersten Tropfen von dem leuchtend roten Blut ihrer Mutter wurden sofort von der porösen Masse aufgesogen. Der Schwamm sah genauso unschuldig wie ein ganz normaler Badeschwamm aus. Dorothea versuchte abzuschätzen, wie viel nötig wäre. Nicht zu viel und nicht zu wenig. Wenn sie übertrieb, würde Robert sich danach als Grobian fühlen. Gab es jedoch keine Blutspuren, könnte er an ihrer Jungfräulichkeit zweifeln.

Als sie den Schwamm einführte, hoffte sie inständig, dass sie richtig dosiert hatte. Da sie es als unpassend empfand, sich in dieser Situation an Gott zu wenden, verzichtete sie auf das übliche Nachtgebet und schlüpfte mit vor Aufregung schweißnassen Händen zwischen die schweren Daunendecken.

Robert ließ sie nicht lange warten. Nach einem kurzen Klopfen betrat er das Zimmer, blieb an der Tür stehen und sah sie nachdenklich an. »Bist du sicher?«, fragte er mit leicht heiserer Stimme.

Dorothea nickte entschlossen. Alles war bereit. »Machst du nur bitte das Licht aus?«, bat sie und grub die Fingernägel in die Handflächen, bis es schmerzte.

Masters gehorchte, und sie lauschte auf das Rascheln seiner Kleidung, während er sich im Dunkeln auszog. Als er die Decke anhob und sich neben sie legte, biss sie die Zähne zusammen. »Ich werde nichts tun, wozu du nicht bereit bist«, sagte er leise und beugte sich über sie. »Keine Angst, ich werde dich jetzt nur küssen.«

Sosehr sie seine Rücksichtnahme bewunderte, machte sie sie doch gleichzeitig beinahe wahnsinnig. Sie wollte es endlich hinter sich bringen! Nach verspielten Zärtlichkeiten war ihr im Augenblick ganz und gar nicht zumute. Aber was blieb ihr anderes übrig, als darauf einzugehen?

Ihr Mann küsste gut. Es dauerte nicht lange, und Dorothea vergaß alles um sich herum. Im Dunkeln war es fast wie mit Miles. In einem Moment klaren Denkens wunderte sie sich darüber, dass ihr Körper genauso auf Robert reagierte. Aber dann dachte sie überhaupt nicht mehr.

Als die rosigen Nebel sich verzogen hatten, lag sie an Roberts nackte Brust geschmiegt, und sein Brusthaar kitzelte sie an der Wange. »Ich danke dir«, sagte er schlicht, griff nach ihrer Hand und drückte einen zärtlichen Kuss in ihre Handfläche. »Dass ich so viel Glück mit meiner Ehefrau haben würde, hätte ich nicht im Traum zu hoffen gewagt.«

In Dorothea regten sich heftige Gewissensbisse, die jedoch rasch von schierer Erleichterung verdrängt wurden. Ihr Mann hatte nichts gemerkt! Dabei hatte sie gar nicht mehr an ihre Rolle als jungfräuliche Braut gedacht.

Was für ein Glück!

Erst sein Angebot, ihr behilflich zu sein, riss sie aus ihrer trägen Zufriedenheit. »Nein, nein, ich wasche mich lieber allein«, sagte sie schnell, rutschte seitwärts aus dem Bett und verschwand hinter dem Wandschirm. Im Streifen Mondlicht, der genau auf die Waschschüssel fiel, sah sie ein paar dunkle Flecken auf dem Lappen und atmete erleichtert auf. Zur Sicherheit drückte sie den Schwamm noch einmal in dem Wasser aus, ehe sie ihn in einem ihrer Schuhe verschwinden ließ.

Lieber Gott, ich danke dir, betete sie stumm, aber desto inbrünstiger. Ich bin mir vollkommen bewusst, dass ich es nicht verdient habe, einen so guten Ehemann zu bekommen. Aber ich will es an ihm gutmachen. Er soll es nie bereuen, mich geheiratet zu haben.

10

Zwei Tage später lag Eden-House im milden Licht der Abendsonne vor ihnen. »Wie schön!«, entfuhr es Dorothea. »So schön hatte ich es mir nicht vorgestellt.«

Die parkartigen Ufer des Murray River wirkten, als wären sie von einem Landschaftsgärtner angelegt worden. Der majestätische Fluss, viel mächtiger als der Torrens River, erstreckte sich, breit wie ein See, von Horizont zu Horizont. An seinen Ufern wuchsen außer den typischen, knorrigen Red River Gums anmutige Akazien, Gruppen von Eukalyptusbäumen, und dazwischen spross bereits frisches, grünes Gras. Eine ländliche Idylle wie auf einem Gemälde.

Das Haupthaus war aus hellem Stein errichtet, die Stallungen und Wirtschaftsgebäude aus gebrannten Ziegeln. Auf den umzäunten Weiden in der unmittelbaren Umgebung tummelten sich zahlreiche Pferde und Rinder.

»Freut mich, dass es dir gefällt«, sagte Robert und lächelte. »Du findest es nicht zu abgelegen?«

Hatte Claire sich darüber beklagt? »Nein, ich finde es geradezu paradiesisch«, erwiderte Dorothea begeistert. »Weißt du, dass ich mir als Kind immer ausgemalt habe, in einer Hütte im Wald zu wohnen? Ich stellte mir vor, von Beeren und Pilzen zu leben und mir Kleidung aus Blättern und Rinde zu fertigen.«

»Ganz so frugal geht es bei uns nicht zu«, erwiderte Robert trocken. »Ich wage gar nicht, mir Tante Arabellas Gesicht vorzustellen, sollte ich ihr den Vorschlag machen, auf Elizas köstliche Gerichte zu verzichten und eine solche Diät auszuprobieren. Obwohl es ihr guttäte! Aber das wirst du ja gleich selber sehen.« Er schnalzte dem Pferd aufmunternd zu. Den heimischen Stall vor sich, fiel es in einen leichten Trab.

Die letzten beiden Tage waren im Nu vergangen. Sie waren gut vorangekommen: kein verlorenes Hufeisen, kein beschädigtes Rad. Auf dem Mount Barker hatten sie im Mount Barker Inn übernachtet. Das schlichte Gasthaus verfügte nur über einen einzigen Schlafraum, in dem bereits drei Schafhirten auf ihren Strohsäcken schnarchten. Zwar hatten Robert und sie sich fest in ihre Umhänge eingewickelt, trotzdem inspizierte sie immer noch misstrauisch jede juckende Stelle.

Robert hatte ihr die Bewohner von Eden-House so lebendig beschrieben, dass sie fast überzeugt war, sie schon lange zu kennen.

Die sechsjährige Heather war ein Wildfang, der sich in den Ställen wohler fühlte als im Schulzimmer. Von allen Erwachsenen um sie herum seit jeher verwöhnt und verhätschelt, würde es nicht einfach werden, sie zu zähmen.

Tante Arabella, verwitwete Lady Chatwick, frönte zwei Leidenschaften: exquisitem Essen, inklusive entsprechendem Wein, was sich im Umfang ihrer Figur niederschlug, sowie Romanen, die ihr gar nicht aufregend genug sein konnten. Seit Neuestem schwärmte sie für einen amerikanischen Schriftsteller namens Edgar Allan Poe, der ihrer Meinung nach ein Genie war. »Ich halte ihn entweder für einen Säufer oder für geisteskrank«, hatte Robert konstatiert. »Aus Neugierde habe ich einmal in einem der Bücher geblättert – ich wundere mich über Tante Arabellas gesunden Schlaf nach solcher Lektüre!«

Der Stallknecht Sam war inzwischen grau, und die Gicht plagte ihn heftig, aber nichts hätte ihn dazu bewegen können, seine

Herrschaft über die Ställe aufzugeben. Seine scharfe Zunge verschaffte ihm immer noch den nötigen Respekt seiner Untergebenen: des wortkargen Stallburschen John aus Irland und des Stalljungen Gilbert.

Wohl die am meisten gefürchtete Person des Haushalts war jedoch Eliza Perkins, die Köchin.

Nicht nur Eingeborene ergriffen schleunigst die Flucht, wenn sich ihre durchdringende Stimme zu einer Schimpfkanonade erhob, die selbst gestandene Mannsleute erblassen ließ.

Die gebürtige Schottin hatte den größten Teil ihres bisherigen Lebens in Bristol verbracht. Dort hatte sie einem weltfremden Gelehrten den Haushalt geführt und seinem Versprechen vertraut, nach seinem Tod Alleinerbin zu werden. Das geräumige Haus am Stadtrand hätte ihr ein gesichertes Alter als Zimmerwirtin beschert. Leider hatte der vergessliche Herr es versäumt, sein Testament bei einem Notar beglaubigen zu lassen. Ein entfernter Verwandter war geschickt genug gewesen, einen Richter zu finden, der es für ungültig erklärte. Der folgende Rechtsstreit hatte Eliza Perkins ihren letzten Penny gekostet. Mittellos wie an dem Tag, an dem sie bei ihrem Dienstherrn über die Schwelle getreten war, hatte sie es wieder verlassen müssen.

Mit guter Gesundheit und einem festen Willen ausgestattet, hatte sie sich für ein neues Leben in der Kolonie Südaustralien entschieden. Und sie hatte auch keinen Moment gezögert, Robert und Sam in die fremde Wildnis zu begleiten. Von der provisorischen Rindenhütte, in der sie damals alle drei gehaust hatten, bis zu dem eindrucksvollen Haupthaus war es auch für sie ein langer Weg gewesen. Dorothea sah ihr mit gemischten Gefühlen entgegen. Einerseits bewunderte sie eine solche Frau grenzenlos, andererseits würde es sicher nicht einfach sein, mit ihr auszukommen. Das musste sie aber unbedingt, denn Robert wäre niemals bereit, seine Köchin und Haushälterin zu entlassen.

»Ohne Eliza wäre ich jetzt tot«, hatte Robert erzählt. »Es war in unserem ersten Winter hier. Auf der Suche nach einem trächtigen Muttertier wagte ich mich weiter nach Norden, als ratsam war.« Er lächelte reumütig. »Natürlich hatte man mich bereits in Adelaide gewarnt, dass die Stämme dort wegen der ständigen Zusammenstöße mit den Schafhirten Weißen gegenüber nicht gerade freundlich gesinnt wären. Aber ich erwartete nicht, dass sie dermaßen feindselig auf mich reagieren würden. Ein Speer im Oberschenkel und zwei weitere in meinem Pferd belehrten mich eines Besseren.«

»Um Himmels willen«, entfuhr es Dorothea. »Und wie bist du ihnen entkommen?«

»Es war ziemlich knapp! Zum Glück schaffte mein armes Pferd es noch bis zum Ufer. Ich ließ mich ins Wasser fallen und treiben. Ein Pferd als Beute war natürlich lohnender als ein magerer Engländer. Sie stürzten sich auf das verletzte Tier wie ein Rudel Wölfe.« Robert schüttelte sich bei der Erinnerung. »Das wirkte auf mich ausgesprochen anfeuernd. Ich schwamm und schwamm, und irgendwann muss ich ans Ufer gekrochen sein. Jedenfalls fand mich dort unser Stamm und transportierte mich bis zur Hütte. Eliza hat mich dann gesund gepflegt.«

»Hast du daher dein steifes Bein?«

»Hmm.« Mehr sagte er nicht, aber an den zusammengepressten Lippen war abzulesen, dass er von sich aus nicht weitersprechen würde. Einen Moment schwankte Dorothea, ob sie nachhaken sollte. Ihre Neugier drängte sie dazu. Gerade öffnete sie den Mund, um zu fragen: Sind deine Verletzungen sehr schlimm gewesen?, als ein plötzlicher Ruck sie beinahe vom Sitz katapultiert hätte.

»Verdammt«, fluchte Robert. Eines der Räder hatte sich an einer Wurzel verhakt. Um ein Haar wäre der leichte Wagen umgekippt, wenn er das Kutschpferd nicht geistesgegenwärtig angetrieben hätte. Ebenso elegant nutzte er den kurzen Zwischenfall zu einem Themenwechsel. »Ich hoffe wirklich, dass Gouverneur Grey sich endlich dazu durchringt, die Straße weiter bauen zu lassen«, sagte er ungehalten. »Es ist so schon kein Vergnügen, aber wenn es richtig regnet, ist hier nur noch für Reiter ein Durchkommen. – Kannst du eigentlich reiten?«

»Nein, wozu? Wir hätten uns sowieso kein Pferd leisten können«, gab Dorothea zur Antwort.

»Dann werden ich oder Sam es dir beibringen«, entschied ihr Mann. »Hier draußen musst du es können, wenn du nicht den ganzen Winter über ans Haus gefesselt sein willst wie Tante Arabella.«

Die letzte Strecke zum Haus legten sie schweigend zurück. Dorothea klopfte das Herz im Hals. Ihre Ankunft war nicht unbemerkt geblieben. Die breite, überdachte Terrasse, die sich über die gesamte Vorderseite zog, füllte sich rasch mit einem Empfangskomitee.

Als Robert Masters genau vor der Vordertreppe die Zügel anzog, betrachtete fast der gesamte Hausstand sie mit offenem Erstaunen. »Du hast Besuch mitgebracht?« Die korpulente Dame im sackähnlichen Kleid mit der Unmenge hellgrauer Löckchen, die ihren Kopf wie ein gesträubtes Gefieder umgaben, musste Tante Arabella sein. Sie musterte Dorothea mindestens so kritisch, wie es die Köchin Eliza und Sam taten.

»Kein Besuch. Dorothy wird ab jetzt hier bei uns zu Hause sein. Wir haben vorgestern geheiratet.«

Robert überließ die Zügel dem jungen Burschen, der von den Stallungen angerannt kam, und stieg steifbeinig vom Bock. Während Dorothea darauf wartete, dass er sich umdrehte und ihr behilflich war, fing sie den Blick eines kleinen Mädchens mit goldbraunen Zöpfen auf. Nur kurz, aber aus den braunen Augen schlug ihr eine solch unverblümte Feindseligkeit entgegen, dass sie erschrak. Wieso verabscheute Heather sie bereits, bevor sie überhaupt zusammengetroffen waren?

»Liebe Tante Arabella«, sagte Robert feierlich, während er sie die breite Steintreppe hinaufführte. »Ich freue mich, dir meine Frau vorstellen zu können. – Dorothy, Lady Arabella Chatwick.«

Die ältere Frau blinzelte ein paar Mal, ehe sie die Hand ausstreckte und Dorotheas Rechte herzhaft schüttelte. »Ähh, herzlich willkommen, meine Liebe, herzlich willkommen. Ich freue mich für euch. Das ist jetzt aber wirklich eine Überraschung!«

»Willkommen, Ma'am.« Die vierschrötige Eliza trat vor und knickste erstaunlich anmutig. »Ich werde mich sofort darum kümmern, dass Ihre Zimmer hergerichtet werden. Wenn man mir etwas gesagt hätte, wäre das selbstverständlich schon längst geschehen.«

Ihre Zimmer? Würde sie kein gemeinsames Schlafzimmer mit Robert teilen? Sie versuchte, sich ihre Verwirrung nicht anmerken zu lassen. Engländer, vor allem feine Engländer, hatten oft seltsame Gewohnheiten, hatte sie gehört. Stattdessen lächelte sie dem drahtigen, klein gewachsenen Mann mit dem ledergegerbten Gesicht zu, der sich vor ihr aufgebaut hatte und seinen Hut in den Händen drehte.

»Sam ist mein Name«, knurrte er eher. »Hoffe, Sie werden sich bei uns wohlfühlen, Ma'am.« Seine scharfen Augen huschten zwischen ihr und Robert hin und her, bis er, anscheinend zufrieden mit dem, was er sah, seinem Dienstherrn in ähnlich kurz angebundener Form gratulierte.

»Heather, Schätzchen, willst du deinem Vater und deiner neuen Mutter nicht guten Tag sagen?« Arabella legte dem kleinen Mädchen den Arm um die Schultern und versuchte, sie auf Dorothea zuzuschieben. Widerborstig stemmte die jedoch ihre Füße auf den Boden und sah mürrisch zu Robert auf. »Ich will keine neue Mutter, Daddy. Schick sie wieder weg!«

»Das werde ich ganz bestimmt nicht tun«, sagte Robert streng. »Wo hast du eigentlich deine Manieren? Begrüße sie gefälligst anständig, oder du kannst ohne Dinner gleich zu Bett gehen.«

So etwas wie spöttische Überheblichkeit blitzte in den braunen Augen auf, und Dorothea vermutete, dass diese Strafe häufig ausgesprochen und ebenso häufig von der Köchin oder Tante Arabella unterlaufen wurde.

»Wie geht es Ihnen?«, fragte Heather mit der leeren Höflichkeit eines Papageis und knickste artig, ehe sie sich ihrem Vater an den Hals warf. »Daddy, ich habe wieder den bösen Mann gesehen«, hörte Dorothea sie flüstern, während sie ihr Gesicht in den Falten seines Halstuchs vergrub. »Ich bin so froh, dass du wieder da bist.«

»Ist ja gut, Heather«, murmelte er und strich ihr über die Haarflechten. »Er wird nicht wagen, dich anzurühren. Das verspreche ich dir. Und jetzt geh bitte mit Tante Arabella. Wir sehen uns dann beim Dinner.«

»Leidet Heather unter nächtlichen Albträumen?«, erkundigte Dorothea sich halblaut, sobald sie im oberen Stockwerk außer Hörweite waren. »Meine kleine Schwester war auch eine Zeit lang fest davon überzeugt, unter ihrem Bett verstecke sich ein Räuber.«

»Ich bin mir nicht sicher«, erwiderte Robert und sah sie an, als überlege er, ob er sich ihr anvertrauen sollte. »Manches von dem, was sie erzählt, klingt verflucht real.« Er öffnete die Tür zu einem großen, lichtdurchfluteten Raum voller anmutiger Möbelstücke. Vor den hohen Fenstern bauschten sich Musselinvorhänge in der Abendbrise. Die ganze Einrichtung in den Farben Himmelblau und Elfenbein wirkte ausgesprochen feminin und verspielt. »Es ist noch nach Claires Wünschen eingerichtet. Du musst nur sagen, was du geändert haben möchtest, dann werde ich es in die Wege leiten.«

»Es ist wunderschön«, sagte Dorothea leise und sah sich um. Jemand hatte in aller Eile die schützenden Leinenhüllen abgezogen. Sie lagen noch zusammengefaltet auf einem der zierlichen Hepplewithe-Sessel. Die seidene Steppdecke vom Himmelbett war zurückgeschlagen, nur die Staubschicht auf dem Beistelltischchen zeugte davon, dass dieser Raum längere Zeit hindurch nicht benutzt worden war. »Ein solches Zimmer würde eher in ein Schloss passen.«

»Claire war der Meinung, dass es angemessen für sie wäre«, bemerkte Robert ausdruckslos und ging bereits auf eine schmale Tür an der Querwand zu. »Hier geht es zum Ankleidezimmer, und dahinter ist mein Zimmer.«

Das Ankleidezimmer war eine Spur schlichter ausgestattet, aber auch hier war Claires Handschrift deutlich zu erkennen. Dorotheas klobige Reisekiste mit den abgeschlagenen Kanten wirkte wie ein Fremdkörper vor dem Schrank aus poliertem Wurzelholz. Robert ging auf ihn zu und öffnete die Türen. Im ersten Moment glaubte Dorothea an eine optische Täuschung: Aus dem Inneren quollen solche Unmengen von bunten Stoffen, dass es wie ein Kaleidoskop aus Farben wirkte. So viele Kleider auf einen Haufen hatte sie noch nie gesehen. Wann hatte Claire die nur alle getragen?

»Natürlich erwarte ich nicht von dir, dass du Claires alte Kleider aufträgst«, sagte Robert eilig. »Aber Tante Arabella meinte, es wäre schade, sie einfach wegzuwerfen. Vielleicht gefällt dir ja das eine oder andere. Dann lasse ich eine Schneiderin kommen, die es dir umnäht.«

Dorotheas angeborener Sinn für Sparsamkeit meldete sich. »Das wird nicht nötig sein. Meine Mutter ist gelernte Schneiderin, und sie hat mir genug beigebracht, dass ich einfache Näharbeiten sehr gut selber machen kann«, wehrte sie ab. »Ich weiß nur nicht, wann ich solche Roben tragen soll? Sie sind viel zu vornehm.« Vorsichtig strich sie mit den Fingerspitzen über den schimmernden Atlas, den geschmeidigen Samt. Die Stoffe waren von erstklassiger Qualität.

»Ich überlasse es ganz dir, was du damit machst«, meinte Robert. »Das ist übrigens die Tür zu meinem Zimmer. Ich bitte dich, jederzeit davon Gebrauch zu machen, wenn dir danach ist.«

Dorothea entging nicht, dass im Schloss ein Schlüssel steckte. Hatte Claire ihren Mann ausgesperrt?

»Das gilt natürlich für dich genauso«, sagte sie kurz entschlossen, zog den Schlüssel ab und ließ ihn in die offen stehende Schublade der Frisierkommode fallen. »Ich finde, zwischen uns sollte es keine verschlossenen Türen geben.«

Sie hatte das Richtige gesagt. Ihr Mann betrachtete sie mit einem so liebevollen Ausdruck, dass sie ganz verlegen wurde.

»Ich bin der guten Mary von Tag zu Tag dankbarer«, murmelte er mehr zu sich selbst, als er sie in die Arme schloss und mit zwei Fingern ihr Kinn anhob, um ihr in die Augen sehen zu können. »Du glaubst nicht, wie froh ich darüber bin, dass du in mein Leben getreten bist.«

Er senkte den Kopf und küsste sie. In den vergangenen Tagen hatte er das öfter getan, aber mit Rücksicht auf die äußeren Umstände waren es eher keusche Küsse gewesen. Dass ihr Mann nicht nur rücksichtsvoll und zart, sondern auch von mitreißender Leidenschaftlichkeit sein konnte, überraschte und erregte Dorothea gleichermaßen. Erstaunlich schnell hatte sie sich an das Zusammensein mit ihm gewöhnt. Seit der Hochzeit war sie praktisch rund um die Uhr mit ihm zusammen gewesen, und in den langen Gesprächen, mit denen sie sich die Reisezeit verkürzt hatten, war eine Vertrautheit zwischen ihnen gewachsen, wie sie sonst erst nach längerer Zeit zu entstehen pflegt. Deswegen empfand sie jetzt auch keinerlei Scheu, sondern erwiderte den Kuss mit Hingabe. Ihre Hochzeitsnacht war eine durchaus lustvolle Erfahrung gewesen, und Dorothea war gerne zu einer Wiederholung bereit. Instinktiv drängte sie sich an ihn und zerrte mit fiebrigen Händen an seinem Leinenhemd.

»Bist du nicht zu erschöpft?« Roberts Stimme klang belegt, als er seinen Mund von ihrem nahm.

»Kein bisschen«, flüstere Dorothea atemlos, während sie ihn schon auf die Tür zuschob.

Erst danach, zufrieden den Kopf auf die Schulter ihres Mannes gebettet, ließ sie ihren Blick interessiert schweifen. Roberts Zimmer hatte nicht das Geringste gemein mit dem mondänen Stil, in dem Claires Räume eingerichtet worden waren. Die fast schon klösterliche Schlichtheit der spärlichen Möbelstücke, die Reitgerte und das Gewehr neben dem schmalen Kleiderschrank – alles war maskulin, eher zweckmäßig. Dennoch fühlte sie sich hier wohler. Vielleicht sollte sie doch das eine oder andere zerbrechliche Sesselchen entfernen. Und sei es nur, um sich nicht ständig als bäurischer Trampel zu fühlen. Vor ihrem inneren Auge entstand Claires Bild als das einer ätherischen Schönheit, und unwillkürlich seufzte sie leise.

»Geht es dir gut?« Besorgt richtete Robert sich auf einem Ellenbogen auf.

»Es geht mir wunderbar«, beeilte sie sich, ihn zu beruhigen, und streckte sich träge wie eine Katze in der Sonne. »Ich habe nur gerade gedacht, dass ich wohl nie an die Kultiviertheit deiner ersten Frau heranreichen werde.«

In Roberts Gesicht zuckte es wie Wetterleuchten. »Hast du noch nie erlebt, dass sich unter einer schönen Schale ein verfaulter Kern verbirgt?«, brach es schließlich aus ihm heraus. »Ich habe noch mit keinem Menschen darüber gesprochen, aber meine Ehe mit Claire war die Hölle. Es mag sein, dass ich ihr nicht geben konnte, was sie brauchte. Ich hätte über ihre Untreue hinweggesehen, doch es hat ihr geradezu Vergnügen bereitet, sich mir mit ihren diversen Liebhabern zu präsentieren und mich zum Gespött zu machen. Gott vergebe mir: Ich bin eher erleichtert, von ihr befreit zu sein, als dass ich um sie trauerte.«

Erschreckt von seinem Ausbruch und erschüttert von dem Geheimnis, das er ihr anvertraut hatte, suchte Dorothea nach Worten. Was sollte sie dazu sagen? Wo sie doch nicht viel besser war, indem sie ihrem Mann das Kind eines anderen unterschob. Robert hätte etwas Besseres als sie verdient gehabt. Eine anständige Frau wie Miss Mary, die ihren zukünftigen Ehemann ganz sicher nicht schon vor der Hochzeit hintergehen würde.

»Jetzt habe ich dich abgestoßen«, murmelte Robert bedrückt, setzte sich auf und schwang die Beine über die Bettkante. »Ich hätte besser den Mund halten sollen.«

»Nein, ich bin kein bisschen abgestoßen. Es tut mir schrecklich leid, dass du all das durchmachen musstest«, flüsterte Dorothea und umschlang ihn von hinten mit den Armen. Irgendwie war es leichter, zu seiner Schulter zu sprechen, als ihm dabei ins Gesicht zu sehen. »Ich schwöre dir, dass ich dich nie betrügen werde.«

»Schwöre nicht.« Roberts Lächeln, als er sich halb zu ihr umdrehte, um ihr zärtlich über die Wange zu streicheln, hatte etwas Trauriges. »Schwüre sind leicht abzulegen und schwer zu halten.« Er bückte sich nach ihren Kleidern, die als wirrer Haufen neben dem Bett lagen – ein Zeugnis ihrer Ungeduld. »Darf ich deine Kammerzofe sein?«

Das erste Dinner mit ihrer neuen Familie verlief nicht ganz ohne Irritationen auf beiden Seiten. Als Robert sie zum Platz der Hausfrau an dem ihm gegenüberliegenden Tischende führte, wären sie fast mit Tante Arabella kollidiert, die ihn gewohnheitsmäßig angesteuert hatte.

»Verzeih mir, Liebes, die Macht der Gewohnheit«, entschuldigte Lady Chatwick sich verlegen und eilte, so schnell es ihr Umfang erlaubte, auf den Stuhl Heather gegenüber zu.

»Wieso kann Tante Bella nicht da sitzen, wo sie immer sitzt?« Das Mädchen fixierte Dorothea aus zusammengekniffenen Augen. Die Abneigung war geradezu greifbar.

»Weil jetzt Dorothy die Dame des Hauses ist und der Platz gegenüber dem Hausherrn nun mal deren Platz ist, Schätzchen«, sagte Tante Arabella hastig, wodurch sie einer harschen Bemerkung Roberts zuvorkam, der schon den Mund geöffnet hatte, um seine

Tochter zurechtzuweisen. »Das solltest du eigentlich wissen. Wo bleibt denn Trixie mit der Suppe?«

Als hätte sie nur auf ihr Stichwort gewartet, näherten sich bedächtige Schritte, und ein adrett gekleidetes, rotwangiges Mädchen in Häubchen und Leinenschürze trug eine große, dampfende Terrine herein, die sie auf der Anrichte absetzte, ehe sie sich umwandte und vor Dorothea knickste. »Guten Abend, Madam«, sagte sie. »Darf ich Ihnen meine herzlichsten Glückwünsche aussprechen? Und auch Ihnen, Sir.« Sie knickste erneut in Roberts Richtung.

»Danke«, erwiderte Dorothea leicht nervös. Im Schumann'schen Haushalt hatten sie sich nie auch nur eine Dienstmagd leisten können. Dass jetzt auf einmal ein Hausmädchen vor ihr knickste und sie mit »Madam« ansprach, erschien ihr immer noch unwirklich. Und warum sah sie sie jetzt so fragend an? Was erwartete sie von ihr?

»Würdest du dann bitte anfangen aufzutragen, Trixie?« Roberts Stimme half ihr aus der Verlegenheit. »Die Suppe duftet köstlich. Was hat Mrs. Perkins uns denn da gezaubert?«

»Sie hat zur Feier des Tages extra deutsche Gerichte zubereitet«, erklärte Trixie stolz, während sie geschickt die dampfende Flüssigkeit auf die Teller schöpfte. »Dies ist eine Hamburger Fischsuppe.«

Fischsuppe, gleichgültig welcher Provenienz, zählte nicht gerade zu Dorotheas Lieblingsspeisen. Aber Trixie schaute so gespannt, als sie den gefüllten Teller vor sie hinstellte, dass sie sich anstrengte, Begeisterung zu heucheln. »Die Suppe schmeckt wie zu Hause. Ganz köstlich.«

Es folgten verschiedene »deutsche« Gerichte, die Dorothea vollkommen unbekannt waren.

Erst die bayerische Creme und der Aprikosenkuchen zum Nachtisch kamen ihr wieder vage vertraut vor.

»Verzeiht meine Neugier«, wagte Lady Arabella sich schließlich, nach mehreren Gläsern französischen Rotweins mutig geworden, vor. »Aber gab es einen speziellen Grund für diese rasche Hochzeit? Normalerweise legen junge Bräute doch großen Wert auf eine pompöse Feier.«

»Eine große Hochzeit wäre nicht angebracht gewesen, da Dorotheas Vater erst vor Kurzem gestorben ist«, sagte Robert ruhig. »Diese Lösung kam uns beiden entgegen.«

»Haben die Schwarzen ihn ermordet?« Überrascht sah Dorothea in Heathers gerötetes Gesicht. Zum ersten Mal während des gesamten Essens nahm das Kind Anteil an der Konversation der Erwachsenen. Bisher hatte es nur mürrisch auf seinem Teller herumgestochert; jetzt wirkte es geradezu elektrisiert.

»Nein, er ist bei einem Bootsunfall ertrunken.« Dorothea musste schlucken. »Wie kommst du darauf, dass die Eingeborenen an seinem Tod schuld wären?«

»Na, weil sie es immer sind.« Heather betrachtete sie mit abgrundtiefer Verachtung. »Wissen Sie das nicht? Hier, ganz in der Nähe, haben sie eine Menge Leute umgebracht. Sogar Kinder. Und sie lauern darauf, dass sie noch mehr erwischen. Ihr böser Zauberer braucht tote weiße Menschen für seine Beschwörungen.« Heathers kindliche Züge verzogen sich zu einer bösartigen Grimasse. »Besonders gerne nimmt er dafür weiße Frauen.«

»Schätzchen, das ist doch Unsinn.« Lady Arabella sah peinlich berührt in Roberts Richtung. »Das hast du dir bestimmt gerade erst ausgedacht, um der armen Dorothy Angst einzujagen. Das ist nicht nett von dir.«

»Ich habe mir gar nichts ausgedacht. Das hat King George vorgestern zu Eliza gesagt«, erwiderte die Kleine trotzig. »Ich habe es ganz genau gehört.« Sie presste die vollen Lippen zu einem Strich zusammen.

»Wenn das stimmt, warum hat Mrs. Perkins mir dann nichts davon erzählt?« Lady Arabella wirkte immer noch nicht überzeugt.

»Ich meine, sie hätte es doch nicht für sich behalten, wenn hier nachts blutdürstige Wilde ums Haus schleichen.«

»Sie hat ihm nicht geglaubt«, erklärte Heather widerwillig. »Eliza hat ihn ausgelacht und gesagt, er sollte nächstens besser seinen Rausch ausschlafen, bevor er sich wieder blicken ließe.«

»Ach so.« Mit einem abgrundtiefen Seufzer der Erleichterung lehnte Lady Chatwick sich zurück und nahm einen tiefen Schluck aus ihrem Glas. »Schätzchen, diese Schwarzen erzählen die tollsten Geschichten. Man muss nicht alles für bare Münze nehmen, was sie einem so auftischen.«

Dorothea erschien Lady Chatwicks Reaktion beinahe genauso befremdlich wie Heathers Geschichte. Robert war ihre Verwirrung nicht entgangen. »King George nennen wir den Häuptling des Stammes auf meinem Land«, erläuterte er. »Du wirst ihn sicher bald kennenlernen. Wenn er nicht gerade sinnlos betrunken ist, dann ist er ein ziemlich beeindruckender alter Herr.« Sein Gesicht wurde ernst, als er seine Tochter nachdenklich musterte. »Heather, man belauscht nicht die Gespräche anderer Leute! Das ist nicht nur ungezogen, es kommt auch zu Missverständnissen, weil man nur die Hälfte versteht.«

»Ich habe sehr wohl alles richtig verstanden«, beharrte Heather, aber ihre Unterlippe begann fast unmerklich zu zittern.

»Und dein ständiges Widersprechen ist auch nicht gerade wohlerzogen«, fuhr Robert ungerührt fort. »Ich bin überaus froh, dass Dorothy sich als deine neue Mutter bereit erklärt hat, dir Manieren beizubringen.«

Dorothea konnte nicht umhin, sich zu wundern, wieso ein Mann, den sie als feinfühlig eingeschätzt hatte, mit seiner Tochter derart ungeschickt umging. Die Situation war schon verfahren genug. Es war wirklich nicht nötig, noch Öl ins Feuer zu gießen. Heathers Feindseligkeit umgab sie wie eine düstere Wolke, als sie ihren Stuhl zurückstieß und mit kaum verständlicher Flüsterstimme erklärte: »Ich will keine neue Mutter! Ich hasse diese Deutsche. Warum konnten wir nicht so weiterleben wie bisher?« Wie ein Wirbelwind drehte sie sich um und rannte mit fliegenden Röcken davon.

»Heather«, schrie Robert ihr wütend hinterher. »Komm sofort zurück und entschuldige dich bei Dorothy!«

»Bitte, lass es gut sein«, sagte Dorothea, zum ersten Mal seit ihrer Ankunft sicher in ihrer neuen Rolle. Sie erinnerte sich nur zu gut an Lischens Zornausbrüche und wie ihre Mutter damit umgegangen war. »Sie ist so außer sich, dass es sinnlos ist, mit ihr vernünftig reden zu wollen. Ich werde morgen versuchen, zu ihr durchzudringen.«

Lady Chatwick betrachtete sie mit schräg gehaltenem Kopf, wodurch sie frappierend einer Eule ähnelte. »Du scheinst etwas von Kindern zu verstehen, meine Liebe«, stellte sie scharfsinnig fest. »Ich freue mich, dass du für Heather so viel Verständnis hast. Es wird ihr guttun, ihre Zeit mit dir zu verbringen. Ich altes, fettes Weib war einfach nicht die richtige Gesellschaft für ein dermaßen ungestümes Kind.«

»Du bist weder alt noch fett, und Heather liebt dich aufrichtig«, widersprach Robert vehement.

»Papperlapapp«, gab Lady Chatwick zurück. »Ich bin nicht blind, und hier gibt es genug Spiegel. Und ich bin auch nicht so blöde, dass ich nicht wüsste, dass Heather an mir vor allem schätzt, dass ich es gar nicht erst versuche, ihr etwas zu verbieten.« Sie seufzte leise auf. »Ich bin diesem Kind nicht gewachsen, bin es nie gewesen.«

Betrübt starrte sie auf die Tischdecke vor sich, als sähe sie dort die Bilder der Vergangenheit.

»Ich bin sicher, Heather hätte es nicht besser treffen können«, versuchte Dorothea, sie zu trösten. »Mein Vater meinte immer, Kindern sollten die Härten des Lebens so lange erspart bleiben, bis sie stark genug wären, sie zu ertragen.«

Lady Chatwick schmunzelte. »Ungewöhnliche Ansicht! Ich hätte deinen Vater gerne kennengelernt, meine Liebe. Aber jetzt lasse ich euch alleine. Sicher habt ihr noch eine Menge unter vier Augen zu besprechen.« Damit rauschte sie aus dem Esszimmer und zog energisch die Tür hinter sich zu.

Dorothea gewöhnte sich relativ schnell an den Tagesablauf in Eden-House. Er begann mit einem Frühstück, zu dem Robert Eier mit Schinken, Lady Chatwick Rosinenbrötchen mit Butter, Scones genannt, und Heather Toastschnitten mit Marmelade serviert wurden.

Nach kurzem Zögern entschied Dorothea sich ebenfalls für Toast. Das kam ihrem gewohnten deutschen Frühstück noch am nächsten.

Gegen Ende der Mahlzeit pflegte meist Sam »auf ein Tässchen« aufzutauchen und mit Robert »Kriegsrat zu halten«. Die Weiden und mehr noch die Hirten mussten in regelmäßigen Abständen kontrolliert werden, da Letztere zu Unzuverlässigkeit neigten. Das war kein Wunder, hatte Robert Dorothea erklärt: Die meisten von ihnen waren sehr einfache Männer, die in der Einsamkeit oft Trost im Branntwein suchten und wenig Verantwortungsbewusstsein für die ihnen anvertrauten Tiere verspürten. »Wenn sie nicht täglich damit rechnen müssen, dass jemand von uns vorbeikommt, würden sie den lieben, langen Tag mit ihren Schnapsvorräten unter einem Baum liegen und rauchen.«

Auch die Pferde und die noch recht überschaubare Herde Milchkühe erforderten auf ihren jeweiligen Weiden einiges an Aufmerksamkeit. Um die Kühe kümmerte sich der wortkarge Stallbursche John, ein rothaariger Ire, der sich mit den Tieren wohler fühlte als mit Menschen.

Sobald die Männer dann aufgebrochen waren, erschien Mrs. Perkins, um mit Dorothea die Hausarbeiten zu besprechen. Da Eden-House so abgeschieden lag, hatten sie ein spezielles Abkommen mit den Hahndorfern: Einmal wöchentlich traf man sich auf dem Mount Barker. Dort wurden die Wäschekörbe ausgetauscht und die Gemüsevorräte aufgefrischt. Dorothea hatte schon in Adelaide mitbekommen, dass englische Hausfrauen nicht selbst wuschen, sondern es vorzogen, die gesamte Wäsche außer Haus zu geben. Es war eine gute Verdienstmöglichkeit für die deutschen Frauen der Umgebung.

Zwar gab es einen kleinen Gemüsegarten hinter dem Haupthaus, aber Mrs. Perkins hatte sich entschieden geweigert, Kartoffeln anzubauen, und ihr gärtnerisches Geschick war leider nicht allzu groß. Es reichte für Salat, Gurken, Tomaten und unempfindliche Obstsorten; Melonen, Buschbohnen und Aprikosen beispielsweise überstiegen es jedoch deutlich.

Auf Roberts Rat hin hatte Dorothea sämtliche Menüpläne anstandslos akzeptiert, was zu einem angenehm entspannten Verhältnis zwischen der Köchin und ihr sicher beigetragen hatte. Waren diese Dinge erledigt, wartete das Schulzimmer. Am ersten Morgen hatte sie mit heftig klopfendem Herzen den hellen, freundlichen Raum betreten. Heather saß bereits an ihrem Pult. Kerzengerade aufgerichtet, die gestärkten Rüschen an ihrer Schürze gesträubt wie die Halskrause einer angriffslustigen Eidechse.

»Am besten zeigst du mir, was du bisher gemacht hast«, sagte Dorothea und erwartete insgeheim schon eine widerborstige Erwiderung. Zu ihrer Überraschung holte Heather ohne erkennbaren Widerwillen ihre Hefte aus dem Pult und reichte sie ihr. Recht schnell war Dorothea klar, dass eine Ausbildung des Mädchens bisher bestenfalls rudimentär stattgefunden hatte. Das wirre Gekrakel auf den Seiten war kaum zu entziffern, und die primitiven Additions- und Subtraktionsrechnungen im Stil von »1+4« oder »7-6« erschienen ihr ebenfalls nicht ganz angemessen. Genau konnte sie sich nicht mehr erinnern, aber sie war sich sicher, dass Lischen in Heathers Alter bereits deutlich weiter gewesen war.

»Wer hat dich unterrichtet?«, fragte sie so neutral wie möglich. »Dein Vater?«

»Der hat doch nie Zeit«, gab das Mädchen mürrisch zurück. »Tante Bella hat damit angefangen, aber zuletzt kam immer etwas dazwischen.« Lady Chatwick hatte ihr kurz zuvor unter vier Augen anvertraut, dass Heather es immer einzurichten gewusst hatte, dass sie vor dem Unterricht rasch noch etwas erledigen musste. Woraufhin sie verschwand und nicht wieder auftauchte.

Dorothea ging also nicht darauf ein, sondern sagte nur freundlich: »In Zukunft werde ich darauf achten, dass wir dein Unterrichtspensum auf jeden Fall irgendwie absolvieren. Ist deine Feder gespitzt? – Gut, dann lass uns mit ein paar Schreibübungen anfangen.«

Trotz fehlender Begeisterung erwies Heather sich als erstaunlich geschickt. Während sie von dem Vorlagebogen die Wörter kopierte, sah Dorothea sich im Schulzimmer genauer um. Robert hatte nur gemeint: »Es ist alles da, was du brauchen wirst. Und wenn nicht, lassen wir es eben kommen.« Das würde nicht nötig sein, denn die Ausstattung war mehr als üppig. Pastor Schumann hätte sich glücklich geschätzt, eine auch nur vergleichbare Sammlung an Lehrmaterialien in seiner Missionsschule zur Verfügung gehabt zu haben: Papier im Überfluss; eine ganze Schublade voller Federkiele und neumodische Bleistifte in bester Qualität; Aquarellfarben, die Karls Augen hätten strahlen lassen, und jede Menge Bücher. Dorothea schmunzelte, als sie die fünf unterschiedlichen Lesefibeln nebeneinander sah. Robert hatte offenbar unterschiedslos alles aufgekauft, was zu bekommen gewesen war. Für den Erdkundeunterricht gab es eine ganze Kartensammlung. Sie wählte eine der gerollten Landkarten mit der Aufschrift »Australien« und hängte sie an den Kartenständer. Heather sah von ihrer Schreibarbeit auf.

»Kann ich jetzt aufhören?«

»Bist du fertig?«

»Noch nicht, aber ich habe keine Lust mehr. Meine Hand tut weh«, maulte sie und verzog das Gesicht in einer schmerzlichen Grimasse.

»Das kommt daher, dass deine Finger noch nicht daran gewöhnt sind, den Kiel zu halten«, erklärte Dorothea. »Du wirst sehen: Es wird jeden Tag leichter werden.«

»Wieso muss ich überhaupt schreiben lernen? Sam kann auch nicht schreiben.«

»Schreiben können ist überaus hilfreich«, versuchte Dorothea das Mädchen zu überzeugen. Unvermittelt kam ihr Ian in den Sinn. Der Waisenjunge, der so erpicht darauf gewesen war, es zu lernen. Wo er jetzt wohl war? Wie mochte es ihm ergangen sein? Sie schob die Erinnerung an Ian beiseite und konzentrierte sich wieder darauf, das Interesse ihrer lustlosen Schülerin zu wecken. »Nicht nur für Einkaufslisten und Briefe. Wenn ich nicht hätte schreiben können, hätte ich nicht bei der Zeitung in Adelaide arbeiten können.«

»Du hast bei einer Zeitung gearbeitet?« Heathers Interesse war unzweifelhaft geweckt. »Ich dachte, das täten nur Männer.«

»Ich war auch die einzige weibliche Mitarbeiterin«, sagte Dorothea mit einem gewissen Stolz. »Und Mr. Stevenson nahm mich nur, weil wir Jane als Haustochter hatten, die Frau von Tim Burton. Kennst du ihn vielleicht? Er arbeitete für deinen Vater.«

»Ich glaube nicht. Eliza sagt, früher waren immer zu viel Fremde im Haus, aber ich kann mich nicht daran erinnern. Seit meine Mutter tot ist, kommt niemand mehr, um uns zu besuchen.« Auf einmal klang Heathers Stimme traurig. Sie sah so verloren aus, dass es Dorothea drängte, sie in den Arm zu nehmen. Spürte sie mit dem feinen Instinkt des Kindes, dass die gesellschaftliche Isolation, in der sie hier draußen lebten, nicht ganz freiwillig war? Sicher vermisste sie ihre Mutter schmerzlich. Da halfen auch die liebevolle Zuneigung von Lady Chatwick und Mrs. Perkins etwas handfestere Fürsorge wenig. Was sie bräuchte, waren Spielkameraden in ihrem Alter.

»Was bedeutet *Haustochter?*« Heathers Frage riss sie aus ihren Überlegungen.

»Das bedeutet, dass ein Mädchen – oder eine junge Frau«, berichtigte sie sich schnell und unterdrückte ein Lächeln, als sie sich an Janes zuweilen schockierende Ansichten erinnerte, »bei einer Familie lebt und dort Manieren und Haushaltsführung lernt.«

»Und wieso konnte diese Jane das nicht schon vorher?«

»Jane ist eine Kaurna«, erwiderte Dorothea schlicht.

Heather machte große Augen. »Eine Eingeborene?«

»Ja.«

»Warum wollte sie Manieren und Haushaltsführung lernen? Das ist doch Blödsinn!« Das Mädchen blies verächtlich die Luft aus.

»Mr. Burton hatte sich in sie verliebt und hatte sie gebeten, seine Frau zu werden«, brachte Dorothea die skandalöse Geschichte in eine für Kinderohren vertretbare Form.

»Und was hatte das damit zu tun, dass du bei der Zeitung gearbeitet hast?«, kam Heather auf den Ausgangspunkt der Geschichte zurück.

»Der *Register* brachte eine Reihe von Berichten über Janes Leben bei ihrem Stamm und über das bei uns zu Hause und über ihre Hochzeit. Da Jane lieber mit mir sprechen wollte als mit einem Mann, bekam ich den Auftrag.« In Dorotheas Stimme schwang immer noch der Stolz über diesen Coup mit. Heather betrachtete sie mit einem Anflug von Respekt. »Das war ganz schön clever von dir«, gab sie widerwillig zu. »War der Mann nicht sauer?«

»Ein bisschen.« Und er hat sich mehr als angemessen revanchiert, dachte Dorothea bitter.

»Aber du siehst: Wenn ich nicht hätte schreiben können, hätte ich nie und nimmer auch nur die kleinste Chance bekommen, bei einer Zeitung zu arbeiten«, kam sie auf die Quintessenz der

Geschichte zurück. »Also gib dir Mühe. Es lohnt sich. Und wenn du fertig bist, lese ich dir ein Kapitel aus der *Umseglung von Australien* von Kapitän Flinders vor.«

Das Buch hatte sie auf dem Regal entdeckt, und es interessierte sie selbst, wie der berühmte Kapitän zur See Matthew Flinders ihre neue Heimat vom Meer aus erkundet hatte. Auf der Karte, die sie vorhin aufgehängt hatte, waren die Küstenregionen relativ präzise wiedergegeben. Zum Landesinneren hin wurden die eingezeichneten Flüsse und Gebirge jedoch zunehmend ungenauer. In der Mitte des Kontinents prangte ein weißer Fleck. Entgegen den allgemeinen Vermutungen, dass sich dort ein riesiges Binnenmeer befinden müsste, hatte der Kartenhersteller auf Spekulationen verzichtet. Dorothea hatte hier und da von Plänen in Brisbane und Melbourne gehört, Forschungsexpeditionen in diese unbekannte Region zu entsenden.

Südaustralien verfügte nicht über die nötigen Mittel für aufwendige Erkundungen, aber immerhin wartete man in Adelaide mit Spannung auf die Rückkehr eines Mr. Eyre, der mit einer kleinen Gruppe auf eigene Faust in den Norden Südaustraliens aufgebrochen war.

Der erste Unterrichtstag verlief überraschend harmonisch. »Heather macht sich sehr gut«, konnte sie Robert mitteilen, als sie sich vor dem Lunch kurz in ihrem Ankleidezimmer trafen. »Sie ist klug.« Dorothea zögerte kurz, ehe sie fortfuhr: »Ich vermute, sie ist so ungebärdig, weil sie sich einsam und unglücklich fühlt. Es ist nicht gut für sie, dass es weit und breit keine Spielgefährten in ihrem Alter gibt.«

»Das ist nun einmal nicht zu ändern.« Roberts Stimme klang so schroff, dass sie es schon bereute, es überhaupt angesprochen zu haben. »Sie kann froh sein, dass du jetzt hier bist«, fügte er sanfter hinzu. »Und wenn sie erst Geschwister hat, wird sie sich auch nicht mehr allein fühlen.«

Dorothea fühlte, wie sie errötete. Sollte sie jetzt schon ihre ausbleibende Monatsblutung ansprechen? Ehe sie zu einem Entschluss gekommen war, küsste Robert sie auf die Nasenspitze und sagte: »Verzeih, Liebes. Wie undelikat von mir! – Was hältst du davon, wenn ich dir heute nach dem Lunch deine erste Reitstunde gebe? Ich habe Sam gebeten, die sanfteste Stute auszusuchen, die im Stall steht.«

Augenblicklich war jeder andere Gedanke wie weggeblasen. Zwar hatte Dorothea sich in ihren Tagträumen manchmal auf einem wunderschönen Pferd dahingaloppieren sehen – eine elegante Erscheinung in schwarzem Reitkleid und Hut mit Schleier –, aber in Wirklichkeit wurden ihr vor Angst die Hände feucht, wenn sie daran dachte, wie groß so ein Pferd war und wie hoch man dort oben auf seinem Rücken saß.

»Schon heute?«, brachte sie atemlos heraus. Robert lächelte. »Wenn man vor etwas Angst hat, muss man es so rasch wie möglich hinter sich bringen«, erinnerte er sie im Tonfall eines alten Lehrers. »Du wirst sehen: Es wird dir Spaß machen.«

Tatsächlich hätte sie sich am liebsten umgedreht und wäre davongerannt, als das Pferd, das Sam am Zügel hielt, bei jedem Schritt, den sie sich ihm näherte, weiter in die Höhe zu wachsen schien. Der Damensattel auf seinem Rücken sah nicht gerade vertrauenerweckend aus, und dass Claires Reitkostüm aus königsblauem Samt ein wenig zu eng saß, trug auch nicht gerade zu ihrem Wohlbefinden bei.

»Das ist Molly, Ma'am«, knurrte der Stallknecht. »Wenn es Pferdeengel gäbe, wäre sie einer. Auf ihr sind Sie so sicher wie in Abrahams Schoß.« Wie um seine Worte zu bestätigen, schnaubte die hellbraune Stute sanft und rieb ihre Nase an seiner Schulter.

»Komm, ich helfe dir«, sagte Robert und reichte ihr die Hand, während Dorothea mit klopfendem Herzen auf den Aufsteigebock kletterte. Nach seinen Anweisungen stellte sie den linken Fuß in den Steigbügel, schwang sich hinauf und hatte dann etwas zu kämpfen, bis es ihr gelang, unter all den Röcken ihr rechtes Knie um das Sattelhorn zu legen.

»Die äußere rechte Wade drückt gegen das Sattelblatt – das ist die Lederdecke hier –, die Zehen leicht nach unten. Das linke Bein bleibt fast ausgestreckt. Fertig?«

Sehr bequem war es nicht und sehr, sehr hoch. Ängstlich umklammerte sie mit beiden Händen den vorderen Sattelknauf. Nur zu gerne hätte sie ihren Mann gebeten, ihr wieder herunterzuhelfen. Aber vor den Ställen gaben nicht nur John und Gilbert vor, damit beschäftigt zu sein, Zaumzeug zu putzen und Sättel zu pflegen. Auch ihre Stieftochter hockte in wenig mädchenhafter Pose auf dem obersten Gatterbalken und betrachtete die Szene mit unverhohlener Schadenfreude.

Wenn sie jetzt feige aufgab, wäre ihr die bodenlose Verachtung des Mädchens sicher. Warum musste Claire auch ausgerechnet eine versierte Reiterin gewesen sein! Hätte sie sich nicht mit Aquarellmalerei, Klavierspiel oder anderen ungefährlichen Zeitvertreiben beschäftigen können?

»Sam wird Molly jetzt ganz langsam im Schritt führen«, kündigte Robert an. Es war ihm anzuhören, dass er sich das Lachen verbeißen musste. »Versuch, dich an die Bewegungen des Pferdes anzupassen. Ihr müsst eins werden miteinander.«

Robert hat gut reden, dachte Dorothea und presste leicht gereizt die Lippen aufeinander. Wenn sie wie er im Männersitz reiten könnte, würde sie sich auch nicht so unsicher fühlen. So hatte sie das Gefühl, bei jedem eventuellen Stolpern von Molly im hohen Bogen durch die Luft zu segeln. Im Lauf der ersten Stunde schaffte sie es tatsächlich, ein Anfangsgefühl für die Balance zu entwickeln, die es benötigte, um im Damensitz zu reiten. Allerdings wurden ihr noch nicht die Zügel ausgehändigt. »Nicht, dass du aus lauter Nervosität ihr empfindliches Maul malträtierst«, erklärte Robert wenig galant. »Für das erste Mal gar nicht so schlecht, nicht wahr, Sam?«

»Ma'am ist die geborene Reiterin«, erklärte Sam und spuckte einen kräftigen Strahl braunen Tabaksafts in Richtung eines neugierigen Kookaboorra auf einem der Gatterpfosten. Lautstark protestierend flatterte der Vogel davon. »Die Mistviecher sollen ein schlechtes Omen sein, sagt King George«, brummte er als Begründung.

11

Dorotheas erste Wochen in ihrem neuen Heim schienen geradezu zu verfliegen. Zwischen Heathers Unterrichtsstunden, dem Reitunterricht, angeregten Unterhaltungen mit Lady Chatwick und Haushaltsdingen fand sie kaum Zeit, einige Kleider aus der umfangreichen Garderobe Claires für sich zu ändern. Glücklicherweise war die Schneiderin so vorausschauend gewesen, für zukünftige Schwangerschaften reichlich Saumzugaben einzurechnen. Davon profitierte sie nun, denn Dorotheas Taille war um gut zwei Finger breiter, als es Claires gewesen war.

Im August nahm sie all ihren Mut zusammen und gestand Robert, dass ihre Monatsblutung ausgeblieben wäre. Arglos schrieb er ihre geröteten Wangen und den gesenkten Blick ihrer Schamhaftigkeit zu. Seine Freude über die Schwangerschaft war derart ehrlich und überschwänglich, dass Dorothea sich noch schäbiger fühlte als sonst. Aber sie hatte diesen Weg gewählt und musste ihn jetzt zu Ende gehen. Auch um des Kindes willen.

Lady Chatwick nickte mit der ganzen Erfahrung einer kinderlosen älteren Dame und erklärte, es schon seit geraumer Zeit vermutet zu haben. Schließlich sei ein gesunder Appetit immer ein deutlicher Hinweis auf diesen Zustand, nicht wahr?

Heather sagte gar nichts. Während der Schulstunden hatten die beiden zu einem Verhältnis gefunden, das zwischen Duldung und vorsichtiger Zuneigung pendelte. Deswegen hatte Dorothea gebeten, es Heather selbst mitteilen zu dürfen. »Würdest du dich über ein Geschwisterchen freuen?«, fragte Dorothea zur Einleitung und war dann doch überrascht über Heathers prompte Gegenfrage: »Du bekommst ein Baby?« So viel zu ihrem Vorhaben, ihrer Stieftochter die Neuigkeit behutsam beizubringen.

»Ja«, sagte sie also. »Freust du dich?«

Das Mädchen senkte den Blick auf die Schreibplatte vor sich und zuckte stumm mit den Schultern.

»Was wäre dir denn lieber: ein Brüderchen oder ein Schwesterchen?«, versuchte Dorothea, ihr eine Reaktion zu entlocken.

»Ist doch egal.« Das klang nicht gerade enthusiastisch.

»Vielleicht hast du recht«, sagte Dorothea im Versuch, verständnisvoll zu sein. »Als ich klein war, wünschte ich mir immer eine Schwester zum Spielen. Weißt du, ich hatte nur zwei Brüder, und die fanden Mädchenspiele immer albern. Aber Jungenspiele machten mir eigentlich genauso Spaß. Was ist eigentlich dein Lieblingsspiel?«

Vergeblich. Heather zuckte nur erneut mit den Schultern und nuschelte ein kaum verständliches »Weiß nicht«. Sie hatte sich in einen inneren Bereich zurückgezogen und die Türen zugeschlagen. Auf alle Fragen antwortete sie nur noch mit enervierender Einsilbigkeit. Nicht einmal Flinders Reisebericht, dem sie vorher mit unverfälschtem Vergnügen gelauscht hatte, riss sie aus ihrer Erstarrung. Schließlich gab Dorothea ihre Versuche auf.

Lady Chatwick, bei der sie nach der missglückten Unterredung Rat suchte, legte etwas widerstrebend ihren Roman beiseite. Vermutlich war sie gerade an einer besonders spannenden Stelle. Dennoch wartete sie höflich, bis Dorothea geendet hatte. »Ich würde mir nicht so viele Gedanken machen, Liebes«, riet sie ihr dann. »Heather ist zuweilen etwas seltsam. Das muss man nicht so ernst nehmen. Spätestens wenn das Baby da ist, wird sie sich schon damit abfinden.«

Das konnte man nur hoffen! Dorothea bezweifelte im Stillen, dass Lady Chatwick recht behielte. Da diese jedoch schon wieder nach ihrem Buch gegriffen hatte, murmelte sie einen Dank und zog die Türe leise hinter sich zu. Vielleicht machte sie sich ja wirklich zu viele Gedanken.

Dorothea schob die Sorge um den Gemütszustand ihrer Stieftochter beiseite und ging in Roberts Arbeitszimmer, um dort nach Briefpapier zu suchen. Claire schien keine eigene Korrespondenz geführt zu haben: In der Schublade ihres Sekretärs befanden sich außer einem eingetrockneten Tintenfass nichts als ein paar Modejournale, ein hellblaues Strumpfband und ein zerbrochener Schildpattkamm sowie zwei tote Käfer, die zwar auf rätselhafte Weise hinein-, jedoch nicht mehr hinausgefunden hatten.

Roberts Arbeitszimmer wurde dominiert von einem riesigen Schreibtisch. An der Wand dahinter hing eine Karte von Südaustralien, auf der die Routen der Viehtrecks, die Stammesgebiete sowie diverse Lokalitäten eingezeichnet waren. Bisher hatte sie sich noch nicht die Zeit genommen, sie näher zu studieren. Diese Karte war deutlich detaillierter als die im Schulzimmer. Sie zeigte allerdings auch nicht ganz Australien, sondern nur die Kolonie Südaustralien mit den angrenzenden Gebieten von Neu-Südwales. Neugierig trat sie näher. Robert hatte ihr erklärt, dass es für ein harmonisches Miteinander mit den ortsansässigen Eingeborenenstämmen äußerst wichtig sei, nicht unwissentlich heilige Plätze oder Begräbnisstätten zu entweihen.

Handelte es sich bei den markierten Punkten um solche Orte?

Einer, ganz in der Nähe, war ihr bekannter, als ihr lieb war. Er lag am Ufer des Murray River, und sie schüttelte sich immer noch bei der Erinnerung. Einige Tage nach ihrer Ankunft hatte Robert sie dem benachbarten Stamm vorstellen wollen und war mit ihr zum Lagerplatz gegangen. King George empfing sie so würdevoll, als trüge er nicht bloß einen Umhang aus Opossumfell, sondern mindestens die halbe Brust voll königlicher Orden. Mit vor Stolz geschwellter Brust führte er sie an das Feuer, um das die Männer des Stammes herumlungerten. Dorothea empfand die Blicke der Männer als unangenehm aufdringlich. Obwohl sie ihre Garderobe bewusst schlicht gewählt hatte, hingen ihre Augen so schamlos anzüglich an ihrem schwellenden Busen, dass sie instinktiv ihr Umschlagtuch fester zog. Nur zögernd machten sie ihr Platz, und es bedurfte eines strengen Befehls von King George, um einen finster blickenden Schwarzen dazu zu bewegen, seinen Sitz aus geflochtenen Grasmatten zu räumen.

Frauen und Kinder waren keine zu sehen. Erst nachdem Robert den Beutel Tabak verteilt hatte und alle damit beschäftigt waren, ihre provisorischen Pfeifen zu stopfen, kamen einige *picaninnies* mit den typischen Kugelbäuchen aus den Hütten und starrten die fremde weiße Frau an. Dorothea war froh, dass sie daran gedacht hatte, eine Schachtel von Mrs. Perkins' selbst gemachten Karamellbonbons mitzunehmen. Damit war das Eis im Nu gebrochen – vor allem, als die erwachsenen Männer sich nicht zu schade waren, ebenfalls nach den Süßigkeiten zu verlangen.

»Wo sind eigentlich die Frauen alle?«, fragte Dorothea schließlich leise ihren Mann, während die jüngeren Männer und die älteren Kinder sich lautstark um die letzten Bonbons balgten.

»Wahrscheinlich am Fluss. Muscheln sammeln«, gab er kurz zurück. Nur wenige Momente später waren Stimmen zu vernehmen, und die Frauen des Stammes, die *yammaru* bis zum Bersten gefüllt mit Muscheln, erschienen zwischen den Hütten.

King George bellte einen herrischen Befehl, worauf drei von ihnen sich aus der Gruppe lösten und näher traten.

»Meine Frauen«, sagte er mit unverhülltem Besitzerstolz. Dorothea konnte ihr Entsetzen kaum verbergen. Die Mädchen hätten seine Töchter, ja Enkelinnen sein können! Die Kleinste und

Schwächlichste von ihnen zitterte wie Espenlaub, ihre Zähne klapperten hörbar. Ihre dunkle Haut wirkte aschfarben vor Erschöpfung. Unter ihrer schweren Last wankte sie, stolperte, und mitsamt dem *yammaru* glitt auch ihr Opossumfellumhang von den Schultern. Für einen Augenblick stand sie nackt da, ehe sie sich hastig wieder bedeckte. Der Moment jedoch hatte ausgereicht, den Blick auf ihren entsetzlich entstellten Rücken freizugeben. Vom Nacken bis zur Taille verliefen die kaum vernarbten, noch immer grässlich geröteten und entzündeten Wunden, die ein perverses Muster bildeten: Schnitte von gut zwei Zentimetern Länge und mit einem Abstand von nur anderthalb Zentimetern überzogen in horizontalen Reihen den gesamten Rücken.

»Mein Gott, welcher unmenschlichen Bestie ist das arme Mädchen nur in die Hände gefallen?«, entfuhr es Dorothea. King George war ihre schockierte Reaktion nicht entgangen. Ärgerlich griff er nach seinem Speer, um damit das Mädchen wegzustoßen. Dabei bohrte sich die Spitze tief in den Oberschenkel. Ungerührt überhörte er den Schmerzensschrei, knurrte nur etwas Unfreundliches in Richtung seiner Frauen und sagte dann in schmeichlerischem Tonfall zu Robert: »Sie ist noch ganz frisch. Wenn du Gefallen an ihr findest, schicke ich sie dir hinüber. Ich will nur eine Flasche Branntwein dafür.«

Dorothea bekam kaum mit, dass Robert höflich ablehnte. Sie wollte nur noch weg hier. Dass King George, den sie bisher für einen harmlosen Säufer gehalten hatte, in Wirklichkeit so brutal und roh war, entsetzte sie zutiefst.

»Warum wurde dieses Mädchen so verstümmelt? Was hat sie getan, dass sie dermaßen grausam bestraft wurde? Diese Bestien!«

Robert fuhr ihr besänftigend über den Handrücken. »Bitte, mäßige dich. Nicht, dass sie sich beleidigt fühlen. Das war keine Bestrafung. Bei einigen Stämmen hier in der Gegend ist es üblich, dass die Mädchen, ehe sie verheiratet werden, ihren Rücken tätowieren lassen. Du kannst sicher sein: Niemand hat sie gezwungen.«

»Woher willst du das wissen?«

»Weil Moorhouse und ich darüber gesprochen haben. Er hat schon ein paar Mal eingegriffen und eine solche Operation gestoppt. Am lautesten haben dann die Betroffenen dagegen protestiert, weil sie diese Narben als Erhöhung ihrer Attraktivität sehen.«

»Das ist doch verrückt!«

Robert lächelte schwach. »Andere Länder, andere Sitten. Du kannst den Ngarrindjeri hier nicht vorschreiben, was sie schön zu finden haben. Ich persönlich finde die alltäglichen Misshandlungen schlimmer. Hast du die Narben an den Beinen der anderen Frauen gesehen? Die Männer behandeln sie schlimmer als Vieh. Beim geringsten Anlass schlagen sie sie mit ihren Waddies auf den Kopf oder stechen sie mit Speeren. Und nicht nur ein bisschen. Ich habe mich schon manches Mal geradezu geschämt, dem männlichen Geschlecht anzugehören.«

»Gibt es denn gar keine Zuneigung zwischen Mann und Frau?«, fragte Dorothea und dachte an Jane, die ihrem Tim so rührend zugetan war.

»Leider nein. Der einzige Grund für den Wunsch junger Männer nach einer Frau ist der, dass sie dann jemanden haben, der ihren Besitz schleppt, sich um Kleidung und Nahrung kümmert – kurz: ihr persönlicher Sklave ist. So wie die Männer eben, die ihre Frauen ins eiskalte Wasser zum Muscheltauchen schicken, während sie selber am Feuer hocken und es sich gut gehen lassen.«

»Kann man denn gar nichts unternehmen, um ihr Los zu verbessern?«

»Das ist schwierig. Moorhouse und die Missionare tun, was sie können. Aber es ist fast unmöglich, in kurzer Zeit etwas zu verändern, was seit Generationen so üblich gewesen ist«, gab Robert, vernünftig wie immer, zu bedenken. »Es dauert länger, eingefahrene Wege in den Köpfen zu beseitigen als Radfurchen auf einer alten Straße.«

Seit diesem Besuch hatte Dorothea es vermieden, auch nur in die Nähe des Lagers zu gehen. In ihrer Unwissenheit waren die Schwarzen an der Mission ihr harmlos erschienen. Doch je mehr sie über die Eingeborenen erfuhr, desto unheimlicher wurden sie ihr. Was, wenn so einer wie der finstere Jäger plötzlich zu der Überzeugung gelangte, eine weiße Frau sei auch nur eine Frau? Die lüsternen Blicke der Männer am Feuer waren unmissverständlich gewesen. Dorothea fröstelte plötzlich. Was, um Himmels willen, hatte Claire nur dazu bewogen, ihre Nähe zu suchen?

Robert hatte gesagt, das Briefpapier läge in der obersten Schublade, aber es gab zwei davon. Versuchsweise zog sie zuerst die linke auf. Neben einigen der gerade in Mode kommenden Stahlfedern samt Halter und einer Stange Siegellack lag ein Stapel Büttenpapier und obenauf ein paar mit krakeliger Handschrift bedeckte Briefbogen. Sie wollte sie schon achtlos beiseiteschieben, als sie innehielt. Etwas an der Schrift kam ihr sonderbar vertraut vor.

Man las keine fremden Briefe. Dennoch konnte sie nicht anders; als zwinge sie etwas außerhalb ihres Bewusstseins, verschlangen ihre Augen die letzten Zeilen des Schreibens auf der Suche nach einem Namen. Und da stand er: »Dein Ian.«

Mit einem hörbaren Plumps ließ sie sich auf den Schreibtischstuhl nieder. War das möglich?

Sicher gab es auch noch andere Männer gleichen Namens. Es musste nicht der Junge vom Schiff sein, an den sie jetzt nahezu täglich dachte: immer dann, wenn sie heimlich hinter den Stallungen mit dem Wurfmesser übte. Der Kampf mit ihrem Gewissen währte nur kurz. Mit klopfendem Herzen holte sie die Bogen aus der Schublade, suchte nach dem Anfang, und dann gab es kein Halten mehr.

Mein lieber Robert,
sicher wartest Du schon länger auf ein Lebenszeichen von mir. Ich hoffe, dass Deine Brautschau Dich gebührend in Anspruch nimmt, um nicht auf Ablenkung durch ein armseliges Schreiben meinerseits zu warten. Jedenfalls wünsche ich Dir alles Glück dieser Welt. Niemand hat es mehr verdient als Du.
Der letzte Treck nach Adelaide war die Hölle. Du hast sicher davon gehört. Robinson hatte Gouverneur Grey dringend um Geleitschutz gebeten, und wie nötig der gewesen wäre, durften wir am 26. August erleben.
Schon nachts war das Vieh merkwürdig unruhig. Wir auch, denn wir wussten nur zu gut, dass wir mitten im Gebiet der Maraura waren, die im Mai erst vier von unseren besten Leuten ermordet hatten. Und tatsächlich: Im Morgengrauen ertönte dieses nervenzermürbende Hu-ih, hu-ih aus mindestens fünfzig schwarzen Kehlen. Ein Anblick, den ich nie vergessen werde: ein Haufen Wilder, die Körper bemalt in dieser scheußlichen Art, dass man denken könnte, es mit Totengerippen zu tun zu haben. Mit den Federputzen auf den Köpfen und an Armen und Beinen hätte es komisch gewirkt wie ein palti, *aber es war bitterernst.*
Ununterbrochen dies infernalische Geheul ausstoßend, stürzten sie auf unseren Lagerplatz zu und versuchten, uns zu überrennen. Wir waren nur zu sechst, aber wir schossen, was das Zeug hielt, und tatsächlich gelang es einem von uns, den Häuptling zu erwischen. Wir vermuten jedenfalls, dass er es war, denn kaum sank er getroffen zu Boden, flohen die anderen wie ein Mann. Wir töteten fünf, und sicher haben wir auch noch ein paar verwundet.
Du hast mir ja gesagt, man soll sie nicht verscharren, sondern liegen lassen, damit ihre Angehörigen sie holen und nach ihren Sitten bestatten können. Das taten wir und versuchten, so rasch wie möglich weiterzukommen, ehe sie sich zu einem neuen Angriff sammeln konnten.

Einen halben Tagesritt weiter trafen wir dann endlich auf Major O'Halloran und seine Leute. Auch der gute Moorhouse war dabei und ziemlich bestürzt, als wir von den Toten berichteten. Hätte er sich etwas mehr beeilt!
Trotz allem war es gut, dass wir eskortiert wurden, denn sie griffen tatsächlich noch einmal an. An der Furt, Du weißt: die mit den alten Akazien, versuchten sie, uns zu umzingeln und ins Wasser zu treiben. Da hätten sie den Vorteil gehabt, dass wir auf den Pferden nicht so beweglich waren wie sie. Und sie können tauchen wie die Otter!
Es gab ein teuflisches Hin und Her! Die Kerle hätten es fast geschafft, den alten Tom von seinem Pferd und unter Wasser zu ziehen. Wenn ich nicht in letzter Minute einem von ihnen mein Messer in die Brust geworfen hätte, wäre es um den alten Burschen geschehen gewesen.
Ich denke nicht, dass sie bei der Untersuchung Moorhouse einen Vorwurf machen werden, dass er bei diesem Durcheinander den Überblick verlor und O'Halloran freie Hand gab. Du kannst Dir denken, dass der sich das nicht zweimal sagen ließ! Schließlich hat er seit seinem unrühmlichen Ausritt im Mai zähneknirschend darauf gewartet, es den Maraura heimzuzahlen. Endlich kam er zum Schuss, und das nutzte er gründlich! Dreißig tote Maraura, wie viele Verwundete, weiß kein Mensch.
Eine üble Geschichte.
Es wird Dich freuen zu hören, dass ich keine Verletzung abbekommen habe. Nur zwei von uns haben Speerwunden davongetragen, aber keine schweren. Und das Wichtigste: Kein Stück Vieh ist uns abhandengekommen. Du wirst also alle Tiere bekommen können, die Du bestellt hast. Es wird nur ein wenig dauern, weil ich vorher noch nach Gawlertown und Onkaparinga liefern muss.

Ich freue mich von Herzen darauf, Dich wiederzusehen, und hoffe, dann auch Deiner Braut meine Aufwartung machen zu können. Bis dahin verbleibe ich mit den besten Grüßen
Dein Ian

Dorothea ließ den Brief sinken und starrte vor sich hin, ohne etwas wahrzunehmen. Was für ein Zufall! Sie hatte schon gar nicht mehr damit gerechnet, Ian jemals wieder zu treffen. Und er hatte angekündigt, Robert besuchen zu wollen! Ob er sich sehr verändert hatte? Der Ton des Schreibens klang ausgesprochen zielbewusst und selbstsicher. Aber hatte Ian nicht schon auf dem Schiff ganz genau gewusst, was er wollte? Und wie er es bekam?

Damals waren sie fast noch Kinder gewesen, doch seine Zielstrebigkeit war schon da bewundernswert gewesen. Er hatte sich vorgenommen, lesen und schreiben zu lernen, und er hatte es gelernt. In Gedanken saß sie wieder mit ihm auf dem zugigen Deck hinter der Back und sah ihm zu, wie er konzentriert die Buchstaben nachmalte. Sicher hatte er sich alles andere notwendige und nützliche Wissen genauso angeeignet. Ob sie ihn wohl wiedererkennen würde? Und er sie?

Inzwischen war sie eine verheiratete Frau. Eine verheiratete Frau in guter Hoffnung. Ihre Gedanken und Erinnerungen wirbelten wild durcheinander. Fast hätte sie darüber vergessen, wozu sie Roberts Arbeitszimmer ursprünglich betreten hatte. Erst als sie die Schublade schon wieder zugeschoben hatte, fiel ihr ein, dass sie ursprünglich Papier für einen Brief an ihre Mutter gesucht hatte.

Robert war es, der vorgeschlagen hatte, ihr zu schreiben und sie von der Schwangerschaft in Kenntnis zu setzen. Er konnte ja nicht ahnen, dass sie es längst wusste. Dorothea nahm vorsichtig eine der spitzen Stahlfedern in die Hand und prüfte sie auf dem Daumenballen. Angeblich sollte man mit ihnen sehr viel eleganter schreiben können als mit den gewohnten Gänsekielen. Sie waren sündhaft teuer und deswegen weder in der Missionsschule noch beim *Register* in Gebrauch gewesen. Robert hätte sicher nichts dagegen, wenn sie eine davon ausprobierte. Vorsichtig, um das kostspielige Gerät nicht aus Ungeschick zu beschädigen, steckte sie sie auf den Federhalter aus poliertem Horn, tauchte sie in das Tintenfass und begann.

Liebe Mama,
ich hoffe, Ihr seid alle wohlauf. Mir geht es wunderbar. Ich weiß wirklich nicht, wieso man sagt, dass man sich kränklich fühlen soll, wenn man guter Hoffnung ist.
Leider kann ich Euch nicht besuchen kommen, wie ich es gerne getan hätte, denn Robert ist überaus besorgt um mich und meinen Zustand. Sogar das Reiten hat er mir verboten, was sehr ärgerlich ist, denn es fing gerade an, mir Spaß zu machen.
Sonst bin ich sehr glücklich hier auf Eden-House. Alle sind ganz reizend zu mir. Ich habe meinen Entschluss noch keine Sekunde lang bereut, obwohl ich Euch natürlich alle sehr vermisse und oft an Euch denke.

Dorothea hielt unschlüssig inne. Sollte sie ihrer Mutter von Heathers seltsamem Verhalten berichten? Ihr Rat wäre sicher hilfreicher als der von Lady Chatwick. Nein, entschied sie dann jedoch nach kurzem Überlegen. Es würde sie nur beunruhigen. Ihre Stieftochter war ein Problem, mit dem sie selbst zurechtkommen musste. Also schrieb sie:

Aber Robert hat mir versprochen, dass wir einige Zeit in Adelaide verbringen werden, sobald das Kind da ist. Dann werden wir uns fast so oft sehen wie früher. Darauf freue ich mich jetzt schon, obwohl es noch so lange hin ist. Nicht, dass Du denkst, ich langweilte mich …

Mit diesen Worten stürzte sie sich in eine Beschreibung ihres Tagesablaufs, um ihre Familie an ihrem jetzigen Leben teilhaben zu lassen. Sicher würde ihre Mutter den Geschwistern den Brief am Esstisch vorlesen, wie sie es mit den Briefen ihres Vaters immer getan hatte. Während des Schreibens musste sie immer wieder lächeln, wenn sie sich Augusts Kommentare zur Schilderung ihrer ersten Reitstunde vorstellte oder Lischens kugelrunde Augen bei der Aufzählung all der Kuchen und Süßspeisen, die Mrs. Perkins regelmäßig auftischte, oder Karls Begeisterung, wenn er die Abendstimmung am Murray River sehen könnte, die selbst in ihr den Wunsch auslöste, malen zu können.

Ihre Familie fehlte ihr mehr, als sie gedacht hatte. In entsprechend trüber Stimmung sah sie auf, als Robert eintrat. »Was ist los?«, fragte er sofort. »Ist es wegen Heather? Tante Arabella hat so etwas angedeutet, dass sie sich wieder in eine ihrer Stimmungen hineingesteigert hätte.«

»Ach, das wird schon wieder vorbeigehen«, sagte Dorothea. »Nein, ich bin nur etwas müde. – Würdest du den Brief morgen nach Adelaide mitnehmen?«

»Natürlich.« Er trat neben sie und beugte sich herab, um sie auf den Scheitel zu küssen. »Hast du irgendwelche speziellen Wünsche, vielleicht, was die Babyausstattung betrifft? Etwas, womit die brave Mrs. Dietrich überfordert wäre?«

»Ach, Robert!« Dorothea schüttelte den Kopf. Frau Dietrich, die Hahndorfer Näherin, wäre über solche Zweifel an ihrer Kompetenz sicher höchst entrüstet gewesen. »Es sind doch noch Monate hin. Wenn man dich so hört, könnte man meinen, die Geburt stünde unmittelbar bevor. Du bist aufgeregter als ich!«

»Du hast recht«, gab er leicht verlegen zu. »Ich habe mir immer eine große Familie gewünscht. Aber Claire …« Er sprach nicht weiter. Dorothea schmiegte die Wange an seine Hand auf ihrer Schulter, um ihn nicht ansehen zu müssen. »Ich möchte dich in ein paar Jahren hören, wenn unsere Kinder dir keine ruhige Minute mehr lassen«, neckte sie ihn. »Dann werde ich dich daran erinnern, dass es dein ausdrücklicher Wunsch war.«

»Liebling, ich weiß wirklich nicht, womit ich eine Frau wie dich verdient habe«, murmelte Robert und zog sie hoch, um sie fest in die Arme zu schließen.

Roberts Geschäfte erforderten in regelmäßigen Abständen seine Anwesenheit in der Stadt; Anfang September war es wieder so weit. Die alljährliche Schafschur stand bevor. Ein wichtiger, nein, der wichtigste Termin des Jahres für einen Züchter von Merinoschafen. Ihre Wolle war in den englischen Spinnereien hoch begehrt und wurde gut bezahlt. Merinos waren nicht zum Essen da, wie Dorothea inzwischen gelernt hatte, sondern allein wegen ihrer besonders feinen Wolle. Die war so besonders, dass Spanien über Jahrhunderte zur Aufrechterhaltung seines Monopols die Ausfuhr lebender Tiere zu verhindern gewusst hatte. Der Grundstock von Roberts Herde stammte allerdings aus Sachsen, wo Merinos erfolgreich mit einheimischen Rassen gekreuzt worden waren und den Ruhm sächsischer Wolle begründet hatten.

»Ich möchte mir die Scherer noch aussuchen können«, erklärte er Dorothea. »Die besten sind sonst schon weg.«

»Ist es wirklich so wichtig, wer denn nun die Schafe schert? Es scheint mir keine sehr anspruchsvolle Tätigkeit zu sein.«

»Da täuschst du dich gewaltig«, erwiderte Robert und löste sein Halstuch. »Ein ungeschickter Scherer kann die Tiere übel verletzen. Das bedeutet hohe Verluste, sobald die Fliegenschwärme im Sommer über die Herden herfallen.« Er legte das zerknüllte Musselintuch sorgsam über die Stuhllehne und bückte sich nach dem Stiefelknecht. »Deshalb lege ich großen Wert darauf, die deutschen Mädchen zu engagieren. Sie sind nicht die schnellsten – mehr als dreißig Tiere pro Tag schaffen sie nicht –, aber sie fügen ihnen dabei keinen einzigen Kratzer zu.« Er lachte leise. »Es sieht ziemlich komisch aus, wenn sie so dasitzen mit ihren bloßen Füßen und dem Seil, das sie um den großen Zeh gebunden haben, mit dem sie die Hinterbeine der Tiere ruhig halten. Aber die Methode ist höchst effektiv.«

»Kann ich dabei einmal zusehen?« Dorothea schien es interessant genug, um einen Bericht darüber zu schreiben. Wer in der Stadt wusste schon von solchen Dingen? Robert stieg leise ächzend aus dem ersten Stiefel. »Natürlich. Nächstes Jahr. – Vorausgesetzt, dass du dann in der richtigen Verfassung bist«, schränkte er ein.

Dorothea verzog das Gesicht, enthielt sich jedoch einer Erwiderung. Es hatte unbestreitbar Vorzüge, in Watte gepackt zu werden. Ihrer Ansicht nach machte das die Nachteile der übertriebenen Fürsorge aber nicht wett. Manchmal fühlte sie sich schon wie ein Kanarienvogel: verhätschelt, geliebt und doch nie frei zu tun, was ihr beliebte.

»Ich werde so schnell wie möglich zurückkommen«, sagte ihr Mann aufmunternd und trat auf sie zu, um sie liebevoll zu umarmen. »Es sind doch nur ein paar Tage.«

»Warum kann ich nicht mitkommen? Ein wenig durchgerüttelt zu werden wird mir schon nicht schaden.« Dorothea hörte selbst, dass ihre Stimme klang wie die eines quengelnden Kleinkinds. Sie konnte nichts daran ändern. Und im Augenblick wollte sie das auch nicht.

Ihr Mann seufzte leise und drückte einen Kuss auf ihren Scheitel. »Liebes, das haben wir doch wieder und wieder besprochen: Es ist unser erstes Kind. Ich will und kann nicht das geringste Risiko eingehen. Tante Arabella kannte eine Frau, die ist nur mit der Kutsche zur Kirche gefahren, und das hat schon ausgereicht, eine Fehlgeburt auszulösen.«

Dorothea biss die Zähne zusammen, um eine sarkastische Bemerkung über Lady Chatwicks Kompetenz in Sachen Schwangerschaft zurückzuhalten. Ihrer Einschätzung nach neigte die Dame ein wenig zu sehr zum Dramatisieren, was vermutlich auf die blutrünstige Lektüre zurückzuführen war, die sie so schätzte. Aber Robert das klarzumachen würde sich als vergebliche Liebesmüh herausstellen. Also winkte sie ihm am nächsten Morgen ein wenig neidisch hinterher. Männer hatten es gut: Sie konnten jederzeit beschließen, hierhin und dorthin zu reiten. Keine typisch weiblichen Befindlichkeiten behinderten sie in ihren Plänen. Kein Wunder, dass Heather die Welt der Rüschen und gestärkten Hauben so vehement ablehnte! Wurden ihr doch täglich die Einschränkungen des weiblichen Geschlechts vor Augen geführt: ihre Tante, die völlig davon abhängig war, dass jemand sie kutschierte; Mrs. Perkins, die sich erstaunlicherweise ebenfalls weigerte, auch nur die Zügel in die Hand zu nehmen, und sie, die neue Stiefmutter, die noch nicht einmal mitfahren durfte, weil ihr Zustand »zu delikat« war.

Als sie etwas Entsprechendes Lady Chatwick gegenüber äußerte, meinte die jedoch: »Liebes, das ist doch Unsinn! Wenn ich wollte, könnte ich jederzeit Sam bitten, anzuspannen und mich irgendwohin zu kutschieren. Das Gleiche gilt für Mrs. Perkins und für Heather, sobald sie alt genug sein wird. Bei dir ist es etwas anderes. Das kannst du nicht vergleichen. Wieso sollte das Kind auf dermaßen seltsame Gedanken kommen?« Lady Chatwick war so offensichtlich zufrieden mit der Welt, wie sie war, dass Dorothea darauf verzichtete, das Thema weiter zu verfolgen, und sie dem wohligen Grusel ihrer augenblicklichen Schauergeschichte überließ. Wenigstens hatte sie genug Umsicht, Heather damit zu verschonen! Nicht auszudenken, was das in ihrem kindlichen Kopf anrichten konnte.

Dorothea hatte dem Angebot, eines der Bücher zu lesen, nicht widerstehen können. Und es überlief sie immer noch eiskalt, wenn sie an die Geschichte der eisernen Jungfrau oder den neben der Leiche seiner Mutter lebendig begrabenen jungen Mann dachte.

Entsprechend panisch reagierte sie mit einem Entsetzensschrei, als sie mitten in der Nacht von einer kleinen, kalten Hand an der Schulter geweckt wurde. Sie fuhr auf und rang nach Atem, während ihr wie rasend schlagendes Herz sich beim Anblick ihrer Stieftochter langsam wieder beruhigte.

Ihr erster Impuls, das Kind scharf anzufahren, weil es sie so erschreckt hatte, verschwand sofort, als sie in das totenblasse Gesicht sah. Wenn Heather sich ausgerechnet an sie um Hilfe wandte, musste es ihr bitterernst sein. »Was ist los, Heather? Fühlst du dich krank?«, gelang es ihr schließlich einigermaßen ruhig zu fragen, während sie schon die Hand ausstreckte, um zu fühlen, ob das Kind fieberte.

Heather schüttelte entschieden den Kopf. »Ich bin nicht krank.« Ihre Augen blickten klar und ernst. Sie wirkte absolut gesund. Dorothea spürte Ärger in sich aufsteigen. Was sollte das?

»Würdest du mir dann erklären, wieso du hier mitten in der Nacht an meinem Bett stehst?«, fragte sie, und der Unmut, den sie empfand, klang dabei deutlich durch.

Heather erschauerte und umschlang die schmalen Schultern mit den Armen. »Ich habe den bösen Mann gesehen«, flüsterte sie mit vor Schreck immer noch ganz großen Augen.

Ein Albtraum!

Fast erleichtert hob Dorothea die Bettdecke an. »Du hast schlecht geträumt. Komm, du kannst heute Nacht hier schlafen, und morgen bei Tageslicht ist alles vergessen.«

Heather kniff die Lippen zusammen. »Ich habe nicht geträumt. Ich habe den bösen Mann wirklich gesehen«, beharrte sie und blieb stocksteif stehen.

»Unter deinem Bett?«

Die prompte Antwort war ein verächtliches Schnauben. »Du glaubst mir ja doch nicht!«

»Also gut, lass uns nachsehen, was dich so erschreckt hat«, entschied Dorothea und schlüpfte, nicht allzu begeistert davon, ihr warmes Bett zu verlassen, in ihre Pantoffeln. Die Nächte im September waren noch ausgesprochen frisch, auch wenn die Akazienknospen bereits dick und prall waren. Es war aber wohl das Zweckmäßigste, dem Kind zu zeigen, dass es diesen bösen Mann nicht gab, vor dem es sich so fürchtete. »Wir gehen jetzt zuerst in dein Zimmer, und du ziehst dir Schuhe an«, sagte sie streng, wobei sie den Gürtel ihres wattierten Morgenmantels zuband. »Und dann führst du mich dorthin, wo du ihn gesehen hast.«

Heathers Zimmer lag nach Süden hinaus, und während Dorothea darauf wartete, dass das Mädchen seine Samtslipper und ein Bettjäckchen anzog, ließ sie ihren Blick über die vom Mondschein erhellte Ebene bis zum Murray River schweifen. Einige der einzeln stehenden Bäume und Büsche warfen bizarr geformte Schatten, die man bei oberflächlicher Betrachtung durchaus mit dem Schatten eines Menschen verwechseln konnte. Wahrscheinlich hatte Heather im Halbschlaf aus dem Fenster gesehen, und ein solcher Schattenriss hatte sie genarrt.

»Fertig?«

»Willst du wirklich nach draußen gehen? Was ist, wenn er uns auflauert?« Heather schielte ängstlich aus dem Fenster.

»Sei nicht albern. Selbst wenn sich dort draußen jemand herumgetrieben haben sollte, ist er inzwischen sicher wieder verschwunden. Mrs. Perkins' Vorratskammer ist so fest verschlossen wie die Kronjuwelen im Tower.«

Bei dem unpassenden Vergleich musste Heather kichern. Der Bann war für einen Moment gebrochen. Dann wurde sie wieder ernst. »Er war nicht bei der Vorratskammer. Er war bei der Latrine.« Mit dem Zeigefinger wies sie auf das Gebüsch bei dem Holzhäuschen, dessen Zweige sich in der nächtlichen Brise tatsächlich wie lebende Wesen zu bewegen schienen.

»Dort drüben. Er hat genau zu mir hochgesehen«, flüsterte Heather kaum hörbar. »Ich habe mich hinter der Gardine versteckt, und da hat er gelacht. So …« Sie imitierte erstaunlich treffend ein höhnisches Grinsen. »Und dann hat er ein kleines Tier hochgehalten und ihm zuerst den Kopf und danach die Beine ausgerissen.«

Jetzt wurde es Dorothea doch mulmig zumute. Heathers Erzählungen klangen so erschreckend real. Sie musste schlucken, ehe sie bemüht leichtfertig sagte: »Das hört sich ja fast wie eine von Tante Arabellas Geschichten an. Bist du sicher, dass er das arme Tier wirklich getötet hat? Konntest du sehen, was es für eines war?«

Heather schüttelte nur den Kopf.

»Dann sollten wir schleunigst nachsehen, was da vor sich gegangen ist.« Dorotheas vorherrschender Gedanke, sich vor ihrer Stieftochter nur ja keine Blöße zu geben, ließ sie mutiger handeln, als es sonst der Fall gewesen wäre. Der Vollmond schien so hell, dass sie gut auf Kerzen verzichten konnten. Als sie die Hintertür öffnete, schrie ein Vogel. Schrill wie in Todesangst. Heather drängte sich dicht an sie und flüsterte: »Wollen wir nicht doch lieber Sam wecken?«

»Sam braucht seinen Schlaf«, flüsterte Dorothea automatisch zurück. »Ich sehe nichts Ungewöhnliches bei der Latrine.« Tatsächlich gab es nicht das geringste sichtbare Anzeichen dafür, dass sich hier ein solch blutrünstiges Geschehen wie das von dem Mädchen beschriebene abgespielt hatte. »Sieh selbst, hier ist nichts.« Beinahe mit Gewalt zerrte sie das widerstrebende Kind hinter sich her, um ihm zu demonstrieren, wie normal alles war. Kein zerfetzter Tierkadaver, keine Blutlache.

Die innerliche Anspannung wich Erleichterung und einer Art Triumphgefühl. Sie hatte sich von Heather nicht ins Bockshorn jagen lassen! Also war die Geschichte mit dem bösen schwarzen Mann wirklich nichts als ein Trick, um Aufmerksamkeit zu erregen, wie sie insgeheim schon vermutet hatte. »Und hier ist auch nichts!« Entschlossen, diese Farce ein für alle Mal zu beenden, griff sie nach der Latrinentür und riss sie auf.

Da ihr Blick dabei fest auf Heathers Gesicht geheftet war, sah sie nicht, was diese sah. Das Gesicht der Kleinen schien urplötzlich zu einer Grimasse des Grauens zu zerfließen. Ihre aufgerissenen Augen starrten wie gebannt auf etwas im Inneren der Latrine, ihre freie Hand presste sie in einer verzweifelten Geste auf den Mund.

Wie der Kopf einer Marionette, gezogen von unsichtbaren Fäden, schwang auch Dorotheas herum. Im ersten Augenblick erkannte sie nicht, was da auf den Brettern vor dem Latrinensitz lag. Es war eine seltsame Form. Nein, eher verschiedene Formen. Und sie lagen in einem dunklen Fleck, der auf dem hellen Holz gut auszumachen war. War das etwa Blut?

Ihr Griff um Heathers Hand lockerte sich, und die ergriff die Gelegenheit, sich loszureißen. Wie ein verschrecktes Tier flüchtete sie ins Haus und warf die Tür hinter sich zu. Mit einem deutlich hörbaren Klacken wurde der Riegel vorgeschoben.

Na fein! Jetzt durfte sie auch noch Mrs. Perkins wecken, um sie wieder ins Haus zu lassen! Dorothea presste verärgert die Lippen aufeinander, ohne den Blick von dem sonderbaren Häufchen zu nehmen. Was daran hatte Heather so verstört? Sie konnte nicht einmal erkennen, worum es sich handelte. Es erinnerte an …

Blitzartig brach die Erkenntnis über sie herein: Es war das kleine Tier, von dem Heather gesprochen hatte. Sie versuchte, die Übelkeit zu ignorieren, die in ihr aufstieg, brach einen Ast ab und schob damit die Teile so weit aus der Blutlache, bis sie Einzelheiten erkennen konnte. Es handelte sich tatsächlich um ein Wallaby. Ein noch nahezu nacktes Jungtier. Der abgetrennte Kopf mit den geschlossenen Augenlidern rollte ein paar Zentimeter beiseite. Jetzt erkannte sie die bleistiftdünnen Gliedmaßen, die wie zerbrochene Stöckchen daneben verstreut lagen.

Mein Gott, wer tat so etwas? So etwas konnte nur die Tat eines Verrückten sein!

Fast gleichzeitig schoss ihr der zweite Gedanke durch den Kopf: War er noch in der Nähe?

Starr vor Angst versuchte sie, in den unruhigen Schatten etwas zu erkennen, lauschte mit angespannten Sinnen auf jedes Rascheln in der Nähe. Es war kein Geräusch, das sie warnte, sondern ein Geruch. Plötzlich war da dieser Gestank. Ranzig und streng. Er ähnelte nichts Bekanntem.

Sie wirbelte herum, um zum Haus zu rennen und dort an die Tür zu hämmern. Und da stand er. Unbeweglich wie eine Statue versperrte er ihr den Rückweg. Unwillkürlich wich Dorothea zurück, bis sie mit dem Rücken an die raue Holzwand der Latrine stieß.

Es war ein hochgewachsener Schwarzer. Um nicht zu sagen: riesig. Gesicht und Körper waren vollkommen mit Mustern aus weißem Ocker bedeckt, die im fahlen Mondlicht schimmerten und an ein Skelett erinnerten. Aus dunklen Augenhöhlen fixierte er sie, während aus seinem weiß umrandeten Mund gutturale Töne drangen, eine Art Beschwörung.

Schritt für Schritt kam er auf sie zu, in einer seltsam tänzelnden Bewegung wie eine Schlange, die sich ihrer Beute nähert. Genauso gelähmt wie das Kaninchen sah Dorothea ihm entgegen. Sie brachte einfach nicht die Kraft auf, ihren Blick von seinem zu lösen und den Zauber zu brechen.

Erst als er schon sein Waddy hob, um zuzuschlagen, gewann ihr Überlebenswille die Oberhand. Mit einem Schrei der Verzweiflung warf sie sich herum und tauchte in die schützenden Schatten des Unterholzes. Ohne darauf zu achten, dass die Dornen und Ranken ihr Gesicht und Hände zerkratzten, den schützenden Morgenmantel zerfetzten, hetzte sie voran, jeden Moment in Erwartung des tödlichen Schlags. Ihre panische Flucht folgte keinem Plan. Deshalb hatte sie nicht die geringste Ahnung, wo sie sich befand, als sie endlich völlig außer Atem in einem hohlen Red Gum Tree zu Boden sank.

Sie war so erschöpft, dass sie einfach nicht mehr weiter konnte. Hektisch tastete sie den Boden nach etwas ab, womit sie sich verteidigen könnte. Wenn sie nur daran gedacht hätte, das Wurfmesser mitzunehmen! Inzwischen war sie wieder so gut wie damals auf dem Schiff. Auf zwanzig Schritt traf sie mit einer Genauigkeit, die vollkommen ausgereicht hätte, die Halsschlagader ihres Verfolgers zu durchtrennen.

Sie musste etwas anderes finden. Einen Stein, einen dicken Ast, irgendetwas. In demselben Moment, in dem ihre Finger etwas Hartes, Spitzes berührten, durchzuckte sie ohne Vorwarnung ein scharfer Schmerz. Als ob ein Messer in ihre Eingeweide gestoßen würde.

Die Empfindung war so überwältigend, dass sie unwillkürlich einen spitzen Schrei ausstieß und sich zusammenkrümmte. Es fühlte sich ganz anders an als alles, was sie kannte. Das Messer bohrte sich durch ihren Unterleib, so heftig, dass sie vor Schmerzen fast ohnmächtig wurde. Hatte er sie etwa verletzt, ohne dass sie es vorher gespürt hatte?

Schweißperlen sammelten sich auf ihrer Stirn und Oberlippe, und sie schmeckte Galle. Es kostete sie geradezu übermenschliche Selbstbeherrschung, still und bewegungslos zu verharren. Dorothea grub die Zähne in die Unterlippe, bis der metallische Geschmack von Blut den der Galle übertönte. Sie durfte keinen weiteren Laut von sich geben! Vielleicht war sie auch so verloren, weil der eine Schrei ausgereicht hatte, ihm ihr Versteck zu verraten. Sie klammerte sich jedoch an die winzige Hoffnung, dass er ihn nicht gehört hatte und im Dunklen nicht so gut Spuren lesen konnte wie bei Tageslicht.

Plötzlich ließ der nahezu unerträgliche Schmerz nach, als hätte jemand das Messer wieder herausgezogen. Gleich darauf war es vorbei. Dafür setzte ein Ziehen in ihrem Unterleib ein, das ihr von ihren Monatsblutungen her nur zu vertraut war. Dorothea realisierte nur am Rande ihres Bewusstseins, dass sie gerade das Kind verlor. Es ließ sie seltsam unberührt: so, als ob es einem anderen Menschen zu einer anderen Zeit zustieße. Das Einzige, das zählte, war der irrsinnige Schwarze, der sie töten wollte.

Ein Rascheln wie von einem größeren Tier ließ sie vor Angst beinahe ohnmächtig werden. War er ihr bis hierher gefolgt? Würde sein Schatten gleich die Öffnung des Baums verdunkeln und ein brutaler Schlag ihrem Leben ein Ende setzen? Als könne sie die Wirklichkeit ausschließen, kniff sie die Augen wie ein Kind fest zusammen und presste sich an die raue Holzfläche des Red River Gums. In diesem unpassenden Moment kam ihr ihr Vater in den Sinn, wie er ihr einmal die Geschichte einer Nymphe vorgelesen hatte, die sich im Augenblick höchster Gefahr in einen Baum verwandelt hatte. Sie hatte auf seinem Schoß gesessen, das dazugehörige Bild betrachtet und sich gefragt, wie es sich wohl anfühlen mochte, wenn die eigenen Glieder zu Ästen und Borke wurden.

Auf einmal wich das Gefühl der Bedrohung. Es gab keinerlei Anzeichen, wieso. Aber ohne dass Dorothea einen Grund hätte angeben können, wusste sie einfach, dass der Mann sich entfernt hatte. Die Anspannung wich von ihr. So plötzlich, dass sie zusammensackte wie eine Stoffpuppe, ehe sie in Tränen ausbrach.

Die warme Nässe zwischen ihren Oberschenkeln erinnerte sie daran, dass sie so schnell wie möglich Hilfe benötigte. Sie musste zurück zum Haus! Ihre Knie zitterten immer noch, als sie sich vorsichtig aufrichtete und das Schwindelgefühl zu beherrschen versuchte. Als sie die Öffnung im Stamm erreicht hatte, setzte der schneidende Schmerz erneut ein. Mit einem lauten Stöhnen krümmte sie sich zusammen. Es tat so weh, dass sie kaum spürte, wie etwas aus ihr herausrutschte. Etwas Glitschiges, Warmes. Sobald der Krampf nachließ, blickte sie an sich herab und erschrak dermaßen, dass sie fast wieder zu Boden gesunken wäre.

Im fahlen Mondlicht sah der untere Teil des Nachthemds unter dem zerfetzten Morgenmantel schwarz aus. Dabei war es doch eigentlich weiß. War die klebrige Flüssigkeit, die an ihren Beinen herunterlief, Blut?

Würde sie jetzt hier sterben? Hatte der Schwarze das gewusst und sie deshalb ihrem Schicksal überlassen?

Dorothea schloss die Augen. Ihr ganzer Körper schmerzte, und sie war so müde, dass sie kaum die Augen offen halten konnte. Schlafen, nur noch schlafen. Wäre es wirklich so schlimm, wenn sie dabei in den Tod hinüberglitte?

Ihr unbedingter Lebenswille gewann die Oberhand. Ohne darüber nachzudenken, setzte sie sich in Bewegung. Sie war sich nicht einmal sicher, ob sie in der richtigen Richtung vorwärtstaumelte. Aber wie getrieben setzte sie einen Fuß vor den anderen. Das Bellen eines Hundes und menschliche Stimmen rissen sie aus ihrer halben Betäubung. Man suchte sie, Hilfe war nah!

»Ma'am? Mrs. Masters?« Jetzt waren Sams besorgte Rufe schon deutlich zu verstehen. Sein raues Organ klang in ihren Ohren wie die schönste Musik. »Können Sie mich hören? – He, John, such mal da drüben bei den Büschen. Das könnte ein Stofffetzen sein.«

»Hier bin ich.« Dorotheas Stimme klang schwach, leicht krächzend. Sie räusperte sich und versuchte es nochmals. »Hilfe, hierher.«

In der windstillen Nacht trug ihre Stimme weit genug, um zumindest den Hund zu erreichen. Mit aufgestellten Ohren und heftig wedelndem Schwanz kam er auf sie zu. Bisher hatte sie dem Mischling, der nachts die Ställe bewachte, kaum Beachtung geschenkt. Jetzt empfand sie tiefe Dankbarkeit, als das Tier sie umsprang und dabei laut bellend kundtat, dass es sie gefunden hatte.

»Mein Gott, Madam, sind Sie schwer verletzt?« Sam war dem Hund gefolgt und warf einen entsetzten Blick auf ihr blutgetränktes Nachthemd, ehe er sie mit festem Griff an den Oberarmen packte. In letzter Sekunde, denn ihre Beine versagten jetzt endgültig ihren Dienst. John erreichte sie nur unwesentlich später, und sein Gesichtsausdruck zeigte nur zu deutlich, was er empfand.

»Nicht verletzt. Das Kind …«, gelang es Dorothea noch zu wispern, ehe es um sie herum schwarz wurde.

12

Als Dorothea die Augen wieder aufschlug, sah sie als Erstes in die Gesichter von Lady Chatwick und Mrs. Perkins. »Sie kommt zu sich«, bemerkte Lady Chatwick überflüssigerweise und schenkte ein Glas Wein ein. »Hier, Liebes. Ein gutes Schlückchen ist nie verkehrt, um wieder zu Kräften zu kommen.«

Mrs. Perkins sagte nichts, kniff nur die Lippen zusammen und schob das gefüllte Glas mit einer Entschiedenheit beiseite, dass es fast übergeschwappt wäre.

»Wenn Sie uns einen Moment allein lassen würden, Lady Chatwick, damit ich mich um Madam kümmern kann!« Es war weniger eine Bitte als ein Befehl, und die ältere Dame beeilte sich, ihn zu befolgen.

Die resoluten Köchinnenhände waren überraschend geschickt beim Wechsel der Vorlagen. »Nur gut, dass Madam jung und gesund sind«, bemerkte sie mit gerunzelter Stirn, ohne Dorothea anzusehen. »Ich weiß, dass es mich nichts angeht, aber was haben Sie eigentlich mitten in der Nacht draußen zu schaffen gehabt?«

»Ich wollte Heather beweisen, dass ihre Angst vor diesem bösen Mann unbegründet ist.«

»Indem Sie mitten in der Nacht mit ihr draußen herumspazieren?« Mrs. Perkins sah auf und schüttelte über so viel Unvernunft den Kopf. »Madam, die Wilden mögen ja nachts keine Gefahr sein, aber flüchtige Sträflinge kommen immer wieder über die Grenze zu uns herüber.

Bisher haben sie sich zwar in unserer Gegend nicht blicken lassen, aber nur um der Kleinen ihre fixe Idee auszutreiben …«

»So war es nicht.« Dorothea fühlte sich gedrängt, sich zu rechtfertigen. »Heather hatte mich geweckt, weil sie glaubte, etwas gesehen zu haben. Wir sind dann nachschauen gegangen. – Hat man eigentlich dieses grässliche Gemetzel vor dem Latrinensitz entfernt?«

»Welches Gemetzel?« Mrs. Perkins sah Dorothea entgeistert an.

»Das zerfetzte Wallaby-Junge.«

»Da war nichts, Madam. Trixie hätte es mir gesagt, wenn sie dort etwas so Scheußliches gefunden hätte.«

Dort war nichts? Nur zu deutlich erinnerte sie sich an den schaurigen Anblick. Wenn sie die Lider schloss, erstand jede Einzelheit davon vor ihrem inneren Auge.

»Hat Heather nichts von dem erzählt, was vorher geschehen ist? Sie hat ja wohl Alarm geschlagen. Sonst hätte man mich nicht gesucht.«

Mrs. Perkins nickte grimmig. »Aufgeführt hat sie sich wie eine Irre! Hat immerzu geschrien, dass der böse Mann Ihnen etwas antun wollte. Zuerst dachte ich ja, es wäre der Vollmond.« Etwas wie Verlegenheit zeichnete sich auf ihren Zügen ab. »Ich habe es nicht ernst genommen. Sie fantasiert doch ständig von diesem Geist, und es ist Vollmond, Madam: Da sehen viele Menschen Dinge, die es nicht gibt. In meinem Heimatdorf gab es eine alte Lady, die hatte dann immer ihre verstorbenen Verwandten zu Besuch.«

»Ich habe Heathers schwarzen Mann auch gesehen«, sagte Dorothea leise. »Er war von Kopf bis Fuß bemalt wie ein Skelett und tanzte auf dem Platz zwischen der Waschküche und der Latrine.«

»Wirklich?« Mrs. Perkins' Skepsis war immer noch offenkundig. »Na ja, schließlich ließ ich mich von der Kleinen breitschlagen, und als ich dann den halben Ärmel von Ihrem Morgenrock dort in den Büschen hängen sah, habe ich Sam geweckt. Aber wir haben niemanden gesehen. Weder einen als Skelett bemalten Schwarzen noch sonst jemand!«

»Er war da und wollte mich töten. Deswegen bin ich ja in den Busch geflüchtet.«

»Aber das Haus wäre doch viel näher gewesen«, wandte die Köchin ein. Dorothea verschwieg, dass Heather in ihrer Panik die Tür hinter sich verriegelt hatte. »Er versperrte mir den Weg«, sagte sie nur leise. »Und ich hatte solche Angst, dass ich nicht mehr klar denken konnte. Ich bin nur noch gerannt.«

»Also, was auch immer Sie gesehen haben mögen – Sam und John haben nicht die geringste Spur gefunden, außer einigen Fetzen von Ihrem Morgenrock. Die Hunde haben auch nicht angeschlagen, und Schwarze wagen sich vor Morgengrauen nie aus ihren Lagern. Sind Sie sicher, dass Sie nicht irgendwelche Schatten genarrt haben?« Es war der Köchin anzusehen, dass sie für sich diese Erklärung bevorzugte. »Das kommt davon, wenn man solche unchristlichen Geschichten liest.« Sie war kein Freund von Edgar Allan Poe.

»Ich habe mir nichts eingebildet!«, beharrte Dorothea gekränkt.

Mrs. Perkins machte sich nicht die Mühe, darauf zu antworten. »Der arme Master Robert!«, murmelte sie vor sich hin. »Wo er sich so auf das Kind gefreut hat!« Sie nahm die Waschschüssel auf, packte den Haufen nasser, verschmutzter Tücher und schickte sich mit der Ankündigung, für Dorothea gleich eine kräftige Brühe aufzusetzen, zum Gehen an.

»Wie geht es Heather?«, rief Dorothea ihr noch hinterher, bevor die Tür sich hinter ihr schloss. »Ist sie in Ordnung?«

Mrs. Perkins nickte. »Soweit ich es beurteilen kann. Im Augenblick ist sie noch ein wenig verstört, aber Kinder vergessen rasch.«

»Kann ich sie sehen?«

Die Köchin musterte sie, ehe sie nickte und sagte: »Ich schicke sie Ihnen nachher hoch. Sie kann Trixie tragen helfen.«

Sobald Dorothea allein war, sank sie in die Kissen zurück. So schrecklich diese Fehlgeburt auch gewesen war – sie hatte doch ihr Gutes! Sie würde nicht ständig durch sein Kind an Miles und seine schäbige Rache erinnert werden. Sie schämte sich für die Erleichterung, die sie bei diesem Gedanken empfand. Und es ging ja nicht nur um sie: Robert würde nicht erneut, wenn auch ohne sein Wissen, eine Vaterrolle ausüben müssen, die auf Betrug basierte. Besser, er trauerte jetzt aufrichtig um das Ungeborene, als in späteren Jahren vielleicht doch Verdacht zu schöpfen, wenn das Kind ihm so überhaupt nicht ähnelte.

Sie würde so rasch wie möglich wieder schwanger werden. Und dann würde es auch wirklich sein Kind sein, das sie zur Welt brachte.

Es war wohl nicht angebracht, Gott für eine Fehlgeburt zu danken. Obwohl: Woher sollte sie wissen, ob dieser unheimliche Eingeborene nicht doch sein Werkzeug gewesen war? Nein, das war Blasphemie, verwarf sie diesen ungeheuerlichen Gedanken wieder. Andererseits: Hatte nicht sogar ihre Mutter gemeint, dass manchmal aus Schlechtem Gutes entstünde?

Sie erschauerte bei der Erinnerung an die grauenhaften Stunden – waren es überhaupt Stunden gewesen? Ihr Zeitgefühl war ihr während der Flucht vollständig abhandengekommen. Die bange Zeit im Baum war ihr wie eine Ewigkeit erschienen. Hatte der Skelettmann sie derweil belauert? Wie ein Raubtier seine Beute?

Jetzt, bei hellem Tageslicht und sicher in ihrem Bett, schien ihr die nächtliche Verfolgung eher wie ein Albtraum. So unglaublich, dass sie selbst für einen Moment zweifelte. War es wirklich geschehen? Mrs. Perkins hatte vollkommen recht: Die Eingeborenen würden niemals ihre sicheren Lagerfeuer verlassen. Zu groß war ihre Angst vor dem *kuinyo,* einem Dämon, der jeden tötete, dessen er nachts außerhalb des Feuerscheins habhaft wurde. Wurde der *kuinyo* nicht als Skelett beschrieben?

War es wirklich ein Mensch aus Fleisch und Blut gewesen, den sie gesehen hatte?

Sie erschauerte, als ihr die Konsequenz dessen, was sie da eben gedacht hatte, bewusst wurde. Dieser Geist existierte nur als Aberglaube der Ngarrindjeri. Es war absolut unmöglich, dass sie ihn gesehen hatte. Es musste ein realer Mensch gewesen sein – und wenn Mrs. Perkins noch so ungläubig die Brauen hochzog! Auch Koar hatte keine Angst vor der Nacht gehabt. Es gab also einzelne Eingeborene, die sich im Dunkeln herumtrieben. Vielleicht sollte sie ihre Abneigung überwinden und doch einmal King George aufsuchen. Sie erinnerte sich nicht mehr an den genauen Wortlaut jener schockierenden Erzählung von Heather, wonach der alte Häuptling die Köchin vor einem bösen Zauberer gewarnt hatte. Wie alle anderen hatte sie es als kindliche Fantasterei eingestuft. Vielleicht war an der wüsten Geschichte doch mehr gewesen, als sie geglaubt hatte.

Ein kaum hörbares Kratzen an der Tür ließ sie aufmerken. Mit gesenktem Blick schob sich Heather ins Zimmer.

»Es tut mir leid«, platzte sie heraus, wobei sie immer noch vermied, Dorothea ins Gesicht zu sehen. »Ich wollte nicht, dass dir etwas geschieht. Wirklich nicht. Bist du sehr böse?«

»Auf dich? – Nein, Heather. Es war ja meine Dummheit, nachts nach draußen zu gehen.« Sie streckte die Hand aus, um dem Mädchen über die glänzenden Flechten zu streichen. »Mach dir keine Gedanken mehr darüber. Ich bin nur ordentlich zerkratzt«, sie hob zur Demonstration die von roten, entzündeten Kratzern übersäten Hände. »Außerdem bin ich ungeschickt gefallen und habe mir dabei wehgetan.« Absichtlich vermied sie jede Erwähnung des unheimlichen Schwarzen. Hatte Heather ihn bei ihrer überstürzten Flucht ins Haus überhaupt bemerkt?

»Bist du jetzt sehr krank?« Die dunklen Wimpern hoben sich, und sie sah Dorothea scheu an.

»Nicht sehr«, antwortete die betont zuversichtlich. »Ich bin sicher bald wieder auf den Beinen.«

»Was ist ein Abort?«

»Wieso fragst du das?«

»Tante Bella und Mrs. Perkins haben sich darüber unterhalten«, flüsterte Heather bedrückt. »Ist das etwas Schlimmes?«

Unsicher sah Dorothea in die Augen ihrer Stieftochter. Wie sollte sie einer Sechsjährigen eine Fehlgeburt erklären? Ganz kurz spielte sie mit dem Gedanken, Heather mit ihrer Frage zu Lady Chatwick zu schicken. Aber sie hatte sie gefragt. Also räusperte sie sich und sagte: »Du weißt doch, dass in meinem Bauch ein Geschwisterchen gewachsen ist? Wenn ein Kind zu früh zur Welt kommt – wenn es noch nicht an der Zeit ist –, dann nennt man das einen Abort oder eine Fehlgeburt.«

»Wie bei den Kühen? Wenn sie das giftige Gras gefressen haben?« Es war Heather anzusehen, dass es in ihrem Kopf heftig arbeitete, deshalb sagte Dorothea rasch: »Würdest du so lieb sein und Mrs. Perkins fragen, ob die Brühe fertig ist? Ich habe schrecklichen Hunger.«

Das war zwar gelogen, in Wirklichkeit bereitete ihr schon der bloße Gedanke an Essen Übelkeit, aber sie fühlte sich einfach nicht imstande, gerade jetzt Heathers bohrende Fragen zu den Analogien zwischen Kühen und Menschen zu beantworten.

Ihr Mann reagierte erwartungsgemäß zutiefst betrübt. Obwohl er sich nach Kräften bemühte, es zumindest Dorothea gegenüber nicht zu zeigen, spürte sie seine tiefe Trauer über den Verlust. Er schien davon auszugehen, dass ihre Trauer naturgemäß noch größer sein musste, und stürzte Dorothea damit in tiefste Verlegenheit. Sie hatte dem Kind sowieso ambivalent gegenübergestanden:

Einerseits hatte Roberts Vorfreude sie gerührt, andererseits war dies Kind ihr immer als eine Art Fremdkörper in ihrem eigenen erschienen. Ihm eingepflanzt ohne ihre Einwilligung. Es war ihr unmöglich gewesen, es als Geschenk Gottes anzusehen. Aber die Erleichterung, die sie jetzt empfand, durfte sie auf keinen Fall zeigen. Ein weiteres Geheimnis, das ihr einiges an Verstellung abverlangte.

»Die arme, kleine Madam ist so tapfer«, hörte sie Trixie einmal sagen. »Ich weiß nicht – ich glaube, ich würde immerzu weinen, wenn mir so etwas passiert wäre.«

»Beim Nächsten wird Master Robert schon darauf achten, dass sie es nicht verliert«, meinte Mrs. Perkins darauf. »Sie werden noch viele Kinder bekommen, warte nur ab.«

Etwas Ähnliches äußerte auch Lady Chatwick bei einem ihrer Krankenbesuche. »Nur gut, dass du so schnell wieder zu Kräften kommst«, stellte sie zufrieden fest und musterte Dorothea so ungeniert, als sei diese ein Pferd auf dem Markt. »Es hätte dem armen Robert schwer zu schaffen gemacht, wenn du jetzt auch kränklich geworden wärst wie …« Als ihr einfiel, dass es wohl nicht sehr taktvoll war, jetzt Roberts erste Frau zu erwähnen, schlug sie die Hand vor den Mund und sah Dorothea schuldbewusst an. »Entschuldige, ich plappere wieder so gedankenlos vor mich hin. Du bist ja vollkommen anders als sie. Deshalb trägt er dich ja auch auf Händen.«

Tatsächlich war er so besorgt um Dorothea, dass sie es allmählich als einengend empfand. Das Gefühl, ständig unter Beobachtung zu stehen, machte sie ganz nervös. Vielleicht tat es ihr gut, einen Spazierritt zum Lager des Nachbarstammes zu machen. Insgeheim hoffte sie, dort etwas über den Skelettmann zu erfahren.

Doch so bereitwillig Robert allen bisherigen Wünschen entgegengekommen war, ihre Ankündigung, King George in seinem Lager besuchen zu wollen, stieß auf seine entschiedene Ablehnung. »Wozu soll das gut sein? Du willst ihn doch nicht noch in seinem

Aberglauben bestärken, indem du ihm von deinen Traumgespinsten erzählst?«

Leicht verärgert, dass er sie durchschaut hatte, erwiderte Dorothea patzig: »Wieso glaubst du, dass ich nichts anderes mit ihm zu besprechen haben könnte? Mr. Stevenson vom *Register* war durchaus interessiert an weiteren Berichten über die Eingeborenen. Vor allem über das Leben der Frauen ist nur wenig bekannt, weil man sich nicht die Mühe gemacht hat, mit ihnen zu sprechen.«

»Und wie willst du dich mit ihnen unterhalten? Du sprichst ihre Sprache nicht. Von dem ganzen Stamm ist King George der Einzige, der sich auf Englisch einigermaßen verständigen kann, und ob er der Richtige ist, um dir zu dolmetschen, wage ich zu bezweifeln. Die Frauen wagen ohne seine Erlaubnis nicht einmal, auch nur den Mund aufzumachen, und selbst wenn: Wie willst du sicher sein, dass sie das gesagt haben, was er dir übersetzt?«

Robert hatte recht. Es war für sie nahezu unmöglich, mit den Ngarrindjeri-Frauen in Kontakt zu kommen. Anders als die Kaurna, von denen zumindest diejenigen, die sich in der Umgebung von Adelaide aufhielten, mehr oder weniger Englisch verstanden und sprachen, hatten die Ngarrindjeri am Murray River wenig Kontakt mit Weißen.

»Also gut«, gab sie nach. »Vielleicht sollte ich zuerst ihre Sprache erlernen. Aber auch dazu müsste ich in ihr Lager.«

»Das kommt gar nicht infrage. Zurzeit kann ich niemanden abstellen, um dich zu begleiten, und außerdem ist es noch viel zu früh für dich, wieder mit dem Reiten anzufangen. Tante Arabella meinte, mindestens sechs Wochen solltest du alle Erschütterungen wie Reiten und Kutschfahrten vermeiden.«

»Offenbar ist mir völlig entgangen, dass Lady Chatwick eine medizinische Kapazität ist«, sagte Dorothea mürrisch. »Ich bin keineswegs krank – auch wenn alle so tun als ob. Mrs. Perkins kocht mir ständig ihre grässlichen Suppen, Trixie schleicht mit feuchten

Hundeaugen um mich herum, und selbst Heather ist so brav, dass es langsam unheimlich wird. Wann werdet ihr endlich aufhören, mich zu betütteln?«

»Ich verstehe, dass es für dich ziemlich langweilig sein muss, ans Haus gefesselt zu sein.« Robert rieb sich geistesabwesend die Augen. »Es tut mir sehr leid, dass ich mich nicht mehr um dich kümmern kann. Aber zurzeit geht es wirklich nicht.« Wie alle auf Eden-House wusste auch Dorothea, dass die Schafschur absolute Priorität hatte. In den letzten Tagen war ihr Mann in Begleitung Sams von Sonnenaufgang bis spät in die Nacht unterwegs gewesen. Wenn er danach völlig verdreckt und übermüdet ins Bett fiel, konnte sie nur noch seinem leisen Schnarchen lauschen. Auch jetzt konnte er kaum noch die Augen offen halten. Die dunklen Schatten der Müdigkeit waren unübersehbar. Schwerfällig hinkte er zum Waschtisch. Er war kaum noch fähig, sich auf den Beinen zu halten.

Auf einmal schämte Dorothea sich. Der arme Robert war am Ende seiner Kräfte, und sie hatte nichts Besseres zu tun, als ihre Unzufriedenheit an ihm auszulassen. »Setz dich. Ich helfe dir mit den Stiefeln«, sagte sie leise und drückte ihn auf die Bettkante. »Und dann hole ich dir dein Essen.« Da er nie zu den üblichen Dinnerzeiten anwesend war, stand für ihn stets ein liebevoll zubereiteter Imbiss in der Speisekammer bereit. Mrs. Perkins hatte sich bereits für die Nacht zurückgezogen, aber Dorothea kannte sich inzwischen in ihrer geheiligten Küche gut genug aus, um rasch noch einen Krug Ale zu zapfen, ehe sie das nächtliche Essen hinauftrug. Als sie das Zimmer wieder betrat, lag ihr Mann rücklings auf dem Bett ausgestreckt und schlief wie ein Toter. Er wachte nicht einmal auf, als sie ihn bequemer bettete und die Steppdecke über ihn zog. Dorothea drückte impulsiv einen Kuss auf seine stopplige Wange, deckte die Serviette über das kalte Roastbeef und ging auf Zehenspitzen hinüber in ihr Zimmer.

Am nächsten Morgen war er verschwunden, ebenso das Fleisch und das Brot. Nicht einmal das abgestandene Bier hatte er verschmäht.

Um sich abzulenken und zu beschäftigen, hatte sie begonnen, das einzige Abendkleid Claires, das ihr gefiel, für sich umzunähen: eine schlichte, überaus elegante Robe aus nachtblauer Seide. Wann sie sie tragen sollte, wusste sie selbst noch nicht. Aber es machte ihr Freude, dabei von Tanzgesellschaften zu träumen. Wie sie sich im Kerzenschein wiegte, Komplimente erhielt und vielleicht ein bisschen flirtete. Nur ein bisschen. Ein ganz kleines bisschen. Gerade so, dass sie wieder ein wenig Herzklopfen verspürte.

Robert war der rücksichtsvollste, beste Ehemann, den man sich vorstellen konnte. Seit dem Unfall, wie er genannt wurde, schliefen sie getrennt, jeder in seinem Zimmer. Zärtlichkeiten erschöpften sich in einem keuschen Kuss auf die Stirn. Sie sollte ihm für seine Zurückhaltung dankbar sein. Nur wenige Frauen hatten ein solches Glück wie sie. Warum nur fühlte sie sich in seiner Gegenwart zunehmend gereizt?

Aus dem Mangel an passenden Gesprächspartnern heraus hatte sie begonnen, Tagebuch zu führen. In eines der schmucklosen Hamburger Hefte, die sie damals von ihrem ersten Honorar erstanden hatte, schrieb sie jetzt alles, was sie bewegte, und stellte sich dabei vor, zu Jane zu sprechen. Jane in ihrer absoluten Schamlosigkeit war die Einzige, der sie hätte anvertrauen können, dass sie die körperlichen Intimitäten so schmerzlich vermisste, dass sie launisch und unbeherrscht wurde. Immer häufiger ertappte sie sich dabei, dass sie die arme Trixie grundlos harsch anfuhr oder Heather für etwas tadelte, das eigentlich nicht der Rede wert war.

Weder der jedes Mal danach gefasste Vorsatz, sich zu bessern, noch ausgiebige Bibellektüre verhalfen ihr zu mehr Ausgeglichenheit. Umso erfreuter begrüßte sie den unerwarteten Besuch, den

Trixie ihr mit den Worten ankündigte: »Ein überaus hübscher junger Mann möchte Sie sehen, Ma'am. Er sagte, er wäre Ihr Bruder.«

»August!« Sie sprang auf und rannte auf die hochgewachsene Gestalt in der Tür zu. »Was machst du denn hier?«

»Was für eine Frage! Dich besuchen natürlich, du Gans!« In brüderlicher Zuneigung erwiderte er ihre Umarmung. »Mutter meinte, jemand von der Familie sollte nach dir sehen. Also habe ich mich am Institut beurlauben lassen – und da bin ich.«

»Wie geht es Mutter? Und den anderen?« Aus den Augenwinkeln heraus bemerkte sie Trixie, die immer noch August anstarrte. Offensichtlich war auch sie nicht unempfindlich gegenüber seiner Anziehungskraft auf das weibliche Geschlecht. »Ach, Trixie, bringen Sie meinem Bruder doch bitte einen Imbiss. – Du bist sicher halb verhungert, August, oder?«

»Das könnte man schon so bezeichnen. Ich bin ordentlich marschiert«, gab der ihr recht und warf Trixie einen treuherzigen Blick zu. »Wäre es möglich, Miss? Nur wenn es keine Mühe macht.«

»D… das macht überhaupt keine Mühe«, stammelte das Hausmädchen, wobei es bis an die Haarwurzeln errötete. »Ich bringe es Ihnen sofort.«

»Du glaubst gar nicht, wie ich mich freue, dich zu sehen«, sagte Dorothea und seufzte, während er sich am Waschtisch in ihrem Ankleidezimmer Gesicht und Hände wusch. »Die letzte Zeit habe ich euch schrecklich vermisst.«

»Wir dich auch«, erwiderte er schlicht. »Mutter macht sich große Sorgen. In der Stadt gehen Gerüchte, unter den Murray-Stämmen gäre es nach den Zwischenfällen am Rufus River gewaltig. Angeblich exerziert O'Halloran deshalb so eifrig, weil er mit einer Frühjahrsoffensive rechnet.«

»Hier? Bei uns?«

»Keine Ahnung. Aber ich hoffe, ihr seid vorsichtig.«

»Das sind wir«, versicherte Dorothea. Tatsächlich hatte Robert vor einigen Tagen angeordnet, dass die Hunde nachts frei laufen sollten und jeder der Männer stets ein geladenes Gewehr in Griffweite neben sich zu halten hatte. Allerdings hatte das weniger mit ihrem Skelettmann zu tun als mit den sich häufenden Viehdiebstählen. King George hatte eine Beteiligung daran für sich und seine Männer vehement abgestritten. Das bedeutete, wenn man ihm glaubte, dass es fremde Jäger sein mussten. Bisher waren nur Schafe verschwunden, aber Robert hegte die Befürchtung, dass ihre Erfolge sie zunehmend kühner werden ließen. Und der Verlust eines Pferds oder einer Kuh wäre deutlich schwerer zu verschmerzen.

»Mutter hatte die Idee, du und deine Stieftochter, ihr könntet uns für ein paar Wochen besuchen kommen. Was hältst du davon?«

»Das würde ich schrecklich gerne«, sagte Dorothea sehnsüchtig. »Es kommt mir wie eine wahre Ewigkeit vor, dass ich Vorträge und Konzerte besucht habe. – Apropos Vortrag: Was macht eigentlich dein Professor Menge?«

Augusts Augen glänzten plötzlich wie im Fieber. »Er hat mir angeboten, auf seine Sommerexpedition in den Norden mitzukommen. Er glaubt, dass es dort noch jede Menge Metallvorkommen zu entdecken gibt. Stell dir vor, Doro, wir würden dort Gold finden! Gold!« Vor lauter Begeisterung überschlug sich seine Stimme beinahe. »Wäre das nicht wunderbar? Ich könnte dann ein Haus in der Nordstadt kaufen, ein richtig mondänes mit Marmorsäulen vorn am Eingang und Granitstufen; nicht so ein armseliges wie das in der Angas Street.«

August haderte immer noch damit, dass die Schumanns für den Nachfolger von Pastor Teichelmann das geräumige Haus an der Missionsschule hatten räumen müssen. Da konnte es ihn auch nicht versöhnen, dass sie durch die Vermittlung von Robert Masters und Matthew Moorhouse äußerst günstig eine neue Bleibe im deutschen Viertel gefunden hatten. Der Vorbesitzer, ein Herrenschneider, hatte seine komplette Werkstatt mit verkauft, und so hatte es nur geringer Änderungen bedurft, um Mutter Schumanns Plan einer eigenen Damenschneiderei zu verwirklichen.

Aus den Beschreibungen ihres Mannes wusste Dorothea, dass es zwar nicht gerade ein Palast, aber auch keineswegs armselig war. Zudem lag es nahe am Laden einer derzeit äußerst gefragten Hutmacherin. »Mit etwas Glück dürfte deine Mutter sich bald vor Kundschaft nicht mehr retten können«, hatte Robert prophezeit. »Sie hat mir ein paar ihrer Entwürfe gezeigt, und soweit ich es als Mann beurteilen kann, sind sie bei aller Schlichtheit äußerst elegant. Ich wusste gar nicht, dass sie so ein gutes Auge für Modedinge hat.«

Auch Dorothea hatte es nicht gewusst. Zwar hatte Mutter Schumann sämtliche Kleidung der Familie selbst angefertigt, aber ihre Kinder hatten das mehr als Gebot der Sparsamkeit aufgefasst. Erst bei dieser Bemerkung ihres Mannes erinnerte Dorothea sich plötzlich, dass ihre Mutter beim Nähen immer besonders gut gelaunt gewesen war. Einmal hatte sie davon gesprochen, dass sie als junges Mädchen unbedingt Modistin hatte werden wollen. Dorothea konnte sich nicht mehr genau erinnern, woran dieser Wunsch gescheitert war. Für die Frau eines Pastors wäre es später sowieso nicht passend gewesen.

Erst im Nachhinein wurde ihr bewusst, wie stark ihre Mutter sich selbst und ihre Bedürfnisse zurückgestellt hatte. Der Vater als Familienoberhaupt und Mittelpunkt war in dieser Rolle so selbstverständlich gewesen, dass keines der Kinder auch nur auf den Gedanken gekommen war, diese Konstellation zu hinterfragen.

»Ich werde Robert schon dazu überreden können, dass er mir erlaubt, dich nach Adelaide zu begleiten. Er muss einfach zustimmen!« Dorothea verspürte plötzlich eine überwältigende Sehnsucht danach, wieder in die Rolle der Tochter zu schlüpfen. Verglichen mit anderen Frauen trug sie nicht allzu viel Verantwortung, aber schon dieses bisschen lastete momentan schwer auf ihren Schultern. Ob das an den Nachwirkungen der Fehlgeburt lag? Lady Chatwick hatte schon einmal angedeutet, im Anschluss an ein solches Ereignis könne sich Melancholie und Schwermut einstellen. Wenn sie ihrem Mann entsprechende Andeutungen machte, würde er sie gehen lassen. Ungern zwar, aber das Versprechen, Dr. Woodforde aufzusuchen, würde ihm sicher die Entscheidung erleichtern.

Tatsächlich erhielt sie Unterstützung von unerwarteter Seite. »Ach bitte, Daddy, erlaube es uns! Ich würde zu gerne Dorothys Familie kennenlernen«, bettelte Heather, kaum dass Dorothea den Plan zur Sprache gebracht hatte. Ob es die vereinten Bitten seiner Frau und Tochter waren oder vielleicht doch die stille Angst, an den Gerüchten über drohende Aufstände sei etwas Wahres – Robert Masters gab seine Zustimmung zu der Reise.

»Unter einer Bedingung!«

»Welche?«

»Dass ihr beiden euch nach Kräften amüsiert.« Er lächelte seine Frau liebevoll an und griff nach ihrer Rechten. »Derzeit ist es hier nicht gerade unterhaltsam. Es wird dir guttun, einmal wieder Stadtluft zu schnuppern. Und für Heather wäre es schön, wenn sie eine Freundin in ihrem Alter fände. Ich denke, sie und Lischen werden sich gut verstehen.«

»Na, dann wäre das ja geklärt«, sagte August und zwinkerte Dorothea zu. »Meinst du, wir könnten dein Gig nehmen, Schwager?«

»Dein Mann ist ein feiner Kerl«, stellte August drei Tage später fest, nachdem sie das letzte Mal die hellen Mauern von Eden-House hinter sich aufblitzen gesehen hatten. »Das ist ein ganz anderes Reisen als auf Schusters Rappen!«

Dorothea sagte nichts. Während sie durch lichte Baumgruppen betäubend duftender Akazien fuhren, spürte sie immer noch den

Schrecken, den sie bei der plötzlichen Erkenntnis über die Erleichterung, Eden-House und Robert hinter sich zu lassen, empfunden hatte.

War sie ein schlechter Mensch?

Nein, beruhigte sie sich selbst. Sie liebte Robert. Dass sie das Gefühl hatte, in seiner Gegenwart nicht mehr frei atmen zu können, würde sicher wieder vergehen, wenn sie ein wenig Abstand voneinander hätten. Bis dahin war sie fest entschlossen, ihre wiedergewonnene Freiheit nach Kräften auszunutzen. Mit jedem Meter, den sie zurücklegten, stieg ihre Vorfreude. Die violetten Baumorchideen, die zartgelben Blütenteppiche auf den Lichtungen – alles schien ihr strahlender, farbenprächtiger als je zuvor. Und nachdem sie sich fest vorgenommen hatte, Robert in Zukunft die sanfte, fügsame Ehefrau zu sein, die er verdiente, schob sie alle trüben Gedanken beiseite und stimmte einen Gassenhauer an, der im Januar der letzte Schrei gewesen war.

Als sie vor dem Haus in der Angas Street hielten und ihre Mutter und Lischen ihnen zur Begrüßung entgegeneilten, musste sie sich zusammennehmen, um nicht wie ihre kleine Schwester hin und her zu hüpfen.

»Mama, Lischen – das ist Heather.«

»Willst du meine Puppe sehen?«, fragte Lischen, sobald Heather artig ihre Gastgeberin begrüßt hatte. »Sie hat ein neues Bett bekommen. Ich auch. Du kannst in meinem alten schlafen.« Und schon zog sie sie mit sich in das dämmrige Hausinnere.

»Du siehst etwas blass um die Nase aus«, stellte Mutter Schumann fest und betrachtete ihre Älteste mit mütterlicher Sorge. »War die Reise sehr anstrengend?« Zutiefst erleichtert konstatierte Dorothea, dass ihre Mutter zu ihrer gewohnten, energischen Art zurückgefunden hatte. Sosehr der Verlust des Vaters sie geschmerzt hatte, fast noch mehr hatte sie die Verwandlung der Mutter verstört.

»Überhaupt nicht«, kam August Dorotheas Antwort zuvor und hievte unter theatralischem Ächzen die Reisekisten vom Gig. »Sie hat ja keinen Finger rühren müssen. Wo sind die verflixten Jungs? Sie könnten hier ruhig mit anpacken.«

»Wenn es Ihnen recht ist, könnte ich Ihnen stattdessen meine Hilfe anbieten«, ertönte da eine auffallend melodische Männerstimme.

Der Gentleman, dem sie gehörte, war gerade um die Hausecke gebogen und hob nun höflich seinen Zylinder. Dorotheas Kopf flog herum. Diese Stimme kannte sie gut!

Allerdings hatte Ian sich so verändert, dass es kein Wunder war, dass August und ihre Mutter ihn nicht sofort wiedererkannten. Auf dem Schiff war Ian ein magerer, hochgewachsener Junge gewesen. Nun war er ein Mann. Ein äußerst attraktiver und unter dem feinen Wollstoff seines Gehrocks auffallend muskulöser Mann. Sein tief gebräuntes Gesicht unter den schwarzen Locken zeugte von häufigen Aufenthalten im Freien. »Meine Verehrung.« Er verbeugte sich galant in Richtung Dorothea und ihrer Mutter. »Wo sollen sie denn hin?«

Schon griff er nach einer der Kisten, hob sie anscheinend mühelos auf eine Schulter und sah Dorothea fragend an.

Dorothea starrte ihn immer noch an wie eine Erscheinung. Ihre Mutter, die ihn offensichtlich nicht wiedererkannt hatte, sagte nur erfreut: »Überaus freundlich von Ihnen, Sir. Wenn Sie mir folgen wollen, zeige ich Ihnen den Weg.«

Sobald die beiden im hinteren Teil des Hauses verschwunden waren, wandte Dorothea sich ihrem Bruder zu, der leise vor sich hin schimpfte und an den Riemen der zweiten Kiste nestelte.

»Hast du ihn erkannt?«, zischte sie.

»Wen denn?«

»Den Gentleman eben. Das war doch Ian vom Schiff.«

August ließ die Schnalle los und wandte sich stirnrunzelnd um.

»Bist du dir sicher? Derselbe Bursche, dem du Lesen und Schreiben beigebracht hast?«

»Und der dir zu Hilfe kam, als du dich mit deiner Tändelei wieder mal in Schwierigkeiten gebracht hast«, erinnerte Dorothea ihren Bruder ungeduldig. »Ja, ich bin mir sicher. Er hat sich sehr verändert, aber die Stimme und die Augen würde ich unter Hunderten erkennen.«

»Ich dachte, er wäre an den oberen Murray gegangen.« August schien immer noch zu zweifeln.

»Sollte er nicht als Stallbursche bei einem reichen Viehbaron arbeiten? Dieser Herr macht mir nicht den Eindruck, als würde er seine Zeit im Stall verbringen.«

»Das tut er auch nicht.«

»Woher weißt du das?«

»Von Robert. Die beiden sind befreundet.« Es ging ihren Bruder ja nichts an, dass sie diese Information aus einem heimlich gelesenen Brief hatte. August stieß einen scharfen Pfiff aus, als seine Mutter und Ian gerade wieder aus dem Haus traten. »Kennen wir uns vielleicht, Mr. …?«, fragte er ungeniert.

»Rathbone. Ian Rathbone«, erwiderte Ian kurz angebunden.

»Du bist es tatsächlich!«, platzte Dorothea heraus. »Entschuldigen Sie – Mr. Rathbone.«

Als er ihre ausgestreckte Hand ergriff, durchzuckte es sie wie ein elektrischer Schlag. Seine Rechte war schwielig, fest und warm. Sie umfasste ihre mit einer Behutsamkeit, als hielte er etwas sehr Kostbares und Zerbrechliches. Nur zögernd, fast widerwillig, ließ er sie los, um ihre Mutter und August ebenfalls mit Handschlag zu begrüßen.

»Sind Sie hier zu Besuch?«, erkundigte Mutter Schumann sich freundlich. »Wenn Sie hier lebten, wären wir uns doch wohl schon längst über den Weg gelaufen?«

»Ich habe einige Geschäfte zu erledigen.« Ian mochte zwar wie ein Gentleman gekleidet sein, seine Umgangsformen jedoch entbehrten immer noch der oberflächlichen Verbindlichkeit, die einen solchen auszeichnete. Mit einigen geschickten Handgriffen löste er die Riemen der zweiten Kiste, schulterte sie ohne ein weiteres Wort und trug sie der ersten hinterher.

»Sollten wir ihn nicht einmal zum Essen einladen?«, schlug Mutter Schumann mit gedämpfter Stimme vor. »Er macht einen überaus soliden Eindruck. Ich finde es erfreulich, dass zumindest eines der armen Geschöpfe es zu etwas gebracht hat.«

Dorothea war mehr als einverstanden, und auch August brummte seine Zustimmung, sodass eine Einladung für den übernächsten Abend ausgesprochen wurde. Ian Rathbone akzeptierte sie mit unbewegter Miene, zog den Zylinder und ging mit raschen Schritten davon.

»Jetzt komm endlich ins Haus, Kind«, sagte Mutter Schumann und hakte sich bei ihrer Tochter unter. »Ich bin schon so gespannt, wie du unser neues Heim findest.«

Das Haus war, wie die meisten im Viertel, nur einstöckig, aber solide gebaut. Zur Straße hin lagen die mit besonders großen Fenstern ausgestattete Schneiderwerkstatt und eine Art Salon, in dem die Kundinnen empfangen wurden. Dahinter schlossen sich einige kleinere Zimmer an: Mutter Schumann schlief in einer winzigen Kammer unmittelbar hinter der Werkstatt, Lischen und die Jungen bewohnten etwas größere Räume. Ein Esszimmer wie in der Mission gab es nicht. »Wir essen sowieso immer in der Küche. Das ist viel praktischer«, sagte Dorotheas Mutter nüchtern. »Sonntags oder wenn wir Besuch haben, benutzen wir den Salon vorn.« Kam Dorothea alles nur so schrecklich beengt vor, weil sie inzwischen Eden-House gewöhnt war? Mein Ankleidezimmer ist ja größer!, schoss ihr durch den Kopf, während sie sich bemühte, Interesse für die geblümten Chintzgardinen vor den Fenstern und die Flickenteppiche zu heucheln, mit denen ihre Mutter eine gemütliche Atmosphäre zu schaffen versucht hatte. August würde für die Dauer ihres Besuchs ins Mechanische Institut ziehen, wo auch Professor Menge zu nächtigen pflegte, wenn er nicht das Land durchstreifte. Mit Rücksicht auf seine Angewohnheit, zuweilen spät nachts erst nach Hause zu kommen, lag sein Zimmer gegenüber der Küche, unmittelbar neben der Tür, die zum Garten hinausführte. Durch eine Pforte in der Gartenmauer konnte der Nachtschwärmer kommen und gehen, wie es ihm beliebte.

»Verstehst du jetzt, wieso ich unbedingt mit dem Professor gehen möchte?«, raunte August ihr zu. Die Geschwister wechselten einen Blick stillen Einverständnisses. Offenbar hatte er ihre Gedanken erraten.

»Danke, dass du mir dein Zimmer überlässt«, sagte Dorothea rasch. August nickte bloß und begann, Kleidungsstücke in eine abgewetzte Reisetasche zu werfen.

Dorothea folgte ihrer Mutter in die Küche, wo sie am Spülstein notdürftig Gesicht und Hände vom Reisestaub reinigte. Zu Hause auf Eden-House hätte sie Trixie die Zinkbadewanne füllen lassen, aber sie ging nicht davon aus, dass dieser bescheidene Haushalt über einen solchen Luxus verfügte – geschweige denn über ein Dienstmädchen.

»Zwischen dir und deinem Mann ist alles in Ordnung?«, erkundigte Mutter Schumann sich beiläufig, während sie geschäftig mit dem Geschirr klapperte.

»Wir sind sehr glücklich miteinander«, erwiderte Dorothea steif. »Robert ist sehr besorgt um mich und schlägt mir keinen Wunsch ab.«

»Dann ist es ja gut.« Mehr sagte ihre Mutter nicht. Einem ahnungslosen Zuhörer wäre der tiefere Sinn dieses Wortwechsels verborgen geblieben. Nur Dorothea wusste, ohne dass es ausgesprochen worden wäre, was ihrer Mutter Sorgen bereitet hatte.

»Und du, Mama? Wie geht es dir?«, fragte Dorothea fast ängstlich. Die Eltern hatten für sie immer als Einheit fungiert, ein untrennbares Paar wie Pfeffer und Salz. Dass jetzt alles anders war, verunsicherte sie mehr, als ihr, weit weg auf Eden-House, bewusst gewesen war.

»Wir kommen besser zurecht, als ich befürchtet hatte.« Mutter Schumann lächelte wehmütig. »Dein lieber Vater fehlt mir sehr, aber in gewisser Weise ist er immer bei uns.« Sie umfasste das Medaillon an ihrem Hals und sah zu der gerahmten Zeichnung über dem Esstisch auf. Dorothea folgte ihrem Blick und atmete überrascht ein: Karl hatte das amüsierte Schmunzeln ihres Vaters so lebensecht eingefangen, als säße er hier und beobachte wohlwollend seine Familie. Wie gebannt starrte sie auf das Porträt und spürte, wie es anfing in ihren Augen zu brennen.

»Wer ist das? Der Mann auf dem Bild.«

Dorothea blinzelte und drehte sich zu ihrer Stieftochter um. »Mein Vater«, sagte sie heiser, in gewisser Weise dankbar für die Ablenkung. »Mein Bruder hat ihn gezeichnet.«

Heather legte den Kopf schief und betrachtete die Bleistiftzeichnung aufmerksam. »Meinst du, er würde mir zeigen, wie es geht?«

»Ich denke schon. Aber es gehört viel Übung dazu, bis man so gut ist wie Karl. Das lernt man nicht von heute auf morgen«, sagte Mutter Schumann, und man hörte den Stolz in ihrer Stimme mitschwingen.

»Ach, wie schade.« Heathers Enttäuschung war so deutlich erkennbar, dass Dorothea neugierig nachfragte: »Wieso möchtest du denn überhaupt auf einmal zeichnen lernen?« Das Mädchen hatte bisher wenig Neigung zu künstlerischer Betätigung gezeigt. Aber vielleicht hatte das auch daran gelegen, dass Dorotheas Kenntnisse sich auf Handarbeiten wie Sticken und Häkeln beschränkten, was nur im weitesten Sinne als künstlerisch zu bezeichnen war.

»Wenn ich das könnte, könnte ich den bösen Mann malen, und mein Vater würde uns endlich glauben, dass es ihn gibt«, antwortete Heather schlicht. Dorothea erstarrte. Ihre Mutter musterte Heather scharf, als versuche sie, sich darüber klar zu werden, ob das Mädchen es ernst meinte.

»Du glaubst noch an den bösen Mann?« Lischens helles Lachen unterbrach die Stille. »Weißt du nicht, dass nur Babys das tun?«

»Du bist so dumm!«, fuhr Heather sie so heftig an, dass Lischen erschreckt zurückwich. »Was glaubst du denn, wer schuld an diesem, diesem … Abort von Dorothy war?«

Dorothea spürte den Blick ihrer Mutter auf sich, deswegen sagte sie streng: »Es reicht, Heather. Ob dieser seltsame Schwarze wirklich böse ist, können wir nicht mit Sicherheit sagen. Vielleicht war ich einfach nur dumm. Und jetzt wascht euch die Hände. Es ist Zeit fürs Abendbrot.«

13

Zwei Tage später hatte Dorothea sich so weit eingelebt, dass sie nicht mehr ständig das Bedürfnis empfand, in den Garten hinauszulaufen, um wieder frei atmen zu können. Der von mannshohen Mauern umschlossene Hinterhof legte die Vermutung nahe, dass der Vorbesitzer ein leidenschaftlicher Gärtner gewesen war: Zwischen Spalieren, an denen sich knorrige Reben emporrankten, wuchsen prächtige Orangen- und Zitronenbäume. Und in der Mitte des Gevierts stand ein Mandelbaum, dessen blassrosa Blütenmeer eine reichliche Ernte versprach.

Dennoch blieb der alte Korbstuhl unter dem Küchenfenster ihr Lieblingsplatz. Hier verschlang sie gerade die neueste Ausgabe des *Register*, die sie auf dem Rückweg vom Markt einem Zeitungsjungen abgekauft hatte, als ihr eine dick gedruckte Überschrift ins Auge sprang.

Steht ein Aufstand der Eingeborenen bevor?

Wer die traurigen Gestalten kennt, die um Almosen bettelnd durch die staubigen Straßen von Adelaide schleichen, wird diesen Verdacht mit schallendem Gelächter von sich weisen. Auch wir sind der Ansicht, dass dergleichen Befürchtungen eher von Viehzüchtern gestreut werden, die sich dadurch einen besseren Schutz für ihre Viehtriebe zu verschaffen hoffen. Dennoch wollen wir aus Gründen der journalistischen Fairness unseren Lesern nicht vorenthalten, dass in Port Lincoln ein dort gut bekannter Eingeborener, Lincoln-Bay-Peter genannt, seit Längerem Erzählungen von einem Zauberer verbreitet, der angeblich die Stämme der Ngarrindjeri zu Mord und Totschlag gegen alle Weißen aufhetze.

Sowohl die Ermordung der Schiffbrüchigen auf dem Coorong als auch die Überfälle am Rufus River seien von ihm in die Wege geleitet worden. Sein Ziel sei die Vernichtung oder Vertreibung aller Europäer.

Nun ist jedem einigermaßen der Topografie kundigen Leser sofort klar, dass die beiden Orte viel zu weit auseinanderliegen, um in einem solchen Zusammenhang zu stehen.

Die Maraura am oberen Murray sind bekannt für ihre wilde, kriegerische Art. In Verbindung mit den bereits mehrfach erwähnten Übergriffen auf Maraura-Frauen ist es kein Wunder, dass die dortigen Stämme keine Freunde der Weißen sind. Von einem organisierten Aufstand sind sie allerdings noch weit entfernt. Ihre Feindseligkeit beschränkt sich auf sporadische Überfälle.

Die Stämme am Great Murray River machen eher durch gelegentliche Diebstähle als durch ernsthafte Bedrohung der Siedler in ihrem Gebiet auf sich aufmerksam. Außer einem Walfänger, der, wie mehrfach berichtet wurde, sein Schicksal selbst herausgefordert hat, und den Schiffbrüchigen der *Maria* sind keine weiteren Todesfälle zu beklagen.

Unserer Ansicht nach war das Letztere ein tragisches Missverständnis, für das die Regierung unter dem damaligen Gouverneur Gawler rechtswidrig das Kriegsrecht angewandt und vermutlich Unschuldige hingerichtet hat. Es besteht also nicht der geringste Grund, vor den hiesigen Eingeborenen Furcht zu empfinden, und noch weniger, ihnen voller Misstrauen entgegenzutreten.

Der Schreiber dieser Zeilen möchte auf das Missverhältnis hinweisen, wonach bis zum heutigen Tag in Südaustralien kein einziger Europäer wegen eines Verbrechens gegen Leib und Leben eines Eingeborenen hingerichtet wurde, wohingegen das Hohe Gericht rasch bereit ist, über einen des gleichen Verbrechens gegenüber einem Weißen beschuldigten Schwarzen das Todesurteil zu verhängen. Dies ungeachtet der Tatsache, dass die Eingeborenen den Status britischer Staatsbürger haben. Das kann angesichts der wachsenden feindseligen Stimmung unter den Siedlern nicht oft genug betont werden.

Chefredakteur Stevenson führte auch kurz vor dem Untergang noch eine spitze Feder, dachte sie anerkennend. Ihre Mutter hatte ihr erzählt, dass der *Register* praktisch bankrott war. »Als Schneiderin erfährt man mehr, als man wissen möchte«, hatte sie ironisch bemerkt, während sie zusammen in der Nähstube saßen und die zahllosen Unterröcke für Miss Mary Kilners Hochzeitsrobe säumten.

Anfang Januar sollten die beiden endlich ein Paar werden. »Ich freue mich so für sie. Stell dir vor: Mr. Moorhouse hat sich extra die Mühe gemacht, hier bei mir vorzusprechen, nur um mich von Jane zu grüßen!«

»Wie geht es ihr?« Des Öfteren hatte Dorothea schon bedauert, dass ihre Freundin so weit nach Norden gezogen war. Sie zweifelte nicht daran, dass das Land, das ihr zugesprochen worden war und das sie nun mit ihrem Tim bewirtschaftete, vom Protector äußerst sorgfältig ausgewählt worden war. Aber hatte es so weit weg sein müssen?

»Mit ihrer Gesundheit steht es nicht zum Besten«, sagte ihre Mutter betrübt. »Sie hat vor ein paar Monaten einem kleinen Mädchen das Leben geschenkt und ist immer noch sehr schwach. Mr. Moorhouse hat durchblicken lassen, dass er wenig Hoffnung hat, dass sie sich wieder völlig erholt. Für harte Feldarbeit ist sie nicht geschaffen. Und dieser Ehemann von ihr scheint ein rechter Taugenichts zu sein.«

»Ob man sie wohl überreden könnte, ihn zu verlassen?«, überlegte Dorothea spontan. Robert hätte vermutlich nichts dagegen, sie aufzunehmen, wenn sie ihn darum bäte. Der Gedanke an die lustige, lebenssprühende Jane machte ihr bewusst, wie sehr ihr eine gleichaltrige Freundin fehlte.

»Ich glaube, Mr. Moorhouse hat das schon getan«, sagte ihre Mutter, ohne den Kopf zu heben. »Aber Jane nimmt ihr Eheversprechen sehr ernst. Bewundernswert, wenn man bedenkt, wie sie aufgewachsen ist. – Nicht so große Stiche, Kind, sonst reißen die Rüschen gleich ab.«

Heute nun würde Ian also zum Abendessen kommen. Dorothea ließ die Zeitung sinken und fixierte verträumt das Spalier an der gegenüberliegenden Wand. Auch er hatte seine Vergangenheit anscheinend abgestreift wie einen alten Mantel. Sie vergegenwärtigte sich seine Erscheinung auf dem Schiff: ein ungelenker, schweigsamer Junge in abgetragenen Sachen. Schweigsam schien er immer noch zu sein, aber seine Kleidung war beste Qualität. Das hatte sie auf den ersten Blick erkannt. Und ungelenk war er auch nicht. Wie lässig er die schwere Kiste geschultert hatte! Er musste überaus kräftig sein. Vermutlich wurde man das bei einem Leben wie dem, das er geführt hatte.

Ob es eine Frau in seinem Leben gab? Dieser Gedanke versetzte ihr einen leichten Stich. Wie albern! Ärgerlich auf sich selbst faltete sie die Zeitung zusammen und ging in die Küche, um ihrer Mutter bei den Vorbereitungen zu helfen.

Als Ian Rathbone pünktlich um sieben Uhr den Klingelzug an der Haustür betätigte, trug er einen schwarz schimmernden Zylinder, einen Anzug aus feinstem Merinowollstoff und ein sorgfältig gebundenes Halstuch aus schneeweißem Batist. Unter den Gamaschen blitzten blank polierte Abendschuhe, und in den Händen hielt er ein äußerst geschmackvoll gebundenes Bukett aus weißen Rosen und gelben Lilien.

»Meine Güte, hast du dich herausgeputzt, alter Junge«, begrüßte August ihn, während er ihm herzlich die Hand schüttelte. »Du bist ja kaum wiederzuerkennen. Wie Doro das geschafft hat, ist mir ein Rätsel.«

»Vielleicht hat sie auf andere Dinge geachtet als die Kleidung«, erwiderte Ian mit seiner melodischen Stimme und verbeugte sich tief vor seiner Gastgeberin. »Mrs. Schumann, darf ich Ihnen mein tief empfundenes Mitgefühl aussprechen? Leider habe ich erst vor Kurzem von Ihrem Verlust erfahren. Umso mehr weiß ich Ihre freundliche Einladung zu schätzen.« Er überreichte ihr den Blumenstrauß, bevor er sich langsam, fast zögernd Dorothea zuwandte.

»Mrs. Masters? Robert hat in seinem letzten Brief von Ihnen geschwärmt, aber ich wäre nicht im Traum auf die Idee gekommen, dass du, Verzeihung, … dass Sie es sind.«

»Im Hinblick auf mich übertreibt Robert gerne«, sagte sie äußerlich unbewegt. »Und lass das Mrs. Masters, Ian. Ich bin sicher, Robert würde nicht von uns erwarten, dass wir unsere alte Freundschaft hinter Förmlichkeiten verstecken.« Etwas in ihr drängte sie, auf ihn zuzugehen und ihre Arme um ihn zu schlingen, wie sie es damals beim Abschied getan hatte. Damals hatte er es stocksteif über sich ergehen lassen. Ob er immer noch so reagieren würde? Wie sein Körper sich wohl jetzt anfühlen mochte?

Doch sie unterdrückte den Impuls und streckte die Rechte aus. »Herzlich willkommen. Ich hoffe doch, wir werden uns in nächster Zeit häufiger sehen.« Sein Händedruck fiel recht flüchtig aus. Als scheute er davor zurück, sie zu berühren. Und so schnell wie möglich wandte er sich den übrigen Familienmitgliedern zu.

Die Jungen hatten auf Bitten der Mutter den großen Tisch in den Garten getragen. Die bunten Lampions, die Lischen und Heather dort in den nahen Ästen befestigt hatten, verliehen dem Ganzen einen Hauch von Sommernachtsfest. »Wir haben überlegt, als Vorspeise diesen entsetzlichen Porridge zu kochen, den es immer zum Frühstück gab – weißt du noch? –, aber wir haben uns dann doch lieber für etwas anderes entschieden«, sagte August und grinste breit. »Die Schiffskost war wirklich eine harte Prüfung.«

»Ich fand's schon gut, dass es dreimal am Tag zu essen gab«, sagte Ian leise und neigte den Kopf über die gefalteten Hände, während Mutter Schumann das Tischgebet sprach. »Im Arbeitshaus war das nicht selbstverständlich.«

»Du warst in einem Arbeitshaus?« Lischen sah ihn aus großen Augen an. »Ist es wirklich so schrecklich dort, wie es heißt?«

»Ich war nicht lange dort, aber ein angenehmer Aufenthalt ist es nicht«, erwiderte Ian erstaunlich gleichmütig. »Bevor die Constabler mich von meinen Leuten wegholten, war ich jedenfalls besser dran, auch wenn ich nicht jeden Tag satt wurde.«

Dorothea erinnerte sich, dass er jeder ihrer Fragen nach seiner Familie stets ausgewichen war. Sie wusste nur, dass er von jemandem im Messerwerfen unterrichtet worden war, einen kleinen Hund namens Bagster besessen hatte und weder lesen noch schreiben gelernt hatte. Plötzlich gaben die Puzzleteile einen Sinn: Die Behörden steckten Zigeunerkinder, die aufgegriffen wurden, manchmal in Arbeitshäuser. Aber Ian Rathbone war kein Zigeunername.

»Was hat dein Vater gearbeitet?«, bohrte Lischen bereits nach, während Dorothea noch darüber nachdachte, wie er zu diesem Namen gekommen war.

»Sei nicht so impertinent!«, sagte Mutter Schumann mit deutlichem Tadel in der Stimme. »Unser Gast muss sich ja vorkommen wie bei einem Verhör. Möchten Sie noch von den grünen Bohnen, Mr. Rathbone?«

»Danke, gern.« Ian wandte den Kopf so, dass er Dorothea direkt ins Gesicht sah. Es kam ihr vor, als spräche er nur zu ihr. »Ich weiß nicht einmal, wer meine Eltern waren. Die einzigen Erinnerungen, die ich habe, sind die an den Gypsie-Clan, bei dem ich aufwuchs.«

»Wie aufregend«, hauchte Lischen. »Kannst du Feuer spucken?«

Die Anspannung wich aus seinem Gesicht, als er in herzhaftes Gelächter ausbrach. Fasziniert beobachtete Dorothea die Veränderung an ihm: Alles Düstere war von ihm abgefallen. Geradezu kindlich wirkte er in seiner ungehemmten Fröhlichkeit. »Tut mir leid, damit kann ich nicht dienen«, sagte er. »Solche Künste beherrschen nur die besten unter den Gauklern.«

»Dafür warst du ein wahrer Meister mit dem Wurfmesser«, warf August ein, lehnte sich zurück und musterte ihn nachdenklich. »Ian hat auf zwölf Yards das As einer Spielkarte getroffen!« Er grinste spitzbübisch. »Das hat Doro nie geschafft.«

»Inzwischen schafft sie es.« Heathers Feststellung sorgte für verblüfftes Schweigen in der Runde.

»Du hast mir nachspioniert!« Dorotheas Ausruf war halb Frage, halb Anklage. Heather nickte ungerührt. »Sam auch. Wir wollten sehen, was du hinter den Ställen zu schaffen hast. Sam meinte, es sei zwar nicht das Richtige für eine Lady, aber wir sollten es für uns behalten.«

»Sam auch? Das wird ja immer schöner!« Dorothea war peinlich berührt, dass der Stallknecht ihre anfänglich keineswegs bühnenreifen Übungsstunden verfolgt hatte. Wahrscheinlich hatte er sich im Stillen köstlich amüsiert.

»Du hast wirklich noch mein altes Messer? Ich hätte nicht gedacht, dass du es so lange aufheben würdest.« Ian klang überrascht. »Und noch weniger, dass du in Übung bleiben würdest.«

»Sonst hätte es ja wohl wenig Sinn«, gab Dorothea eine Spur patzig zurück. »Schließlich hast du mir doch eindringlich geraten, mein Handgelenk geschmeidig zu halten.«

»Ja, aber ich hätte nicht erwartet, dass du meinen Rat auch befolgst«, sagte er und schmunzelte. »Ich dachte, du würdest es zu deinen Taschentüchern legen, und irgendwann würde es als Brieföffner enden.«

Dorothea musste lachen. »Ich habe es tatsächlich zu meinen Taschentüchern gelegt. Aber als Brieföffner habe ich es nie benutzt.« Sie sah ihn an. »War es eigentlich schwierig für dich, dir ein neues zu beschaffen? Dort, wo du damals hingingst?«

»Es dauerte nur ein bisschen«, sagte Ian ausweichend.

»Komm schon, heraus mit der Sprache: Wie ist es dir dort im Norden ergangen bei diesem deinem Viehzüchter?« August stützte die Ellenbogen auf den Tisch und beugte sich vor. »So, wie du aussiehst, würde ich sagen: Du hast dein Glück gemacht. Stimmt's?«

»Man kann es wohl so sagen«, erwiderte Ian bedächtig.

»Na los, Mann, lass dir nicht alle Würmer einzeln aus der Nase ziehen! Merkst du nicht, wie neugierig wir alle sind?«

Ehrlich erstaunt sah Ian von einem zum anderen. »Ihr interessiert euch wirklich dafür?«

»Natürlich«, bestätigte Dorothea, reichte ihm eine gefüllte Teetasse und nickte ihm zu. »Und sei gewarnt: Wir erwarten einige aufregende Geschichten von dir!«

Ian sah sie unsicher an, ehe er anfangs stockend, dann immer lebhafter von seinem Leben als Viehhirte erzählte. Der Besitz des Viehzüchters lag am Darling River, nahe der Route, auf der die Herden von der Ostküste nach Südaustralien getrieben wurden. Auf dieser abgelegenen Station mitten im Busch ging es ziemlich rau zu. Meist teilten sich zwei Männer die Verantwortung für eine Schafherde: Einer begleitete sie tagsüber zu den Weideplätzen und passte auf, dass sich dort nicht etwa ein hungriger Dingo oder Aborigine an ihnen vergriff; der andere hielt nachts Wache an der Koppel, in welche die Tiere bei Einbruch der Dunkelheit getrieben wurden. Die Schutzhütte für die Hirten diente auch gleichzeitig als Unterstand für Mutterschafe und Lämmer, die zu schwach oder kränklich waren, um frei laufen zu dürfen. »Manchmal war es ziemlich eng«, bemerkte Ian trocken. »Und einmal bin ich davon aufgewacht, dass eines der Lämmer verzweifelt an meinen Zehen saugte. Aber wenigstens fror man auf die Art nicht.«

Die harte, einsame Arbeit wurde bloß unterbrochen von den Wochen der Schafschur und wenn der Monatslohn ausgezahlt wurde. Die meisten Männer gaben ihn sofort für Tabak und Branntwein aus. Beides verkaufte ihnen der Viehzüchter gerne aus seinen Vorräten. Auf diese Art floss der größte Teil der Lohngelder sofort wieder in seine Taschen zurück.

Ian selbst rauchte und trank nicht, sondern sparte eisern für seine Freiheit. Allerdings scheiterte seine ursprüngliche Idee, sich vom Kontrakt freizukaufen und nach Adelaide zurückzukehren, am Widerstand seines Arbeitgebers, der sich weigerte, einen seiner zuverlässigsten Männer gehen zu lassen. Von Ians Geld hätte er weniger als von seiner Arbeit, erklärte er dem Jungen unverblümt. Also müsse er die vollen fünf Jahre ableisten.

»Ich überlegte schon ernsthaft, einfach zu verschwinden«, gestand Ian mit schiefem Lächeln. »Nur der Gedanke, dass ich dann vermutlich steckbrieflich gesucht werden würde und niemals einen Fuß in die Stadt setzen könnte, hielt mich zurück.«

»Was für ein ekelhafter Mensch!«, rief Mutter Schumann empört aus. »Aber irgendwie haben Sie es ja wohl doch geschafft. Sonst wären Sie nicht hier.«

»Das verdanke ich Robert. Robert Masters wurde auf mich aufmerksam, als wir uns beim Wollhändler in Port Adelaide über den Weg liefen. Wir kamen ins Gespräch, und er bot mir eine Teilhaberschaft für einen Viehtrieb an. Keine Ahnung, wie er es geschafft hat, Mr. Higgins zu überreden – aber am nächsten Tag drückte er mir meine Kontraktauflösung in die Hand, und ehe ich es mich versah, war ich auf dem Schiff nach Sydney. Dort übernahm ich die Herde und brachte sie über die Südroute nach Wellington.« Er lehnte sich zurück und sah mit offenem Stolz in die Runde. »Wir haben kein einziges Stück Vieh verloren auf dem Treck!«

Mit einem kurzen Seitenblick streifte er Koar, ehe er fortfuhr: »Dass wir von Überfällen verschont blieben, soll auf die Coorong-Strafexpedition zurückzuführen sein, sagte man mir. Aber es war wirklich seltsam: Obwohl ich während der ganzen Zeit das Gefühl nicht loswurde, beobachtet zu werden, haben wir nicht einen einzigen Eingeborenen zu Gesicht bekommen. O'Halloran scheint ihnen wirklich Respekt eingebläut zu haben.«

»Da konntet ihr von Glück sagen! In der Stadt gehen Gerüchte um, dass es unter den Stämmen am Great Murray River gewaltig gären soll. Angeblich soll ein Zauberer dahinterstecken.« August lächelte herablassend. »Ein Zauberer! Was für ein Hokuspokus!«

»Ein Zauberer ist ein überaus gefährlicher Mann«, widersprach Koar ihm leise, jedoch umso entschiedener. »Selbst die stärksten Jäger fürchten sie, weil sie einen aus der Ferne töten können.«

Da er die ganze Zeit geschwiegen hatte, wie er es immer tat, wenn Fremde anwesend waren, sahen ihn alle erstaunt an. »Wirklich?«, sagte August etwas unsicher. »Ich dachte immer, eure Zauberer wären so eine Art männliche Kräuterhexen.«

»Weil du nie richtig zuhörst, wenn es um andere Dinge als Steine und Dreck geht«, murmelte Karl und sah Koar auffordernd an. »Erzähl ihm, was ein Zauberer alles kann!«

»Das würde mich auch interessieren.« Ian betrachtete Koar aufmerksam. »Du kennst dich damit aus?«

»Ich war sozusagen schon Zauberlehrling – um es in eurer Sprache auszudrücken«, erwiderte Koar. »Mein Großvater, der große Tenberry, hat mich so gut es ging unterrichtet. Leider starb er, als ich noch recht klein war.«

»Aber du weißt, was ein Zauberer so tut?«, fragte Ian.

Koar zuckte mit den Schultern. »Es gibt verschiedene Zauberer. Alle kennen sie die Mythen und Geschichten der Regenbogenzeit. Sie können Kontakt zu den Ahnengeistern aufnehmen. Und sie befragen Verstorbene, wer ihren Tod verursacht hat, damit der Mörder bestraft werden kann. Sie heilen schwere Krankheiten, die von bösen Geistern verursacht wurden. Aber sie können ihre Macht auch einsetzen, um anderen zu schaden.« Koar verstummte.

»Wie beispielsweise, sie aus der Ferne zu töten?« Ian runzelte die Stirn. »Funktioniert das wirklich?«

»Ja«, sagte Koar lakonisch.

»Und wie? Benutzen sie dazu magische Beschwörungsformeln oder so etwas?«

»Ich weiß es nicht. Wirklich nicht. Tenberry meinte, das sei ein Missbrauch der Gabe. Sie sei ein Geschenk der Ahnengeister, dazu bestimmt, den Menschen zu helfen, nicht, ihnen zu schaden. Deswegen hat er auch nie den höchsten Grad angestrebt.« Es schien Koar zu widerstreben weiterzusprechen.

»Jetzt hast du uns so neugierig gemacht, jetzt musst du uns den Rest auch noch verraten«, drängte August ihn. »Was hat es für eine Bewandtnis mit dem höchsten Grad?«

»Ein solcher Zauberer kann Menschen allein kraft seines Willens töten«, sagte Koar. »Aber um diese Kraft freizusetzen, muss er Menschenfleisch essen.«

Es folgte ein entsetztes Schweigen, in dem man eine Nähnadel hätte zu Boden fallen hören.

»Das ist ja grauenhaft«, hauchte schließlich Mutter Schumann und warf einen besorgten Blick auf die beiden Mädchen, die Koar mit aufgerissenen Augen anstarrten. »Tun sie das immer noch? Ich meine, das haben sie vielleicht früher getan, aber doch nicht heute!« Es klang geradezu beschwörend. »So etwas würde der Gouverneur doch sicher strengstens verbieten.«

Koar schwieg verlegen. Man sah ihm an, dass er es bereute, sein Wissen preisgegeben zu haben. Also entschied Dorothea, ihn erst später wegen des Skelettmanns zu fragen. Dieses Familiendinner war nicht der richtige Zeitpunkt dafür. »Mutter erzählte mir, dass du gerne Medizin studieren würdest, Koar«, sagte sie in dem Versuch, das Gesprächsthema zu wechseln. »Hat dich Mr. Moorhouse auf den Gedanken gebracht?« Der Protector hatte in England als Landarzt praktiziert, ehe er seinen Posten hier angenommen hatte.

Karl kam Koar mit einer Antwort zuvor und erzählte von dem Anatomiebuch, anhand dessen er die Körperproportionen hatte üben wollen. Koar hingegen war weniger an den Proportionen als an den Funktionen interessiert. Karls Kenntnisse hierüber waren äußerst beschränkt. Also hatte er dem Freund, halb im Scherz, geraten, bei Dr. Woodforde vorzusprechen und ihn um entsprechende Lehrbücher zu bitten. Und der alte Herr war nur zu gerne bereit gewesen, dem jungen Aborigine im Austausch gegen seine Kenntnisse der einheimischen Heilkräuter medizinische Werke auszuleihen. »In der Lateinklasse ist Koar inzwischen unter den Besten«, berichtete Karl stolz. »Und Dr. Woodforde hat neulich angeboten, ihm Empfehlungsschreiben für all seine alten Bekannten in London mitzugeben. Wir müssen nur noch einen Gönner finden, der bereit ist, für das Studium aufzukommen.«

Ganz so einfach, wie Karl es sich vorstellte, würde es nicht werden. Obwohl Dorothea keine Ahnung von den Gepflogenheiten der Universitäten hatte, bezweifelte sie doch, dass die ehrwürdige Londoner Fakultät ohne größere Umstände einen Aborigine als Studenten annehmen würde. Aber vielleicht gab es andere Möglichkeiten. Sie würde Robert um Rat fragen.

»Würden Sie mich auch Messerwerfen lehren, Mr. Rathbone?« Heathers atemlos hervorgestoßene Frage ließ alle verblüfft aufhorchen.

»Sicher. Wenn deine Mutter, ich meine Dorothy, nichts dagegen einzuwenden hat.« Ian wirkte im Gegensatz zu allen Übrigen nicht im Geringsten irritiert. Im Gegenteil: Er schien die ungewöhnliche Bitte für ein ganz normales Anliegen zu halten.

»Ich auch!« Ehe Dorothea etwas hatte äußern können, war ihre kleine Schwester bereits damit herausgeplatzt. Lischen sah ihre Mutter bittend an. »Bitte, Mama, erlaube es! Wenn Doro und Heather es tun, will ich es auch.«

»Es ist nicht gerade ein passender Zeitvertreib für junge, wohlerzogene Damen«, sagte Mutter Schumann streng. »Und ich bin fast sicher, dass Mr. Masters es ebenfalls missbilligen würde.«

»Er muss es ja nicht wissen.« Heather warf ihrer Stiefmutter einen verschlagenen Blick zu. »Wenn du es vor ihm geheim halten kannst, kann ich es auch. Zu zweit ist es leichter, ein Geheimnis zu bewahren.« Dorothea war mit ihrer Stieftochter inzwischen vertraut genug, um die versteckte Drohung als solche zu erkennen. Dieses kleine Biest!

»Messerwerfen ist doch nichts für kleine Mädchen. Bleibt lieber bei euren Puppen und Stickübungen.« August lächelte gönnerhaft, und dieses Lächeln voll männlicher Herablassung gab den Ausschlag zu einem plötzlichen Sinneswandel: Eben noch hatte Dorothea trotz der versuchten Erpressung ihrer Mutter recht geben wollen, jetzt hörte sie sich sagen: »Man weiß doch nie, was einem in der Wildnis nützlich sein kann. Ich denke nicht, dass Robert etwas dagegen haben würde, solange wir nicht in aller Öffentlichkeit damit hausieren gehen.« Sie wandte sich an Ian: »Vielleicht könnten wir im Garten üben.«

»Nein, das kommt nicht infrage.« Mutter Schumanns Stimme verriet jedem, der sie kannte, dass es keinen Sinn hätte, sie umstimmen zu wollen. »Nicht in meinen vier Wänden! Das wäre ja noch schöner, dass man hier im Haus nicht mehr seines Lebens sicher ist.«

»Mrs. Schumann hat vollkommen recht«, sagte Ian eilig und deutete eine kleine Verneigung an. »Es wäre nicht passend. Aber was hielten Sie davon, wenn ich die jungen Damen und Mrs. Masters zu einem Picknick einlüde? Im Busch könnten wir völlig ohne Gefahr für jeden Unbeteiligten ein wenig üben, und dabei dürfte sich die Begeisterung für diese Betätigung dann schnell verflüchtigen.« Er lächelte übermütig in die Runde. »Vielleicht möchten sich uns ja noch mehr Teilnehmer anschließen?«

August und die Jungen lehnten dankend ab. Mutter Schumann erklärte, momentan wirklich keine Zeit erübrigen zu können. »Aber ein Ausflug wäre sicher eine nette Abwechslung für die Mädchen. Wenn es nicht zu anstrengend wird …« Sie sprach nicht weiter, aber alle außer Ian wussten auch so, was sie meinte.

»Bist du nicht ein bisschen überängstlich, Mama?«, sagte Dorothea eilig und versuchte, den Ärger zu ignorieren, der in ihr aufstieg. Wie lange denn noch würden sie alle als Invalidin behandeln? »Ian wird schon auf uns achtgeben. Nicht wahr, Ian?«

»Ja«, erwiderte er schlicht, wobei es ihm Mühe zu bereiten schien, ihrem Blick standzuhalten.

Einige Tage später hielt ein schicker modischer Gig, gezogen von einem lebhaften Braunen, vor der Tür.

»Er ist da, er ist da!« Lischen und Heather, die aus dem vorderen Schaufenster gespäht hatten, kamen in die Küche gerannt, wo Dorothea und ihre Mutter damit beschäftigt waren, den Picknickkorb zu packen.

»Lauft schon vor und sagt ihm, ich wäre gleich so weit«, sagte Dorothea und spürte, wie ihr Herzschlag sich beschleunigte. Wieso war sie so nervös? Mit fahrigen Fingern zupfte sie noch ein letztes Mal den kecken Strohhut zurecht, den sie am Tag zuvor bei der neuen Modistin um die Ecke erstanden hatte, ehe sie den Henkelkorb aufnahm und sich rasch von ihrer Mutter verabschiedete. »Bis heute Abend, Mama.«

Ian hatte das Pferd am Terrassengeländer festgebunden und war gerade damit beschäftigt, den beiden Mädchen in den Wagen zu helfen, als er sie kommen hörte. Eilig drehte er sich um. In legerer Kleidung sah er beinahe noch besser aus als im Abendanzug. Der Buschläuferhut und die derben Drillichhosen verliehen ihm das Aussehen eines Abenteurers. Um der Formlosigkeit die Krone aufzusetzen, hatte er auch auf ein Halstuch verzichtet, und so blieb im Ausschnitt des Hemds aus kariertem Cambraystoff ein Teil seiner gebräunten Brust sichtbar. Dorotheas Augen hingen wie gebannt an diesem Flecken Haut.

»Entschuldige, ich habe gedacht, für einen Ausflug in den Busch muss ich meine guten Sachen nicht einstauben lassen«, sagte er, während er leicht errötete. »Aber wir können am Gasthaus halten, und ich kleide mich schnell um.«

»Ach, Unsinn«, wehrte sie ab und drückte ihm den Korb in die Hand. »Ich werde es sicher bereuen, aber ich konnte der Versuchung nicht widerstehen, meine neue Garderobe auszuführen. Deine Kleidung dürfte sehr viel passender für den Anlass sein.«

Tatsächlich hatte sie sich große Mühe gegeben, modisch auf dem neuesten Stand zu sein. Ihr Kleid aus narzissengelbem Batist mit moosgrünen Falbeln hatte sie noch in der Nacht fertig gesäumt. Dazu trug sie Knöpfstiefel aus feinem Veloursleder, eine leichte Samtpelerine und eben den Strohhut mit der schmalen, gebogenen Schute, von dem die Modistin versichert hatte, er wäre *dernier cri* in Paris.

Ians bewundernder Blick, als er sie auf den Bock hob, sagte ihr, dass es sich gelohnt hatte.

»Wo fahren wir hin?«, erkundigte sie sich, während er den Wagen geschickt die King William Street entlanglenkte.

»Ich habe mir sagen lassen, es gibt auf dem Weg nach Glenelg einen Ort, der früher ein Heiligtum der Eingeborenen gewesen sein soll. Dort gibt es nicht nur eine ganze Reihe Quellen, sondern auch Felsen voller geheimnisvoller Zeichen, und man kann seltsam bemalte Steine und Kiesel finden.« Seine Zähne blitzten, als er leise, damit die Mädchen auf dem Rücksitz ihn nicht hören konnten, hinzufügte: »Das wird sie beschäftigen, wenn sie merken, dass Messerwerfen zu üben eine recht langweilige Angelegenheit ist.«

Es versprach ein perfekter Tag zu werden: Die Sonne schien von einem azurblauen Himmel, ein leichter Wind vom Meer her hielt die Temperatur angenehm – Dorothea fühlte sich auf einmal wieder so jung und übermütig wie damals auf dem Schiff, als die Zukunft voller Versprechungen gewesen war. Vielleicht lag es an Ians Gegenwart, dass sie sich wie ein Fohlen auf der Frühjahrsweide vorkam. Er erwartete nicht von ihr, dass sie sich vernünftig und erwachsen benahm – er nahm sie hin, wie sie war. Sie musste bei ihm keine Rolle spielen.

»Weißt du noch, die unanständigen Lieder, die die Matrosen auf dem Schiff immer sangen?« Und schon stimmte sie eines davon an. Wann immer sie stockte, weil sie den Text vergessen hatte, fiel Ian mit seiner klangvollen Stimme ein. »Du kannst sie ja doch alle auswendig«, sagte sie vorwurfsvoll, als er zum wiederholten Male soufflierte. »Warum hast du immer so getan, als kenntest du sie nicht?«

»Ich hatte Angst, wenn es herauskäme, würde deine Mutter dir den Umgang mit mir verbieten«, sagte Ian schlicht. »Ich wusste ja, dass ihr eine Missionarsfamilie seid. Und kirchliche Leute sind da verflixt eigen.«

»Du hättest auch einfach sagen können, dass ich meiner Mutter nichts davon erzählen sollte«, widersprach Dorothea und dachte unwillkürlich an ihre Stieftochter, die keinerlei Hemmungen hatte, mit solchen kleinen Tricks zu arbeiten.

»Das hätte ich wohl.« Mehr äußerte er nicht dazu, sondern zeigte mit der Peitsche auf ein paar Kängurus, die neugierig zu ihnen herüberspähten. »Seht ihr, Kinder, sie haben alle Junge im Beutel!«

Während Lischen vor Begeisterung über das malerische Bild fast außer sich geriet, blieb Heather stumm. Dorothea fragte sich, ob sie ebenfalls an den grausigen Fund auf dem Latrinenbrett denken musste, den sie beide in jener denkwürdigen Nacht gemacht hatten. Um sich und Heather abzulenken, schlug sie rasch das Spiel vor: »Ich sehe was, was du nicht siehst.« Und tatsächlich quiekten bald beide Mädchen vor Vergnügen, wenn die Erwachsenen einfach nicht auf den zu ratenden Gegenstand kommen wollten.

Und es gab viel zu raten in dieser abwechslungsreichen Landschaft. Die Parklands in der Umgebung von Adelaide trugen ihren Namen zu Recht: Kein Gartenarchitekt hätte sie geschickter planen können, als sie von Natur aus gewachsen waren. Wie zufällig angeordnete Baumgruppen wechselten sich ab mit lichten Waldungen und blumenübersäten Wiesen. Hier und da stiegen kreischende Kakaduschwärme gen Himmel, von einer Schlange oder einem kleinen Raubtier aufgescheucht. Die bunten Vögel sahen aus wie eine Wolke aus Blütenblättern, die der Wind aufwirbelte.

Selbst das Kutschpferd schien die Fahrt zu genießen, jedenfalls brauchte Ian es nicht ein einziges Mal mit der Peitsche anzutreiben. Nach etwa zwei Stunden sah er sich um. »Hier muss es sein«, murmelte er mehr zu sich selbst. »Ah ja, dahinten.« Und schon lenkte er das Pferd zwischen zwei markanten Eukalyptusbäumen hindurch. »Da ist es«, verkündete er und wies auf einen auffallend geformten Hügel, der sich in etwa zwei Kilometer Entfernung mitten im Mallee aus dem kniehohen Gestrüpp erhob.

»Das da soll ein Heiligtum der Eingeborenen sein?« Abgrundtiefe Enttäuschung sprach aus Lischens Stimme. »Sie haben doch gesagt, es gäbe Quellen und Felsbilder dort. Aber ich sehe nichts in der Art.«

»Abwarten«, empfahl Ian gut gelaunt. »Manches erschließt sich erst auf den zweiten Blick.«

»Ich glaube, da ist so etwas wie ein Fels«, rief Heather und reckte den Hals. »Dort, hinter dem Busch mit den roten Blüten.«

Dorothea kniff die Augen zusammen. Tatsächlich: Zwischen den locker belaubten Zweigen schimmerte hellgrauer Stein. Als sie näher kamen, wurde immer deutlicher, dass der Hügel nicht einfach nur ein Hügel war. Dafür war seine Form zu regelmäßig. Menschenhände hatten vorstehende Kanten begradigt, Lücken aufgefüllt und Felsvorsprünge abgeschlagen. Auf einer glatten, senkrecht stehenden Felsplatte konnte sie fremdartige Figuren in Rot, Weiß und Gelb erkennen.

Rund um den Hügel war alles Gras säuberlich niedergebrannt worden, sodass er von einem schwarzen Ring umgeben war. In der dunklen Asche erkannte man deutlich die Abdrücke nackter Füße. Unwillkürlich überlief Dorothea ein Schauer des Unbehagens, und sie musterte die Umgebung auf Anzeichen von Eingeborenen. Die Vorstellung, plötzlich von einem Haufen finster blickender Schwarzer mit Speeren und Keulen umzingelt zu werden, verursachte ihr eine Gänsehaut. Dass weit und breit keiner zu sehen war, besagte wenig. Hatte Robert nicht erzählt, sie könnten sich so gut wie unsichtbar machen?

»Was ist mit dir? Du bist auf einmal so blass.«

Ians besorgte Stimme riss sie aus ihren Überlegungen. Sollte sie ihre Bedenken mit ihm teilen? Nein, entschied sie rasch. Er musste ja denken, sie sei hysterisch. Also zwang sie sich zu einem Lächeln und sagte betont munter: »Nein, nein, es ist alles in Ordnung. Ich habe nur ordentlich Hunger. Ihr nicht?«

Kaum waren sie abgestiegen, als die Mädchen auch schon losliefen, den seltsamen Platz zu erkunden. »Ich hoffe, die hiesigen Eingeborenen werden keinen Anstoß daran nehmen, dass wir hier picknicken«, bemerkte sie, während sie den beiden nachsah, unschlüssig, ob sie sie zurückrufen sollte. »Bist du sicher, dass es ungefährlich ist, hier herumzustreifen?«

»Sonst hätte ich euch wohl kaum hierhergebracht«, gab er eine Spur ungehalten zurück. »Denkst du, ich würde euch leichtsinnig einer Gefahr aussetzen?« Über einem Arm den Stapel Decken, über dem anderen den Henkelkorb, stapfte er ihr voraus zu einer etwas abseits liegenden Baumgruppe, wo das Gras noch frisch und grün war. »Ich bin mir vollkommen darüber im Klaren, dass Robert mir den Kopf abreißen würde, wenn euch etwas zustieße, und ich kann dir versichern: Ich bin nicht lebensmüde!« Ian stellte den Korb ab und machte sich daran, die Decken auszubreiten.

»Entschuldige«, sagte Dorothea kleinlaut. »Ich muss dir schrecklich kleinmütig vorkommen. Es ist nur so, dass sie mir seit einiger Zeit unheimlich sind. Besonders einer bei uns draußen …«

»Hast du deswegen wieder begonnen, mit dem Messer zu werfen?«, fragte Ian hellsichtig.

Dorothea nickte und spielte mit der Seidentroddel am Griff ihres Sonnenschirms, um ihn nicht ansehen zu müssen. »Ich wollte mich notfalls verteidigen können«, sagte sie. »Und Heather geht es ähnlich. Dieser Kerl ängstigt sie zu Tode, indem er nachts ums Haus schleicht.« Sie schauderte. »Du hättest ihn sehen sollen: angemalt wie ein Skelett. Ein wirklich furchterregender Anblick!«

»Was für eine Frechheit! – Ich verstehe nur nicht, wieso Robert ihm nicht eine Ladung Schrot hinterherjagt oder wenigstens eine tüchtige Tracht Prügel verpasst.« Ian schüttelte verständnislos den Kopf. »Alle Stationsbesitzer tun das mit gutem Erfolg. Wenn die Kerle erst einmal zur Räson gebracht worden sind, ist ganz schnell Ruhe.«

»Meistens ist Robert nicht auf Eden-House, wenn er sich zeigt«, erklärte Dorothea. »Er scheint zu wissen, wann es gefahrlos möglich ist und wann nicht.«

Ian runzelte finster die Brauen. »Dem Kerl würde ich zu gerne einmal begegnen!« Er ballte die Hände zu Fäusten und genoss sichtlich die Vorstellung eines Zweikampfs.

Dorothea schwankte gerade, ob sie ihm auch von dem zerfetzten Wallabyjungen und dem seltsamen Schlangentanz erzählen sollte, als die Mädchen, die den Hügel umrundet hatten, wieder zu ihnen stießen. Ein andermal, dachte sie.

»Schaut mal, was wir gefunden haben!« Lischen schwenkte einen Stecken mit einem Puff aus flauschigen Schwanenfedern. »Ist das nicht hübsch? Ich denke, ich werde es Mama mitbringen.«

»Es gibt noch viel mehr davon an der Stelle«, sagte Heather herablassend. »Aber ich fand Staubwedel nicht so interessant.«

Dorothea betrachtete den Gegenstand genauer. Er erinnerte sie an die Büschel, welche die Tänzer bei dem *palti* im Garten des Gouverneurs auf dem Kopf getragen hatten. »Ich weiß nicht, ob du das einfach mitnehmen solltest«, sagte sie zweifelnd. »Er sieht nicht so aus, als ob er schon länger hier gelegen hätte. Vielleicht hat er eine besondere Bedeutung. Bring ihn lieber wieder zurück.«

Der Picknickkorb enthielt außer gebratenen Hühnerbeinen, Butterbroten und frischem Obst auch zwei Flaschen Limonade. Während sie die vorsichtig in die mitgebrachten Steingutbecher goss, war Dorothea sich nur zu bewusst, dass Ians Augen an ihr hingen. »Schade, dass Koar nicht mitgekommen ist. Er hätte uns sicher sagen können, was diese Dinge zu bedeuten haben«, bemerkte sie leichthin, um ihre Befangenheit zu überspielen. »Ich bin schon sehr gespannt, was wir hier noch zu sehen bekommen.«

Da auch die Mädchen begierig waren, ihre Erkundungen wieder aufzunehmen, war das Picknick nur von kurzer Dauer. Kaum waren die Hühnerbeine abgenagt, die Butterbrote verspeist, stürmten Lischen und Heather schon wieder los. Dorothea und Ian folgten gemächlicher. »Was für eine seltsame Art zu zeichnen«, entfuhr es ihr, sobald sie vor dem ersten Felsbild standen. Man erkannte ohne jede Schwierigkeit ein Opossum, ein Känguru, einen Emu und ein Wombat. Die Umrisse waren mit sicherer Strichführung in gelbem Ocker auf den Stein gemalt worden. Was verwirrte, waren die Striche, Punkte und Spiralen, mit denen die Figuren ausgemalt worden waren. »Es sieht fast so aus, als sehe man die Eingeweide und Knochen im Inneren der Tiere. Das da zum Beispiel …« Mit dem Zeigefinger fuhr sie die braunroten Schlingen nach, die sich vom Kopf bis zum Schwanz eines Baumopossums wanden wie ein mäandernder Wasserlauf. »Man denkt sofort an die Kaldaunen.«

»Hier scheinen sie einen Menschen gemalt zu haben.« Ian war schon vorausgeschlendert und stand nun vor einem weiteren glatten Felsen. »So etwas habe ich schon einmal gesehen.« Er runzelte die Stirn und starrte angestrengt auf die Zeichnung in weißer Farbe. »Jetzt hab ich's! Das sind fast genau die Muster, die ich auf den Maraura gesehen habe, als sie uns überfielen.«

Kaum hatte Dorothea einen Blick auf die Malerei geworfen, als sie spürte, wie ihr Atem stockte und die Härchen in ihrem Nacken sich sträubten. Das war er: der Skelettmann von Eden-House!

Er war geradezu unheimlich gut getroffen: als würde er jeden Moment aus dem Felsen heraustreten. Abgestoßen und zugleich fasziniert hing Dorotheas Blick an seinem Konterfei. In der Nacht hatte sie ihn nur undeutlich sehen können, jetzt, im hellen Licht der Mittagssonne, war jede Einzelheit klar zu erkennen. Und trotz der lieblichen Umgebung ging von dem Bild etwas seltsam Bedrohliches aus. Es schien sie aus dunklen Augenhöhlen anzustarren, ihr eine Botschaft vermitteln zu wollen. Hinter dieser Figur steckte mehr als nur ein skurril bemalter Eingeborener.

»Was hat er da eigentlich in der linken Hand? Es sieht fast aus, als wären das Menschenköpfe …« Ians Stimme riss sie aus ihrer Erstarrung. »Und in der rechten – ist das ein Kängurubein oder ein *waddy?«* Dorothea löste sich mit einiger Anstrengung aus der hypnotischen Anziehungskraft des gespenstischen Totenschädels. Tatsächlich war das, was er in Händen trug, nicht weniger grausig als seine Erscheinung. Die Köpfe waren in ihrer plastischen Darstellung grauenhaft naturgetreu: Die eingetrockneten Augenhöhlen hatten sich zu Schlitzen verengt, dafür hingen die Unterkiefer schlaff herunter und vermittelten dadurch den Eindruck, als seien die Münder zu schrecklichen Schreien aufgerissen. Und was Ian anscheinend nicht aufgefallen war: Die Köpfe waren alle weiß.

»Komm weiter, das ist wirklich kein schöner Anblick«, sagte Ian im gleichen Moment. »Manchmal muss man sich schon wundern, was in diesen Traumgeschichten von ihnen alles an Scheußlichkeiten vorkommt.«

Die übrigen Felsbilder zeigten ausnahmslos Tiere der Umgebung, keine Menschen. Dennoch spürte Dorothea ein wachsendes Unbehagen. Sie mochte diesen Ort nicht. Etwas an ihm verursachte ihr Gänsehaut. War es das Felsbild des Skelettmanns? Die frische, von Fußspuren durchzogene Asche? Am liebsten wäre sie schleunigst nach Adelaide zurückgekehrt.

Aber das hätte zu empörten Protesten geführt. Heather und Lischen hatten den Hügel mehrfach umrundet und dabei in versteckten Felsnischen einiges gefunden: besonders schöne Schneckenhäuser und Muschelschalen, fein gewirkte Körbchen aus Gras, geheimnisvoll bemalte Kiesel und Flintsteine. Die von Heather als »Staubwedel« bezeichneten Federbüsche hatten rund um eine frische Feuerstelle am westlichen Ende gelegen.

»Vermutlich haben sie hier vor Kurzem ein *palti* abgehalten«, vermutete Ian und warf einen gleichgültigen Blick auf den grauweißen Aschekegel. Ein plötzlicher Windstoß blies eine Staubwolke auf und legte etwas frei, das seine Aufmerksamkeit erregte. »Was ist denn das?« Er kniff die Augen zusammen und ging in die Hocke, um vorsichtig nach dem verkohlten Gegenstand zu greifen. Alle vier sahen verblüfft auf das dicke, schwarze Buch mit den vom Feuer angefressenen Ecken. Als Ian es vorsichtig aufschlug, sah man, dass die Flammen es nur äußerlich versengt hatten – die Seiten waren zwar an den Rändern bräunlich verfärbt, aber noch einwandfrei lesbar. »Es ist eine Bibel«, stellte Ian verwundert fest. »Warum zum Teufel verbrennen sie eine Bibel?«

Diese Frage ließ Dorothea nicht mehr los. Sie hatten sie in Blätter eingeschlagen und in den Picknickkorb gelegt. In Adelaide würden sie sie Mr. Moorhouse bringen. Er sollte entscheiden, ob und was er gegen diese Blasphemie unternehmen wollte. Die heitere Stimmung des Morgens war irgendwie verflogen, aber als hätten sie sich darauf verständigt, es nicht wahrhaben zu wollen, agierten sie alle mit einer aufgesetzten Fröhlichkeit, die Dorothea an das Verhalten bei einem Kranken erinnerte, dem man Zuversicht vorspielt, wo in Wahrheit keine Hoffnung mehr besteht.

14

Ian malte mit der Asche eine Zielscheibe auf einen nahe gelegenen Baumstamm und holte sein Messer aus dem Stiefelschaft. Während er den Mädchen erklärte, welche Körperhaltung man einzunehmen hätte und worauf sie achten mussten, schweiften Dorotheas Gedanken auf das Schiff und zurück zu ihren Unterrichtsstunden mit ihm. Damals war ihr nicht aufgefallen, dass er solch ein guter Lehrer war. Er wurde nicht ungeduldig, auch wenn er zum zwanzigsten Mal die Körperhaltung korrigierte. Seine dementsprechenden Hinweise waren immer genau richtig, und er ermutigte Lischen, die schnell aufzugeben pflegte, mit großem Geschick.

Erst als beide Mädchen so weit waren, dass sie, wenn auch nicht immer die improvisierte Zielscheibe, so doch zumindest den Baumstamm trafen, war er zufrieden.

Erhitzt und durstig liefen Heather und Lischen zur nächsten Quelle. Ian jedoch rührte sich nicht vom Fleck. Rücklings an den Stamm gelehnt, die Beine lässig überkreuzt, balancierte er spielerisch das Messer auf seinen Fingerspitzen. »Es würde mich interessieren, ob du wirklich so gut geworden bist, wie Heather behauptete«, sagte er leise und warf ihr unter gesenkten Lidern einen herausfordernden Blick zu. »Was hältst du von einem kleinen Wettwerfen?«

War es dieser Blick, der sie fragen ließ: »Ehe ich die Herausforderung annehme: An welchen Gewinn hattest du dabei gedacht?«

»Wenn ich dich besiege, gehst du mit mir zu dem Maskenball beim Gouverneur«, erwiderte er. Dieser Maskenball versprach das gesellschaftliche Ereignis der Saison zu werden. Obwohl Dorothea keine begeisterte Gesellschaftsgängerin war, hatte sie in diesem Fall doch insgeheim bedauert, noch im Trauerjahr zu sein und somit auf den Besuch dieser Veranstaltung verzichten müssen, die unter dem Motto stand: »Am Hofe des Sultans von Konstantinopel«. Nach den Kostümen auf den Schneiderpuppen ihrer Mutter würde es ein äußerst prächtiger Ball werden. Selbst die nüchterne Miss Mary Kilner hatte sich eine Art Haremskostüm in Nilgrün bestellt. Ihr Verlobter, Protector Moorhouse, würde als muselmanischer Würdenträger erscheinen.

»Du weißt doch, dass ich noch nicht in der Öffentlichkeit tanzen darf«, wandte sie mit leisem Bedauern ein.

»Es ist ein Maskenball«, erinnerte er sie. »Demaskierung ist um Mitternacht, das heißt, wir hätten vier Stunden, um zu tanzen und das Büfett zu plündern. Wir verschwinden kurz davor. Niemand wird wissen, dass du dort warst. Na, was sagst du?«

»Ich würde schon gerne dorthin gehen«, gab sie zu. »Aber ich habe kein Kostüm!«

Ians siegessicheres Grinsen sagte ihr, dass er auch dieses Problem gelöst hatte. »Sei nicht so sicher, dass du gewinnst«, warnte Dorothea ihn, wider Willen beeindruckt von seinem Organisationstalent. Wie hatte er es nur geschafft, ein passendes Kostüm zu beschaffen, wo doch seit Wochen jedes einigermaßen orientalisch anmutende Accessoire von seiner Besitzerin eifersüchtig gehütet wurde? »Was ist, wenn ich gewinne?«

»Dann darfst du dir etwas von mir wünschen«, sagte Ian großmütig. »Aber das wird nicht geschehen. Also brauchst du dir darüber keine Gedanken zu machen.«

Spontaner Ärger über seine Herablassung schoss durch ihre Adern und ließ ihren Körper vibrieren. Plötzlich fühlte sie sich so lebendig wie seit Langem nicht mehr. »Da sei dir mal nicht so sicher«, murmelte sie zwischen zusammengebissenen Zähnen. »Wie viele Würfe?«

»Zehn?«, schlug er vor.

»Einverstanden. – Wer fängt an?«

»Die Dame natürlich.« Ian verbeugte sich übertrieben höflich. »Bitte sehr.« Die breite, lanzettförmige Klinge glitzerte auf seiner Handfläche, als er ihr das Messer reichte. Ihre Finger berührten seine nur kurz, doch dieser Moment reichte aus, um ihre Treffsicherheit derart zu beeinträchtigen, dass das Messer gerade noch im äußersten Kreis stecken blieb. Ian hob stumm die Augenbrauen, enthielt sich jedoch jedes weiteren Kommentars, als er zu dem Baum ging und das Messer herauszog.

»Deine nächsten werden sicher besser«, bemerkte er, als er sich neben sie stellte. Er warf, ohne auch nur zu zielen. Trotzdem stak die Klinge mitten im Zentrum, wie Dorothea erbittert feststellen musste.

Aber auch ihre nächsten Würfe waren beschämend schlecht. »Du bist nicht bei der Sache«, stellte Ian kritisch fest. »Das wird nichts mehr. Gibst du auf?«

»Nein, das tue ich nicht«, fauchte Dorothea, stapfte mit wehenden Röcken zum Stamm und riss wütend das Messer aus der Rinde. »Ich werd's dir noch zeigen.« Mit geschlossenen Augen atmete sie tief ein und aus, bis sie das Gefühl hatte, den Aufruhr in ihrem Inneren eingedämmt zu haben. Erst dann stellte sie sich in Wurfposition und zielte sorgfältig.

Ein lauter Schreckensschrei ließ sie so heftig zusammenzucken, dass das Messer ihren Fingern entglitt. »Doro, komm schnell, etwas hat Heather gebissen!«

Noch bevor sie die beiden Mädchen erreichte, war Ian schon dort und beugte sich über Heather, die kreidebleich und zitternd am Rand des Wasserbeckens hockte. Ihre Rechte hielt sie weit von sich gestreckt und starrte mit weit aufgerissenen Augen auf das Blut, das aus einer kleinen, punktförmigen Wunde quoll.

»Was war es? Hast du gesehen, was dich gebissen hat?« Ian kniete nieder, ergriff ihr Handgelenk und inspizierte die Wunde.

»Ein Skorpion«, flüsterte Heather und wies mit dem Kinn auf ein zerquetschtes Etwas neben sich. »Ich habe ihn noch mit dem Stein erwischt.«

Ian lächelte. »Tapferes Mädchen«, sagte er. »Gott sei Dank! Diese Biester können zwar gemein zustechen, aber es ist nicht lebensgefährlich.« Mit einem Stöckchen stocherte er in den Resten, schob den Giftstachel hin und her und nickte dann erleichtert. »Die Sorte kenne ich. Du wirst ein paar Tage eine geschwollene Hand und ziemliche Schmerzen haben. Wir sollten sehen, dass wir schleunigst nach Adelaide zurückkommen und mit essigsaurer Tonerde kühlen.«

Ohne lange zu fackeln, nahm er sie auf die Arme und trug sie zum Wagen. Dorothea wollte ihnen schon folgen, als Lischen sie am Ärmel zupfte. »Das war wirklich seltsam, Doro«, flüsterte sie und wies mit bebenden Fingern auf das flache Becken voll klaren Wassers. »Ich hätte schwören können, dass nichts dort drin war. Aber als Heather ihre Hand mit dem Becher aus dem Wasser zog, hing er dran. Wo ist er denn bloß hergekommen?«

»Vielleicht ist er von oben heruntergefallen«, sagte Dorothea. »Außerdem können Skorpione gut klettern. Komm jetzt, wir sollten besser nicht trödeln.«

Ian trieb das Pferd so an, dass es schweißnass war, als sie Adelaide erreichten. Trotz der modernen Federung wurden sie ordentlich durchgeschüttelt, aber niemand beklagte sich. Auch Heather nicht, doch ihr kalkweißes Gesicht und die zerbissenen Lippen sprachen eine deutliche Sprache. Ihre Hand war inzwischen feuerrot und bis über das Handgelenk hinaus so geschwollen, dass die Haut darüber spannte.

»Um Himmels willen, was ist geschehen?«, fragte Mutter Schumann besorgt, kaum dass sie einen Blick auf das Häufchen Elend geworfen hatte. »Hat sie sich verletzt?«

»Nein, ein Skorpion hat sie gestochen«, gab Dorothea kurz zurück. Sie wartete nicht, dass Ian ihr half, sondern sprang vom Bock und hob die Arme. »Komm, Heather, ich bringe dich ins Bett und mache dir einen Umschlag mit essigsaurer Tonerde. Danach wirst du dich gleich besser fühlen.«

»Sollten wir nicht zur Sicherheit Dr. Woodforde kommen lassen?«, schlug Mutter Schumann vor. »Mr. Rathbone, wären Sie so freundlich, ihm Bescheid zu sagen?«

»Natürlich, gerne.« Mit dem denkbar kürzesten Gruß verschwand er in einer rötlichen Staubwolke.

Glücklicherweise hatte Dr. Woodforde seine Sprechstunde gerade beendet, und er ließ alles andere stehen und liegen, als er von Ian alarmiert wurde. »Na, wo ist denn die kleine Patientin?«, dröhnte seine Stimme im Flur, kaum dass Dorothea Heather ausgekleidet und ins Bett gesteckt hatte. Er war ein freundlicher alter Herr mit grauem Backenbart und einem stets leicht nach Mottenkugeln riechenden Gehrock. Bedächtig fühlte er Heathers Puls, nickte zufrieden und holte sein poliertes Hörrohr aus der Arzttasche, dessen Zustand von einem langen Berufsleben Zeugnis ablegte.

»Die kleine Dame ist in einem den Umständen entsprechenden guten Zustand. Ihr Puls ist etwas zu schnell, aber der Herzschlag ist regelmäßig«, erklärte er mit professionell beruhigender Stimme. »Sie ist jung und kräftig. Ihr Körper wird das Gift bald ausscheiden. Sie braucht jetzt ein paar Tage Schonung, leichte Kost und viel Schlaf. Dann ist es bald nur noch eine böse Erinnerung.«

Mit einem leisen Ächzen erhob er sich von der Bettkante. »Wenn sie über starke Schmerzen klagt – aber nur dann! –, geben Sie ihr zehn Tropfen davon. Zehn – keinesfalls mehr!«, sagte er zu Dorothea und reichte ihr ein kleines braunes Fläschchen. »Ich bin kein

Freund von Laudanum, aber es wäre grausam, das Kind nur aus Prinzip leiden zu lassen. Sollte ihr Zustand sich überraschend verschlechtern, zögern Sie nicht, mich zu rufen. Ihr Diener, Madam.«

Gerade als er noch ein paar Abschiedsworte mit Mutter Schumann wechselte, kamen Karl und Koar aus der Lateinschule zurück. Die Überraschung war gegenseitig.

Dr. Woodforde fand zuerst die Sprache wieder. »Holla, ist das nicht mein junger Freund, der Medizinmann? Sie kommen wie gerufen: Wie würden Sie einen Skorpionstich behandeln? Na los, lassen Sie hören.«

»Mit einem Umschlag aus *ngalyipi*-Wurzelbrei«, antwortete Koar. »Aber danach muss man die Geister befragen, welcher Zauberer den Skorpion geschickt hat.«

»Hm, so, so.« Dr. Woodforde betrachtete Koar lange und nachdenklich, ehe er ihm väterlich die Hand auf die Schulter legte. »Mit dem Umschlag bin ich einverstanden. Dies scheint wirklich eine außergewöhnlich nützliche Heilpflanze zu sein. Sie haben meine Zustimmung, die Patientin damit zu behandeln. Den Rest vergessen wir besser. Diesen Geisterglauben müssen Sie ablegen, wenn es Ihnen mit dem Studium der Medizin ernst ist, junger Freund.«

»Es war nur ein Scherz«, sagte Karl rasch und stieß seinen Freund unauffällig mit dem Ellenbogen an. »Selbstverständlich glaubt Koar keinen solchen Unsinn.«

Ehe der protestieren konnte, hatte er den Arzt schon hinauskomplimentiert. »Und jetzt lass uns schleunigst diese Wurzeln besorgen.« Sobald er die Tür hinter Dr. Woodforde geschlossen hatte, betrachtete er Koar nachdenklich. »Es war doch ein Scherz, oder?«

»Nein«, erwiderte Koar. »Ein Skorpion sticht dich nicht zufällig. Es ist immer ein Zeichen dafür, dass jemand einen Fluch gegen dich ausgesprochen hat.«

»Selbst wenn du recht hättest: Wer sollte einen Fluch gegen ein kleines Mädchen aussprechen?«, wandte Dorothea ein. »Gegen ein Kind!«

»Ein Kind hat Eltern, die es lieben.« Der junge Aborigine sah sie eindringlich an. »Es ist nur das Mittel, um ihnen Schmerz zuzufügen.«

»Schluss mit dem Gerede«, unterbrach Karl ihn ungewohnt energisch. »Wie ich schon sagte: Wir sollten uns beeilen.«

»Musst du Doro mit solch morbidem Zeug Angst einjagen?«, hörte Dorothea ihn vorwurfsvoll sagen, als sie um die Hausecke bogen. »Das bringt doch nichts.«

Ihre Mutter hatte angeboten, sich bei der Wache an Heathers Bett mit ihr abzuwechseln, und die Stunden bis Mitternacht übernommen. »Der Umschlag scheint ihr gutzutun«, teilte sie Dorothea leise mit, als die kam, um sie abzulösen. »Aber sie fiebert, und wenn sie aufwacht, ist sie immer sehr durstig. Ich bringe dir noch einen Krug von der Limonade, die sie so gern mag.«

Tatsächlich waren Heathers Wangen hochrot, ihre Stirn glühend heiß, und sie warf sich unruhig in den Kissen hin und her, wobei sie Unverständliches vor sich hin murmelte. Dorothea, die als Krankenpflegerin völlig unerfahren war, da ihre Mutter bei Karls und Lischens früheren Erkrankungen keinem der anderen Kinder erlaubt hatte, das Zimmer zu betreten, wurde es mulmig zumute. Wie sollte sie erkennen, wann es nötig war, Dr. Woodforde zu rufen?

»Weck mich, wenn du denkst, dass ihr Zustand besorgniserregend ist«, sagte ihre Mutter ruhig und stellte den Krug mit der frischen Limonade auf den Waschtisch. »Gegen Morgen ist es immer am schlimmsten.«

Mit klopfendem Herzen verfolgte Dorothea jeden mühsamen Atemzug ihrer Stieftochter. War Dr. Woodforde wirklich so zuversichtlich gewesen, dass Heather es gut überstehen würde, oder hatte er es nur vorgetäuscht, um sie nicht zu beunruhigen? Sollte sie ihr von den Tropfen geben, wenn sie aufwachte? Und würde sie es rechtzeitig bemerken, wenn der Arzt benötigt würde? Sie kam sich so schrecklich hilflos vor, dass sie bedauerte, nicht rechtzeitig daran gedacht zu haben, Dr. Woodforde nach einer Pflegerin zu fragen. Eine erfahrene Frau gehörte an ihren Platz. Nicht eine wie sie, der vor lauter Angst, etwas falsch zu machen, die Hände zitterten.

Als das Mädchen plötzlich die Augen aufschlug, hätte sie vor Schreck fast aufgeschrien. Als Heather sie erkannte, lächelte sie schwach. »Dorothy«, flüsterte sie. »Ich habe so schrecklich Durst.«

»Möchtest du Limonade?«, fragte Dorothea, zutiefst erleichtert, dass Heather nicht halluzinierte, sondern fast normal wirkte. Heather nickte, und Dorothea flößte ihr ein halbes Glas der nach Zitrone duftenden Flüssigkeit ein.

»Glaubst du, der böse Mann hat den Skorpion geschickt?«, fragte Heather kaum hörbar, nachdem sie in die Kissen zurückgesunken war.

»Nein, das glaube ich nicht. Aber selbst wenn – gegen Koars Medizin kann er nichts ausrichten.« Sie wies auf den Breiumschlag.

»Koar ist auch ein Zauberer?«

Dorothea zögerte nur einen winzigen Moment. »Ja«, sagte sie dann entschieden. »Koar ist sogar ein überaus bedeutender Zauberer bei ihnen. Er ist zwar noch jung, aber sein Großvater, der ihn alles gelehrt hat, war einer ihrer größten.«

Diese Information hatte auf Heather eine erstaunliche Wirkung. Sie lächelte zufrieden. »Das habe ich gespürt«, wisperte sie und blickte fast ehrfürchtig auf den schlichten Breiumschlag. »Wenn Koar mich beschützt, habe ich keine Angst mehr.« Ihre Lider fielen zu, und schon nach kurzer Zeit zeigten ihre regelmäßigen Atemzüge, dass sie wieder eingeschlafen war. Verwundert sah Dorothea, dass die ungesunde Röte schwächer geworden war. Auch das Fieber schien gesunken. Heather schlummerte so ruhig und friedlich, als hätte sie ihr das ganze Fläschchen Laudanum eingeflößt.

Seltsam: Allein der Glaube, Koar sei ein mächtiger Zauberer, dessen Medizin selbst das Gift eines Skorpions unschädlich machen konnte, schien geradezu Wunder gewirkt zu haben. Sollte an diesem ganzen Brimborium doch etwas dran sein?

Am nächsten Tag ging es Heather schon bedeutend besser. Als Ian Rathbone zu einer Krankenvisite vorbeikam, wie er es nannte, konnte sie seine Genesungswünsche aufrecht im Bett sitzend entgegennehmen. »Ich dachte mir, daran hast du mehr Freude als an Blumen«, sagte er mit einem Augenzwinkern, als er ein Körbchen mit exquisiten Süßigkeiten von Lacy's, dem besten Konditor der Stadt, vor sie auf die Bettdecke stellte. »Und ich hoffe, dadurch die schlechten Erinnerungen an unseren gestrigen Ausflug zu übertünchen.«

»Oh …« Lischen stierte gierig auf das Konfekt. »Dafür würde ich mich auch von einem Skorpion stechen lassen!«

August, der nach dem Frühstück vorbeigekommen war, betrachtete seine jüngste Schwester kopfschüttelnd. »Wie kann man nur so gefräßig sein?«

Dorothea und Ian sahen sich an und brachen unisono in schallendes Gelächter aus. »Untersteh dich, Mädel«, prustete Ian und wischte sich die Lachtränen aus den Augenwinkeln. »Wenn du das tust, kriegst du von mir kein Konfekt, sondern eine Gardinenpredigt, die sich gewaschen hat. Also lass es lieber sein.«

Anschließend führte Dorothea Ian in den Garten. »Du siehst müde aus«, sagte Ian fast schroff. »Ich habe dir doch gesagt, dass es nicht so schlimm ist. An einem Bienenstich stirbt man schließlich auch nicht.«

»Du hast gut reden. Robert hat mir Heather anvertraut. Ich bin für sie verantwortlich. Wenn ihr etwas zustieße …« Dorothea sprach nicht weiter.

»Schhh…« Ian zog sie tröstend in die Arme, und Dorothea war

zu erschöpft, um sich zu wehren. Schließlich war es Ian. Ian, den sie seit Langem kannte. Warum sollte sie ihrem Bedürfnis widerstehen, sich an seine so beruhigend warme, feste Brust zu schmiegen?

»Ach, Ian, es ist so schön, dass ich dich wiederhabe«, murmelte sie. Der Druck seiner Arme verstärkte sich fast unmerklich, und sie spürte, wie sich sein Körper verhärtete, ehe er sie mit einem tiefen Seufzer sanft von sich schob.

»Setzen wir uns ein wenig auf die Bank dort. Wie habt ihr euch eigentlich kennengelernt, du und Robert? Soviel ich weiß, ist er möglichst selten in der Stadt.«

»Ich kannte ihn auch kaum. Es war das, was man gemeinhin eine arrangierte Ehe nennt.« Dorothea lächelte schwach, als sie sich an das denkwürdige Gespräch mit Mary Kilner erinnerte. »Wir waren durch den Tod meines Vaters in eine ziemliche Zwangslage geraten. Und Robert befand sich bereits in einer solchen. Wir haben uns sozusagen gegenseitig geholfen.«

»Das hat er mir nicht erzählt«, stieß Ian hervor. Als Dorothea ihm einen scheuen Seitenblick zuwarf, sahen seine Wangenmuskeln wie gemeißelt aus. »Er sagte nur, er werde einer alten Freundin ewig dankbar sein für ihre Vermittlung. Aber ich dachte natürlich, er meinte damit, sie hätte euch einander vorgestellt.« Ian schien ausgesprochen aufgebracht. Vermutete er, Robert hätte die Notlage ihrer Familie ausgenutzt und sie praktisch gekauft? Wenn man nicht wusste, dass ihr Interesse an einer raschen Heirat bedeutend größer gewesen war, musste es wohl so erscheinen. Und Robert war sicher zu sehr Gentleman gewesen, um ihren angeblichen Wunsch, das Trauerhaus möglichst schnell verlassen zu können, als Begründung für die ungewöhnlich hastige Eheschließung anzugeben.

»In gewisser Weise hat sie das auch nur«, sagte Dorothea begütigend. »Du musst wissen, ich war es, die hoffte, meiner Familie mit einer guten Heirat zu nützen. Inzwischen schäme ich mich dafür, denn Robert ist ein ganz wundervoller Ehemann, wie ich ihn besser nicht hätte finden können …«

»Genug«, unterbrach er sie und sprang auf. »Liebst du ihn?«

Dorothea zögerte mit einer Antwort. Diese Frage hatte sie sich selbst schon öfter gestellt. Was war Liebe? Zweifellos liebte sie ihre Familie: ihre Mutter, ihre Geschwister. Ihren Vater hatte sie so geliebt, dass der Schmerz über seinen Tod kaum zu ertragen gewesen war. Hatte sie Miles geliebt? Rückblickend musste sie das eher verneinen. Es war ein kurzer Rausch gewesen, ein körperliches Vergnügen gepaart mit der prickelnden Erregung des Verbotenen.

Für Robert empfand sie tiefe Zuneigung und Hochachtung. Und auch die körperliche Seite ihrer Ehe mit ihm war durchaus zufriedenstellend. Das Gefühl, dass etwas fehlte, war erst in den letzten Wochen aufgekommen, zunächst schemenhaft, dann immer klarer.

»Ja, ich liebe ihn von Herzen«, sagte sie mit einer Entschiedenheit, die zu einem guten Teil darauf zurückging, dass sie auch sich selbst davon überzeugen wollte, dass es so war. »Er ist ein wunderbarer Ehemann, und er wird ein genauso wundervoller Vater sein, wenn wir erst einmal Kinder haben werden.«

Ian fuhr zusammen, als hätte sie ihm einen Faustschlag in den Magen versetzt. Dann drehte er sich unvermittelt um und stürmte davon. Dorothea sah ihm niedergeschlagen nach. Warum benahm Ian sich auf einmal dermaßen seltsam? Hatte sie das Falsche gesagt? Es war so verwirrend: Anfangs hatte sie sich einfach nur gefreut, einen alten Freund wiedergefunden zu haben, aber etwas zwischen ihnen hatte sich verändert. Er war nicht mehr der Junge, mit dem sie auf den Taurollen gesessen und Lesen und Schreiben geübt hatte. Die kameradschaftliche Vertrautheit von damals war einer merkwürdig zwiespältigen Haltung gewichen. Der neue Ian zog sie magisch an, und doch ließ etwas sie fast ängstlich vor ihm zurückscheuen. Vielleicht war es gut, dass er so wütend davongestürmt war. Seine Nähe beunruhigte sie mehr, als es sich gehörte.

»Was hast du nur zu ihm gesagt, dass er aus dem Haus gestürmt ist wie eine angestochene Sau?« August betrachtete sie mit brüderlicher Missbilligung. »Schade, ich hatte ihn gerade fragen wollen, ob er heute Nacht mitkommen möchte.«

»Mitkommen wohin?«, erkundigte sich Dorothea automatisch, ohne nachzudenken. August errötete deutlich sichtbar. »Ach, nur in so ein neues Etablissement«, wiegelte er dermaßen offensichtlich ab, dass Dorothea argwöhnisch wurde. »Was für ein Etablissement?«

»Eines mit künstlerischen Darbietungen«, sagte er. »Und du brauchst mich gar nicht so anzuschauen, als wäre ich eine Kakerlake. Männer haben nun einmal andere Bedürfnisse als Frauen. Als Ehefrau solltest du das wissen.«

»Ist dieses Etablissement mit den künstlerischen Darbietungen etwa ein Bordell?«, fragte Dorothea, wobei sie die *künstlerischen Darbietungen* verächtlich betonte.

»Hast du etwas dagegen?«, gab August trotzig zurück. »Ist ja wohl besser, als Dienstmädchen schwängern, und Rathbone schien mir genau der Mann zu sein, der einen original orientalischen Schleiertanz zu würdigen weiß.«

Würde er das? Ihr Bruder war ebenfalls ein Mann. Vielleicht konnte er das besser beurteilen. Waren Männer wirklich so anders?

»Du weißt ja, wo er logiert«, sagte sie in neutralem Ton und wandte sich ab, um ins Haus zu gehen.

Dr. Woodfordes Zuversicht in Heathers Konstitution erwies sich als berechtigt: Ihre Genesung machte rasante Fortschritte. Zwei Tage nach dem Stich war sie so munter wie vorher, und es wurde zunehmend schwieriger, das Mädchen, das daran gewöhnt war, frei herumzustreifen, zu beschäftigen. Mutter Schumann schlug vor, die neue Leihbücherei aufzusuchen. »Dort gibt es sicher passende Lektüre«, meinte sie. »Außerdem habe ich gehört, dass es dort auch verschiedene Spiele zum Ausleihen geben soll.«

Dorothea, die bisher nur den Lesesaal der Literarischen Gesellschaft gekannt hatte, war angenehm überrascht. Die Bezeichnung Lesesaal war ziemlich euphemistisch – er enthielt außer einigen Sesseln nur zwei Vitrinen mit gespendeten Büchern, die ihren Vorbesitzern wohl nicht zugesagt hatten.

Die Leihbücherei Gibson dagegen wirkte äußerst geschäftig. An einer Theke aus hellem Eichenholz empfing sie eine ältere Dame mit schwarzen, fingerlosen Spitzenhandschuhen und erklärte ihnen, dass man sich zuerst einschreiben und einen Jahresbeitrag zahlen musste. Danach durfte man in die Räume dahinter, in denen lange Regale voller Bücher auf Leser warteten. »Einen Monat Leihfrist, Überschreitung kostet einen Shilling«, leierte sie mit ausdrucksloser Stimme herunter. »Hier ist Ihre Karte, bitte sehr.«

Dorothea nahm sie entgegen. Sie war aus stabilem, braunem Karton und ließ Raum für gut zwanzig Titel auf jeder Seite. »Rufen Sie mich ruhig, wenn Sie noch Fragen haben«, sagte die Dame und wandte sich einem älteren Herrn mit üppigem, grau meliertem Bart zu, der laut und vernehmlich forderte, ihm die neueste Ausgabe »dieses verdammten Schmierblatts« ins Lesezimmer zu bringen.

Während Lischen und Heather zwischen den Regalen verschwanden, folgte Dorothea dem Mann neugierig. Dank zahlreicher Fenster war der Raum lichtdurchflutet, dicke indische Wollteppiche dämpften jedes Geräusch. Die wuchtigen Ledersessel wirkten ausgesprochen bequem. Und ein üppig bestücktes Teetablett auf einem der Beistelltische zeigte, dass man hier durchaus angenehm erholsame Stunden verbringen konnte.

Es war nicht der Ort, an dem sie erwartet hätte, Ian wiederzubegegnen.

Er saß in einem der Sessel direkt vor dem Fenster und las mit gerunzelter Stirn in einer aufgeschlagenen Zeitung. So vertieft in seine Lektüre, dass er aufsprang, wie von der Tarantel gebissen, als sie leise sagte: »Guten Morgen, Ian. Ich wusste gar nicht, dass du ein Anhänger des *Register* bist.«

Aus einem mit dem Rücken zu ihnen stehenden Sessel ertönte ein mahnendes Räuspern; ein oder zwei ergraute Köpfe hoben sich von der Lektüre und musterten den Störenfried. Ian schüttelte nur den Kopf, legte die Zeitung hin und erhob sich mit der stummen Aufforderung, ihm nach draußen zu folgen. »Dort drinnen herrscht striktes Sprechverbot«, sagte er, während er so leise wie möglich die Tür hinter ihnen schloss. »Ich fürchte, du hast dich bei den Herrschaften nicht gerade beliebt gemacht.« Er sah sie fragend an. »Was machst du hier? Ich nehme nicht an, dass du mich gesucht hast.«

»Nein.« Dorothea senkte den Blick und gab vor, ihre Handschuhe zurechtzuziehen. »Die Mädchen wollten unbedingt hierher. Und ich muss zugeben: Ich war ebenfalls neugierig. – Bist du öfter hier?«

»Wundert es dich?«

»Ich hätte nicht gedacht, dass es dir Freude macht, deine Zeit in einer Bibliothek zu verbringen«, gab sie zu. »Aber als deine frühere Lehrerin freut es mich natürlich, dass meine Bemühungen so reiche Früchte tragen.«

Er verzog die Lippen zu einem amüsierten Lächeln. »Tut mir leid, dich enttäuschen zu müssen. Ich habe die Viehpreise studiert. Warum soll ich mir eine Gazette kaufen, wenn ich sie hier umsonst lesen kann?«

»Und was machen die Viehpreise? Steigen sie oder fallen sie?« In Wahrheit interessierte es sie nicht im Geringsten, aber wenn Ian die Viehpreise interessant fand, würde sie sich mit ihm eben über Viehpreise unterhalten. Sie hätte nicht erwartet, dass sie ihn vermissen würde, kaum dass er gegangen war. Und doch war es so.

Am nächsten Tag hatte sie versucht, August auszuhorchen, ob er Ian tatsächlich mit ins Bordell genommen hatte. Aber ihr Bruder war für seine Verhältnisse ungewöhnlich verschwiegen gewesen. »Gentlemen reden mit anständigen Frauen nicht darüber«, hatte er hochnäsig erklärt. »Du solltest wenigstens so tun, als ob du keine Ahnung von solchen Dingen hättest.« Dorothea hatte nicht widerstehen können, ihn darauf hinzuweisen, dass ihr Wissen über dieses Thema ausschließlich von ihm stamme, der vor seiner Zeit als Gentleman so gut wie keine Geheimnisse vor ihr gehabt habe.

Das war ein taktischer Fehler gewesen, denn darauf hatte August so verärgert reagiert, dass er jede weitere Frage mit bockigem Schweigen quittierte.

»Sie steigen. Aber das war ja zu erwarten«, riss Ian sie aus ihren Überlegungen.

Wer stieg? Dorothea war so beschäftigt gewesen, ihn mit den Augen zu verschlingen, jede Einzelheit seiner Erscheinung in sich aufzunehmen, von dem gestärkten Halstuch bis zu den blank geputzten Stiefeln, dass sie kurz stutzte. Ach so, natürlich. Sie unterhielten sich ja gerade über die Viehpreise.

»Wieso?«

»Robert langweilt euch wohl nicht mit geschäftlichen Dingen, hm?« Ian nahm ihren Arm und führte sie zu einer grob gezeichneten Karte Südaustraliens, die an der Schmalseite der Büchereitheke hing. »Hier ist der Murray«, sein Finger fuhr einen Flusslauf entlang. »Hier etwa liegt Eden-House, hier Sweet Wellington. Und hier«, er tippte so energisch mit dem Zeigefinger auf den Bereich, dass die Dame mit den fingerlosen Spitzenhandschuhen pikiert zu ihnen hersah und die fein gezupften Brauen hob, »hier im Süden liegen ausgezeichnete Weidegründe. Nicht nur für Schafe, sondern auch für Rinder. Und Rinder bringen einen viel größeren Profit als Schafe.« Er grinste zufrieden. »Beim letzten Treck hat er sich vervierfacht. Durch die Probleme am Rufus River sind die Preise ins Astronomische gestiegen. Eigentlich müsste ich den Maraura richtig dankbar sein.«

Nachdenklich sah Dorothea auf die Karte. Nördlich des Murray River waren zahlreiche Siedlungen eingezeichnet: Macclesfield, Strathalbyn, Willunga, Hahndorf. Selbst im Norden von Adelaide reihten sich die Siedlungsnamen aneinander wie Perlen an einer Kette. Nur im Süden gähnte eine weiße Fläche. Seltsam.

»Wieso wohnt dort noch niemand?«

»Ganz einfach: weil das Gebiet erst seit Kurzem vermessen worden ist. Vorher hat man sich auf die nähere Umgebung von Adelaide konzentriert, und unter Grey wurde dann ja erst einmal alles gestoppt. Aber jetzt ist der Andrang auf das frische Weideland groß.«

»Und die Eingeborenen, die dort leben?«

Ian zuckte mit der Schulter. »Die werden sich schon daran gewöhnen. So oder so.«

»Wenn es nicht anders geht, muss Major O'Halloran die Schwarzen eben wieder Mores lehren«, warf die Dame vom Empfang ein, die das Gespräch interessiert verfolgt hatte. »Neulich hatte ich hier einen Herrn, der …«

»Mr. Rathbone, was machen Sie denn hier?« Heather sah strahlend zu ihm auf.

»Das Gleiche könnte ich dich fragen«, neckte er sie und zupfte an ihrer Zopfschleife. »Es freut mich, dass du bereits wieder auf den Beinen bist. Was hältst du davon, wenn ich euch alle zu Lacy's einlade?«

»Ist das nicht ein bisschen zu extravagant?«, wandte Dorothea ein. »Es ist ein ganz normaler Wochentag.«

»Und wenn ich dir verriete, dass ich heute Geburtstag habe?« Ians Augen funkelten herausfordernd. »Ist es dann immer noch zu extravagant?«

»Du hast Geburtstag?« Dorothea fühlte sich wie vor den Kopf geschlagen.

»Das soll vorkommen«, erwiderte er trocken. »Macht mir die Freude und leistet mir bei einer Tasse Tee Gesellschaft. An seinem Geburtstag sollte man nicht allein feiern müssen.«

»Herzlichen Glückwunsch.« Heather kam ihr um Haaresbreite zuvor. »Wie alt wirst du denn?«

»Ich weiß es nicht genau.«

Das Mädchen sah ihn ungläubig an. »Du ziehst mich auf. Jeder Mensch weiß doch, wie alt er ist!«

»Ich nicht. Ich weiß nur den Tag«, sagte Ian ohne merkliche Gefühlsregung.

»Aber …«

»Es reicht, Heather.« Dorothea hatte sich gefangen. »Dring nicht so in Mr. Rathbone. Das ist unhöflich. – Ian, ich wünsche dir alles Gute und dass alles gelingt, was du dir vornimmst.« Sie streckte die Hand aus, und er ergriff sie. Eine ganz normale, förmliche Gratulation. Er hielt sie nur eine winzige Spur länger als angemessen. Auch die sittenstrengste Gouvernante hätte es kaum der Rede wert gefunden. Aber der Moment reichte, um in Dorotheas Innerem etwas auszulösen, was sie nicht verstand. Eine irrwitzige Sehnsucht danach, sich an Ian zu schmiegen und mit ihm zu verschmelzen. Der Moment ging vorbei. Niemand hatte etwas bemerkt. Wie auch? Die Dame an der Theke wirkte nicht so, als seien ihr solche Anflüge vertraut. Dorothea trat zwei Schritte zurück und sah sich nach ihrer kleinen Schwester um. »Wo steckt Lischen bloß?«

»Sie ist ganz hinten bei den großen Büchern mit den Bildern. Ich hole sie«, sagte Heather und verschwand zwischen den Regalen.

Dorothea nestelte verlegen an ihrem Wiener Täschchen. Ihre Handschuhe schienen die Wärme von Ians Hand gespeichert zu haben. Sie konnte sie immer noch spüren.

»Bist du sicher, dass du Lischen in eine so gefährliche Umgebung bringen willst?«, fragte sie mit gezwungener Leichtigkeit. »Nicht, dass sie sich noch den Magen verdirbt.«

»Das ist dann nicht mein Problem«, gab er zurück. »Aber ich vertraue darauf, dass du ihre Leidenschaft so weit zügeln kannst.«

»Manche Leidenschaften sind nicht zu zügeln.«

»Wirklich?« Er sah ihr tief in die Augen. So tief, dass sie erschrak. Die leise Stimme in ihrem Hinterkopf, die ihr riet, sich nicht auf schwankenden Boden zu begeben, kam nicht an gegen das verlockende Gefühl, das in ihrem Inneren ausgelöst wurde, wenn Ian sie auf diese besondere Art ansah.

»Doro, kann ich dieses Buch ausleihen?« Lischens Stimme brachte sie auf den Boden der Tatsachen zurück. »Es sind so seltsame Tiere darin.« Sie hielt ihr die aufgeschlagene Seite hin, und Dorothea sah verwundert auf die Aquarellzeichnung eines Tieres, das die Gestalt und Größe eines Otters hatte – auch die Schwimmhäute –, aber einen Schnabel wie eine Ente.

»Das ist ein Schnabeltier. Im Darling River habe ich sie mit eigenen Augen gesehen«, sagte Ian nach einem kurzen Blick. »Sie können unangenehm beißen, wenn man ihnen zu nahe kommt.«

»Natürlich, das müssen wir unbedingt mitnehmen.« Dorothea sah zu Heather. »Und du? Hast du ein Buch gefunden, das du ausleihen möchtest?« Heather nickte und hob stumm ein dünnes Traktat mit dem Schattenriss eines Pferds in die Höhe. »Grundlagen der Pferdezucht mit einem Überblick über die Vor- und Nachteile der jeweiligen Rassen«, las Dorothea und schmunzelte. »Das ist ziemlich speziell. Aber wenn du meinst …« Ihre Stieftochter hatte in letzter Zeit überraschend schnelle Fortschritte im Lesen gemacht. Ob sie jedoch dieser Art fachlicher Lektüre bereits gewachsen war, bezweifelte Dorothea. Nun, es war wohl besser, Heather würde das selbst herausfinden. Sie zahlte den bescheidenen Obolus, wartete geduldig, bis die Dame Titel und Datum fein säuberlich auf der Leihkarte eingetragen hatte, und folgte dann Ian und den Mädchen auf die Straße hinaus.

15

Bei Lacy's herrschte gerade Hochbetrieb. Erstaunlich, wie viele sich diesen Luxus gönnten, dachte Dorothea und bestaunte das reich bestückte Kuchenbüfett. Sie hatte eben zum ersten Mal ihren Fuß in das vornehme Etablissement gesetzt, denn das Café hatte erst eröffnet, als sie schon auf Eden-House lebte. Die hohen Räume in dem zweistöckigen Steinhaus in bester Lage waren nach der neuesten Mode eingerichtet. Vermutete sie, denn diese Art von Dekoration hatte sie noch nie gesehen. Ein Künstler hatte sämtliche Wände mit Motiven aus dem englischen Landleben bemalt, und zwar so geschickt, dass man meinte, die pittoreske Szenerie durch ein geöffnetes Fenster oder eine offen stehende Tür zu betrachten. Die echten Fenstertüren waren von hauchzarten Tüllgardinen verdeckt, die zwar das Tageslicht hereinließen, Insekten aber wirkungsvoll aussperrten. Geflochtene Korbmöbel, blau-weiß gemustertes Steingutgeschirr und der mit gebrannten Ziegeln gepflasterte Boden schafften eine gemütliche, ländlich anmutende Atmosphäre.

Eine als Milchmädchen verkleidete Bedienung empfing sie mit einem tiefen Knicks an der Tür und führte sie quer durch das Lokal in den hinteren Raum, wo gerade noch ein Tisch frei war. Ian bestellte Tee für die Erwachsenen und Schokolade für die Kinder, und während das Gewünschte geholt wurde, gingen sie alle zur Kuchentheke. Nicht nur Lischen konnte sich lange nicht entscheiden. Die Auswahl war einfach zu überwältigend: Schokoladenkuchen, diverse Obstkuchen, Cremetörtchen, Biskuitrouladen, Savarins, Eclairs … Es war nicht einfach, da eine Wahl zu treffen. Dorothea schwankte gerade zwischen einem Stück Aprikosenkuchen und einem Nugatbaiser, als eine bekannte Stimme dicht hinter ihr ertönte.

»Mrs. Masters? Ehemals Miss Schumann?«

Dorothea drehte sich zu einer zierlichen Frauengestalt um.

Mary Kilner lächelte erfreut und streckte ihr die Hand entgegen. »Das ist aber eine nette Überraschung, Sie hier zu treffen! Ist Robert auch in der Stadt?«

Ihr Blick streifte kaum merklich Ian, der gerade in eine lebhafte Diskussion mit Heather und Lischen über die Vorzüge der diversen Köstlichkeiten verwickelt war.

»Nein, Robert konnte sich leider nicht freimachen«, erwiderte Dorothea höflich. »Darf ich Sie mit Mr. Ian Rathbone bekannt machen? Er ist ein alter Freund von Robert. Wir haben ihn gerade in der Leihbücherei getroffen.«

»Guten Tag, Mr. Rathbone. Ich freue mich sehr, einen Freund von Robert kennenzulernen«, begrüßte Miss Kilner ihn herzlich. »Wollen Sie nicht heute Abend an seiner Stelle zu unserer Sitzung der Literarischen Gesellschaft kommen? Sie natürlich auch, Mrs. Masters. Mein lieber Matthew will von seiner letzten Reise die Küste herunter bis Cap Jervis berichten. Er hat dort einige höchst interessante Eingeborenenkultplätze entdeckt, die zu einer Art Mythos gehören.« Sie zog die Stirn kraus in dem Bemühen, sich zu erinnern. »Wie hieß er nur? – Ach ja, der Tjilbruke-Gesang. Es geht da um Mord und Totschlag und einen alten Mann, der sich in einen Ibis verwandelt. Oder so ähnlich.«

»Das klingt wirklich höchst interessant. Ich fürchte nur, ich bin heute Abend verhindert«, sagte Ian mit einem Bedauern, dem auch für einen unbedarften Beobachter jeglicher Enthusiasmus fehlte. »Aber ich bin sicher, Mrs. Masters wird es ein Vergnügen sein.«

»O ja, Sie müssen unbedingt kommen.« Mary Kilner griff beschwörend nach Dorotheas Hand. »Matthew muss übermorgen bereits wieder nach Port Lincoln aufbrechen und würde es sehr bedauern, Sie nicht getroffen zu haben.« Sie lächelte und entschuldigte sich. »Meine Mutter winkt mir. Ein andermal habe ich hoffentlich mehr Zeit zum Plaudern. Sind Sie öfter in der Leihbücherei?« Sie klopfte auf den Beutel an ihrem Arm. »Ich habe mir gerade *Oliver Twist* von Charles Dickens geholt. Es soll sich dabei ja um eine wahre Geschichte handeln!« Mary schüttelte den Kopf. »Man kann es sich kaum vorstellen, dass es in London solche schrecklichen Menschen gibt. Stellen Sie sich vor: elternlose Waisen zu Dieben abzurichten! Welche Verkommenheit!«

Immer noch entrüstet verabschiedete sie sich und bahnte sich den Weg zu einer in schwarzen Taft gekleideten Matrone, mit der sie verschwand.

»Sie würde sich wundern, wie es in den Gassen von Whitechapel zugeht«, bemerkte Ian leise. »Das ist also die Person, die euch verkuppelt hat. Ich könnte ihr den Hals umdrehen!«

»Sie hat nur versucht zu helfen«, verteidigte Dorothea sie. »Außerdem ist jetzt nicht der richtige Zeitpunkt, das zu diskutieren.« Sie warf einen sprechenden Blick auf die beiden Mädchen, die sich anscheinend entschieden hatten.

Nicht nur Ian hatte anderweitige Verpflichtungen vorgeschoben. Auch August hob abwehrend die Hände, als sie ihm vorschlug, sie zu dem Vortrag zu begleiten. Und ihre Mutter erklärte, zu müde zu sein, um noch in Gesellschaft zu gehen. Dorothea jedoch war fest entschlossen, dem Protector endlich die verbrannte Bibel zu zeigen, die sie am Heiligtum in der Asche gefunden hatten. Bisher hatte es sich einfach nicht ergeben, aber dies schien ihr eine günstige Gelegenheit. Koar war das Ritual dahinter völlig unbekannt gewesen. Er hatte allerdings gemeint, dass es mit Sicherheit nichts Gutes zu bedeuten hätte. Jedem Aborigine sei bewusst, dass die Bibel als heiliges Buch galt. Sie zu zerstören deute auf großen Hass gegen die Europäer.

Glücklicherweise war es in Adelaide kein Problem, als Frau allein unterwegs zu sein. Also wickelte Dorothea die immer noch brenzlig riechenden Reste in ein altes Leinentuch, setzte einen zu der dunkelblauen Samtpelerine passenden Hut auf und verabschiedete sich mit den Worten: »Wartet nicht auf mich mit dem Zubettgehen, es kann spät werden, wenn Mr. Moorhouse sein Steckenpferd reitet.«

An der Kreuzung zur Morphett Street wäre sie fast mit einem hochgewachsenen, mageren Gentleman zusammengestoßen. »Mr. Stevenson!« Überrascht sah sie zu ihrem ehemaligen Chef auf. »Was machen Sie denn hier?«

»Dasselbe könnte ich Sie fragen, Mrs. Masters. Ich wähnte Sie glücklich verheiratet an den lieblichen Ufern des Murray River. Der Ehe schon überdrüssig?« Sein Spott war noch beißender geworden, die Falten um die Mundwinkel tiefer.

Automatisch registrierte Dorothea, dass die Armsäume seines Gehrocks abgestoßen, der Zylinder ungebürstet war. Es war nicht zu übersehen, dass er wenig Sorge auf sein Äußeres verwandte. »Nein, ich bin nur bei meiner Mutter zu Besuch. Wie geht es im *Register?«,* fragte sie und war überrascht von der Heftigkeit seiner Antwort.

»Ein einziger Misthaufen ist das hier!«, polterte er in altgewohnter Offenheit. »Wäre ich nicht Stadtrat, hätte Grey mich vermutlich schon längst aus der Stadt vertrieben. Aber ich denke nicht daran, klein beizugeben! Selbst wenn sie mir den *Register* wegnehmen – ich finde ein anderes Sprachrohr, um die Missstände der Verwaltung anzuprangern!«

»Sie gehen doch sicher auch zu dem Vortrag der Literarischen Gesellschaft? Dann sollten wir nicht länger trödeln«, sagte Dorothea und beobachtete leicht nervös, wie in der Nachbarschaft Vorhänge zurückgezogen wurden, um der Ursache des lauten Wortwechsels auf den Grund zu gehen. »Kommen Sie, Mr. Stevenson.«

Die Räumlichkeiten der Gesellschaft waren bereits hell erleuchtet, obwohl die Sonne noch gar nicht untergegangen war. Kaum hatten Dorothea und ihr Begleiter das Foyer betreten, als auch schon Mary Kilner auf sie zueilte, um sie zu begrüßen. »Es sind so viele Gäste da, dass wir kaum genügend Stühle haben«, verriet sie strahlend vor Stolz über den öffentlichen Zuspruch. »Darf ich Sie zu den reservierten Plätzen führen?«

Auf dem Weg dorthin begrüßten sie einige Bekannte Miss Kilners und Mr. Stevensons. Als sie eine Gruppe schwarz gekleideter Matronen passierten, hörte Dorothea eine von ihnen zischeln: »Das ist die Neue von diesem Masters. Der Mann könnte einem ja echt leidtun: nicht besser als die Erste. Heute Vormittag erst hat sie mit einem äußerst windigen jungen Mann bei Lacy's geflirtet – ich habe es genau gesehen –, und jetzt kokettiert sie mit diesem Freigeist Stevenson. Also, wenn ich ihre Mutter wäre …« Sie verfiel in Flüsterton, der nicht mehr bis zu Dorothea trug. Die versuchte zwar, das Gehörte zu ignorieren, aber es war doch genug Wahrheitsgehalt in dem bösartigen Geschwätz, dass es sie beunruhigte. Hatte sie wirklich mit Ian geflirtet? Ihrem Gefühl nach war ihr Betragen einwandfrei gewesen. Diese alte Hexe war doch nur missgünstig.

»Mrs. Masters!« Matthew Moorhouse lächelte sie so herzlich an, dass ihr unterschwelliges Unbehagen augenblicklich verflog. »Und Mr. Stevenson. Dürfen wir uns vielleicht auf eine neue Artikelreihe über die weibliche Welt der Stämme am Murray freuen?« Er hob die Brauen, während er von einem zum anderen sah. Dorothea schüttelte bedauernd den Kopf. »Leider nein. Die Ngarrindjeri sind nicht so zugänglich wie die Kaurna hier um Adelaide. Sie bleiben lieber für sich. Weder Frauen noch Kinder dürfen auch nur in unsere Nähe. Der Einzige, der sich regelmäßig auf Eden-House blicken lässt, ist ihr alter Häuptling, King George.«

»Ja, ich habe auch gehört, dass die Ngarrindjeri uns Europäern wesentlich ablehnender gegenüberstehen als andere Stämme. Es soll damit zusammenhängen, dass sie schon früh sehr schlechte Erfahrungen mit den Walfängern auf Kangaroo-Island machen mussten. Die Männer haben Frauen und Kinder der Ngarrindjeri entführt und dort als Sklaven gehalten. Das ist nicht vergessen«, bestätigte Stevenson.

»Dabei ist gar nicht klar, wo es den Frauen schlechter erging«, murmelte Dorothea und dachte an die beiläufige Grausamkeit von King George gegenüber seiner jüngsten Frau. »Für manche mag es sogar eine Verbesserung ihrer Lage gewesen sein!«

Moorhouse nickte etwas widerstrebend. »Leider muss ich Ihnen da zustimmen. Auf meiner letzten Reise habe ich auch so einiges gehört und gesehen, was ich nicht gutheißen kann. Die Leute von der neuen Missionsstation tun ihr Bestes, aber der Pastor predigt tauben Ohren.«

»Vielleicht hat das etwas damit zu tun«, sagte Dorothea und hielt ihm das Päckchen hin.

»Was ist das?« Moorhouse schnupperte unauffällig. Aus dem Stoff stieg immer noch ein starker Rauchgeruch auf.

»Eine Bibel. Wir haben sie bei diesem Heiligtum an der Straße nach Glenelg in einer Feuerstelle gefunden«, erklärte Dorothea. »Offenbar wurde versucht, sie zu verbrennen. Ich dachte, Sie sollten darüber Bescheid wissen.«

Moorhouse betrachtete das Päckchen mit gerunzelter Stirn. »Ich werde es Reverend Howard und den deutschen Missionaren zeigen. Soweit ich weiß, ist so etwas noch nie vorgekommen. Ehrlich gesagt, ich weiß nicht, was ich davon halten soll. – Entschuldigen Sie mich, der Vorsitzende winkt mir.«

Als Matthew Moorhouse neben den Vorsitzenden ans Sprecherpult trat, schob Dorothea alle unschönen Gedanken weit weg und konzentrierte sich auf seinen Vortrag. Schon bald war sie von seiner sonoren Stimme und der lebhaften Erzählweise gebannt. Jedem Satz merkte man an, wie fasziniert er von der fremden Kultur seiner Schützlinge war, wie er sich bemühte, ihre oft abstoßenden Verhaltensweisen speziell den Frauen gegenüber mit den harten Lebensumständen, den rigiden Sitten zu erklären. »Dass sie ihre Frauen schlimmer als Vieh behandeln, haben sie mit den niederen Klassen in Europa gemein. Auch dort haben die armen Frauenzimmer die Hauptlast des Elends zu tragen. Es ist dies also kein Vorrecht primitiver Völker. Aber es ist meine feste Überzeugung, dass mit der richtigen Anleitung und der Vermittlung unserer überlegenen Kultur, wozu ich auch den christlichen Glauben zähle, dieser hässliche Fleck auf ihrem Wesen zum Verschwinden gebracht werden kann. Gibt es doch genug Beispiele aus anderen Kolonien, wo den Frauen durchaus eine unseren Maßstäben entsprechende Hochachtung entgegengebracht wird. Im Kosmos der australischen Eingeborenen ist kein Platz für Schwache, Schutzbedürftige. Das Recht des Stärkeren ist in ihren Augen zugleich göttliches Recht. Ein gutes Beispiel dafür ist die wichtigste Traumgeschichte der südlichen Kaurna, eine vielschichtige Geschichte von Schöpfung, Gesetz und menschlichen Beziehungen. Es ist die Geschichte von Tjilbruke.«

Moorhouse räusperte sich, trank einen Schluck und begann, den eindringlichen Singsang der Eingeborenen treffsicher kopierend: »In der Traumzeit, vor vielen, vielen Sommern, lebte Tjilbruke, ein Meister im Feuermachen und ein großer Jäger. Eines Tages erlegte sein Lieblingsneffe Kulultuwi, der Sohn seiner Schwester, einen Kari, einen männlichen Emu. Das war ein schweres Vergehen, denn Tjilbruke war der Einzige, dem die Jagd auf Karis erlaubt war. Aber da er Kulultuwi über alles liebte, verzieh er ihm.

Kulultuwi hatte zwei Brüder, Jurawi und Tetjawi, die ihn hassten, weil er von seinem Onkel ihnen immer vorgezogen wurde. Sie dachten, sie könnten sich bei ihm beliebt machen, wenn sie Kulultuwi für sein Verbrechen bestraften. Also töteten sie ihn.

Tjilbruke als Bewahrer der Gesetze der Ahnen musste nun darüber richten, ob er zu Recht getötet worden war. Immerhin hatte er ein Tabu gebrochen, und das wurde nach den Sitten der Ahnen mit dem Tode bestraft.

Tjilbruke entschied jedoch, dass Kulultuwi ermordet worden wäre. Er selbst tötete seine beiden Neffen mit dem Speer und verbrannte sie. Ihren Staub verstreute er in alle Winde. Das geschah bei dem Ort Warriparinga, südlich von Adelaide.

Dann nahm er den noch nicht fertig im Rauch getrockneten Körper seines geliebten Neffen Kulultuwi auf die Arme und trug ihn zuerst zu der Quelle Tulukudank, bei Kingston Park an der Küste, wo er die Trocknung vollendete. Sobald der Körper Kulultuwis leicht wie eine Feder war, trug er ihn bis zu der Höhle Patparno, wo er ihn endgültig bestatten wollte. Auf seiner Reise die Küste hinunter rastete er, von Trauer übermannt, an verschiedenen Plätzen. Und wo immer er rastete, entsprang, gespeist von seinen Tränen, eine Süßwasserquelle.

Zu Tode betrübt durch die Ereignisse wollte Tjilbruke nicht länger als Mensch leben. Sein Geist wurde ein Vogel, ein Ibis, und sein Körper verwandelte sich in eine Steinsäule.«

Moorhouse hob eine Hand und zeigte den Zuhörern einen braunroten Brocken: »Dies ist ein Stück Ocker aus Karkungga, einem der Orte, an denen Tjilbruke gerastet haben soll. Ein ganz besonders kostbarer Ocker, weil er die Kraft von Tjilbruke überträgt. Er wird nur zu ganz besonderen Ritualen benutzt. Leider habe ich nicht in Erfahrung bringen können, welche das sind. Da wurde der Häuptling auf einmal sehr wortkarg und verstand kein Englisch mehr.«

Begleitet von leisem Gemurmel wanderte der Gesteinsbrocken von Hand zu Hand.

»Er wird schon einen Grund gehabt haben, wieso er es nicht verraten wollte«, bemerkte ein Mann hinter Dorothea spöttisch. »Wahrscheinlich einen, der zivilisierte Menschen abstoßen würde.«

Als der Brocken endlich in Dorotheas Hand lag, musste sie sofort an die Felsmalereien am Kultplatz denken: Die Gedärme der Tiere waren in haargenau dem gleichen Farbton ausgeführt worden. Und auch der Körper des Skelettmanns. Die hellen Striche, welche die Knochen darstellen sollten, hatten sich deutlich davon abgehoben. Stand er für Blut? Für Leben?

Gerne hätte sie den Protector nach seiner Meinung gefragt, aber er war so umlagert, dass sie darauf verzichtete, sich zu ihm durchzudrängen. Also schloss sie sich einem Ehepaar an, das in die gleiche Richtung wie sie nach Hause ging. Der Mond schien so hell, dass man keine Laterne brauchte. Die Tavernen, an denen sie vorbeikamen, waren noch gut frequentiert. Aus dem Inneren drangen lautes Gelächter und hier und da ein Schwall Tabakrauch und Bierdunst zu ihnen nach draußen. Die meisten Fenster der Wohnhäuser waren bereits dunkel. Kerzen waren teuer, da ging man lieber zu Bett, sobald es dämmerte. An der letzten Kreuzung verabschiedete Dorothea sich von den beiden. Die Straße war menschenleer, es war unnötig, dass das freundliche Paar sie auch noch bis zum Gartentor begleitete. Dort tastete sie in ihrem Beutel nach dem Schlüssel für die Pforte, als sie sich plötzlich von starken Armen umfangen und an eine Männerbrust gedrückt fühlte. August hatte ihr noch in Dresden eine sehr wirkungsvolle Methode gezeigt, wie sie unerwünschte Aufmerksamkeiten zurückweisen könnte. Die kam ihr jetzt glücklicherweise in den Sinn: Anstatt um Hilfe zu rufen oder erschreckt gegen den Griff anzukämpfen, stellte sie sich auf die Zehenspitzen und schlug ihre Stirn kräftig gegen die Nase des Angreifers.

»Autsch, bist du wahnsinnig?« Die Stimme klang belegt und nicht ganz klar. Aber es war einwandfrei die von Ian. Er hatte sie tatsächlich sofort losgelassen, wie August es ihr damals prophezeit hatte, und betastete jetzt sein malträtiertes Körperteil. »Was ist in dich gefahren, du Megäre?«

»Dasselbe könnte ich dich fragen, du Idiot«, zischte Dorothea aufgebracht. Sie fand den Schlüssel, öffnete die Pforte und zog ihn hinter sich in den Garten, ehe noch einer der Nachbarn aufmerksam wurde. »Was hast du dir dabei gedacht, mir hier mitten in der Nacht aufzulauern wie ein Wegelagerer?«

»Ich wollte dir nur Gutnacht sagen«, nuschelte er undeutlich. »Das tut verflucht weh. Woher kennst du diesen miesen Trick?«

»Das hast du verdient, dass es wehtut«, fuhr sie ihn an, den plötzlichen Lachreiz unterdrückend. »Du bist betrunken, Ian.«

»Vielleicht ein bisschen. Ein ganz kleines bisschen«, gab er zu. »Aber das ist doch kein Grund, mir den Schädel einzuschlagen.«

»Übertreib nicht! Und außerdem hast du es dir selber zuzuschreiben. Was erschreckst du mich auch zu Tode!«

»Wollte dich nicht erschrecken, wollte dir nur Gutnacht sagen.« Er betastete wehleidig seinen Nasenrücken. »Irgendwie schien es mir eine gute Idee.«

»Es war keine gute Idee«, sagte Dorothea bestimmt. »Bleib hier sitzen, ich hole ein nasses Tuch für deine Nase.«

Als sie mit einem Leintuch und einer Schüssel Wasser zurückkam, lehnte Ian leise schnarchend an der Mauer. Sie schüttelte den Kopf, wrang das Tuch aus und tupfte vorsichtig das Blut ab, das ihm aus einem Nasenloch sickerte. Ihre Erfahrung mit betrunkenen Männern war beschränkt. Ihr Vater hatte zwar einen guten Tropfen zu schätzen gewusst, aber niemals über den Durst getrunken. Auch Robert hatte sie noch nie in einem solchen Zustand gesehen. Gut, August hatte hier und da ein Glas, besser einen Bierkrug zu viel getrunken, und von daher waren ihr die Begleiterscheinungen von zu viel Alkohol bekannt. Aber weder verlangte Ian nach einem Eimer, noch beschwerte er sich lautstark über die schlechte Qualität des ausgeschenkten Gerstensafts. Stattdessen schnarchte er inzwischen, als ob er im bequemsten Bett läge. Es tropfte kein neues Blut nach, also war der Schaden, den sie angerichtet hatte, sicher nicht groß. Im Schlaf wirkte er ungewohnt verletzlich. Sie konnte nicht widerstehen. Mit einer zärtlichen Geste strich sie ihm die in die Stirn gefallenen Haare zurück, beugte sich über ihn und küsste ihn leicht auf die Lippen. Sie schmeckten nach Branntwein, was nicht überraschend war, wenn man den schalen Tavernendunst bedachte, der von ihm ausging. Dennoch war sie nicht abgestoßen, wie sie es hätte sein sollen. Stattdessen schloss sie die Augen und genoss das berauschende Gefühl, das die einfache Berührung in ihr auslöste. So versunken, dass sie nicht einmal mitbekam, wie Ian aufseufzte und seine Hände zart über ihre Hüften und Taille wandern ließ. Erst als sie ihre Hinterbacken berührten und genießerisch zu kneten begannen, zuckte sie zurück.

»Hör nicht auf«, murmelte er träumerisch. »Du riechst so gut. Wie Apfelkuchen mit Sahne …«

»Was man von dir nicht gerade behaupten kann!« Dorothea rümpfte die Nase. »In welcher Spelunke hast du dich bloß herumgetrieben, dass du in einem solchen Zustand bist?«

»Weiß nicht, in mehreren. Hier und da.«

»He, wach bleiben! Hier kannst du auf keinen Fall deinen Rausch ausschlafen«, sagte Dorothea energisch, als er den Kopf nach hinten sinken ließ und die Augen schloss, als wollte er gleich wieder in Schlummer versinken. Sie tunkte das Tuch ins Wasser und klatschte es ihm ins Gesicht. Prustend fuhr Ian hoch. »Schaffst du es allein in deinen Gasthof, oder soll ich die Jungen wecken, dass sie dir helfen?« Dorothea griff nach dem Tuch und machte Anstalten, die Behandlung zu wiederholen.

»Lass das sein!« Ian hob abwehrend beide Hände. »Ich geh ja

schon.« Leicht schwankend streckte er sich und steuerte auf die Gartenpforte zu. »Gute Nacht, Liebling!« Ehe sie reagieren konnte, hatte er sie gepackt und ihr einen herzhaften Kuss auf den Mund gedrückt. »Schlaf schön und träum von mir.« Im nächsten Moment war er hinausgeschlüpft und torkelte leise vor sich hin summend die Straße hinunter. Kopfschüttelnd sah Dorothea ihm nach. Diese Seite von Ian hatte sie noch nicht gekannt. Ob er oft in Tavernen ging? Irgendwie passte es nicht zu ihm.

Kurz nach Mittag am folgenden Tag brachte ein Bote ihr eine Karte samt einem geschmackvoll gebundenen Bukett. »Ich entschuldige mich für alles, was ich getan habe. Da ich mich nicht mehr erinnere, kann ich nur hoffen, dass du mir vergibst – was auch immer es war.« Unwillkürlich musste sie bei dem Gedanken an das nächtliche, wenig romantische Stelldichein lächeln. Ian musste wirklich schwer betrunken gewesen sein, wenn er sich nicht mehr erinnerte. Vermutlich ging diese Gedächtnislücke mit einem mächtigen Brummschädel einher!

»Richten Sie ihm bitte aus, dass kein Anlass zur Sorge besteht«, sagte sie zu dem Mann, der geduldig gewartet hatte, und gab ihm einen Shilling. »Genau in diesen Worten.«

Von da an ergab es sich irgendwie, dass sie ständig irgendwo aufeinandertrafen. Sei es in der Leihbücherei, sei es am Markt, beim Schuster, bei der Hutmacherin oder in der Kirche. Es war fast, als hätte Ian es darauf abgesehen, ihr über den Weg zu laufen. »Hat Mr. Rathbone eigentlich auch noch eine andere Beschäftigung, außer deine Einkäufe und deinen Sonnenschirm zu tragen?«, bemerkte August bissig, als er ihm wieder einmal an der Haustür begegnete. »Ständig stolpert man über ihn. Hat er schon gefragt, ob er bei Schumanns einziehen kann?«

»Er ist nur so oft hier, weil wir Messerwerfen üben«, verteidigte Dorothea ihn. »Nach dem Vorfall mit dem Skorpion will Heather nicht mehr in den Busch, deswegen hat Mama uns erlaubt, den Garten zu benutzen.«

»Das ist auch so etwas! Es geht mich ja nichts an, wenn du meinst, deine Stieftochter müsse solche Gauklerkunststücke beherrschen. Aber müsst ihr auch noch Lischen solche Flausen in den Kopf setzen? Neulich hat sie mir erklärt, sie würde nicht heiraten, sondern als Zirkuskünstlerin durch die Welt ziehen und sich von niemandem etwas sagen lassen.«

»Das hat sie doch nicht ernst gemeint! Das hat sie nur gesagt, weil du sie ›gefräßig‹ genannt hast.«

»Mag sein. Trotzdem finde ich, dass Mr. Rathbone uns ein wenig zu häufig besucht. Und nicht nur ich bin dieser Meinung. Du brauchst mich gar nicht so anzublitzen! Glaubst du, es macht mir Spaß, den Moralapostel zu spielen? Aber als verheiratete Frau kannst du einfach nicht mehr so unbekümmert sein. Die Klatschbasen wetzen bereits ihre Zungen.«

»Seit wann achtest du auf so etwas? Ich habe mir nichts vorzuwerfen, und ich wüsste nicht, wieso ich auf die Gesellschaft von Ian verzichten sollte, nur weil ein paar missgünstige alte Weiber mit einer hässlichen Fantasie es mir nicht gönnen!« Dorothea drehte sich auf dem Absatz herum und marschierte hoch erhobenen Hauptes in die Küche. »Damit betrachte ich das Thema als erledigt. Hast du die Schweinebacke bekommen, die du besorgen solltest?«

Am Vorabend des Maskenballs befürchtete Dorothea schon, Ian hätte seine Einladung vergessen. Seit jenem Nachmittag im Busch war er mit keinem Wort erneut darauf zu sprechen gekommen. Hatte er seine Meinung geändert und entschieden, dass es doch nicht das Richtige war? Eine Art von Stolz hielt sie davon ab, ihn zu erinnern. Wenn er nicht mit ihr dorthin gehen wollte, würde sie nicht drängen. Aber ihre Stimmung wurde zunehmend gereizter, als eine Dame nach der anderen ihr bestelltes Kostüm abholte. »Wenn ich noch einmal den Satz hören muss: ›Wie schade, dass Sie nicht auch kommen können‹, dann schreie ich«, murmelte sie zu sich selber, als sie die Haustür hinter einer weiteren zufriedenen Kundin ihrer Mutter ins Schloss fallen ließ.

»Das solltest du lieber nicht tun. Es könnte zu peinlichen Nachfragen kommen.«

Sie fuhr herum. »Ian, wo kommst du denn her?«

»Ich habe die Gartenpforte benutzt«, erklärte er ungeniert. »In deinem Zimmer liegt ein Paket für dich bereit. Um acht Uhr hole ich dich dann ab, einverstanden?«

Nun wurde ihr doch ein wenig mulmig zumute. »Ich weiß nicht, Ian. Was soll ich meiner Mutter sagen? Und wenn uns jemand sieht?«

»Dir wird schon etwas einfallen«, sagte er leichthin. »Und niemand wird uns sehen, wenn wir den Umweg über die East Terrace nehmen. Da stehen fast alle Häuser leer.«

»Hast du denn überhaupt eine Einladung?«, fiel Dorothea ein. »Du stehst bestimmt nicht auf der Gästeliste des Gouverneurs.«

Ian grinste. »Das tue ich auch nicht. Aber zufällig kenne ich jemanden, den ich überreden konnte, mir eine Einladungskarte zu beschaffen.«

Dorothea musste lachen. »Ian, du bist unmöglich!«

»Aber das magst du doch gerade an mir«, erwiderte er, plötzlich ernst. »Wenn du mich pfeifen hörst, kommst du heraus. Bis morgen Abend.« Er drehte sich um und verschwand auf demselben Weg, auf dem er bereits ungesehen hereingekommen war.

Das Kostüm war relativ schlicht: weite Pumphosen aus locker gewebtem, dunkelblauem Baumwollstoff, dazu ein eng geschnürtes Oberteil in der gleichen Farbe, dessen trompetenförmige Ärmel mit goldfarbenen Rankenmustern bestickt waren. Ein dichter Gesichtsschleier aus schwarzem Chiffon würde sicherstellen, dass niemand sie erkannte. Samtpantöffelchen mit aufgebogenen Spitzen vervollständigten die orientalische Note. Es war bei Weitem nicht so prächtig wie die Kostüme ihrer Mutter, aber vermutlich war es klüger, so wenig wie möglich aufzufallen.

Nach einigem Überlegen hatte sie entschieden, sich kurz vor dem Abendessen mit Kopfschmerzen zu entschuldigen und in ihr Zimmer zurückzuziehen. Wenn sie darum bat, in Ruhe gelassen zu werden, würde ihre Mutter schon dafür sorgen, dass dieser Wunsch respektiert werden würde. Sobald alle Übrigen sich in ihre Zimmer zurückgezogen hatten, konnte sie hinausschleichen und durch die Gartenpforte ungesehen das Anwesen verlassen.

Ihr Plan funktionierte wie vorgesehen.

»Natürlich, schlaf dich gesund«, sagte ihre Mutter bloß, als sie darum bat, nicht gestört zu werden. »Wenn es morgen allerdings nicht besser ist, sollten wir vielleicht doch Dr. Woodforde kommen lassen.« Seit dem Skorpionstich hielt sie große Stücke auf den alten Arzt.

In ihrem Zimmer legte Dorothea mit fiebrigen Fingern die ungewohnte Kleidung an. Die Hose wurde nur von einem Band in der Taille gehalten. Es ist ein seltsames Gefühl – so ganz ohne Unterröcke, dachte sie, als sie sorgfältig die Schleife band. Nicht auszudenken, wenn sie sich löste! Sie kam sich ein wenig verrucht vor, als sie das Oberteil über ihren nackten Oberkörper zog. Ihr Hemd hatte sie ausziehen müssen, weil der Schnitt keine Unterkleidung zuließ. Fertig geschnürt saß es wie angegossen, und auch der tiefe Ausschnitt überließ nur wenig der Fantasie. Aber dank des Schleiers würde ja niemand wissen, wer es war, der da so offenherzig sein Dekolleté zur Schau stellte.

Allmählich begann sie, sich wirklich auf das Abenteuer zu freuen. Ungeduldig wartete sie auf das verabredete Zeichen. Als Ian endlich leise pfiff, schlich sie auf Zehenspitzen durch die Hintertür und in den Garten hinaus. Die Samtpantoffeln verursachten nicht das geringste Geräusch.

»Alles klar?« Er musterte sie prüfend. »Das Zeug steht dir. Man muss diesen Osmanen lassen, dass sie wissen, wie sie ihre Frauen anziehen.«

»Was man bei der Männertracht nicht unbedingt sagen kann«, erwiderte sie spöttisch. »Du siehst aus wie eine Jahrmarktsfigur.« Tatsächlich wirkte er in den roten, weiten Hosen, der gemusterten Schärpe mit der Säbelattrappe, dem Fes und einem wilden Schnurrbart eher wie ein Kinderschreck. »Findest du?« Seine Zähne blitzten inmitten der schwarzen Wolle, aus der der Bart gefertigt war. »Dann mal los, Madame Suleika.«

Es traf sich gut, dass Neumond war. Selbst wenn jemand aus dem Fenster schauen sollte, würde er im pechschwarzen Häuserschatten allenfalls Umrisse ausmachen können. Aber wie von Ian vorhergesagt, begegneten sie erst auf der North Terrace anderen Menschen, die alle in die gleiche Richtung strebten. Von der Residenz her klangen bereits leise Geigenklänge durch die Abenddämmerung. Fackeln erleuchteten den Weg und tauchten den Park in ein warmes, rötliches Licht. Der Festsaal und die Salons waren schon gut gefüllt. Offenbar hatte die Gesellschaft von Adelaide diese Einladung nur zu gerne wahrgenommen.

Am Eingang begrüßten Gouverneur Grey und ein grobschlächtiger Mann mit riesigem Turban die Ankömmlinge. »Das ist Morphett«, flüsterte Ian Dorothea zu. »Ein Viehbaron. Es heißt, er wäre der eigentliche Gastgeber. Und er ist nicht gerade als Kostverächter bekannt. Zieh den Schleier besser so tief herunter wie möglich!«

Trotzdem schien es ihr, als schafften seine tiefliegenden Augen es, ihn zu durchdringen. Er grinste unverschämt, und seine fleischigen Hände hielten ihre deutlich zu lange, während er versuchte, so viel wie möglich von ihrem Busen zu erkennen. »Was für ein ekelhafter Mensch«, flüsterte sie Ian zu, als sie in die hinteren Räume schlenderten. »Warum lässt Grey sich darauf ein?«

»Er ist ein sparsamer Mann«, bemerkte Ian trocken.

»Und was hat dieser schreckliche Mensch von einem Maskenball? – Außer dass er in jede Menge Ausschnitte glotzen kann.«

»Morphett verspricht sich davon Stimmen für die nächste Stadtratswahl«, erklärte Ian mit gedämpfter Stimme. »Achte darauf, dass du flüsterst, wenn du angesprochen wirst. Die meisten Menschen, die sich verkleiden, denken nicht daran, dass der Klang ihrer Stimme sie meistens sofort verrät.«

Tatsächlich konnte Dorothea schon von Weitem zwei Damen der Literarischen Gesellschaft identifizieren, auch wenn diese sich hinter ihren eher andalusisch anmutenden Spitzenschleiern inkognito fühlten. Auch einige Kostüme aus der Werkstatt ihrer Mutter erkannte sie wieder, darunter das nilgrüne von Mary Kilner. Der hochgewachsene Mann neben ihr, der wie ein Wegelagerer aussah, musste Matthew Moorhouse sein! Sicherheitshalber achteten sie darauf, zu dieser Gruppe Abstand zu halten.

Es machte Dorothea mehr Spaß, als sie erwartet hätte, hinter ihrem Schleier versteckt die anderen Gäste zu beobachten und zu raten, wer sich unter den mehr oder weniger gelungenen Kostümen verbarg. Die meisten Gäste kannte sie nicht, aber einige Stimmen schienen ihr noch aus ihrer Zeit beim *Register* vertraut. Damals war sie mit Miles Somerhill gemeinsam ja fast bei jedem gesellschaftlichen Ereignis zugegen gewesen.

Major O'Halloran mit seiner dröhnenden Stimme, die immer klang, als ob er gerade eine Kompagnie befehligte, Richter Cooper, der sich notdürftig als Derwisch maskiert hatte, und Sir Charles Mann, der selbst im Sultanskostüm unverwechselbar war. Ihnen allen war leicht auszuweichen. Hier und da streifte sie ein neugieriger Blick, aber da niemand mit Ian bekannt war, machte auch niemand Anstalten, sich ihnen zu nähern.

»Ich habe so Hunger!«, klagte Dorothea nach einem Blick auf das üppige Büfett. »Ich konnte ja angeblich nichts essen. Und jetzt stehe ich vor diesem Schlaraffenland und weiß nicht, wie ich es bewerkstelligen soll. Wie machen es nur diese Muselmaninnen, dass sie nicht verhungern?«

»Soviel ich gehört habe, tragen sie nicht ständig einen Schleier, sondern nur, wenn sie aus dem Haus gehen oder in Anwesenheit fremder Männer«, sagte Ian amüsiert. »Warte hier, ich hole dir einen Teller und halte dann deinen Schleier, während du isst.«

Umsichtig hatte er Speisen gewählt, die nicht allzu ungeeignet waren, wie Krebsschwänze, Scheiben von diversen Pasteten und Wildragout.

»Nicht nur ihr Frauen habt Probleme«, sagte Ian und wies auf Richter Cooper, der sich verzweifelt bemühte, eine Gabel voll Muschelsalat zwischen seinem struppigen Kunstbart hindurchzulavieren. »Ich wette, das hat er nicht bedacht.« Selbstzufrieden strich er über seinen mit Schuhwichse steif geformten Schnauzbart.

Ians Methode funktionierte bestens. Mit einem zufriedenen Seufzer schluckte Dorothea den letzten Bissen herunter und reichte ihm den leeren Teller zurück. Während er sich verköstigte, beobachtete sie fasziniert die anderen Gäste. Nicht nur sie schien die ungewöhnliche Atmosphäre zu genießen, welche die Anonymität den meisten bot. Ungläubig verfolgte sie, wie unverfroren manche der Anwesenden, versteckt hinter Schleiern und Bärten, flirteten. Ein Maskenball ließ die Leute nicht nur anders aussehen – sie benahmen sich auch anders. Oder wäre es unter normalen Bedingungen auch nur vorstellbar gewesen, dass die durch und durch korrekte Mary Kilner nicht nur ihren Verlobten mit koketten Augenaufschlägen bedachte?

Vielleicht lag es auch an dem indischen Punsch, der so reichlich ausgeschenkt wurde? Er wurde in Henkelbechern serviert, mit einem Strohhalm, der nicht nur das Trinken an sich erleichterte, sondern auch dazu animierte, mehr von dem Getränk zu konsumieren, als man es unter anderen Umständen getan hätte. Es schmeckte wirklich ausgezeichnet: genau richtig ausbalanciert zwischen säuerlich und süß, mit einer exotischen Note, die Dorothea sehr zusagte. »Ich glaube, das reicht fürs Erste«, sagte Ian, als sie ihm zum dritten Mal ihren leeren Becher hinhielt, um ihn erneut füllen zu lassen. »Was hältst du von Tanzen?«

»Kannst du denn tanzen?« Aus einem der hinteren Säle drangen die Klänge einiger Geiger, schmelzend und mitreißend. Dorothea hatte mit August früher öfter Walzer geübt. Nach anfänglichen Bedenken der Obrigkeit wegen der zu großen Freizügigkeit hatte der Tanz aus Österreich dann doch die öffentlichen Tanzsäle in Dresden erobert. Ihr Bruder war ein begeisterter und guter Tänzer. Aber Ian?

»Ich werde mir die Sache anschauen und dann einfach nachmachen. So schwer wird es schon nicht sein«, meinte Ian zuversichtlich. Tatsächlich studierte er eine Weile die Bewegungen der bunt gekleideten Tänzer mit zusammengezogenen Brauen. Dann nickte er, sagte: »Ich denke, ich hab's«, und zog sie in seine Arme. Zu Dorotheas Überraschung erwies er sich als geborener Tänzer. Niemand wäre auf die Idee gekommen, dass Ian zum ersten Mal einen Fuß in einen Tanzsaal gesetzt hatte. Er wirbelte sie derart schwungvoll herum, dass sie sich an seiner Schulter festklammern musste. Es war, als wären sie zwei allein auf der Welt. Um sie herum verschwamm alles zu einem Kaleidoskop aus Farbsplittern, während sie sich ganz der Melodie hingab. Der Melodie und Ian, der sie führte. Dorothea reagierte auf jeden Druck seiner Hand in ihrem Rücken mit einer Selbstverständlichkeit, als seien ihre Körper seit Jahren miteinander vertraut.

Als der Tanz zu Ende war, war ihr schwindlig, und sie rang nach Atem, aber sie war zutiefst glücklich. »Ich hatte nicht gedacht, dass Tanzen so viel Spaß machen kann!«, stieß sie leise aus. »Ich auch nicht«, stimmte Ian zu und grinste. »Wir haben sie alle vom Parkett gefegt! Aber ich glaube, ich brauche jetzt etwas zu trinken. Du auch?«

Fast hätten sie die Zeit vergessen. Zwischen den Tänzen pausierten sie nur, wenn auch die Kapelle eine kurze Verschnaufpause einlegte. Dann gingen sie nach draußen auf die Veranda, wo eine kühle Brise die erhitzten Körper kühlte, und Ian besorgte Nachschub von dem indischen Punsch. Als Dorotheas Blick zufällig auf die Glassturzuhr neben dem Porträt Königin Victorias fiel, erschrak sie. Es konnte doch nicht wirklich schon zehn Minuten vor Mitternacht sein? Sie zupfte Ian am Ärmel. »Ich fürchte, wir müssen jetzt verschwinden«, raunte sie. »Wie sollen wir das anstellen?« An der einzigen Treppe der Veranda, die direkt in den Garten hinunterführte, stand ein bulliger Wachmann.

»Nichts leichter als das!« In Ians Augen blitzte der Schalk. »Schwank ein bisschen und vergiss nicht, leise vor dich hin zu stöhnen!« Ehe Dorothea protestieren konnte, hatte er sie fest am Arm gepackt und zog sie hinter sich her. »Die Dame hat ein bisschen zu viel von dem Punsch getrunken, fürchte ich«, sagte er zu dem Wachmann. »Es wäre wohl das Beste, wenn ich sie, möglichst ohne Aufsehen zu erregen, nach Hause bringe.«

»Brauchen Sie Hilfe?«, fragte der Mann nicht allzu begeistert, während er sich beeilte, den Weg freizugeben.

»Nein danke. Ich denke, ich schaffe es alleine«, sagte Ian. »Gute Nacht.«

Sie tauchten gerade in den Schatten der Bäume, als es vom Kirchturm der Trinity Church zwölfmal schlug und drinnen in der Residenz eine Kakofonie der Stimmen losbrach.

»Das war knapp.« Ian lachte und riss sich mit einem schmerzlichen Stöhnen den falschen Schnauzbart ab.

»War es wirklich nötig, dem Mann vorzumachen, ich wäre betrunken?«, fragte Dorothea und zog sich den Schleier vom Kopf, um ihn erbost anzublitzen. »Ich war noch nie so froh, diesen albernen Schleier zu tragen wie in dem Augenblick. Ich habe mich in Grund und Boden geschämt!«

»Er hat doch keine Ahnung, wer du bist. Was macht es also aus?«, gab Ian gleichmütig zurück. Er verzog leicht die Mundwinkel. »Und du musst zugeben: Es hat wunderbar funktioniert. War es nicht furchtbar komisch, wie er sich davor fürchtete, dass dich noch in seiner Gegenwart das Unwohlsein überkommen würde?« Er kicherte so albern vor sich hin, dass Dorothea ihm verärgert einen Rippenstoß versetzte. Er griff nach ihren Händen, um sie von weiteren Attacken abzuhalten. Sie versuchte sich loszureißen, was nur dazu führte, dass sein Griff sich verstärkte, und ehe sie es sich versah, hatte er sie so fest an sich gepresst, dass sie kaum noch atmen konnte.

»Ian«, keuchte sie und sah zu ihm auf, um ihn zur Vernunft zu bringen.

Im nächsten Augenblick pressten sich seine Lippen auf ihre. Und anstatt ihn wegzuschieben, sich loszureißen, erwiderte sie den Kuss mit einer Leidenschaft, die sie beide überraschte. Um Ian noch näher zu sein, schlang sie ihre Arme um seine Taille und presste sich, so fest sie konnte, gegen ihn. Seine Reaktion darauf war ein unterdrücktes Stöhnen, und er vertiefte den Kuss. Keiner von beiden wollte ihn enden lassen. Sie klammerten sich aneinander wie Ertrinkende, als müssten sie sterben, wenn sie sich lösten.

Es war Dorothea, die zu Boden sank und ihn mit sich auf das Gras zog. Wie wahnsinnig zerrte sie an seinem Hemd, riss es auf, um endlich seine warme, nackte Haut unter ihren Fingern zu spüren. Gierig glitten ihre Hände über seine behaarte Brust, tiefer, zögerten kurz, ehe sie nach dem Verschluss der Hose tasteten.

»Nicht …«, wehrte Ian halbherzig ab, ehe auch ihn jegliche Beherrschung verließ.

Als der Sturm sich verzogen hatte, tastete Dorothea nach ihm.

Doch sie fand keinen warmen Körper, sondern nur zerdrücktes, feuchtes Gras. Ernüchtert öffnete sie die Augen und richtete sich halb auf den Ellenbogen auf. Ian stand ein paar Schritte entfernt, die Stirn gegen einen Baum gelehnt, und hämmerte mit den Fäusten gegen die Rinde.

Seine stumme Verzweiflung ließ die rosige Blase, in der sie sich eben noch befunden hatte, platzen. Mein Gott, was war nur in sie gefahren?

Die warme Feuchtigkeit zwischen ihren Beinen ließ sie unwillkürlich erschauern. Nein, das durfte nicht sein. Nicht noch einmal! Wie hatte sie sich nur so vergessen können? Hatte sie nicht geschworen, Robert eine gute Ehefrau zu sein? Ekel vor sich selbst packte sie, sie schmeckte den bitteren Geschmack von Galle. Mit aller Selbstbeherrschung, die sie noch aufbringen konnte, kämpfte sie die Übelkeit nieder. Ihre Beine trugen sie kaum, als sie sich aufrichtete, um die zerrissene Hose ihres Kostüms hochzuziehen und wieder zuzubinden. Mit zitternden Knien wankte sie zu Ian. »Robert darf nie davon erfahren«, sagte sie. »Hörst du? Er darf niemals davon erfahren.«

»Natürlich nicht!« Ian streifte ihre Hand von seinem Unterarm wie ein lästiges Insekt und drehte sich zu ihr um, um ihr ins Gesicht zu sehen. »Wofür hältst du mich? Glaubst du, ich würde mit der Frau meines besten Freundes … Und es ihm danach brühwarm erzählen?«

»Es tut mir so leid.« Dorothea wischte die aufsteigenden Tränen mit dem Handrücken aus den Augenwinkeln. »Das habe ich wirklich nicht gewollt.«

»Ich auch nicht.« Ians Stimme klang dumpf vor Verzweiflung. »Ich dachte, ich hätte es im Griff, aber das war wohl nicht der Fall.«

»Was meinst du damit?«, fragte Dorothea.

»Ich liebe dich. Seit damals auf dem Schiff. Weißt du das nicht? Ich dachte, eine Frau spürt so etwas«, gestand er niedergeschlagen.

»Ich wollte reich werden und dann zurückkommen und um deine Hand anhalten. Und als ich dich zufällig wiedersehe, bist du schon verheiratet. Ausgerechnet mit Robert Masters.« Er lachte auf. Ein bitteres Lachen. »Welche Ironie des Schicksals! – Warum konntest du nicht auf mich warten?«

Dorothea hätte es ihm sagen und seine wilden Schuldgefühle damit vielleicht ein wenig mildern können. Aber sie schwieg. Es gab Geheimnisse, die musste man für sich behalten, auch wenn sie einen zu ersticken drohten.

»Wir sollten uns besser die nächste Zeit nicht sehen«, sagte sie müde.

»Nein, das sollten wir wirklich besser nicht«, gab Ian ihr recht. »Wird es Folgen haben?«

Im ersten Moment verstand sie nicht, was er meinte. Dann jedoch erinnerte sie sich, dass er ja Viehzüchter war. Wie Robert. Und Viehzüchter wussten recht gut Bescheid über Empfängnis und Fruchtbarkeit. »Ich weiß es nicht. Wirklich nicht.« Am liebsten hätte sie sich zusammengerollt und wäre in Tränen ausgebrochen. Aber das half jetzt auch nichts mehr.

»Die Eingeborenen sollen Kräuter für solche Zwecke haben«, meinte Ian leise. »Soll ich dir welche besorgen?«

Noch ein totes Kind? Und diesmal von seiner eigenen Mutter getötet? Alles in ihr sträubte sich gegen diese Vorstellung. Hatte sie nicht schon genug Sünden auf ihre Seele geladen?

Es war zu viel. Sie konnte das jetzt einfach nicht entscheiden. »Ich werde mich darum kümmern, wenn es so weit ist.« Dorothea schluckte krampfhaft und versuchte, nicht daran zu denken, wie es sich anfühlen würde, wenn sie sich zu Hause auf Eden-House im Spiegel betrachtete.

Die Reue kam zu spät. Sie wandte sich ab und begann mit hängenden Schultern Richtung East Terrace zu gehen. »Warte, ich bringe dich nach Hause.« Ian und sie gingen nebeneinander, wobei sie sich krampfhaft bemühten, jegliche zufällige Berührung zu vermeiden. Es gab nichts mehr zu sagen. Kurz vor der Gartenpforte blieb er stehen und flüsterte rau: »Ich werde in den Norden gehen. Leb wohl.« Er hob die Hände, als wolle er sie ein letztes Mal an sich ziehen, aber mitten in der Bewegung ließ er sie wieder fallen, wandte sich ab und verschwand mit großen Schritten in der Dunkelheit. Dorothea biss sich auf die Unterlippe, bis sie schmerzte, während sie so leise wie möglich durch den Garten ins Haus schlich. In ihrem Zimmer riss sie sich die zerdrückten, vom Tau feuchten Kleidungsstücke vom Leibe, rollte sie zu einem Bündel zusammen und schob es tief unter das Bett, um sie bei nächster Gelegenheit zu verbrennen.

Erst nachdem sie sich gründlich mit Wurzelbürste und Seife abgeschrubbt hatte, zog sie ihr Nachthemd über und schlüpfte unter die glatten Laken. Trotz ihrer Erschöpfung konnte sie nicht einschlafen. Sobald sie sich hinlegte und die Augen schloss, begann alles sich in einem wahnsinnigen Tanz zu drehen, als wäre sie immer noch mit Ian im Ballsaal. Erst in der Morgendämmerung fiel sie in einen leichten, unruhigen Schlaf, der zu früh von einem Klopfen an der Tür beendet wurde. »Geht es dir heute besser, Kind?« Die Stimme ihrer Mutter klang besorgt. »Oder soll ich Lischen zu Dr. Woodforde schicken?«

»Nein, ich komme gleich«, rief sie und zuckte beim Klang ihrer eigenen Stimme zusammen. Ihr Kopf schien von einem Heer Zwerge bevölkert, die sich einen Spaß daraus machten, dort ihr Bergwerk zu bearbeiten. Und ihre Zunge war so pelzig und schal wie ein alter Spüllappen. Vorsichtig richtete sie sich auf und taumelte zum Waschtisch. Nach ihrer nächtlichen Waschorgie war kaum noch Wasser im Krug. Mit den Resten spülte sie sich so gut es ging den Mund aus und rieb sich den Schlaf aus den Augen. Im Spiegel sah sie fast aus wie immer. Nur die dunklen Schatten unter den Augen und die ungewöhnliche Blässe waren anders. Dorothea kniff sich energisch in die Wangen, bis sie eine gesunde Färbung aufwiesen, und ging in die Küche.

»Du hättest noch nicht aufstehen sollen« war das Erste, was ihre Mutter sagte, sobald sie einen Blick auf sie geworfen hatte. »Leg dich wieder hin, ich bringe dir einen Tee.« Mit dem Tablett brachte sie ihr einen Umschlag, auf dem in Ians unverkennbarere Handschrift »Mrs. Masters, persönlich« gekritzelt stand.

»Das hat ein Bote am frühen Morgen gebracht«, sagte sie in neutralem Ton. »Wenn es das ist, was ich vermute, kann ich ihm nur beipflichten. Du wirst sehen, du wirst bald darüber hinwegkommen.« Sie stellte das Tablett ab und strich ihrer Tochter mitfühlend über den Kopf. »Ach, Dorchen, du warst immer schon so wild und ungestüm. Damit verletzt man sich und andere nur unnötig.«

»Schon gut, Mama. Ich werde Ian nicht wiedersehen.« Dorothea ballte die Hände zu Fäusten und drehte sich zur Wand, damit ihre Mutter die Tränen nicht sah, die ihr in die Augen stiegen. »Wenn ich nur die Zeit zurückdrehen könnte!«

Statt einer Erwiderung darauf sagte ihre Mutter nur: »Ich werde mit den Mädchen in den neuen botanischen Garten gehen. Bis später.«

Sobald ihre Schritte verklungen waren, riss Dorothea mit klopfendem Herzen den Brief auf: »Wenn Du mit mir in Kontakt treten willst, wende Dich an Mr. Hastings von der Bank. Er weiß, wie ich zu erreichen bin. Mit den besten Wünschen für Dein weiteres Leben, Ian.«

Nichts weiter. Enttäuscht ließ sie ihn sinken. Was hatte sie erwartet? Dass Ian ihr seine unendliche Liebe schwören würde? Das konnte er ja nicht gut.

Dorothea ließ sich aufs Bett fallen und starrte blicklos an die Zimmerdecke. Offensichtlich ging ihre Mutter davon aus, dass ihre gestrigen Kopfschmerzen auf die notwendige Trennung zurückgingen. Wie entsetzt wäre sie, wenn sie die Wahrheit kennen würde!

Dabei hatte es sich so richtig angefühlt. Als wären Ian und sie füreinander bestimmt. Auch wenn es Robert gegenüber über die Maßen schäbig gewesen war – solange sie allein ihren Gefühlen gefolgt war, war ihr alles richtig und natürlich erschienen. So richtig und natürlich, wie es weder mit Miles Somerhill noch mit Robert gewesen war. Einerseits bedauerte sie, dass sie nun wusste, was sie in Zukunft vermissen würde. Andererseits hätte sie diese berauschende Erfahrung um keinen Preis missen wollen. Wie hieß es so schön: Jedes Ding hat seinen Preis. Sie würde so bald wie möglich nach Eden-House zurückkehren.

16

Als sie diesen Entschluss beim Abendbrot verkündete, stieß sie damit auf Unverständnis und Heathers entschiedenen Protest. »Ich will noch nicht zurück«, erklärte Heather entschieden. »Erst muss Mr. Rathbone sein Versprechen einlösen und mir ein eigenes kleines Messer machen.«

»Daraus wird sowieso nichts, Heather. Mr. Rathbone musste wegen dringender Geschäfte abreisen«, sagte Dorothea.

»Was? Und er hat sich noch nicht einmal von mir verabschiedet?« Die Enttäuschung des Mädchens war offensichtlich.

»Manchmal muss es sehr schnell gehen«, warf Mutter Schumann begütigend ein. »Es tut ihm sicher sehr leid, dass er keine Zeit mehr dafür hatte.«

»Wieso musste er überhaupt auf einmal abreisen? Als wir ihn vorgestern trafen, hat er nichts davon gesagt.« Lischen warf ihrer Schwester einen argwöhnischen Blick zu. »Habt ihr euch etwa gezankt, Doro?«

»Nein, das haben wir nicht. Wie kommst du überhaupt auf eine solche Idee? – Ich habe nur Sehnsucht nach Eden-House und meine, wir können deinen Vater nicht noch länger allein mit Tante Arabella und Mrs. Perkins lassen. Findest du nicht auch, Heather?«, versuchte Dorothea ihrer Stieftochter die neue Wendung schmackhaft zu machen. »August, könntest du uns dann morgen mit dem Gig hinbringen?« Das Gig war ebenso wie das Kutschpferd in Robert Masters' bevorzugtem Mietstall in der Wakefield Street untergebracht und wartete dort auf seinen weiteren Gebrauch.

»Morgen?« Ihr Bruder wirkte nicht gerade angetan. »Morgen sollte ich mit dem Professor unsere Ausrüstung kaufen gehen. Du weißt doch, dass wir nächste Woche aufbrechen wollen. Ich habe wirklich keine Zeit. Frag im Mietstall. Dort werden sie dir sicher gerne einen Kutscher oder Pferdeknecht vermitteln.«

»Das wird nicht nötig sein. Ich kann sie begleiten«, sagte Koar unvermittelt.

»Das ist sehr nett von dir, Koar«, erwiderte Dorothea überrascht von dem unerwarteten Angebot. »Aber hast du nicht Unterricht?«

Das Lächeln, das über seine schwarzen Züge glitt, war unmissverständlich ironisch. »Bei einem Kaurna wird nicht erwartet, dass er zuverlässig ist. Karl kann sagen, dass ich auf einem Trail bin. Niemand wird das bezweifeln.«

»Kannst du denn kutschieren?«

»So gut wie August allemal.« Koars weiße Zähne blitzten auf. »Ich habe hier und da im Mietstall geholfen, weil es mich interessiert hat, wie Pferde funktionieren.«

»Na, dann wäre das ja geklärt«, sagte August erleichtert und stand auf. »Mach's gut, Schwesterherz. Wir werden uns länger nicht sehen.« Eine feste Umarmung für Dorothea, ein beiläufiges Tätscheln der Schulter für Heather – und weg war er.

»Ich bin überaus froh, ihn die nächsten Wochen in guter Gesellschaft zu wissen«, bemerkte Mutter Schumann später zu Dorothea, als sie zu zweit die Reisekiste packten. »In letzter Zeit habe ich manchmal ein ungutes Gefühl gehabt, was den Hang deines Bruders zu zwielichtigem Umgang betrifft.«

»Das geht sicher vorüber«, versuchte Dorothea sie zu beruhigen. »Junge Burschen schlagen manchmal über die Stränge. Wenn er erst einmal verheiratet ist, wird er sicher ein Muster an Tugend sein.«

»Dein Wort in Gottes Ohr«, gab Mutter Schumann trocken zurück. »Aber bis dahin bleibt mir nur zu beten, dass ihm nichts Unwiderrufliches zustößt.«

Dorothea dachte an die Leichtfertigkeit, mit der ihr Bruder gewisse Etablissements besuchte, und konnte ihr im Stillen nur recht geben. »Zumindest für die nächsten Wochen brauchst du dir jedenfalls keine Sorgen zu machen«, versuchte sie ihre Mutter zu beruhigen. »Mit Professor Menge wird er gar keine Zeit haben, auf dumme Gedanken zu kommen.«

Beim Aufbruch am nächsten Morgen war Heather dermaßen schlecht gelaunt, dass Dorothea sich zusammennehmen musste, um sie nicht anzufahren. Nach zwei nahezu durchwachten Nächten waren ihre Nerven bis zum Zerreißen angespannt. Als das Mädchen aus Unachtsamkeit den Krug Limonade, die Mutter Schumann am Abend zuvor noch zubereitet hatte, umstieß, konnte sie nicht mehr an sich halten und versetzte ihm eine schallende Ohrfeige. Nach einem Augenblick, in dem sie wie erstarrt dagestanden hatte, brach Heather in Tränen aus und rannte ins Haus zurück. »Verdammt«, fluchte Dorothea. Das würde Heather ihr vermutlich ewig übel nehmen. Warum war sie nur so unbeherrscht gewesen?

Sie fand ihre Stieftochter am ganzen Körper bebend, den Kopf im Schoß ihrer Mutter vergraben. »Ich will viel lieber bei dir und Lischen bleiben!«, stieß sie unter gewaltigen Schluchzern hervor. »Du schimpfst nie mit mir. Du bist lieb. Warum kannst du nicht meine Mama sein?«

In Dorothea stieg brennende Scham auf. Ihre Mutter strich der Kleinen liebevoll über die Flechten. »Dorothy meint es nicht böse, Kindchen. Sie ist nur manchmal etwas ungeduldig. Als sie klein war, war sie genauso ein Hitzkopf wie du. Weißt du, manchmal erinnerst du mich sehr an sie.«

»Es tut mir leid, Heather«, sagte Dorothea leise. »Wenn ich es ungeschehen machen könnte, würde ich es tun. Wirklich.« Ein, zwei Sekunden vergingen, ehe Heather das tränenverschmierte Gesicht hob und sie anblickte. Auf ihrer rechten Wange zeichnete sich der Abdruck von Dorotheas Hand ab. Dorothea erschrak zutiefst über den Anblick. »Ich hoffe, ich habe dir nicht sehr wehgetan? Es war nicht meine Absicht.«

Heather schniefte kräftig, nahm das nasse Tuch, das Mutter Schumann ihr reichte, und wischte sich damit die Tränen ab. »Es geht«, sagte sie dann mit belegter Stimme. »Aber es war nicht gerade nett.«

»Nein, das war es nicht«, gab Dorothea ihr recht. »Vergibst du mir?«

Heather dachte ein wenig nach, ehe sie die Rechte ausstreckte und feierlich sagte: »Ich vergebe dir. – Aber nur dies eine Mal!«

»Danke. Abgemacht.« Die Zustimmung im Gesicht ihrer Mutter sagte ihr, dass sie das Richtige gesagt hatte.

Der eigentliche Abschied war schmerzlich. Lischen schenkte der neuen Freundin ihren Lieblingskreisel, ein mit Zwergen und Fliegenpilzen bemaltes Prachtstück. Zwar spielte sie seit einigen Jahren schon nicht mehr damit, aber sie hatte sich bisher noch nicht davon trennen können. Mutter Schumann hatte heimlich für sie einen kleinen Hund aus braunem Samt genäht, mit Knopfaugen und Ohren und Schwanz aus Wallabyfell. Um ein Haar wäre Heather nochmals in Tränen ausgebrochen. Und auch Dorothea rang um Fassung.

»Wir werden sie bald wieder besuchen«, versprach sie Heather. »Aber dein Vater braucht uns jetzt erst einmal dringender.«

Koar war tatsächlich ein ausgezeichneter Pferdelenker. Auf der neuen Straße kamen sie gut voran. Schon mittags passierten sie die Mautstelle bei Glen Osmond und erreichten die Herberge auf dem Mount Barker noch vor Anbruch der Dämmerung. Von hier aus gab es lediglich eine Fahrspur, die hinter der Abzweigung nach Strathalbyn kaum sichtbar durch die lichten Wälder führte.

»Ich wüsste gerne, ob der böse Mann immer noch da ist«, sagte Heather nachdenklich, als sie gerade an einem Busch vorüberfuhren, der über und über von grauen Spinnen bedeckt schien. Nur wenn man genauer hinsah, wurde deutlich, dass es keine Spinnen, sondern bizarr geformte Blüten waren. Abgelenkt von dem Anblick hatte Dorothea ihr gar nicht zugehört. Erst als Koar sie ernsthaft aufforderte, ihm diesen bösen Mann zu beschreiben, wurde sie aufmerksam.

»Er sah sehr seltsam aus, so ähnlich wie der *kuinyo,* den du mir aufgezeichnet hast«, erwiderte das Mädchen. »Dorothy hat ihn auch gesehen. Sie kann ihn sicher besser beschreiben.« Sie zupfte Dorothea am Ärmel. »Das kannst du doch, oder?«

»Was ist ein *kuinyo?«,* fragte Dorothea stattdessen neugierig.

»Ein Dämon, der nachts umherschleicht und jeden verschlingt, der sich aus dem Schutz des Feuers entfernt«, erklärte Koar. »In den Traumgeschichten wird er als Skelett mit einem aufgeblähten Bauch beschrieben. Die Kaurna haben schreckliche Angst vor ihm. Und nicht nur die Kinder …«

»Einen aufgeblähten Bauch hatte er nicht.« Sie versuchte, sich genau an sein Aussehen zu erinnern. »Er war groß. Ungewöhnlich groß. Und mager. Und er trug eine sehr auffällige Körperbemalung.« Schade, dass Koar nicht bei dem Picknick mit dem unglücklichen Ausgang dabei gewesen war: dann hätte sie ihm nur das Felsbild zeigen müssen. »Ja, man könnte sagen, er imitierte ein Skelett. Aber ich bin mir sicher, er war kein Geist.«

Sie lächelte schwach. »Dafür roch er viel zu intensiv nach ranzigem Opossumfett.« Seltsam, dass ihr dieses Detail erst jetzt wieder einfiel!

Koar sagte nichts dazu. Sein brütendes Schweigen hielt an, bis

Heather schließlich die Geduld verlor. »Was meinst du nun? War es wirklich ein Geist, den wir gesehen haben?«

Er schreckte auf, als sei er in Gedanken sehr weit weg gewesen. »Wenn du wirklich dem *kuinyo* begegnet wärst, würdest du jetzt nicht neben mir auf dem Bock sitzen«, erwiderte er trocken. »Habe ich dir schon die Geschichte erzählt, wie mein Großvater mir beibrachte, Eidechsen zu fangen?«

Auf Eden-House wurden sie mit großer Freude begrüßt. »Ich hätte nicht gedacht, dass ich dich so vermissen könnte«, gestand Robert ihr unter vier Augen und zog sie stürmisch in seine Arme. »Mein Herz, du hast mir so gefehlt!«

»Du mir auch«, log Dorothea. »Deswegen habe ich es ohne dich nicht mehr ausgehalten. Ich konnte einfach nicht mehr warten, dass du uns holen kommst.« Sein glückliches Gesicht besänftigte ihre Gewissensbisse. Mit der Zeit würde sie lernen, Robert so zu lieben, wie er sie liebte.

Am nächsten Morgen verabschiedete Koar sich, um nach Adelaide zurückzukehren. Roberts Angebot, eines der Pferde zu nehmen, lehnte er ab. »Ich bin lange nicht mehr auf dem Trail gewesen«, sagte er eine Spur wehmütig. »Es ist an der Zeit, dass ich wieder die Erde unter meinen Fußsohlen spüre.«

Mit ihm verschwand auch das letzte Verbindungsglied zu ihrer Familie und zu Ian. Dorothea sah ihm betrübt nach, wie er mit den langen Schritten seines Volkes davonging. »Ein ungewöhnlicher Bursche«, konstatierte Lady Arabella. »Ich denke, er kann es weit bringen. – Mrs. Perkins wollte übrigens mit dir die Wäscheliste durchgehen, Liebes. Ich glaube, es fehlte irgendetwas.«

Der Alltag auf Eden-House nahm Dorothea schneller wieder in Anspruch, als sie erwartet hätte. Mrs. Perkins schien es darauf anzulegen, sie mit allen Aspekten eines größeren Haushalts vertraut zu machen. Als sie sich bei Robert darüber beschwerte, dass die Köchin doch früher nicht ständig alle Menüpläne und Einkaufslisten mit ihr hatte absprechen wollen, lächelte er und sagte: »Sie meint es nur gut! Sie fürchtete nämlich schon, du hättest dich vielleicht überflüssig gefühlt, weil sie immer alles über deinen Kopf hinweg bestimmt hatte. Wenn es dir zu viel wird, kannst du ihr ja sagen, dass du ihr freie Hand gibst.«

Auch Heathers Schulstunden wurden wieder aufgenommen. Zu Dorotheas Überraschung hatte das Mädchen einigen Ehrgeiz entwickelt. »Lischen hat gesagt, sie schreibt mir Briefe – aber nur, wenn ich es auch tue«, erklärte sie ihren neuen Eifer.

Drei Wochen nach ihrer Rückkehr setzte ihre Monatsblutung ein. Vor Erleichterung hätte sie singen und tanzen können. Stattdessen brach sie in Tränen aus. Dass es Freudentränen waren, konnte niemand ahnen. Robert, der ihren Ausbruch teilweise mitbekommen hatte, setzte sich, nachdem er den Grund dafür erfahren hatte, neben sie aufs Bett. »Weine nicht, mein Herz«, tröstete er sie etwas hilflos und legte den Arm um ihre bebenden Schultern. »Ich verstehe ja, dass du enttäuscht bist. Aber dass du so schnell wieder schwanger wirst, kannst du nicht erwarten. Hab Geduld. Es wird schon werden.«

»Ich will dir unbedingt Kinder schenken.« Dorothea sah zu ihm auf. »Du wünschst es dir doch so sehr, Robert.«

»Das stimmt, mein Herz.« Er tupfte ihr liebevoll mit seinem Brusttuch das nasse Gesicht trocken. »Aber habe ich dir nicht auch gesagt, dass du das Allerwichtigste für mich bist? Dein Glück kommt für mich an erster Stelle. Bitte, tu mir den Gefallen und lächle wieder. Es tut mir weh, dich so bekümmert zu sehen.«

Sie tat ihm den Gefallen. Es war so einfach, Robert glücklich zu machen. Warum konnte sie ihn nicht so lieben, wie er es verdiente?

Der Frühling wich einem heißen, trockenen Sommer. Jetzt machte sich die Nähe zum Murray River angenehm bemerkbar: Wassermangel wie in anderen Gebieten Südaustraliens gab es hier nicht. Wenn Sam die Schleusen zu den raffiniert ausgeklügelten Bewässerungskanälen für die Tränken auf den weiter entfernten Viehweiden öffnete, strömte stets ausreichend von dem kostbaren Nass. Wenn Robert Zeit hatte, und die nahm er sich jetzt häufig, ritt er mit Dorothea und Heather zum Fluss. Dort vergnügte die Kleine sich damit, Muscheln zu sammeln oder Fische nach Eingeborenenart mit der Hand zu fangen. Derweil saßen Dorothea und Robert im Schatten und unterhielten sich oder schlenderten Hand in Hand zu einem von den Steinplätzen, an denen die Ngarrindjeri angeblich geheimnisvolle Rituale durchführten. »Ich habe es noch nie selber gesehen, aber Moorhouse erzählte mir, dass an solchen Plätzen Geister angerufen werden, die dann auch tatsächlich erscheinen.« Robert grinste spitzbübisch. »Natürlich sind es in Wirklichkeit bemalte und maskierte Männer, aber in der Dunkelheit soll es ausgesprochen eindrucksvoll sein, wenn sie plötzlich zwischen den Dolmen auftauchen, als wären sie vom Himmel gefallen. Dazu scheinen sie einige magische Tricks zu beherrschen, die für einfache Gemüter äußerst beängstigend sein sollen.«

»Zum Beispiel?«

»Sie werfen etwas ins Feuer, dass es meterhoch auflodert und dabei seine Farbe verändert. Oder sie lassen Geisterstimmen sprechen – vermutlich beherrschen sie also auch die Kunst des Bauchredens. Wie auch immer, dieser Platz hier dürfte schon lange aufgegeben sein.«

Das war Dorothea nur zu recht. Ein Platz wie die Kultstätte auf dem Weg nach Glenelg in ihrer unmittelbaren Nachbarschaft wäre ihr alles andere als lieb gewesen.

Die Adventszeit begann und erinnerte sie schmerzlich an die letztjährige. War es wirklich erst ein Jahr her, dass sie mit Jane so unbeschwert durch den Busch gewandert waren? Dass sie Miles Somerhill kennengelernt hatte? Beim letzten Weihnachtsfest waren sie noch eine Familie gewesen. Ihr Vater hatte den Weihnachtsgottesdienst gehalten, und danach hatte es ein Festessen gegeben. Das Leben hatte voller Versprechungen vor ihr gelegen. Sie gab sich große Mühe, ihre Anflüge von Melancholie vor Robert zu verbergen. Er verlangte so wenig von ihr, da war es das Wenigste, was sie tun konnte, ihm nicht mit trübsinnigem Gesicht zu begegnen.

»Hast du irgendwelche besonderen Pläne für Weihnachten, Liebes«, erkundigte Lady Chatwick sich eines Abends, wobei sie sich mit einer Serviette Kühlung zufächelte. »Puh, ist das heiß! Bei dieser Witterung könnte man glatt vergessen, dass es auf Weihnachten zugeht.«

»Nein, sollte ich?« Dorothea sah Robert fragend an. »Ich dachte, ich passe mich den Gepflogenheiten auf Eden-House an.«

»Allzu viele davon gibt es hier nicht«, erwiderte er fast bedauernd. »Ein Mistelzweig würde ja auch nicht allzu viel Sinn ergeben. In den letzten Jahren haben wir uns auf ein gutes Essen beschränkt. Obwohl Eiergrog und Christmaspudding bei diesen Temperaturen natürlich nicht ganz das Passende sind.«

»Aber es gehört doch irgendwie dazu«, protestierte Lady Chatwick. »Ohne Grog und Pudding ist es einfach kein Weihnachtsfest.«

»Mrs. Perkins ist ganz deiner Ansicht. Deswegen steckt sie ja auch immer eine fette Gans in die Bratröhre«, bemerkte Robert trocken.

»Was ist dir denn an Weihnachten wichtig, Heather?«, fragte Dorothea, die sich wunderte, wieso ihre Stieftochter sich am Gespräch nicht beteiligt hatte. Sie konnte sich gut erinnern, wie sie sich früher immer schon Wochen vorher auf das Fest gefreut hatte. Heather hingegen wirkte ausgesprochen desinteressiert an dem Thema.

»Nichts.« Heathers brüske Antwort befremdete Dorothea. Sie warf Robert einen Blick zu. Der schüttelte kaum merklich den Kopf, um ihr zu bedeuten, nicht weiter in sie zu dringen.

»Als ich klein war, wimmelte es zu Hause über die Feiertage immer vor lauter Besuchern«, sagte er später in ihrem Schlafzimmer. »Darunter jede Menge Cousins und Cousinen. Wir hatten viel Spaß damals.« Robert lächelte schief. »Vom nächtlichen Schlittschuhlaufen auf dem Dorfweiher bis hin zu heimlichen Ausflügen in die Speisekammer. Hier haben wir leider keine Gäste, und schon gar nicht im passenden Alter für Heather. Es ist kein Wunder, dass Weihnachten ihr nichts bedeutet. Für sie ist es ein Tag wie jeder andere.«

»Wie traurig!« Dorothea erinnerte sich an die Winterabende, an denen die Familie in Dresden bis spät in die Nacht bei Früchtebrot und Apfelpunsch zusammengesessen und Weihnachtslieder gesungen hatte. Auch bei ihnen waren Gäste ein und aus gegangen: meist Kollegen des Vaters und ihre Angehörigen. Alt und Jung hatten bei den Scharaden und Pfänderspielen mitgemacht und sich dabei königlich amüsiert. Nur das letzte Weihnachtsfest hatte sich von allen vorhergehenden unterschieden: Es waren dieselben Weihnachtslieder gewesen, dieselben Mandelplätzchen wie die, die ihre Mutter jedes Jahr zu backen pflegte – dennoch hatten sie alle das Gefühl gehabt, zur falschen Zeit am falschen Ort zu sein.

»Mitten im Sommer Weihnachten zu feiern ist irgendwie verrückt«, hatte Karl die allgemeine Empfindung in Worte gefasst.

Sie hatten das Beste daraus gemacht: Der Punsch wurde eben kalt getrunken, und ihr Vater hatte launig bemerkt, dass es doch eigentlich etwas Wunderbares an sich hätte, wenn in ihre Lieder auch die Vögel mit einstimmten. Überhaupt: ihr Vater! Ohne ihn konnte sie sich Weihnachten gar nicht vorstellen. Wer sonst sollte »Vom Himmel hoch« anstimmen? Wer sonst mit verschmitztem Lächeln die Keksdose aus ihrem Versteck holen, das jeder kannte?

Selbst Jane, die immer behauptete, die Weißen wüssten nicht zu feiern, war tief beeindruckt gewesen. Weniger von den Gesängen als von der Gemeinsamkeit. »Bei uns würde kein Mann sich herablassen, mit seiner Familie einen ganzen Abend zusammenzusitzen«, hatte sie bemerkt. »Vielleicht mit seinem Lieblingssohn. Aber nie mit seiner Frau und den Töchtern. Siehst du, deswegen liebe ich Tim so: Er behandelt mich nicht wie eine Frau.«

Dorothea wusste, was Jane damit meinte: Tim Burton sah in ihr nicht bloß eine wertlose Sklavin.

»Du siehst plötzlich so betrübt aus, Liebste«, unterbrach Robert die Flut der Erinnerungen, die in ihr aufstieg. »Ist es wegen Heather? Glaube mir, das ist unnötig: Sam und ich haben eine wunderhübsche kleine Ponystute für sie ausgesucht und zugeritten. Sie wünscht sich doch schon so lange ein eigenes Pferd. Jetzt ist sie endlich alt genug dafür. Ich bin sicher, das wird sie glücklich machen.« Er streckte die Arme nach ihr aus. »Wahrscheinlich wirst du dann größte Mühe haben, sie überhaupt noch ins Schulzimmer zu bekommen.«

»Das macht nichts. Hauptsache, sie ist glücklich.« Dorothea schmiegte sich bereitwillig an ihn. »Und du? Was würde dich glücklich machen?«

»Weißt du nicht, dass du mich bereits zum glücklichsten Mann von Südaustralien gemacht hast?«, raunte er mit vor Leidenschaft rauer Stimme und schob sie in Richtung Bett.

Als ihr Mann ein paar Tage vor Weihnachten erklärte, noch einmal nach Adelaide reisen zu müssen, und dabei einen verschwörerischen Blick mit seiner Tante tauschte, empfand Dorothea spontan Erleichterung. Erleichterung darüber, ein paar Nächte allein verbringen zu können, keine Leidenschaft vortäuschen zu müssen, die sie nicht empfand.

Der ersten Monatsblutung nach der Nacht mit Ian im Park, die sie noch freudig begrüßt hatte, war inzwischen eine weitere gefolgt. Ihre Enttäuschung war mindestens so groß gewesen wie Roberts. Vielleicht noch größer, denn der unbändige Wunsch, endlich von ihm schwanger zu werden, hatte dazu geführt, dass der eheliche Akt für sie schleichend, fast unbemerkt, vom Vergnügen zur Pflicht geworden war. Dorothea war dazu übergegangen, ihm ihren Höhepunkt vorzuspielen. Sie wollte nicht, dass ihr Mann sie mit Fragen bedrängte, auf die es nur Lügen als Antwort gegeben hätte.

Ihr Körper schien sich ihrem Willen zu entziehen. Und wenn sie sich noch so bemühte, Lust zu empfinden: Er blieb im Innersten kalt und unbeteiligt. Es war ihr völlig unverständlich, denn es war ja keineswegs so, dass sie Widerwillen gegen ihren Mann empfand.

Aus einer Art Verzweiflung heraus hatte sie ihn letzten Sonntagmorgen sogar verführt. Es war nicht schwer gewesen. Miles hatte es immer besonders geschätzt, wenn sie sein Glied mit der Hand gestreichelt hatte. Daran hatte sie sich erinnert und sich an Roberts schlafwarmen Rücken geschmiegt. Anschließend hatte sie ihre Rechte unter sein Nachthemd gleiten lassen. Sobald sie gefunden hatte, was sie suchte, hatte er auf die Berührung reagiert, bevor er halbwegs wach gewesen war. Er hatte keinen Versuch gemacht, sich ihr zu entziehen. Stattdessen hatte er sich langsam, sehr langsam, als hätte er Angst, dass sie ihren Griff sonst lösen würde, umgedreht und sie angesehen.

Errötend hatte sie dem Blick standgehalten. »Ich hoffe, der Herr hat gut geschlafen?«, hatte sie gefragt. »Hat er. Und die gnädige Frau?« Ohne den Blickkontakt zu unterbrechen, hatte Robert träge seine Hand zwischen ihre Beine geschoben und seinerseits begonnen, sie zu streicheln.

Aufs Äußerste erregt hatte sie darauf gehofft, den Bann brechen zu können, endlich wieder die Lust zu empfinden, die sie vorher für selbstverständlich gehalten hatte und die sich ihr jetzt so widerspenstig verweigerte. Aber erneut war im unpassendsten Moment Ians Gesicht vor ihrem inneren Auge erschienen. Verfluchter Kerl! Man könnte glauben, er hätte sie mit einem Zauber belegt wie dem, von dem Jane erzählt hatte. Danach konnte der Verzauberte nur noch an die eine Person denken. Niemand anderes zählte für ihn, niemand anderes konnte seine Leidenschaft wecken. Man musste in einem solchen Fall nach dem Zauber suchen, hatte Jane ganz ernsthaft erklärt. Meist handelte es sich dabei um eine Lehmkugel, in der außer dem Fluch noch Haare oder Fäkalien des Verfluchten eingeknetet waren. Diese Lehmkugel musste man zerstampfen und die Reste in alle Winde verstreuen, um die Wirkung zu neutralisieren. Sobald das geschehen war, wäre alles wieder in schönster Ordnung.

Wenn das nur so einfach gewesen wäre!

»Du wirst doch nicht jetzt vor Weihnachten krank werden, Liebes?«, erkundigte Lady Chatwick sich, besorgt über Dorotheas Blässe. »Soll ich Mrs. Perkins bitten, dir einen von ihren vorzüglichen Toddies zu machen?«

Dorothea winkte schaudernd ab. Lady Arabella war ein großer Anhänger dieses fürchterlichen Gebräus aus Rotwein, Ei und Zucker. In ihren Augen gab es nichts Besseres, um Leib und Seele gleichermaßen zu stärken. »Nein? Dann werde ich mir einen holen. Ich fühle mich gerade etwas schwach.« Zur Untermalung griff sie sich an die Stirn und rauschte in Richtung Küche.

Als Dorothea den Flur entlang zum Schulzimmer ging, wunderte sie sich, dass die Tür zu einem der unbenutzten Zimmer im hinteren Teil des Hauses offen stand. Sie ging hin und wollte sie wieder schließen, als sie Mrs. Perkins und Trixie eifrig damit beschäftigt sah, die Betten zu lüften und die Schutzhüllen von den Möbeln zu ziehen. »Du kannst dann nachher noch schnell die Kommode abstauben«, sagte Mrs. Perkins gerade, als sie Dorothea bemerkte. »Guten Morgen, Ma'am.«

Dorothea sah sich neugierig in dem Raum um, den sie noch nie vorher betreten hatte. Ein großes Bett stand darin, eine Sitzgarnitur, eine Spiegelkommode mit Marmorplatte und einer Waschgarnitur aus Wedgewood-Porzellan. »Erwarten wir Besuch?«, fragte sie eine Spur ironisch.

»Nicht dass ich wüsste, Ma'am. Ich wollte nur vor den Feiertagen alles ordentlich und sauber haben«, erwiderte Mrs. Perkins ungerührt. »Haben Sie mich gesucht? Brauchen Sie etwas?«

»Nein, lassen Sie sich nicht stören«, sagte Dorothea und überließ die beiden Frauen kopfschüttelnd ihrer schweißtreibenden Tätigkeit. Sie hatte Mrs. Perkins immer für eine praktische und vernünftige Frau gehalten. Was war nur in sie gefahren, dass sie ausgerechnet jetzt meinte, einen Hausputz ansetzen zu müssen? Gehörte das zu ihren Vorstellungen von Weihnachten?

Zwei Tage später wurde klar, weswegen Mrs. Perkins und Trixie die Mühe auf sich genommen hatten: Als Robert vorfuhr, kletterte nicht nur er vom Bock, sondern er wurde von Mutter Schumann, Lischen, Karl und Koar begleitet. »Ich dachte mir, es wäre schön, wenn wir das Weihnachtsfest zusammen feiern könnten«, sagte er, als Dorothea und Heather freudestrahlend die Verandatreppe hinunterliefen, um die unerwarteten Gäste zu begrüßen.

Dorothea fehlten die Worte, sie fiel ihm nur um den Hals.

»Willkommen, willkommen! Ich freue mich, Sie endlich auch kennenzulernen, Mrs. Schumann.«

Lady Chatwick streckte majestätisch die Hand aus. »Vielleicht können wir uns später auf ein kleines Schwätzchen zurückziehen? Bei einem Gläschen Claret?«

Dorothea unterdrückte ein Kichern, als sie den fragenden Blick ihrer Mutter auffing.

Engländer kannten die Sitte des »Heiligen Abends« nicht. Das wussten sie noch von ihrem ersten Weihnachtsfest in Adelaide. Umso überraschter waren sie alle, als Robert Masters sie am Abend des 24. Dezembers statt ins Esszimmer in den großen Salon bat. Dort stand eine kerzengerade gewachsene Tanne. Natürlich war es keine richtige Tanne, sondern ein einheimischer Nadelbaum – über und über mit roten Schleifen, vergoldeten Nüssen und Naschwerk geschmückt.

»Ein Weihnachtsbaum!« Lischens Augen weiteten sich entzückt bei seinem Anblick. »Dürfen wir das Süße auch essen? Oder ist es nur zum Angucken?«

»Selbstverständlich darfst du das«, erwiderte Robert amüsiert. »Aber möchtest du nicht vorher dein Geschenk auspacken?«

Jetzt erst bemerkten sie die mit bunten Schleifen verzierten Schachteln unter den Zweigen.

»Das war in der Kiste, die so schwer war?« Karl sah seinen Schwager unsicher an. »Wir haben leider keine Geschenke für dich.«

»Dass ich eure Schwester heiraten durfte, ist das größte Geschenk für mich«, sagte Robert leise und griff nach Dorotheas Hand, um sie dicht neben sich zu ziehen. »Nichts könnte das aufwiegen. – Frohe Weihnachten!«

Gerührt sah Dorothea zu, wie eine Schachtel nach der anderen ihren Adressaten fand. Robert hatte wirklich an alles gedacht: für Lischen Marzipankonfekt; Karl fand eine komplette Zeichenausrüstung für unterwegs in seinem Päckchen; Koar ein medizinisches Kompendium; Mutter Schumann blickte sprachlos vor freudiger Überraschung auf einen indischen Schal aus feinster Kaschmirwolle, so dünn und leicht wie Seide; Lady Chatwick packte erfreut den *Mord in der Rue Morgue* aus; und für Heather war in der größten Schachtel ein komplettes Reitkostüm versteckt.

Auch für Dorothea lag ein eher unscheinbarer Karton mit einer goldfarbenen Schleife in dem stacheligen Grün versteckt. Als sie das Band löste und den Deckel hob, keuchte sie erschreckt. »Robert, nein! Das ist doch viel zu kostbar!«

»Keineswegs. Es ist absolut angemessen«, sagte er und verbeugte sich leicht. »Darf ich es dir anlegen?«

»Du siehst damit aus wie eine Prinzessin«, stellte ihre Schwester fest, nachdem sie sie kritisch beäugt hatte. »Es glitzert wie die Sonne auf dem Wasser. Ist es ein besonderes Glas?«

Lady Chatwick schnaufte, empört über diese Ignoranz, laut und vernehmlich auf. »Das sind Diamanten, Kind«, belehrte sie Lischen. »Und zwar welche von reinstem Wasser, wie man zu sagen pflegt. Deswegen funkeln sie auch so.«

Das Collier schmiegte sich schwer und kalt um Dorotheas Hals und Nacken. »Für meine Königin«, sagte Robert und hauchte einen Kuss auf ihre nackte Schulter. »Lischen hat nicht übertrieben.«

»Natürlich musst du ihr später auch passende Ohrgehänge dazu schenken«, bemerkte Lady Chatwick. »Vielleicht zur Geburt des ersten Kindes? Und beim zweiten dann ein Armband und beim dritten ein zweites.«

»Würdest du diese Einzelheiten mir überlassen, Tante Arabella?« Robert klang ein wenig ungehalten.

»Natürlich, mein Lieber. Es ist nur so, in unserer Familie war es immer üblich …«

Mrs. Perkins räusperte sich energisch in der offenen Tür und erklärte, dass angerichtet sei und es schade wäre, wenn das Essen kalt würde. Niemand beging den Fehler, den Befehl als solchen nicht zu erkennen. Gehorsam begaben sich alle ins Esszimmer, wo der Anblick der überquellenden Platten und Schüsseln auf der Anrichte nicht nur Lischen die Sprache verschlug. So üppig war es im Hause Schumann nie zugegangen.

Die Köchin hatte sich selbst übertroffen.

Krossbraun und duftend lag eine gebratene Gans in der Mitte und sandte appetitanregende Duftschwaden aus. Rechts von ihr dampften gebackene Kartoffeln, Blumenkohl in weißer Soße, gedünsteter Kohlrabi, grüne Bohnen mit Speck und in Butter geschmorte Karotten. Links standen Gurkensalat, eine Schüssel mit grünem Salat und Kräutern, eine Schale Yorkshirepudding, frische Haferbrötchen und der geheimnisvolle Plumpudding, um dessen Zubereitung Mrs. Perkins ein solches Aufheben gemacht hatte, dass Dorothea sich gefragt hatte, ob diese unansehnliche, braune Masse es wirklich wert war. Lady Chatwick hatte ihr erklärt, dass er als Höhepunkt des Abends mit Rum übergossen und angezündet werden würde. Nun ja, man konnte sich vielleicht damit herausreden, dass man viel zu satt wäre, um auch noch einen einzigen Bissen zu schaffen.

»Einen Toast«, mit diesen Worten hob Robert sein gefülltes Weinglas. »Lasst uns anstoßen auf fröhliche, unbeschwerte Feiertage!«

Tatsächlich schien die Zeit zu verfliegen. Karl und Koar entdeckten die Freuden des Angelns. Der Murray River war so voller Fische, dass ein Fisch am Haken hing, kaum dass man die Angel ausgeworfen hatte. Zu ihrer Enttäuschung entpuppte sich ein Großteil der gefangenen Fische allerdings als wenig erfreuliche Beute: Sie waren so voller haarfeiner, stachliger Gräten, dass Mrs. Perkins meinte, es lohne die Mühe der Zubereitung nicht.

Von King George erfuhren sie die Geschichte dieser von den Eingeborenen *thukeri* genannten Fische. King George erzählte gerne Geschichten. Er setzte sich bequem auf einen angespülten Baumstumpf am Ufer, klaubte das unvermeidliche Stück Kautabak aus seiner Backentasche und verstaute es sorgfältig in seinem Brustbeutel, ehe er mit rollenden Augen begann: »Vor langer, langer Zeit gingen zwei Ngarrindjeri-Männer zum Fischen. Sie paddelten zu ihrem Lieblingsplatz, wo es viele *thukeri* gab, banden ihr Kanu an einigen Reetbüscheln fest und fischten den ganzen Tag. Sie fingen viele saftige, fette Fische. Als das Boot fast voll war, fuhren sie zum Ufer. Dabei bemerkten sie einen Fremden, der sich ihnen näherte. Sie befürchteten, er würde sie um Fische bitten.

Die beiden Männer waren aber nicht bereit, ihm von ihrem Fang abzugeben, obwohl sie mehr als genug für sich und ihre Familien gefangen hatten. Also deckten sie den Haufen Fische mit einer Bastmatte ab.« King George untermalte das pantomimisch, rollte sogar theatralisch mit den Augen, um anzudeuten, wie dumm und schlecht diese Handlung gewesen war, ehe er fortfuhr: »Tatsächlich kam der Fremde auf sie zu und bat sie um ein paar Fische, weil er hungrig sei. Aber sie sagten, sie hätten nur ganz wenige gefangen und könnten keine abgeben.

Daraufhin sah der Mann sie lange an, ehe er sich umdrehte und zum Gehen anschickte. Plötzlich hielt er inne, drehte sich um und sagte: ›Weil ihr gelogen habt, werdet ihr niemals wieder mit Genuss *thukeri* essen.‹

Erschreckt hoben sie die Matte an und sahen zu ihrem Entsetzen, dass alle Fische voller spitzer, dünner Knochen waren, die sie ungenießbar machten. Beschämt kehrten sie nach Hause zurück, um ihren Familien davon zu erzählen. Die Alten sagten ihnen, dass der Fremde, dem sie nicht hatten helfen wollen, in Wahrheit der Große Geist *Ngurunderi* gewesen war. Und nun müsse der ganze Stamm für ihre Gier büßen.

So kam es, dass der *thukeri* in die Welt kam.« King George lachte zufrieden, dass es ihm gelungen war, ihre Aufmerksamkeit zu fesseln, und wies mit dem nackten Fuß in Richtung Flussmitte. »Es ist besser, vom Kanu aus zu fischen. Wie wir.«

Lischen und Heather waren von »Princess«, wie die kleine Stute hieß, kaum noch zu trennen. Sobald sie ihr Frühstück heruntergeschlungen hatten, rannten die Mädchen zu den Stallungen und tauchten nur zu den Mahlzeiten wieder auf.

Als Mutter Schumann bedauernd meinte: »Ich könnte mich an so ein Leben wirklich gewöhnen. Aber ich fürchte, wir müssen langsam wieder in die Stadt zurück«, protestierte nicht nur Dorothea.

»Können wir nicht noch ein bisschen bleiben?« Lischen sah flehend zu ihrem Schwager auf. »Du hättest doch nichts dagegen, oder?«

»Natürlich nicht«, erwiderte Robert und zupfte neckend an einem ihrer langen Zöpfe. »Von mir aus könnt ihr hier einziehen. Aber ich muss leider morgen nach Adelaide.«

»Wieso denn das?«, fragte Dorothea verwundert. »Zwischen den Jahren macht doch niemand Geschäfte.«

»Es ist ein Notfall. Ein Freund von mir will alle Brücken hier abbrechen, und ich muss versuchen, ihn davon abzuhalten.« Ian! Robert hatte sich zwar sehr ungenau ausgedrückt, dennoch wusste Dorothea, dass dieser Freund Ian sein musste. Er wollte also Australien verlassen. Wohin wollte er sich wenden? Amerika? In ihrem Inneren zog sich alles schmerzhaft zusammen. Sie würde ihn nie wiedersehen. Und diese Vorstellung schmerzte so unglaublich, dass sie kaum hörte, wie ihre Mutter Robert Masters fragte, ob sie sich ihm anschließen könnten. Bis zur Hochzeit von Protector Moorhouse und Miss Kilner am 4. Januar hatte sie noch einige kleinere Aufträge zu erledigen und wollte auf keinen Fall in Verzug geraten. Glücklicherweise achtete niemand auf sie. Wieso tat es immer noch so weh, wenn sie an Ian dachte? Sie versuchte sich einzureden, dass sie froh darüber wäre, wenn er im fernen Amerika eine andere Frau fände und mit ihr glücklich würde. Aber schon der Stich, den ihr dieser Gedanke versetzte, belehrte sie eines Besseren. Blanker Hass auf diese Frau, die doch gar nicht existierte, loderte in ihr auf. Dorotheas Hände verkrampften sich dabei so heftig um den Henkel der Teetasse, dass das fragile Material zerbrach.

»Doro …?«

»Mein Herz …?«

Unter dem Blick von sieben besorgten Augenpaaren errötete sie peinlich berührt. »Das war die angeschlagene Tasse …«, stammelte sie und schob die Scherben zusammen. »Ich habe nicht aufgepasst.«

»Hauptsache, du hast dir nicht wehgetan«, sagte Robert, während er ihre Hände in seine nahm und auf Verletzungen inspizierte. »Fühlst du dich nicht gut? Soll ich dich hinaufbringen?«

Dankbar griff sie nach der Ausrede, die er ihr bot. »Nur ein bisschen Kopfschmerzen. Ich war wohl zu lange in der Sonne«, sagte sie. »Aber du hast recht, ich werde lieber gleich zu Bett gehen.«

Oben, allein in ihrem Bett, drangen die Stimmen der anderen im Salon unter ihr nur noch gedämpft durch die offen stehenden Fenster. Wie beneidete sie ihre Geschwister und Heather um die laute, ungehemmte Fröhlichkeit, mit der sie sich ganz dem augenblicklichen Spiel überließen!

Sie war noch hellwach, als Robert später leise hereinschlich, um ihr einen Abschiedskuss auf die Stirn zu hauchen. Aber sie hielt die Augen fest geschlossen und atmete regelmäßig, bis das Knarren der Bodenbretter und das kaum hörbare Knacken des Türschlosses angezeigt hatten, dass ihr Mann in seinem Zimmer war. Dann erst drehte sie sich auf die Seite, vergrub ihr Gesicht im Kissen und ließ den Tränen ihren Lauf.

Lischen hatte trotz ihrer Proteste mit zurückfahren müssen. Da hatte Mutter Schumann nicht mit sich handeln lassen. Lady Chatwick hatte sich überraschend angeschlossen. Die Aussicht, ein derart einmaliges gesellschaftliches Ereignis wie die Hochzeit von Protector Moorhouse und seiner Braut miterleben zu können, hatte sie ihre ausgeprägte Trägheit überwinden lassen. »Ich hoffe nur, dass bis dahin ihr bestes Kleid nicht mehr so nach Mottenkugeln riecht«, bemerkte Mrs. Perkins spitz. »Sonst werden alle in der Kirche schrecklich niesen.« Karl und Koar waren noch da. Sie würden bis zum Ende ihrer Ferien auf Eden-House bleiben und dann zu Fuß die Rückreise antreten.

Sie alle winkten der Reisegesellschaft hinterher, bis die Kutsche, eine rötliche Staubwolke hinter sich herziehend wie einen Kometenschweif, im lichten Unterholz verschwunden war.

Karl und Koar hatten sich mit einigen jungen Männern aus dem Lager von King George verabredet. Gemeinsam wollten sie mit Kanus den Murray River hinunterfahren bis zu einer Stelle, an der es besonders lohnend sein sollte, die Netze auszuwerfen. Heather hatte Sam dazu überredet, mit ihr einen längeren Ausritt zu unternehmen. »Ich will doch wissen, wie Princess im Gelände geht«, hatte sie erklärt.

Erleichtert darüber, zumindest für die nächsten Stunden von niemandem gestört zu werden, ging Dorothea langsam in ihr Zimmer zurück. Ein Blick in den Spiegel zeigte ihr ein ungewöhnlich blasses Gesicht mit immer noch leicht geschwollenen Tränensäcken, obwohl sie extra früher aufgestanden war, um die geröteten Augen mit kaltem Wasser zu baden. Müde hob sie die Hand, um eine lose Haarsträhne festzustecken, als ihr auffiel, dass es ungewöhnlich ruhig draußen war. Es war noch zu früh am Tag, als dass sich ein Gewitter hätte ankündigen können, aber genauso fühlte es sich an. Die spärliche Feuchtigkeit der Nacht war unter der gnadenlosen Sommersonne bereits verdampft, und die bleierne Hitze lag jetzt wie ein schweres Federbett über dem Land. Dorothea trat ans Fenster, um den Horizont nach Anzeichen von Gewitterwolken abzusuchen. Nichts. Im dunstigen Grau war auch nicht das kleinste Schleierwölkchen auszumachen. Dafür weckte etwas anderes ihre Aufmerksamkeit.

Im Lager von King Georges Stamm herrschte Aufruhr. Es lag zu weit weg, um Genaueres zu erkennen. Deutlich war aber, dass dort ein hastiger Aufbruch stattfand. Es wimmelte wie in einem aufgescheuchten Ameisenhaufen. Einige Frauen in den traditionellen Opossumumhängen, schwer beladen mit Tragenetzen samt Kleinkindern, marschierten bereits nach Norden. Andere waren noch damit beschäftigt, ihre Habe zusammenzupacken, angetrieben von den Männern, die wild mit ihren Waddies und Speeren herumfuchtelten. Dazwischen wuselten die Kinder und zahmen Dingos. Wenn es einen Grund dafür gegeben hätte, hätte man an eine Flucht denken können. Aber wovor sollten die Eingeborenen sich in Sicherheit bringen wollen? Weit und breit war nichts zu sehen, das ihnen einen solchen Schrecken eingejagt haben könnte.

Vermutlich wieder eine ihrer seltsamen Sitten. Sie würde später Koar fragen, aber jetzt bedrängten sie ganz andere Sorgen. Bisher war sie davon ausgegangen, alles würde gut, sobald sie nur erst ein Kind von Robert erwartete. Sie war fest davon überzeugt gewesen, dass ihre Nerven sich dann wieder beruhigen und das Eheleben sich schon einspielen werde. Nach dem Gefühlschaos, das allein der Gedanke an Ian gestern in ihr ausgelöst hatte, war sie sich da gar nicht mehr sicher. Wie sollte es weitergehen mit Robert und ihr, wenn sie jedes Mal, sobald sie im Bett die Augen schloss, Ians Gesicht vor sich sah?

Sie liebte Robert, rief sie sich selbst innerlich zur Ordnung. Sie musste sich nur noch größere Mühe geben, Ian zu vergessen, ihn ganz und gar aus ihren Gedanken zu verbannen. Mit der Zeit würde sein Bild schwächer werden, die Erinnerung verblassen, bis sie sein Wurfmesser betrachten konnte, ohne dass es schmerzte.

Was blieb ihr auch übrig? Robert war ein wunderbarer Mann. Er konnte nichts dafür, dass sie ihm gegenüber eher wie einem Bruder oder Lieblingsonkel empfand. Ein verrückter Impuls durchzuckte sie: Was, wenn sie einfach alles hinter sich ließ und sich Ian anschloss? Sie konnte sich als blinder Passagier einschleichen, niemand müsste etwas erfahren. Sie wäre einfach auf rätselhafte Weise verschwunden.

Der verlockende Gedanke quälte sie so, dass sie es nicht mehr in ihrem Zimmer aushielt. Sie zog ihr Reitkleid an und marschierte in den Stall.

»Ma'am?« John, der Stallbursche, sah erschrocken von den Kandaren auf, die er gerade polierte.

»Sattle mir bitte Molly«, sagte sie und klopfte ungeduldig mit der Gerte gegen ihren Stiefel. »Ich will versuchen, Sam und Heather noch einzuholen. Weißt du, in welche Richtung sie geritten sind?«

»Jaa, schon«, erwiderte der junge Mann mit sichtlichem Unbehagen. »Sie wollten zur Nordweide. Aber … sind Sie sicher, Ma'am, dass Sie wirklich alleine loswollen?«

»Natürlich. Sie können noch nicht weit sein«, sagte Dorothea. »Was soll da schon passieren?«

John wirkte nicht überzeugt, wagte jedoch keine weiteren Einwände vorzubringen. Dorothea war in den vergangenen Wochen zwar keine versierte Reiterin geworden, fühlte sich aber inzwischen hinreichend sicher auf einem Pferderücken. So zögerte sie keinen Augenblick. Sobald John Dorotheas fertig gesattelte Stute zum Aufsteigeblock führte, saß sie auf und trieb das Tier auch gleich zu einem flotten Trab an. »Hetzen Sie sie besser nicht zu sehr, Ma'am«, rief ihr der Stallbursche noch hinterher. »Wenn sie erschöpft ist, wird sie bockig.«

Dorothea hob die Hand mit der Gerte, um ihm zu signalisieren, dass sie ihn gehört hatte, und verlangsamte die Gangart. John hatte recht. Es hatte wenig Sinn, das Tier bis zur Erschöpfung anzutreiben. Sie würde auch so noch schnell genug Sam und Heather einholen. Ihre Stute Molly war ein hochbeiniges, auf Schnelligkeit gezüchtetes Araberhalbblut. Heathers Princess dagegen ein kurzbeiniges, stämmiges Pony, und auch Sam hatte natürlich wieder den alten Wallach genommen, der eigentlich nur noch sein Gnadenbrot auf Eden-House erhielt.

Die Nordweide lag etwa zehn Meilen von Eden-House an einem Zufluss in den Murray River, der im Frühling reichlich Wasser führte und so den Schafen das nötige Trinkwasser bot. Soviel

Dorothea wusste, gab es dort eine kleine Station, die in regelmäßigen Abständen mit Vorräten versorgt wurde und in der sich die Hirten aufhielten, wenn sie nicht Dienst im Busch hatten.

Sie überließ es Molly, sich ihren Weg durch das niedrige Mallee-Gestrüpp zu suchen. Solange sie die Richtung beibehielt, konnte sie sich nicht verirren. Zu ihrer Erleichterung ließ die unerträgliche Anspannung in ihr langsam nach. Dieser Ausritt war eine gute Idee gewesen, um sich abzulenken. Aber allmählich mussten doch in der Ferne Heather und Sam auszumachen sein? Das Gestrüpp hier war nicht hoch. Man hätte ein Pferd schon von Weitem sehen müssen. Hatten sie sich vielleicht für einen Umweg entschieden? Dorothea reckte sich im Sattel, und tatsächlich: Etwa eine halbe Meile vor ihr waren undeutlich einige Silhouetten zu erkennen, die sich sehr langsam auf sie zubewegten. Das mussten sie sein. Lahmte vielleicht eines der Pferde? Oder war etwa Heather etwas passiert? Dem Wildfang war zuzutrauen, dass er sein Pony überfordert hatte.

Dorothea trieb Molly zu einem Galopp an, und als hätte das Tier ihre Besorgnis gespürt, stürmte es bereitwillig vorwärts. Im Näherkommen sah sie, dass Heather munter und unverletzt auf ihrer Princess thronte. Aber der alte Wallach, den Sam am Zügel führte, hinkte stark.

»Was ist geschehen?«, rief sie schon von Weitem.

»Hat sich etwas eingetreten«, brummte Sam. »Das da.« Er griff in seine Westentasche und demonstrierte ihr auf seiner Handfläche einen seltsamen Gegenstand. So etwas hatte Dorothea noch nie zuvor gesehen: In dem getrockneten, runden Tonklumpen staken jede Menge spitzer Stacheln aus Knochen oder ähnlichem Material. »Die Furt dahinten war voll davon«, sagte Sam mit unterdrückter Wut. »Jemand muss die mit Absicht dort verteilt haben. Wahrscheinlich wieder eine schwarze Teufelei. Jedenfalls sind wir sofort umgekehrt. Ich freu mich schon drauf, mir diesen Halunken, diesen King George vorzuknöpfen!«

»Das wird warten müssen. Sie haben heute Morgen in aller Eile ihr Lager verlassen. Aber ich kann mir beim besten Willen nicht vorstellen, dass King George seinen Leuten so etwas erlauben würde.« Dorothea betrachtete die improvisierte Wolfsangel mit Abscheu.

»Wahrscheinlich nicht. Aber wenn er abgehauen ist, wette ich, dass er weiß, wer es war.« Sams steingraue Brauen zogen sich finster zusammen. »Na warte, Freundchen!«

Plötzlich schnaubte der alte Wallach und warf den Kopf hoch. Auch Molly begann, hin und her zu tänzeln. »He, he, he«, machte Dorothea beruhigend, wie sie es bei Sam und Robert gesehen hatte, und beugte sich nach vorn, um Mollys Hals zu tätscheln. In dem Augenblick hörte sie ein leises Zischen wie von einer Schlange und unmittelbar darauf aus Sams Richtung ein schmerzliches Aufstöhnen. Verständnislos starrte sie auf den langen Speer, der zitternd in seiner Seite steckte. Sie wollte gerade vom Pferderücken rutschen, um ihm zu Hilfe zu kommen, als er die Hand hob. »Nicht absteigen – nehmen Sie Heather und bringen Sie sich in Sicherheit! Schnell!« Seine gepresste, vor Schmerz heisere Stimme jagte ihr fast noch mehr Angst ein als die Waffe in ihm. Niemand war zu sehen, alles schien ruhig und friedlich. Die Vögel in den Bäumen sangen, als sei nichts geschehen. Auch die Eidechsen huschten ungerührt zwischen den Grasbüscheln umher und ließen sich bei ihrer Jagd auf Ameisen nicht stören.

»Ich kann Sie doch nicht einfach hier zurücklassen, Sam«, flüsterte sie hilflos. »Sagen Sie mir, was ich tun soll.«

»Verdammt, bringen Sie endlich das Kind von hier weg!«, brüllte er sie so unvermittelt an, dass sie automatisch gehorchte. Sie warf Molly herum und griff nach den Zügeln von Princess. Heather war vor Entsetzen wie erstarrt gewesen. Nun wehrte sie sich auf einmal entschieden und versuchte, Dorothea die Zügel wieder zu entreißen. »Wir müssen Sam doch helfen«, schrie sie. »Er ist verletzt!«

»Hast du nicht gehört, was er gesagt hat«, stieß Dorothea aus und trieb die beiden Pferde in einen halsbrecherischen Galopp. »Wir können ihm nicht helfen. Wir würden nur selber sterben.«

Heathers verzweifeltes Aufschluchzen war das Letzte, das sie hörte. Etwas traf sie mit unerhörter Wucht am Hinterkopf und löschte alles um sie herum aus.

17

Als sie wieder zu sich kam, war sie nicht sicher, ob sie vielleicht in der Hölle war. Es war stockdunkel, es stank widerwärtig, und ihr Kopf schmerzte unerträglich. Dazu hing sie mit dem Kopf nach unten, und etwas drückte so schmerzhaft auf ihre Hüftknochen, dass sie unwillkürlich laut aufstöhnte. Erst allmählich realisierte sie, dass ihr Körper in einer Art Umhüllung steckte und sie selbst über einem Pferderücken hing wie ein Sack Mehl. Aber unzweifelhaft lebte sie noch. Außer den Kopfschmerzen war ihr auch so übel, dass sie fürchtete, sich früher oder später übergeben zu müssen. Da das ihre Lage um einiges verschlimmert hätte, tat sie alles, um den Aufruhr in ihrem Inneren zu unterdrücken. Damit war sie so beschäftigt, dass sie gar nicht bemerkte, dass das Pferd auf einmal langsamer ging und schließlich stehen blieb. Jemand griff nach ihr, zerrte sie herunter und ließ sie zu Boden fallen, als sei sie tatsächlich ein Sack Mehl.

Gefangen in ihrem stinkenden Kokon lag sie da und biss sich auf die Lippen, um nicht laut zu schreien und um Hilfe zu rufen. Eine innere Stimme sagte ihr, dass es sowieso vergebens wäre. Doch es könnte ihrem Peiniger signalisieren, dass sie wieder bei Bewusstsein war. Sich ohnmächtig zu stellen war weniger eine bewusste Entscheidung als eine instinktive. Mehr als eine Atempause würde es ihr nicht verschaffen. Aber dass sie noch lebte, schien ihr ein gutes Zeichen. Wenn er sie hätte töten wollen, hätte er sich wohl kaum die Mühe gemacht, sie zu verschleppen. Panik stieg in ihr auf, als sie sich an die Geschichten erinnerte, die nur hinter vorgehaltener Hand weitergegeben wurden: Gerüchte über Europäerinnen in benachbarten Kolonien der Region, die von Eingeborenen entführt und entsetzlich missbraucht worden waren. Einige waren nie wieder aufgetaucht; andere, die von Suchtrupps gefunden und befreit worden waren, mussten angeblich den Rest ihres Lebens in Asylen für Wahnsinnige verbringen.

In ihrer Nähe wieherte leise ein Pferd. Gleich darauf fiel etwas Schweres zu Boden. Hufe scharrten über trockenes Gras, dann Stille. Dorotheas bis zum Zerreißen gespannte Nerven drohten sie im Stich zu lassen. Es war eine Tortur, nicht zu wissen, was um einen herum vorging. Dabei war sie sich nicht einmal sicher, ob es nicht schlimmer wäre, es zu wissen.

Ein nackter Fuß trat sie so heftig in die Seite, dass sie einen Schmerzensschrei nicht unterdrücken konnte. Mit einem zufriedenen Grunzen zog ihr Entführer sie in sitzende Position und löste die Verschnürung des Ledersacks. Als er ihn ganz fortzog, kniff sie die Augen zusammen, um nichts sehen zu müssen. Ein harter Schlag ins Gesicht und der Befehl »Sieh mich gefälligst an, wenn ich mit dir spreche!« ließ sie sie entgeistert aufreißen. Er hatte Englisch gesprochen! Englisch, wie es in den Straßen von Adelaide gesprochen wurde.

Dorothea glaubte ihren Augen nicht mehr trauen zu können: Vor ihr hockte in der eigentümlichen Haltung der Eingeborenen der Skelettmann und sprach mit ihr, als sei er ein Engländer. Träumte sie? Das konnte doch nicht die Wirklichkeit sein!

Aus unmittelbarer Nähe sah sie in seine scharfen Züge; die Augen, dunkel und kalt wie Obsidian, ließen keine menschliche Regung erkennen, während sie sie beobachteten, wie ein Jäger seine Beute beobachten würde: interessiert, aber mitleidlos. Unter der weißen Bemalung erkannte sie eine scharfe, hakenförmige Nase und einen schmal geschnittenen Mund. Er schien sich zu rasieren, denn sie konnte in der weißen Schminke, die seine ausgeprägten Wangenknochen noch stärker hervortreten ließ, keine Anzeichen von Bartwuchs entdecken.

»Ich weiß, dass weiße Frauen noch nutzloser sind als schwarze«, sagte er verächtlich. »Aber ich rate dir, dich geschickt anzustellen. Sonst hole ich mir mein Fleisch von deinem Körper.« Seine Augen zogen sich zu bösartigen Schlitzen zusammen, und er fügte hinzu: »Ich ziehe Pferdefleisch vom Geschmack her vor, aber du wärst nicht die Erste.«

Das konnte er doch nicht ernst meinen? Verstört versuchte Dorothea, in den unmenschlichen Augen zu lesen. Sie fand nichts darin als Kälte und gleichgültige Grausamkeit. »Hier«, er warf ihr eine Steinklinge vor die Füße, mit der sie die Eingeborenenfrauen Felle hatte bearbeiten sehen. »Ach ja, und versuch nicht zu fliehen. Sonst schneide ich dir die Zehen ab.« Damit wandte er sich um und verschwand in einem Spalt in der Felswand hinter ihnen. Bisher hatte Dorothea ihre Umgebung noch nicht in Augenschein genommen. Jetzt, während sie auf den Kadaver des alten Wallachs zuwankte, sah sie nur Bäume ringsumher. Durch den dichten Bewuchs hindurch war nicht zu erkennen, wie weit sie von den Ebenen am Murray River entfernt waren. Wohin hatte er sie verschleppt? Sie vermutete, dass sie sich irgendwo in den Mount Lofty Ranges aufhielten. Mit dem lahmenden Pferd konnte er nicht allzu weit gekommen sein.

Der Ekel, als sie näher trat und der süßliche Blutgeruch sich intensivierte, überwältigte sie fast. Schon umschwirrten unzählige Fliegen den Kadaver, saßen so dicht auf der Blutlache, die aus der Halsschlagader geströmt war, dass man nur noch schwarze, metallisch glitzernde Körper sah. Teilweise flogen sie auf, umschwirrten sie hektisch, krochen auch auf ihr herum. Nur der Gedanke an die Drohung des Skelettmanns vermochte es, sie dazu zu bringen, zwischen den schlaffen Beinen niederzuknien und einen ersten, ungeschickten Schnitt anzusetzen. Er ritzte gerade einmal das Fell. Mit zusammengebissenen Zähnen drückte sie stärker zu und schaffte es tatsächlich, die Haut über dem mächtigen Oberschenkel in einem langen Schnitt von der Kruppe bis zur Flanke zu durchtrennen. Aus dem Schnitt quoll eine Mischung aus Blut, gelblichem Fett und einer wässrigen Flüssigkeit, die die Steinklinge in ihrer Hand so rutschig werden ließ, dass sie sie kaum noch führen konnte. Achtlos riss sie einen Volant von ihrem Unterrock, wickelte ihn um ihre Hand und begann, das Fell abzulösen. Es ging leichter, als sie befürchtet hatte. Stück für Stück legte sie das rosige Fleisch frei. Mit jedem Schnitt, mit dem sie lange Streifen aus dem großen Muskel heraustrennte, wurde sie sicherer. Fast empfand Dorothea so etwas wie Stolz, während der Haufen neben ihr größer und größer wurde.

»Das reicht.«

Sie hatte nicht gehört, wie er näher kam. Das war nicht erstaunlich. Verbissen auf ihre Tätigkeit konzentriert, hatte sie auf nichts um sich herum mehr geachtet.

»Pack es ein und bring es hinein«, wies er sie an, wobei er ein Tragenetz neben den Fleischhaufen warf.

Dorothea gehorchte. Sie konnte das Netz kaum heben, aber er dachte gar nicht daran, ihr zu helfen. Stattdessen hob er den Speer und drehte sich um, um im Berg zu verschwinden. Folgsam wie eine Eingeborene folgte sie ihm. Der Gang war eng, immer wieder blieb sie mit ihrer Last an Felsvorsprüngen hängen. Mehrmals stolperte sie und hätte um ein Haar das Gleichgewicht verloren. Es schien ihr endlos, bis sie plötzlich in einer Höhle stand. Einer überraschend großen Höhle.

Mindestens so groß wie das Speisezimmer auf Eden-House. Durch mehrere Ausbrüche in der Decke drang ausreichend Tageslicht herein, um sich gut orientieren zu können. Unter dem niedrigsten Felsenfenster brannte ein Feuer. Daneben lagen mehrere Speere, Waddies und andere Gegenstände, deren Nutzen Dorothea nicht einordnen konnte. Erleichtert, sich von ihrer Last befreien zu können, ließ sie sie neben dem Feuer zu Boden gleiten.

»Aufspießen, rösten.« Neben der Feuerstelle lagen zugespitzte Äste. Während Dorothea sich beeilte, seiner knappen Anordnung Folge zu leisten, sah sie sich unauffällig um. Sie war noch zu schwach, und seine Drohung, ihr die Zehen abzuhacken, hatte sie so eingeschüchtert, dass sie im Augenblick keinen Fluchtversuch wagte. Aber dennoch wollte sie so viel wie möglich über ihn in Erfahrung bringen, bevor sie versuchen würde, mit ihm vernünftig zu reden. Vielleicht ließ er sie ja gegen ein Lösegeld gehen, wenn sie ihm klarmachte, dass Robert jede geforderte Summe für sie zahlen würde. Dafür könnte er sich vier oder noch mehr Frauen kaufen, von denen jede Einzelne sicher geschickter wäre als sie. Es war ihr sowieso unklar, was er von ihr wollte.

In der Nacht, als er sie gejagt hatte, war sie überzeugt gewesen, er wollte sie ermorden. Heute hätte ihn nichts daran gehindert, es zu tun. Wieso also lebte sie noch? Sam hatte er doch auch getötet. Sie schluckte, als unvermittelt die bleichen, verzerrten Züge des alten Stallknechts vor ihrem inneren Auge erschienen. Der arme Sam!

Heather musste es geschafft haben, ihm zu entkommen. Offenbar hatte er es nur auf sie abgesehen gehabt. Vorsichtig betastete sie die schmerzhafte Beule an ihrem Hinterkopf. Vermutlich hatte er sie mit einer Wurfkeule getroffen, und sie war bewusstlos vom Pferd gestürzt. Glück im Unglück, dass sie nicht mit dem Fuß im Steigbügel hängen geblieben war!

»Was willst du von mir?« Die Frage war ihr herausgerutscht, ohne dass sie bedacht hatte, dass es ihn verärgern könnte, wenn sie ihn einfach so ansprach. In der Erwartung, im nächsten Moment einen harten Schlag oder den Stich einer hölzernen Speerspitze zu verspüren, duckte sie sich ängstlich, aber es geschah nichts.

»Nichts.« Er sagte es ohne jede Emotion. Im ersten Moment glaubte Dorothea, sich verhört zu haben. Der raffiniert eingefädelte Überfall, der Mord an Sam, ihre Entführung – für nichts?

»Du bist unwichtig. Ein weißes Nichts. Ich will den Kindgeist in dir.«

Trotz ihrer Situation lachte Dorothea bitter auf. »Ich bin nicht schwanger. Du hast die Falsche entführt.«

»Du trägst einen Kindgeist in dir. Ich kann es riechen. Er ist noch sehr klein, aber er ist da.«

Der Mann war wahnsinnig! Entsetzt starrte Dorothea in sein unbewegtes Gesicht. Niemand konnte riechen, ob eine Frau schwanger war. Oder doch? Konnten Zauberer das?

»Selbst wenn du recht hättest und ich ein Kind erwartete: Was willst du von einem Kindgeist?« Irgendwie kam ihr das Ganze inzwischen so surreal vor, dass sie ihre Angst vergaß. Die Neugierde war stärker.

»Ich brauche ihn für einen Zauber.«

Ein schrecklicher Verdacht stieg in ihr auf. »Du wolltest mich gar nicht töten? Du wolltest, dass ich mein Kind verliere, damit du … Oh!« Außer sich vor Wut sprang sie auf, einen der angespitzten Äste in der Faust, um ihn ihm in den Leib zu rammen. Ein scharfer Schmerz brachte sie zur Besinnung. Ungerührt zog er seinen Speer aus ihrem Oberschenkel. »Du vergisst dich«, sagte er mit leisem Tadel in der Stimme. »Ein solches Benehmen werde ich nicht dulden. Ich sehe es dir noch einmal nach, weil du nicht weißt, wie eine Frau sich zu benehmen hat. Aber stell meine Geduld nicht noch einmal auf die Probe.«

Die Speerwunde in Dorotheas Bein brannte wie Feuer und mahnte sie zur Vorsicht. Es würde ihr nicht weiterhelfen, ihren Entführer anzugreifen. Sie hatte keine Chance gegen ihn. Körperlich war er ihr weit überlegen. Wenn sie doch wenigstens ihr Wurfmesser eingesteckt hätte!

»Dieser neue Kindgeist in dir scheint stark zu sein«, sagte er, und die Zufriedenheit in seiner Stimme war unüberhörbar. »Das ist gut. Vermutlich ist es ein männlicher. Der vorige war ein weiblicher Kindgeist. Er war natürlich zu schwach.«

»Zu schwach wofür?«

Er machte sich nicht die Mühe, ihr zu antworten. Stattdessen erhob er sich mit katzenartiger Geschmeidigkeit, um in einem weiteren Gang, der noch tiefer in den Berghang hineinführte, zu verschwinden. Kaum war er nicht mehr zu sehen, als Dorothea auch schon ihre Röcke hochzog, um die Wunde zu inspizieren. Sie sah hässlich aus: Mit der hölzernen Spitze hatte er einen Teil des Batiststoffs mit ins Fleisch getrieben. Sie versuchte, den Schmerz zu ignorieren, den es ihr bereitete, die Fasern aus dem blutigen Loch zu ziehen. Zum Glück schienen die Stoffschichten einiges abgehalten zu haben. Die Wunde war weniger tief, als sie befürchtet hatte. Dorothea riss einen weiteren Volant ab und verband sich provisorisch. Wenn sie Glück hatte und es sich nicht entzündete, würde nur eine kleine Narbe zurückbleiben. Wenn sie Glück hatte und das hier überlebte, berichtigte sie sich selbst. Sie setzte sich auf die Fersen zurück und vergrub das Gesicht in den Händen.

Selbst wenn Heather es bis nach Eden-House geschafft und dort Alarm geschlagen hätte, dort befanden sich derzeit nur Karl, Koar und der Stallbursche John. Koar war der Einzige, dem sie zugetraut hätte, sie hier in dem Versteck aufzustöbern. Aber wäre er auch imstande, es mit diesem Verrückten aufzunehmen?

Wahrscheinlicher war, dass sie Hilfe in Adelaide holen würden. Es würde also mindestens vier Tage dauern. Vier Tage, in denen alles Mögliche passieren konnte. Sie wollte sich gar nicht allzu genau ausmalen, was. In unmittelbarer Lebensgefahr schien sie nicht zu schweben. Das Wichtigste war jetzt, herauszufinden, was er vorhatte. Erst dann konnte sie einen Fluchtplan schmieden. Dazu musste sie ihn jedoch zum Reden bringen.

Das erwies sich als gar nicht so schwierig.

»Darf ich dich etwas fragen?«, flüsterte sie demütig, als sie die sorgsam von allen Seiten gerösteten Fleischstreifen auf einem Rindentablett vor ihn hinstellte. Der Skelettmann nickte.

»Du sprichst unsere Sprache sehr gut. Woher kommt das?«

»Bis ich ihn tötete, war ich der Haussklave eines Weißen auf der Känguruinsel«, erwiderte er so unbewegt, als berichte er von einem Schulbesuch. »Er hatte meine Mutter und mich entführt, und als sie starb, erwartete er, dass ich ihren Platz einnahm. Er war zu faul, sich eine neue Frau zu holen. Ich war noch zu klein und hatte nicht genug Kraft, um mich zu wehren. Später, als ich merkte, dass ich stark genug war, schnitzte ich mir ein Waddie und erschlug ihn, während er schlief.«

Sprachlos vor Entsetzen starrte Dorothea ihn an.

»Dann nahm ich sein Boot und ruderte an Land.« Mit seinen weißen, kräftigen Zähnen riss er einen großen Bissen aus dem Fleisch und kaute ihn in aller Ruhe, bevor er hinzufügte: »Damals habe ich mir geschworen, einen Zauber zu finden, der die Weißen dorthin zurücktreibt, wo sie hergekommen sind.«

Worüber sollte sie schockierter sein? Über den kaltblütigen Mord oder über den menschlichen Abschaum, der nicht davor zurückschreckte, ein Kind zu missbrauchen? In Dorotheas Kopf vermengten sich Gut und Böse, richtig und falsch, bis sie völlig orientierungslos war.

Der Mann hatte ihr eine Ecke ganz hinten in der Höhle zugewiesen, während er sich mit überkreuzten Beinen an der Felswand neben dem Feuer niederließ. Die Waffen griffbereit neben sich, in seinen Opossumfellmantel gehüllt, schien er augenblicklich in tiefen Schlaf zu sinken.

Auf dem blanken Boden, ohne Decke oder Kissen, hatte Dorothea sich, so gut es ging, zusammengerollt und versuchte, das Knurren ihres Magens zu ignorieren. Es war lächerlich, dass sie bei all dem Hunger verspüren konnte! Aber sie tat es. Der Duft des gebratenen Fleisches quälte sie so, dass sie es sogar einmal wagte, sich so leise wie möglich an die Reste auf dem Rindentablett heranzupirschen. Ein gut gezielter Speerwurf, der ihre bereits ausgestreckte Hand nur um Haaresbreite verfehlte, ließ sie zurückzucken. Er hatte nicht einmal die Augen geöffnet. Sie kroch auf allen vieren zurück in ihre Ecke und sank schließlich doch in eine Art Erschöpfungsschlaf.

Geweckt wurde sie im Morgengrauen von einem kräftigen Tritt und dem Befehl: »Wasser holen, aber marsch!« Neben ihr klatschten zwei der aus Opossumhaut gefertigten Wassersäcke auf den Boden. Sie rappelte sich auf, wischte sich den Schlaf aus den Augen und folgte ihrem Entführer hinaus. Der tote Wallach war über Nacht merklich weniger geworden. Ausgehend von der aufgeschnittenen Flanke hatten sich zahlreiche kleine Raubtiere ihren Weg zu den Innereien gebohrt. Halb heraushängende Darmschlingen zeigten, worauf sie aus gewesen waren. Ein überwältigender Gestank stieg von dem in Verwesung übergehenden Tierkadaver auf. Ohne irgendwelche Anzeichen von Ekel ging der Mann dicht daran vorbei, wobei er erneut Fliegenschwärme aufscheuchte, und stieg dann, ohne sich auch nur umzusehen, ob seine Gefangene ihm folgte, weiter den Hang hinauf. Dorothea hörte die Quelle, bevor sie sie sah. Das Plätschern machte ihr bewusst, wie durstig sie war. Es war ein kleines Rinnsal, das aus einer Spalte rann, um sich in einem Becken zu sammeln. Glasklar spiegelte das Wasser den Himmel und das Blätterdach über sich wider. Dorothea stürzte darauf zu, fiel auf die Knie und beugte sich darüber, um in tiefen, hastigen Zügen so viel von dem köstlichen Nass wie möglich zu trinken.

Er ließ sie gewähren. Wartete ab, bis sie den Kopf hob und sich das triefende Kinn abwischte. »Vergiss die Wassersäcke nicht.« Mit diesen Worten drehte er ihr den Rücken zu und ging den Weg zwischen den Bäumen zurück. Dorothea füllte die Wassersäcke. Dabei handelte es sich um komplette Opossumhäute, deren Körperöffnungen abgedichtet worden waren. Voller Wasser wirkten sie wie bizarr aufgeblähte Tiere ohne Kopf. Und sie wogen mindestens so viel! Dorothea keuchte, als sie endlich mit den zwei schweren Behältern den Eingangsspalt erreichte. Ihr ehemals schickes Reitkostüm war nicht besonders geeignet für solche Aufgaben. Der weite, übermäßig lange Rock ließ sie ständig stolpern. Normalerweise trug man ihn, wenn man nicht gerade im Sattel saß, wie eine Schleppe elegant über dem Arm – aber sie brauchte beide Arme für die Wassersäcke.

Der Skelettmann hockte vor dem Feuer und erneuerte seine grauenerregende Bemalung, indem er langsam und sorgfältig die Striche mit weißer Paste aus einem Rindentöpfchen nachzog. Zu Dorotheas Verwunderung benutzte er dabei einen Spiegel. Einen hübschen Damenspiegel mit Schildpattgriff, der besser in ein elegantes Boudoir gepasst hätte. Er nahm keine Notiz von ihr, also stellte sie die Wassersäcke in geeignete Nischen an der Wand ab und zog sich in ihre Ecke zurück. Ihr Magen hatte aufgehört zu knurren, dafür war ihr jetzt ein wenig schwindlig, aber es fühlte sich nicht unangenehm an. Vielleicht vergleichbar einem leichten Schwips.

Sobald er mit seinem Werk zufrieden war, verstaute er seine Utensilien in einer Höhlung, schaufelte geschickt glühende Holzkohle in eine verbeulte Blechschüssel, die in Dorotheas Augen ganz wie eine der Schalen aussah, in denen Mrs. Perkins Küchenabfälle zu sammeln pflegte, und verschwand in der Felsspalte im hintersten Bereich der Höhle. Dorothea hatte sich schon gefragt, wohin diese Spalte wohl führte. Vielleicht ein zweiter Ausgang?

Und wofür brauchte er die Kohle?

Am Rand der Feuerstelle verstreut lagen noch Überbleibsel seines gestrigen Mahls, die er achtlos in die Asche geworfen hatte. Allzu appetitlich wirkten die angekohlten Fleischreste nicht mehr, aber wenn sie fliehen wollte, musste sie sehen, bei Kräften zu bleiben. Dorothea klaubte die Brocken auf und zwang sich, sie hinunterzuwürgen. Es war nicht viel, aber es musste reichen. Sie traute sich nicht, sich an den Vorräten zu vergreifen, die an einer Wand in Tragenetzen lagerten: Pflanzenwurzeln, getrocknete Früchte, Vogeleier. In der Hoffnung, ihn freundlich zu stimmen, machte sie sich daran, weiter den Kadaver des armen Wallachs zu zerlegen. Eine zunehmend unangenehme und schweißtreibende Arbeit. Aus der offenen Bauchhöhle drang immer wieder ein Schwall stinkender Gase. Sosehr sie sich auch bemühte, durch den Mund zu atmen – es war kaum auszuhalten. Dazu musste sie sich ständig der Ameisen und Insekten erwehren, die in unüberschaubaren Mengen die unverhoffte Nahrungsquelle ansteuerten.

Nachdem einige besonders große Ameisen unter ihre Röcke gekrochen waren und sie schmerzhaft gebissen hatten, gab sie auf. Zwei Tragenetze voll Fleisch mussten fürs Erste reichen. Sie schleppte ihre Beute in die Höhle und konstatierte überrascht, dass er immer noch nicht wieder aufgetaucht war.

Aus dem Berginneren drang undeutlich ein monotoner Singsang, in Melodie und Art, wie sie ihn von den *paltis* her kannte. Was zum Teufel trieb er dort hinten? Waren dort vielleicht noch andere Menschen? Menschen, die sie um Hilfe bitten konnte?

Sie nahm all ihren Mut zusammen und tastete sich den dunklen Gang entlang. Schritt für Schritt wurde der Gesang lauter. Dazu gesellte sich ein eigentümlich stechender, süßlicher Geruch. Holzrauch und noch einige andere Ingredienzen, vermutlich duftende Harze. Als ihre Fingerspitzen an weiche Haare stießen, wurde ihr klar, wieso sie alles nur gedämpft wahrgenommen hatte. Der Zugang zu dieser Höhle war sorgfältig mit Opossumfell abgedichtet. Mit äußerster Vorsicht schob sie den Rand ein wenig zur Seite und lugte durch den schmalen Spalt zwischen Felswand und Fell. Es dauerte einige Zeit, bis sie begriff, was sie sah. Es konnte nur eine Täuschung sein!

Aber sie träumte nicht, und ihre Augen spielten ihr auch keinen Streich: Genau in ihrer Blickrichtung, unter dem Felsbild einer riesigen Schlange, lag Sams Kopf auf einem Gerüst aus grünen Eukalyptuszweigen. Die Rauchschwaden des darunter glimmenden Feuers verhüllten ihn wie ein Nebelschleier, aber es waren dennoch unverkennbar Sams Züge. Auch wenn sie jetzt seltsam verzerrt wirkten, gab es keinen Zweifel. Verstört starrte sie darauf, jede Einzelheit des schrecklichen Bildes grub sich unwiderruflich in ihr Gedächtnis. Die weiße Struktur der Wirbel, wo sein Mörder den Hals durchtrennt hatte; das rötliche Fleisch der Muskeln; die eine Sehne, die er nicht durchtrennt, sondern einfach herausgerissen hatte und die jetzt herunterhing wie ein harmloses Band.

Der ätzende Rauch, der den Raum erfüllte und begann, durch den Spalt zu strömen, reizte ihre Atemwege. Um ein Haar wäre sie in einen Hustenanfall ausgebrochen. Das brachte sie zur Besinnung. Sie zog das Fell wieder zurecht und versuchte, die Fäuste gegen den Mund gepresst, den Hustenreiz und die aufsteigende Panik zu unterdrücken. Der Mann war verrückt! Sie war in der Gewalt eines Wahnsinnigen! Würde er ihr auch den Kopf abschneiden, oder hatte er gar noch Schlimmeres mit ihr vor? Wo war er überhaupt? Sie hatte ihn gar nicht gesehen.

Noch einmal schob sie den Fellvorhang beiseite, achtete dabei jedoch darauf, den Anblick von Sams Kopf so gut wie möglich zu vermeiden. Der Skelettmann kauerte ein paar Schritte vom Feuer entfernt auf dem Boden und wiegte seinen Oberkörper langsam hin und her. Seine Augen waren geschlossen, Speichel tropfte ihm aus den Mundwinkeln. Er hatte aufgehört zu singen. Stattdessen gab er jetzt gutturale Laute von sich, die eher an ein Tier als an einen Menschen denken ließen. In seiner Trance wirkte er blind und taub gegen seine Umgebung, deswegen wagte Dorothea einen genaueren Blick. Auch wenn man durch die Rauchschwaden hindurch nicht allzu viel erkennen konnte, schien die Felsenkammer ihr erstaunlich klein zu sein. Die Wände waren über und über bemalt mit seltsamen Kreaturen im gleichen Stil wie an dem Kultplatz, an dem sie mit Ian das Picknick abgehalten hatten. Im Zentrum des Gewimmels eine Art Riesenschlange mit aufgerissenem Maul, vor der auf einem flachen Stein einige runde Klumpen lagen. Steine? Sie kniff die Augen zusammen, um erkennen zu können, worum es sich handelte. Von Größe und Form her waren sie beinahe identisch, und sie schienen mit irgendetwas Moosartigem bewachsen zu sein. Etwas an ihnen kam ihr sonderbar vertraut vor wie …

Auf einmal wusste sie, was da lag. Menschliche Köpfe. Mumifiziert, wie es gerade mit Sams Kopf geschah. Sie ließ den Fellvorhang fahren und biss sich in die Hand, um nicht zu schreien. Ihre Knie gaben unter ihr nach, und sie sackte zu Boden. Sie träumte, sie musste träumen. So etwas konnte doch gar nicht wahr sein. Sicher lag es an diesem schrecklichen Rauch, dass sie auch schon halluzinierte und harmlose Steine für Schädel hielt!

Diesmal sah sie genauer hin. Drei von ihnen wiesen deutlich helleres Moos auf als die anderen. Blondes Haar, das durch den heißen Rauch zwar strähnig und angekohlt, aber immer noch deutlich heller als das der Aborigines war. Es mussten also Europäer sein, die er wie Sam ermordet und deren Köpfe er hier in diesem grausigen Heiligtum aufgestellt hatte.

Wer waren diese armen Menschen, die er abgeschlachtet hatte? Hirten? Viehtreiber? Geflüchtete Sträflinge aus Neu-Südwales?

Plötzlich erinnerte sie sich klar an ihre eigenen Worte: Wenn ich etwas zu sagen hätte, würde ich nachforschen, was aus der Mannschaft geworden ist! Ihr Schicksal hatte damals niemanden interessiert. Nach der öffentlichen Empörung über die Hinrichtung der zwei Verdächtigen waren sowohl Gouverneur Gawler als auch Major O'Halloran mehr um ihre eigene Haut besorgt gewesen, als dass das Schicksal von ein paar Seeleuten sie gekümmert hätte. Wie die Passagiere hatte keiner von ihnen Verwandte oder Freunde in einflussreicher Position gehabt, die weitere Suchexpeditionen gefordert hätten. Also war ihr Verschwinden allmählich in Vergessenheit geraten.

Dorothea waren die Einzelheiten noch beunruhigend präsent, die damals über das Maria-Massaker kursierten. Bereits damals hatte man sich nicht erklären können, was die bisher friedlichen Stämme dazu bewogen hatte. Einzelne Stimmen hatten die Vermutung geäußert, ein Außenstehender hätte die Stimmung so weit aufgeheizt, dass die jungen Männer in einen Blutrausch verfallen wären. Aber wer hätte das sein sollen? In Ermangelung konkreter Verdachtsmomente war diese Theorie rasch in der Versenkung verschwunden.

Auch sie hatte sie nicht ernst genommen.

Schwindlig und elend tastete sie sich den Gang zurück. Die Versuchung, seine augenblickliche Schwäche auszunutzen und zu fliehen, war beinahe übermächtig. Nur weg von hier, von ihm!

Andererseits war ihr nur zu klar, dass sie nicht die geringste Chance hatte, ihm zu entkommen. Selbst wenn sie stramm marschierte, würde er keine Probleme haben, sie einzuholen. Dann würde er seine Drohung wahrmachen und ihr die Zehen abschneiden. Und vermutlich wäre das nicht das Einzige, was er ihr antun würde.

Sie musste einen günstigen Moment abwarten, um ihn zu überwältigen und zu töten. Eine andere Möglichkeit gab es nicht. Wenn sie nur daran gedacht hätte, ihr Wurfmesser mitzunehmen! Aber was nützte es jetzt, sich Vorwürfe zu machen? Hastig machte sie sich daran, die Wohnhöhle zu untersuchen. Es war ein ungünstiger Umstand, dass die Eingeborenen nur Speere und Keulen als Waffen benutzten. Mit einem *wirri,* einem Schwirrholz zur Vogeljagd, das in einem der Netze steckte, konnte man einem ausgewachsenen Mann höchstens eine kleine Beule zufügen. Auch die Steinklingen, die sie zum Zerlegen von Tieren benutzten, taugten nicht, um sie einem Menschen in Rücken oder Brust zu stoßen. Wenn sie wenigstens etwas Ahnung von Giften gehabt hätte!

Vor Frustration und Verzweiflung stiegen ihr die Tränen in die Augen.

»Du hast das Feuer ausgehen lassen.« Sie hatte nicht gehört, wie er näher gekommen war. Er stand jetzt dicht hinter ihr, und sie wich instinktiv zur Seite, weil sie einen weiteren Stich seiner Speerspitze befürchtete. Als er sich nicht rührte, sah sie erstaunt auf. Sein Gesicht wirkte grau und eingefallen. Um Jahre gealtert. Auch seine Körperhaltung war eher die eines Greises. Auf seinen Speer gestützt wie auf einen Stock, sah er in diesem Moment eher bemitleidenswert als gefährlich aus. Nicht wie der Mann, der Sams Kopf dort hinten im Berg räucherte.

Konnte sie es wagen, ihn sehr, sehr vorsichtig danach auszuhorchen?

Ohne sie zu beachten, sank er, immer noch auf seinen Speer gestützt, neben der Feuerstelle auf ein Knie. Vorsichtig schob er kleine Stöckchen und trockene Rindenstücke in die Asche, beugte sich darüber und blies hinein, bis es tatsächlich knisterte und erste Flämmchen aufzuckten.

»Geh Holz holen!« Seine Stimme hatte angestrengt geklungen, als bereiteten ihm selbst kurze Sätze Mühe. Ob das von dem beißenden Rauch kam, den er stundenlang eingeatmet hatte?

Aus dem Dunkel des Eingangstunnels warf sie einen kurzen Blick zurück und sah ihn, den Kopf in den Nacken gelegt, direkt aus dem Wassersack trinken, als sei er am Verdursten.

Draußen blickte sie sich um. Es war lange her, dass jemand sie Holz holen geschickt hatte. Aber der Boden war übersät mit trockenen Ästen und Rindenstücken. Es würde keine mühselige Aufgabe werden. Vielleicht konnte sie die Zeit nutzen, um sich ein wenig zu orientieren. Jetzt wünschte sie, sie hätte sich die Karte in Roberts Kontor genauer eingeprägt. Sie hatte sich hauptsächlich für den Verlauf des Murray River interessiert und den Bergzügen westlich von ihm nur wenig Aufmerksamkeit geschenkt. Wenn sie sich die Karte vergegenwärtigte, musste der mächtige Flusslauf im Osten liegen. Dem schmalen Rinnsal der Quelle folgend, hoffte sie, einen Blick auf seine glitzernde Fläche zu erhaschen. Aber so sehnsüchtig sie auch durch die lichten Baumkronen spähte: Es war keine Spur von dem Strom zu entdecken. Nichts als Wald und Gestrüpp.

Niedergeschlagen machte sie sich auf den Rückweg. Als sie, beladen mit ihrer Last, wieder zu ihm kam, saß er mit geschlossenen Augen an seinem üblichen Platz. Er rührte sich auch nicht, als sie das Holzbündel zu Boden gleiten ließ.

»Die Geister sprechen nicht mehr klar zu mir«, sagte er so unvermittelt, dass sie das Scheit, das sie eben auflegen wollte, vor Schreck fallen ließ. »Es ist nicht so, wie es sein sollte«, fuhr er fort. Seine Stimme klang nachdenklich, fast verunsichert. »Dabei stehe ich kurz vor dem Ziel.«

»Wovon?«, flüsterte sie, unsicher, ob sie nicht besser schweigen sollte. Sie wollte diesen Mann auf keinen Fall unnötig reizen.

Er schwieg. Nach längerer Zeit, sie erwartete schon gar nicht mehr, dass er ihr noch antworten würde, sagte er: »Der Zauber, der die Regenbogenschlange ruft, ist beinahe vollendet. Bald, sehr bald wird sie kommen, um die Weißen ins Meer zurückzutreiben und sie in Strömen von Blut ertrinken zu lassen. Danach wird alles wieder so sein, wie es sich gehört: Recht und Gesetz werden wieder respektiert, wie unsere Ahnen es uns gelehrt haben. Und ich werde einer der mächtigsten Anführer meines Volkes werden. Die Generationen nach mir werden sich nur mit Ehrfurcht an mich erinnern, wenn sie meine Geschichte erzählen.«

»Hast du dafür all diese armen Menschen umgebracht?«, platzte Dorothea heraus. Der arme Sam! Bei dem Gedanken an den Kopf des alten Mannes stiegen ihr die Tränen in die Augen und rannen ihr über die Wangen. Nie wieder würde sie sein verschmitztes Grinsen sehen, seine zwinkernden Augen oder seine spezielle Art, die Lippen zum Pfeifen zu spitzen.

Durch den Tränenschleier hindurch sah sie, wie er sie drohend fixierte. »Du warst in der heiligen Höhle?«

»Nein.« Sie wischte sich über die Augen und schüttelte entschieden den Kopf. Keinen Fuß würde sie dort hineinsetzen! »Ich habe dich gesucht«, log sie. »Und da habe ich ganz kurz den Vorhang angehoben, ich bin gleich wieder gegangen. Aber da habe ich …« Dorothea brachte es nicht fertig weiterzusprechen.

»Er war ein tapferer Mann«, sagte er leise. »Ihn zu töten war ein harter Kampf.«

»Warum musstest du Sam überhaupt töten? Er hat dir doch nichts getan. Und all die anderen dort drinnen auch nicht.«

Plötzlicher Ärger blitzte in seinen Augen auf. »Du verstehst nichts. Aber wie auch? Schließlich bist du nur eine Frau! – Sie waren alle gute Kämpfer. Die Feiglinge haben wir den Dingos überlassen. Ich habe der Regenbogenschlange nur starke Seelen gesandt.«

Verwirrt versuchte Dorothea, den Sinn hinter seinen Worten zu verstehen. »Gesandt? – Was meinst du damit?«

Aber seine Mitteilsamkeit schien erschöpft. Er machte keine Anstalten, ihr zu antworten. Stattdessen starrte er mit düsterer Miene in die flackernden Flammen …

Ihre zweite Nacht in der Gefangenschaft des Skelettmanns verlief ähnlich wie die erste. Außer dass sie erstaunlich rasch einschlief. Vielleicht lag das auch an dem seltsamen Gebräu, das er aus diversen Pulvern und getrockneten Pflanzenteilen zusammengerührt hatte. Zuerst hatte sie die bräunliche Brühe angeekelt zurückgewiesen, aber der Skelettmann hatte erklärt, sie ihr notfalls mit Gewalt einzuflößen. Da hatte sie den Rindenbecher genommen und an seinem trüben Inhalt geschnuppert.

»Was ist das?«, hatte sie gefragt. »Gift?«

Er hatte den Kopf geschüttelt, und die Andeutung eines Lächelns hatte auf seinen Lippen gelegen. »Nein, nur eine Medizin.«

»Willst du mein Kind töten?« Seltsamerweise erschreckte diese Möglichkeit sie nicht in dem Ausmaß, wie man hätte annehmen können.

»Die Zeit ist noch nicht gekommen, den Kindgeist zu fangen. Du bist ziemlich störrisch. Eine Frau sollte schweigen und gehorchen«, hatte er mit deutlichem Tadel festgestellt. »Trink es. Sonst wirst du es bereuen, mich herausgefordert zu haben.«

Ihr Mut hatte sie verlassen, als sie sich bewusst gemacht hatte, dass sie ihm vollkommen ausgeliefert war. Wenn er wollte, konnte er ihr genauso den Kopf abschneiden wie Sam und den Männern dort hinten. Resigniert hatte sie den Becher geleert und voll Unruhe auf die Wirkung gewartet. Würde sie schreckliche Schmerzen empfinden oder eher nichts? Er hatte amüsiert gewirkt, als er ihr einen Streifen Fleisch hinwarf wie einem Hund und mit einer beiläufigen Handbewegung bedeutete, sie dürfe sich jetzt an ihren Platz zurückziehen.

Einigermaßen beruhigt – er würde ihr sicher nichts zu essen geben, wenn er gerade dabei war, sie zu vergiften – hatte sie das zähe Fleisch verschlungen wie die größte Delikatesse. Und dann war sie plötzlich sehr, sehr müde geworden.

Diesmal erwachte sie vor ihm. Unwillkürlich suchten ihre Augen im dämmrigen Dunkel nach den Speeren und dem Waddie. Wenn sie nur schnell genug wäre … Aber das war illusorisch. Noch bevor sie auch nur die Hälfte der Strecke zwischen ihnen zurückgelegt hätte, würden bereits mindestens zwei Speere in ihrem Körper stecken. Sie hatte ja gesehen, wie schnell und treffsicher er war.

Und die entscheidende Frage dabei war: Würde sie es fertigbringen, einem Menschen einen Speer ins lebende Fleisch zu bohren? Wenn es ihr nicht gelang, ihn auf Anhieb bewegungsunfähig zu machen, war sie verloren. Eine zweite Chance würde sie nicht bekommen.

Ehe sie sich zu einer Entscheidung durchgerungen hatte, setzte er sich unvermittelt auf, streckte sich und gähnte herzhaft. Irgendwie irritierte es sie, dass er sich benahm wie ein ganz normaler Mensch. Dadurch wurde sein Wahnsinn noch bedrohlicher. Wenn er mit wild rollenden Augen unverständliches Zeug gebrabbelt hätte, wäre sein Zustand offensichtlich gewesen. Im normalen Kontakt mit ihm wäre jedoch niemand auch nur auf den Gedanken gekommen, es mit einem gefährlichen Irren zu tun zu haben.

Inzwischen kannte sie ihre morgendlichen Pflichten und beeilte sich, ihnen nachzukommen.

»Du lernst schnell«, bemerkte er und verfolgte, wie sie die Wassersäcke an ihren Platz trug, frisches Wasser in eine Muschelschale goss und ihm brachte. »Ich könnte mich direkt an dich gewöhnen.«

Ermutigt durch seine milde Stimmung stellte sie ihm die Frage, die sie seit geraumer Zeit verfolgte: »Was hast du mit mir vor?«

Er zuckte mit den Schultern. »Ich habe dir doch schon gesagt, dass ich den weißen Kindgeist brauche. Erst mit ihm ist mein Zauber vollkommen.«

»Willst du mir auch den Kopf abschneiden?«

Er lächelte herablassend. »Natürlich nicht, was soll ich mit einem Frauenkopf?«

Dorothea scheute davor zurück, ihn zu fragen, wie er an das Ungeborene in ihrem Körper gelangen wollte. Darüber wollte sie jetzt lieber nicht nachdenken.

»Wann wird das sein?« Es war wichtig, zu wissen, wie viel Zeit ihr blieb.

»Die Geister werden es mich wissen lassen«, erwiderte er so ungerührt, dass sie die Zähne fest zusammenbeißen musste, um ihn nicht anzuschreien. Ihre Nerven waren zum Zerreißen gespannt. Die Gefangenschaft war schon schlimm genug. Die Ungewissheit darüber, was ihr drohte, machte ihr jedoch am meisten zu schaffen.

Als er nach dem Morgenmahl erneut in dem Gang verschwand, der zu der schrecklichen Kammer führte, hatte sie sich entschieden, das Risiko einzugehen und zu flüchten. Alles war besser als diese grässliche Ungewissheit. Sie saß gerade neben dem Feuer und riss hastig einen breiten Streifen ihrer Röcke ab, um nicht von ihnen beim Laufen behindert zu werden, als ein Geräusch sie aufblicken ließ.

Schritte näherten sich dem Eingang! Und es waren keine Eingeborenen, die nahezu geräuschlos über den Erdboden gleiten konnten. Der Teppich aus trockener Rinde und morschen Ästen raschelte deutlich vernehmbar unter Stiefeltritten und Pferdehufen.

Vor Erleichterung und Glück hätte sie schreien können. Stattdessen warf sie einen Blick auf den Gang. Hatte er etwas gehört? Nichts war zu sehen oder zu hören, außer dumpfem Stampfen. Wahrscheinlich war er wieder in Trance, und seine sonst so feinen Sinne waren benebelt.

»Bist du sicher, dass die Spuren dort hineinführen?«, hörte sie Robert leise fragen.

Jemand hatte ihm offenbar so leise geantwortet, dass sie nichts verstanden hatte, denn Robert sagte nach einer kleinen Pause: »Dann sollten wir die Pferde hier anbinden und reingehen. Mit einem einzelnen Mann werden wir es ja wohl noch aufnehmen können. Oder was meinst du?«

Sie hatten sie gefunden! Vor Erleichterung und Freude wäre sie am liebsten in lauten Jubel ausgebrochen. Der Albtraum dieser Gefangenschaft war zu Ende. Vor lauter Glück konnte sie keinen Ton herausbringen. Stattdessen sprang sie auf, rannte durch den Tunnel und warf sich so heftig in die Arme ihres Mannes, dass er strauchelte und beinahe hintenübergefallen wäre.

»Dorothy!« Er presste sie so fest an sich, dass sie kaum noch Luft bekam. »Geht es dir gut? Bist du verletzt?«

»Es geht mir gut«, stammelte sie und sah durch einen Tränenschleier zu ihm auf. »Ach, Robert, es war so schrecklich … Dieser Mann. Er ist irrsinnig.«

»Kommt vom Eingang weg! – Ist wirklich nur einer da drin?«

Die Stimme ließ sie zusammenfahren. Was machte Ian hier? Sie drehte den Kopf, weil sie es nicht glauben konnte. Warum war er nicht auf dem Schiff? Er stand unbeweglich, das Gewehr im Anschlag, und ließ den Tunneleingang nicht aus den Augen, als erwarte er, jeden Augenblick eine Horde Angreifer herausstürmen zu sehen.

»Nur er.«

»Nur ein Mann?« Ian entspannte sich sichtlich. »Den Burschen hole ich mir. Kommst du mit, Koar?«

»Halt, wartet.« Die unerwartete Autorität in Roberts Stimme ließ Koar und Ian innehalten.

Ian sah seinen Freund an. »Was ist? Befürchtest du einen Hinterhalt? Wir passen schon auf.«

»Wenn du jetzt da reingehst – willst du ihn einfach erschießen oder was?«

»Na, was sonst?« Ian wirkte verblüfft. »Der Kerl verdient es doch nicht besser. Er hat Dorothy entführt und wahrscheinlich …« Er warf Dorothea einen verlegenen Seitenblick zu, räusperte sich und fuhr mit spöttischem Unterton fort: »Oder willst du ihn zu Richter Cooper bringen? Damit der erklärt, dass er keinen Weg sieht, englisches Recht auf Schwarze anzuwenden, und ihn prompt wieder laufen lässt? Soll Dorothy ständig Angst haben müssen, dass er ihr wieder zu nahe tritt? Er hat den Tod mehr als verdient.«

»Er hat Sam getötet und ihm den Kopf abgeschnitten«, sagte Dorothea mit einer Stimme, die ihr selbst fremd vorkam. Sie holte tief Luft. »Vom hinteren Teil der Höhle führt ein Gang in eine kleine, abgetrennte Kammer. Dort sind noch mehr Köpfe und jede Menge seltsamer Malereien an den Wänden.«

Die drei Männer starrten sie nur stumm an. Dachten sie, sie hätte den Verstand verloren?

»Er ist ein Zauberer.« Koar hatte als Erster die Sprache wiedergefunden. »Tenberry hat einmal angedeutet, dass es gewisse Zauber gäbe, für die man Menschenköpfe bräuchte. Aber als ich weiterfragte, hat er gesagt, es sei besser, wenn ich es nicht wüsste.«

»Wenn das so ist, sollten wir hier nicht weiter herumstehen, sondern den Kerl zur Strecke bringen«, knirschte Ian wütend und schob seinen breitkrempigen Hut zurück. »Ich mochte Sam.«

Auch Robert hatte keine weiteren Einwände mehr, und so schlichen sie – Ian mit dem Gewehr im Anschlag voran, danach Koar mit einem geliehenen Säbel und zum Schluss Robert mit seiner leichten Jagdflinte – in die Wohnhöhle. Dorothea hatte kurz überlegt, draußen zu warten. Aber ihre Ortskenntnis würde den Männern von Nutzen sein. Also bezwang sie ihren Widerwillen, ihr Gefängnis noch einmal zu betreten.

»Durch den Gang dort hinten kommt man in die geheime Kammer«, flüsterte sie und wies auf den Felsspalt. »Am Ende ist ein Opossumfell, dahinter die Kammer. Seid vorsichtig, sie ist sicher voller Rauch. Ein ekliges Zeug, das einen fast erstickt. Ich weiß nicht, wie er es da drin so lange aushält.«

»Wenn man mit den Geistern spricht, braucht man diese Kräuter«, sagte Koar. Er schnüffelte wie ein Jagdhund. »Ich erinnere mich an diesen Geruch.«

»Dann los«, drängte Ian. »Wir sollten es ausnutzen, dass er benebelt ist.« Und schon hatte die Schwärze ihn verschluckt. Koar folgte ihm wortlos auf den Fersen.

Robert sah Dorothea fragend an. »Macht es dir etwas aus, hier allein zu bleiben? Es wird sicher nicht lange dauern.«

Sie hatte schon den Mund geöffnet, um ihm zu sagen, dass sie das auch noch aushalten würde, als aus dem Inneren des Berges eine Explosion, gefolgt von einem markerschütternden Schrei zu hören war. Ohne einen Augenblick zu zögern, rannten sie beide an den Ort des Geschehens. Dichter Rauch waberte ihnen entgegen und sagte Dorothea, dass der Vorhang aus Opossumfell nicht mehr an seinem Platz war.

Robert stolperte als Erster in die Kammer und blieb so abrupt stehen, dass Dorothea gegen seinen Rücken prallte. Es war so gut wie unmöglich, sich zu orientieren. Außer dem beißenden Rauch des Zauberfeuers hing immer noch ein Schleier aus pulverisiertem Gestein in der Luft. Im hinteren Teil hatte der Gewehrschuss einen größeren Teil der Wand abgesprengt und einen Felssturz verursacht. Überall lagen kleinere und größere Trümmerbrocken. Direkt unter dem neuen Ausbruch, in den Rauchschwaden seines Feuers, lag der Skelettmann reglos auf der Seite. Auf seinem Rumpf war die weiße Bemalung von etwas Dunklem verschmiert. Er rührte sich nicht. Auf die Entfernung war nicht zu erkennen, ob er noch atmete.

»Ian?« Robert sank vor Dorothea auf die Knie, und jetzt erst sah sie, was Robert so plötzlich hatte innehalten lassen. Unmittelbar vor ihnen lehnte Ian halb zusammengesunken an der Wand und stöhnte schwach. Robert fühlte zuerst nach seinem Herzschlag, bevor er ihn nach Verletzungen absuchte.

»Ian, mein Junge. Kannst du mich hören? Bist du verletzt?«

»Glaub nicht«, nuschelte Ian und zog dann doch schmerzhaft den Atem ein, als Roberts Finger seinen Kopf abtasteten. »Ein Stein muss mich erwischt haben.«

»Du hast Glück gehabt«, sagte Robert ruhig und deutete auf Ians schwarzen Filzhut, der zu Boden gefallen war. »Der da hat das Schlimmste verhütet.«

»Wo ist Koar?«, fragte Dorothea. »Ich sehe ihn nicht.« Tatsächlich war von ihm keine Spur zu sehen.

»Als ich rein bin, war er direkt hinter mir.« Ian sah sich um. »Dieser Bastard! Hat er ihm was getan?«

Ein heftiger Hustenanfall aus der Opossumfelldecke, die unbeachtet neben dem Eingang gelegen hatte, ließ alle erleichtert aufatmen. »Er muss sich in dem Zeug da verheddert haben, als das Stück Decke runterkam«, meinte Ian. »Alles in Ordnung mit dir, Koar?«

Er wollte aufspringen, um Koar zu Hilfe zu kommen, sank aber sofort wieder zurück. »Verdammt, ich fühle mich, als hätte mich ein Pferd getreten!«

»Bleib liegen. Ich helfe ihm.« Robert hinkte hinüber zu dem Fellhaufen, als plötzlich ein leises, bösartiges Zischen zu vernehmen war und er, ohne einen Laut von sich zu geben, unvermittelt zu Boden sank. Aus seinem Rücken ragte ein Speer, auf den ersten Blick harmlos – und dennoch hinterhältig gefährlich.

Zu keiner Reaktion fähig starrte Dorothea auf den zusammengesunkenen Körper. Langsam, sehr langsam wandte sie den Kopf und sah den Skelettmann, halb auf ein Knie aufgerichtet, vor Triumph grinsen.

Es war keine bewusste Entscheidung. Ehe auch nur einer der anderen reagieren konnte, hatten ihre Finger das Messer aus Ians Stiefelschaft gezogen. Die schimmernde Klinge beschrieb einen eleganten Bogen, ehe sie sich mit einem kaum hörbaren »Plopp« in die Halsschlagader des Skelettmannes bohrte. Seine dunklen Augenhöhlen schienen sie, und nur sie, anzusehen, als er sehr langsam eine Hand hob und das Messer mit einem kräftigen Ruck herauszog.

Eine schwarze Fontäne stieg auf, einige Herzschläge lang plätscherte sie wie das Wasser im Springbrunnen im alten Schlosspark, ehe sie schwächer wurde und versiegte. Wenn auch heftig schwankend hatte er sich doch überraschend lange aufrecht gehalten. »Ströme von Blut«, hauchte er, während er fast erstaunt auf die dunkle Flüssigkeit sah, die aus seinem Körper geströmt war und die weiße Farbe seiner Körperbemalung fast vollkommen überdeckte. »Ströme von Blut sind es wirklich.«

Als er rücklings in die Blutlache fiel, spritzte es in alle Richtungen. Ein besonders großer Spritzer traf die Wand mit der Malerei. Ein dunkler Streifen lief über die unebene Fläche, bis er genau im Maul der Riesenschlange endete. Es sah aus, als züngelte sie.

»Robert?« Dorothea kroch auf ihn zu, weil sie ihren Beinen nicht traute. Ängstlich streckte sie eine Hand aus, um sich zu vergewissern, dass er noch lebte. Nicht weit unter der rechten Schulter ragte der Speer aus seinem Rücken. Gott sei Dank, er war nicht am Bauch verletzt. Irgendjemand hatte ihr einmal erzählt, Schulterverletzungen seien selten tödlich, und daran klammerte sie sich jetzt mit aller Kraft.

»Robert, kannst du mich hören? Hast du Schmerzen?« So, wie er da lag, konnte sie ihn nicht einmal richtig ansehen. Kurz entschlossen packte sie den Speergriff, um ihn herauszuziehen und ihren Mann auf den Rücken zu drehen.

»Nicht! Lass ihn um Gottes willen stecken!« Ian packte sie schmerzhaft am Unterarm und riss ihre Hand zurück. »Wenn die Spitze ein größeres Blutgefäß verletzt hat, verblutet er sonst sofort.«

»Was können wir nur tun?« Vor Verzweiflung rang sie die Hände. »Hilf ihm, Ian!«

»Was ist denn los?« Koar hatte es endlich geschafft, sich aus den Falten der Decke zu befreien. »O verdammt!« Mit seinen zerzausten Haaren und dem entgeisterten Gesichtsausdruck wirkte er nicht gerade kompetent. Dennoch war er es, der als Einziger zumindest über rudimentäre medizinische Kenntnisse verfügte. Wenn jemand von ihnen Robert helfen konnte, war es Koar.

»Der Bastard hat ihn mit einem Speer erwischt«, erklärte Ian grimmig. »Du hast doch Ahnung von Medizin. Was sollen wir tun?«

»Mir auf die Beine helfen.« Es war nur ein heiseres Wispern, kaum verständlich. Roberts Augen waren geöffnet, und ein schwaches Lächeln spielte um seine bleichen Lippen.

»Halleluja! Willkommen im Leben, alter Knabe«, brach es aus Ian mit rauer Herzlichkeit hervor. Er sah Koar an. »Hilfst du mir, ihn aufzusetzen?«

»Ich weiß nicht, ob das richtig ist.« Koar sah besorgt aus. »Ich würde ihn vorher gerne untersuchen.«

»In Gottes Namen, tu, was du für nötig hältst.« Ian schien nicht überzeugt, nahm jedoch Dorotheas Arm und zog sie mit sich beiseite, um Koar Platz zu machen. Der öffnete mit flinken Fingern Roberts Reitrock und Hemd. Seine Brust war unverletzt, der Speer war nicht durchgedrungen. Koar nickte zufrieden und beugte sich vor, um sein Ohr an Roberts Brust zu legen. Er lauschte lange. So lange, dass Dorothea Angst bekam. Schließlich hielt sie die Anspannung nicht mehr aus. »Was ist? Was hörst du?«

Koar schüttelte den Kopf, ohne sie anzusehen. Dass er ihren Blick mied, sagte nur zu deutlich, dass es schlecht um Robert stand. Dennoch wollte sie es nicht wahrhaben.

»Es gibt hier jede Menge Kräuter«, sagte sie eifrig. »Ich weiß, wo er sie aufbewahrt. Damit kannst du doch sicher etwas anfangen. Ich hole sie dir.« Sie musste etwas tun. Sie konnte doch nicht einfach nur dasitzen und warten.

Koar sah sie an und schüttelte bedeutungsvoll den Kopf. Lass es, sagte er stumm. Behutsam zog er Roberts Kleidung wieder zurecht, rollte die Opossumdecke zusammen und schob eine Ecke unter den Kopf des Verletzten, um ihn bequemer zu lagern. Robert hatte die Augen wieder geschlossen, als schliefe er. Nur die steile Falte über der Nasenwurzel zeigte, dass er bei Bewusstsein war.

Plötzlich hustete Robert. Und dann quoll blutiger Schaum aus seinem Mund. Mühsam rang er um Luft, versuchte etwas zu sagen, die Augen fest auf Koar geheftet. »Tödlich?« Er war kaum zu verstehen, aber die Augen blickten so klar, dass kein Zweifel darüber bestand: Robert Masters wollte die Wahrheit wissen.

»Es tut mir leid. Die Lunge ist verletzt. Mehr kann ich nicht sagen.« Koar erwiderte den Blick offen. »Ich bin kein Arzt, Mr. Masters. Aber unter diesen Umständen …«

»Bin kein Idiot.« Es war mehr ein Röcheln. Jeder Atemzug schien ihm jetzt schwerzufallen. Er schloss die Augen wieder, aber Dorothea war der Schmerz in ihnen nicht entgangen. Vorsichtig nahm sie seine Hand. Sie fühlte sich seltsam heiß an. Er drückte sie erstaunlich fest, ehe er die Augen wieder öffnete und flüsterte: »Ian.«

»Ja, Robert?« Koar hatte sich taktvoll entfernt und betrachtete angelegentlich die Wandmalerei. Ian und Dorothea waren mit Robert allein.

Robert tastete mit seiner freien Hand nach Ians Hand und packte sie.

»Kümmere dich um sie! Versprochen?« Die beiden Männer tauschten einen langen, stummen Blick. Dann nickte Ian und sagte: »Ich verspreche es dir.« Robert wollte etwas erwidern, aber ein weiterer quälender Hustenanfall hinderte ihn daran. Noch mehr blutiger Schaum rann ihm aus dem Mundwinkel und tropfte auf das Opossumfell.

»Versuch nicht zu sprechen, Liebling«, bat Dorothea ihn, halb wahnsinnig vor Sorge. »Wir werden alles tun, was du willst. Werde nur wieder gesund.«

Der Anfall verebbte. Zu ihrer Verwunderung sah sie so etwas wie

Mitleid in seinen Augen, als er leicht den Kopf schüttelte. »Verzeih mir, Liebste. Ich liebe dich«, flüsterte er, bevor er erneut Ian fixierte. »Tu mir einen Gefallen und zieh das Ding raus! Will nicht elend krepieren …«

Ian wurde totenblass. »Das kannst du nicht von mir verlangen!«

»Bist du … Freund?«

Das Blickduell der beiden Männer währte nur kurz. Dann neigte Ian in einer Geste der Ergebung den Kopf. Und ehe Dorothea begriff, was er vorhatte, trat er hinter Roberts ausgestreckten Körper und riss mit einem lauten Schrei voller Schmerz und Trauer den Speer heraus.

Roberts Körper zuckte. Seine Hand wurde plötzlich schlaff. Fassungslos sah sie auf. »Was hast du nur getan, Ian?«, schrie sie ihn an.

»Hast du nicht gehört, wie er mich darum gebeten hat«, schrie er zurück. Er ließ den Speer fallen, rollte sich auf dem Boden zusammen, verbarg das Gesicht in den Armen und schluchzte hemmungslos.

»Du Mörder!« Außer sich vor Zorn wollte Dorothea sich auf ihn stürzen, aber Koar fing sie ab und hielt sie fest. Ohne darüber nachzudenken, schlug sie mit ihren Fäusten auf ihn ein, schrie all ihren Zorn heraus. In stoischer Ruhe ertrug er ihren Ausbruch. Hielt sie einfach nur fest, bis der Sturm vorüber war. Erst als auch Ian sich wieder etwas gefangen hatte, ließ er sie los. »Dein Mann hat es so gewollt. Du solltest es respektieren«, sagte er ernst. »Ian, wir müssen hier weg. Die Explosion ist sicher nicht unbemerkt geblieben. Und gegen eine Gruppe von Kriegern haben wir keine Chance.«

»Du hast recht.« Ian rappelte sich schwerfällig auf, wischte sich mit dem Jackenärmel über das Gesicht und sah stirnrunzelnd in die Runde. »Roberts Leichnam und Sams Kopf nehmen wir selbstverständlich mit, um sie anständig zu bestatten. Was machen wir mit den anderen da?«

»Hierlassen?«, schlug Koar vor.

»Ich weiß nicht … Es waren sicher brave Männer. Sie sollten nicht für irgendwelchen Hokuspokus herhalten müssen.« Ians Blick glitt über die Wände der Höhle.

»Vielleicht funktioniert es«, murmelte er vor sich hin.

»Du willst die Höhle sprengen?«

»Ich will es zumindest versuchen.«

Dorothea stand starr wie eine Statue daneben, während Ian und Koar Roberts Leichnam in die Opossumfelldecke hüllten und dann unschlüssig Sams Kopf auf dem makabren Räuchergerüst betrachteten. »Am besten tun wir ihn in ein *yammaru«,* meinte Koar. »Mit genügend Eukalyptusblättern sollte es gehen.«

»Ich hole es.« Es waren die ersten Worte, die Dorothea seit ihrem Ausbruch von sich gab. Ohne eine Reaktion abzuwarten, schlüpfte sie in den Gang. Als sie mit dem Netz voller Blätter wiederkam, hatten Ian und Koar in der Zwischenzeit die Köpfe in den Teil der Höhle getragen, in dem die Leiche des Skelettmanns neben dem immer noch qualmenden Feuer lag. Koar war gerade damit beschäftigt, die Wandmalerei mit gelber Ockerfarbe zu übertünchen. Ian begutachtete die Risse und Spalten in der Felswand, die er zum Einstürzen bringen wollte.

Keiner von beiden machte Anstalten, ihr zu helfen. Mit gemischten Gefühlen näherte Dorothea sich Sams Kopf. »Es war Sam«, sagte sie sich energisch und zwang sich, ihn zu packen und aus dem aufsteigenden Rauch zu heben.

Es war nicht so schrecklich, wie sie erwartet hatte. Die Haut fühlte sich warm und lederartig an, leicht rau. Dennoch war sie erleichtert, als sie ihn in das Netz gelegt und mit den intensiv duftenden Blättern zugedeckt hatte. Der Eukalyptusgeruch überdeckte teilweise den pervers anmutenden nach geräuchertem Schinken.

»Ich bin fertig«, sagte sie.

»Gut, wir kommen.« Koar ließ den Farbtopf samt Fellpinsel fallen. »Ian?«

Zu zweit schleiften und trugen sie Roberts Leichnam durch den engen Gang und aus der Höhle. Es war nicht einfach, ihn auf den Rücken seines Reitpferdes zu hieven. Wie alle Pferde mochte es den Geruch von Blut und Tod nicht und war nur mit viel gutem Zureden dazu zu bringen, seine traurige Last zu akzeptieren.

Mit den drei Pferden machten Koar und Dorothea sich schon an den Abstieg, während Ian in die Höhle zurückkehrte, um den schrecklichen Ort endgültig zu verschließen. Keiner von beiden sprach. Auch nicht, als ein dumpfes Grollen im Berg anzeigte, dass Ians Plan funktioniert hatte. Kurz darauf tauchte er, von Kopf bis Fuß mit feinem Staub bedeckt und heftig hustend, hinter ihnen auf. Nur ein kurzes Nicken zum Zeichen, dass alles nach Plan verlaufen war, und dann übernahm er die Zügel von Roberts Pferd, um sich an die Spitze der kleinen Karawane zu setzen.

Dorothea war die Einzige, die sich noch einmal umdrehte, als sie den Wald hinter sich ließen und auf die weite Grasebene hinausritten. Der Berghang wirkte absolut unberührt, als sei nichts von alledem wirklich geschehen. Nur ein Schwarm schneeweißer Kakadus flatterte wild kreischend über dem Bereich, in dem die Höhle gelegen hatte.

18

Sie erreichten Eden-House am späten Abend. Die Freude und Erleichterung in den Gesichtern dort wich verstörtem Entsetzen, als ihnen das Fehlen von Robert Masters und die Bedeutung des Fellbündels auf seinem Reitpferd klar wurde. Heather stieß einen spitzen, markerschütternden Schrei aus, drehte sich auf den Fersen um und rannte ins Haus. Mrs. Perkins rang mühsam um Fassung, und Karl schwankte so, dass er sich an der Verandabrüstung abstützen musste.

»Was ist passiert?«, flüsterte Mrs. Perkins heiser. So erschüttert hatte Dorothea die resolute Frau noch nie gesehen.

»Ein Eingeborener hat Robert Masters getötet«, sagte Ian brüsk und schwang sich aus dem Sattel. »Und Sam auch.«

»Aber wieso denn? Wir hatten nie Streit mit ihnen.« Mrs. Perkins sah hilflos von einem zum anderen. »Das ist doch verrückt!«

»Es waren nicht King Georges Leute.« Dorothea ließ sich von Ian von der Pferdekruppe heben und ging steifbeinig auf die Treppe zu. »Es war ein fremder Zauberer. Ich muss mich waschen. Entschuldigt mich bitte.« Erst als sie den Flur zu ihrem Zimmer erreicht hatte, wurde ihr bewusst, dass sie es ganz automatisch Ian überlassen hatte, sich um alles Weitere zu kümmern. Sie hatte ihn nicht einmal darum gebeten! Einen kurzen Moment rang sie mit sich, ob sie noch einmal umkehren sollte, aber sie war zu müde. Die tagelange Anspannung und die körperliche Anstrengung forderten ihren Tribut. Kaum brachte sie es fertig, sich die schmutzstarrenden Kleidungsstücke vom Körper zu reißen. Sich zu waschen erschien ihr als riesige Aufgabe, das Ausbürsten der Haare zu mühsam. Halb ohnmächtig vor Erschöpfung stieg sie in ihr Bett, zog die kühlen, sauberen Laken über sich und war eingeschlafen, sobald ihr Kopf das Kissen berührte.

Sie erwachte von einem beharrlichen Klopfen und setzte sich verwirrt auf. Im ersten Augenblick war ihr nicht klar, wo sie sich befand. Immer noch erwartete sie, harten Fels unter sich zu fühlen. Stattdessen stieg zarter Lavendelduft in ihre Nase. Das Klopfen verstummte. Die Tür wurde vorsichtig aufgestoßen, und Trixies verweintes Gesicht erschien im Türrahmen.

»Guten Morgen, Ma'am. Mrs. Perkins schickt mich, ob Sie irgendetwas brauchen. Die Beerdigung wäre dann nachmittags, sobald die Sonne nicht mehr so hoch steht.« Sie wischte sich mit der Schürze über die verquollenen Augen.

»Danke, ich komme gleich nach unten. Ist Mr. Rathbone im Haus?«

»O nein, Ma'am! Er und John sind gleich heute Morgen losgezogen, die Gräber auszuheben.« Trixie schniefte ungehemmt. »Er hat gesagt, das duldet keinen Aufschub. Wegen der Temperaturen und so.«

Als Dorothea nur wenig später in die Küche trat, saß dort Mrs. Perkins und umklammerte ihren Teekrug, als gebe er ihr Halt. »Es kommt mir alles so unwirklich vor«, sagte sie mit tränenerstickter Stimme. »Ich denke immer, jeden Moment geht die Tür auf und er kommt hereinspaziert.« Dorothea setzte sich ihr gegenüber und streichelte die abgearbeiteten, rauen Hände der Köchin.

»Ich kenne das, Mrs. Perkins. Es ging mir genauso, als mein Vater starb. Kann ich Robert noch einmal sehen?«

Mrs. Perkins schüttelte den Kopf. »Lieber nicht, Ma'am. Behalten Sie ihn in Erinnerung, wie er war. Das habe ich auch Miss Heather gesagt.«

»Wie geht es ihr?«

Mrs. Perkins zuckte mit den Schultern. »Wie soll es dem armen Kind gehen? Sie hat ihren Vater vergöttert. Nur gut, dass Mr. Rathbone hier ist. Ohne ihn wüsste ich nicht, wie wir das alles ...« Sie brach mitten im Satz ab und warf Dorothea einen schuldbewussten Blick zu. Offenbar hatte sie sich gerade daran erinnert, dass sie mit der Witwe sprach.

»Ja, ich bin ihm auch sehr dankbar«, sagte Dorothea. »Sie haben schon recht: Ich bin nicht fähig, wichtige Entscheidungen zu treffen. Zumindest nicht jetzt.« Sie stützte die Ellenbogen auf den Tisch, verbarg das Gesicht in den Händen und versuchte, die Bilder in ihrem Kopf zu verdrängen. Die Bilder von Ian und Robert.

»Verzeihen Sie mir bitte!« Mrs. Perkins klang ehrlich zerknirscht. »Ich wollte eigentlich nur sagen, dass Mr. Rathbone wirklich eine wunderbare Hilfe ist. Sie sollten etwas essen, Ma'am. Sie sehen schrecklich blass aus.«

»Nein danke, ich könnte jetzt doch nichts herunterbringen«, wehrte Dorothea ab. »Ich bin dann bei Heather.«

Das Mädchen war weder in seinem Zimmer noch im Schulzimmer. Sie fand sie schließlich an ihrem Lieblingsplatz, dem Stall. Dort hockte sie in der Box neben ihrer Ponystute. Ihre schmalen Schultern zuckten heftig, der ganze kleine Körper wurde von Weinkrämpfen geschüttelt.

Dorothea zog die Tür auf. Spontan wollte sie Heather in den Arm nehmen, aber die wehrte sich entschieden. »Geh weg, lass mich in Ruhe!« Das Pony spürte die Unstimmigkeit und begann, mit den Hufen zu scharren und den Kopf hochzuwerfen.

»Komm lieber heraus. Nicht, dass dir noch etwas passiert.« Dorothea wich ängstlich zurück. Immer noch waren Pferde ihr ein wenig unheimlich.

»Das kann dir doch egal sein!«

»Ist es mir aber nicht.«

»Ich hasse dich! Wenn du nicht gewesen wärst, wäre das alles nicht passiert!« Heather war geradezu außer sich vor Zorn und Kummer.

»Ich weiß«, sagte Dorothea sehr leise. »Und es tut mir unendlich leid, dass dein Vater getötet wurde. Aber es war wirklich nicht meine Schuld. Glaubst du mir?«

Eine Zeit lang blieb es ruhig. »Das sagte Ian auch«, bestätigte das Mädchen schließlich widerstrebend, aber nicht mehr so aufgebracht wie zuvor. »Er sagte auch, es wäre der böse Mann gewesen, der uns so Angst eingejagt hat und von dem die anderen glaubten, dass wir ihn uns einbilden würden. Stimmt das?«

Dorothea nickte.

»Ist der böse Mann auch wirklich tot?« Heathers ängstliche Frage ließ Dorothea erschauern. Wieder spürte sie das Wurfmesser zwischen ihren Fingern, die rote Wut in sich, mit der sie es geschleudert hatte. »Das ist er!«, erwiderte sie so entschieden, dass Heather sie erstaunt ansah. Aber Dorothea sagte nur: »Ich dachte, du möchtest mir vielleicht beim Blumensammeln helfen. Damit wir die Gräber schmücken können.«

Die Beerdigungszeremonie war schlicht. Ian, Koar und John hatten unter einer Akaziengruppe auf einer Anhöhe über dem Murray River eine tiefe Grube ausgehoben. Tief genug, dass kein Dingo sich bis zur Sohle durchgraben konnte. Dorthin brachten sie Robert Masters Leichnam und Sams Kopf. Den Boden hatten sie mit Eukalyptusblättern bedeckt, und Eukalyptusblätter häuften sie auch über die beiden in weißes Leinen eingenähten Formen, ehe die Männer sich daranmachten, die Grube zuzuschütten.

Da kein Pastor verfügbar war, hatte Karl eine kurze Andacht vorbereitet. Dorothea und Heather legten ihre Kränze auf den

Erdhügel; danach kehrten alle wortkarg und niedergeschlagen ins Haus zurück. John hatte angeboten, zwei Holzkreuze zu schnitzen, die, bis beim Steinmetz in Adelaide zwei Grabsteine bestellt und geliefert worden wären, an Robert Masters und Sam Carpenter erinnern würden.

Außerdem musste man die Behörden in Adelaide informieren. Koar und Karl waren an dem Tag von Dorotheas Entführung glücklicherweise früher als erwartet von ihrem Ausflug zurückgekommen. Koar war sofort nach Adelaide geritten, um Robert Masters zu informieren, während Karl auf Eden-House geblieben war. Dorotheas Mann hatte nicht lange gezögert. Sobald er in Erfahrung gebracht hatte, dass Protector Moorhouse unterwegs und der Gouverneur ebenfalls nicht erreichbar war, hatte er bei Richter Cooper eine Nachricht hinterlassen und war mit Ian und Koar auf eigene Faust aufgebrochen.

Das bedeutete, dass keine amtliche Stelle über den weiteren Verlauf dieser Expedition Bescheid wusste. Da jedoch ein Eingeborener und zwei Engländer, wenn man von den Köpfen der Unbekannten absah, zu Tode gekommen waren, musste es zumindest gemeldet werden. Ob daraufhin eine gerichtliche Untersuchung eingeleitet würde, musste dann Richter Cooper entscheiden.

Die Ankunft von Protector Moorhouse drei Tage später enthob sie der Entscheidung, wer von den Männern nach Adelaide reiten sollte. Er reagierte äußerst bestürzt auf Ians ersten, knappen Bericht. »Was für eine üble Geschichte!«, bemerkte er. »Ich hätte nicht für möglich gehalten, dass so etwas hier bei uns in Südaustralien geschieht. Sind Sie ganz sicher, Mrs. Masters – verzeihen Sie meine Impertinenz –, dass dieser Schwarze nicht nur Ihretwegen den Kopf verloren hat?«

Dorothea brauchte ein wenig, um zu verstehen, was Moorhouse andeuten wollte. Dann jedoch stieg Ärger in ihr hoch. »Er war nicht bloß vernarrt in mich. Dafür hätte er ja wohl kaum solch einen makabren Altar gebraucht wie den, den er aus den Köpfen der Seeleute von der *Maria* aufgebaut hatte!«

Moorhouse war die Skepsis deutlich anzusehen. Zweifelte er etwa an ihrem Geisteszustand? »Fragen Sie ruhig Koar oder Mr. Rathbone. Sie haben es auch gesehen«, bekräftigte sie.

Ian nickte bedächtig. »Ja, da waren Köpfe, sieben Stück. Aber ob es wirklich die von den vermissten Seeleuten waren, da bin ich mir nicht so sicher.« Er sah zu Dorothea hinüber. »Tut mir leid, das finde ich wirklich zu weit hergeholt.«

»Ich denke auch, dass wir diese Spur nicht weiterverfolgen müssen«, meinte Protector Moorhouse sichtlich erleichtert. »Und da Sie, Mr. Rathbone, ja die Höhle endgültig verschlossen haben, wird das auch nie zu klären sein. Nur schade um die Malereien. Die hätte ich gerne gesehen. Sie meinten, es hätte sich um eine Darstellung der Regenbogenschlange gehandelt, Mrs. Masters?«

»Jedenfalls hat er das gesagt.« Dorothea versuchte, sich an den genauen Wortlaut zu erinnern.

»Er sprach davon, dass er mit den Köpfen die Regenbogenschlange dazu bringen könnte, die Weißen alle zu töten und die Gesetze der Traumzeit wieder einzuführen.«

»Hm. Gerüchte über solch einen angeblich ›großen Zauber‹ sind mir verschiedentlich zugetragen worden. Aber ich hatte eher den Eindruck, dass die Informanten sich damit wichtig machen wollten. – Koar, was sagen Sie dazu?«

»Es tut mir leid, Mr. Moorhouse, aber von solchen Dingen weiß ich nichts«, wehrte der ab und knetete nervös seine Finger. »Mein Interesse gilt der Medizin, nicht der Magie. Und schon gar nicht der in Ihrer Sprache *schwarze Magie* genannten Spielart.«

»Haben Sie einmal einen Blick auf den Kultfelsen an der Straße nach Glenelg geworfen?« Dorothea erinnerte sich plötzlich an die Malerei, die sie damals so erschreckt hatte. »Dort, wo wir die verbrannte Bibel gefunden haben? Der Mann, der mich entführt hatte, trug die gleiche Bemalung wie die Figur dort mit den Köpfen in den Händen. Das muss doch etwas zu bedeuten haben!«

»Natürlich bin ich der Sache so rasch wie möglich nachgegangen.« Protector Moorhouse runzelte die Stirn. »Aber dort waren nur Tierzeichnungen. Nichts Ungewöhnliches, versichere ich Ihnen.«

Dorothea öffnete schon den Mund, als eine Hand ihre Schulter drückte und Karl ihr ins Ohr flüsterte: »Lass die Dinge ruhen! Was soll es bringen? Du siehst doch, dass der Protector es gar nicht wissen will.« Laut sagte er: »Ich glaube, meine Schwester ist erschöpft. Sind Sie mit Ihrer Befragung so weit fertig, dass ich sie auf ihr Zimmer begleiten kann?«

»Natürlich. Ich bitte um Entschuldigung, dass ich Sie in Ihrer Trauer belästigen musste, Mrs. Masters.« Moorhouse sprang auf und nahm ihre Hand. »Wenn ich irgendetwas für Sie tun kann, zögern Sie nicht, es mich wissen zu lassen. Mary und ich fühlen mit Ihnen.«

Dorothea neigte dankend den Kopf. Sein Mitleid zerrte an ihrer Beherrschung. Warum nur waren Beileidsbekundungen so schwer zu ertragen? Eigentlich sollten sie doch trösten.

»Möchtest du, dass ich bei dir bleibe?« Karl hatte die Tür zu ihrem Zimmer geöffnet und sah sie an.

»Nein danke. Lieb von dir, aber ich möchte lieber allein sein.«

Der Wunsch, um Robert trauern zu können, war allmählich gewachsen. Im ersten Schock war ihr der Verlust noch gar nicht richtig bewusst geworden. Danach hatte Heathers Kummer keinen Raum für ihren eigenen gelassen. Bewusst oder unbewusst hatte sie die Bilder in ihrem Kopf verdrängt, die sich nun, nachdem Matthew Moorhouse sie geweckt hatte, nicht länger verdrängen ließen. Roberts schweißüberströmtes, blasses Gesicht. Der Speer, der aus seinem Rücken ragte. Ian, der ihn herauszog, und Ian, wie er sich danach auf dem Boden krümmte wie unter unmenschlichen Schmerzen.

Von den zwei Männern, die sie liebte, hatte einer den anderen getötet. Nicht aus Eifersucht, nicht aus Leidenschaft, sondern weil der ihn darum gebeten hatte. Als letzten Freundschaftsdienst.

Um Robert noch einmal nahe zu sein, ging sie in sein Zimmer. Das Kopfkissen bewahrte noch einen Rest seines Geruchs. Wie der im Arbeitszimmer ihres Vaters würde er jeden Tag schwächer werden, bis er ganz verschwunden war. Dorothea vergrub ihr Gesicht im Kissen und ließ endlich den Tränen freien Lauf. Sie weinte um ihren Vater, um Robert und um das, was hätte sein können, wenn sie ihn so geliebt hätte wie Ian.

Am nächsten Morgen zog Karl sie beiseite. »Gut, dass du endlich geweint hast«, sagte er. »Mama hat es sehr geholfen. – Kann ich offen mit dir sprechen?«

Dorothea war wieder einmal erstaunt über die Beobachtungsgabe ihres jüngeren Bruders. »Natürlich«, erwiderte sie. »Was hast du auf dem Herzen?«

»Nicht hier. Können wir nach draußen gehen?«

Erstaunt folgte sie ihm. »Als Erstes: Mr. Moorhouse hat uns zugesichert, dass er in seinem Bericht schreiben wird, dass er weitere Untersuchungen nicht für erforderlich hält. Ein Verrückter hat dich entführt, und bei der Befreiung sind nicht nur er, sondern auch dein Mann und ein Stallbursche umgekommen.« Er blieb stehen und sah ihr offen ins Gesicht. »Er meinte, es sei unnötig, sämtliche Einzelheiten öffentlich zu machen. Es würde nur Unruhe unter den Kolonisten auslösen, und einen Beweis müssten wir letztendlich schuldig bleiben. Ian und ich haben den Bericht so unterschrieben. Mr. Moorhouse hat mich gebeten, dir zu erklären, dass es auch in deinem Interesse ist, wenn diese Sache möglichst diskret behandelt wird.«

»Das heißt, er möchte es geheim halten?«

»So würde er das sicher nicht ausdrücken, aber ja, ich denke, der Gouverneur kann in der augenblicklichen Situation keine weiteren Komplikationen gebrauchen. Am oberen Murray gärt es immer noch heftig, und Moorhouse berichtete, dass es in den neuen Weidegebieten im Südosten ebenfalls zu Überfällen gekommen ist. Die Eingeborenen dort könnten auf dumme Gedanken kommen, wenn sie von diesem Kopfjäger hören.«

»Ich habe mich die ganze Zeit gefragt, wie er zu dem geworden ist, der er war«, sagte Dorothea nachdenklich. »Er erzählte, er wäre eines der Kinder, die von Siedlern der Känguruinsel entführt worden waren. Meinst du, er hat dort so etwas aufgeschnappt?«

»Möglich.« Karls Tonfall nach war er ausgesprochen desinteressiert am früheren Schicksal des Skelettmanns. »Was ich noch mit dir besprechen wollte, ist etwas heikel.« Er räusperte sich mehrmals, ehe er, den Blick fest auf einen Raubvogel hoch oben am Himmel geheftet, sagte: »Gehst du Ian aus dem Weg wegen dem, was in der Höhle geschehen ist?«

Dorothea blieb abrupt stehen.

»Koar hat mir alles erzählt«, fuhr Karl fort. »Er bewundert Ian dafür. Er sagt, er weiß nicht, ob er die Kraft hätte, das Gleiche für mich zu tun, wenn ich ihn darum bäte.«

Dorothea schloss die Augen. Wenn sie nur auch dieses Bild ausschließen könnte, das sich in ihren Kopf gebrannt hatte!

»Ich hatte immer das Gefühl, zwischen dir und Ian bestünde eine besondere Verbindung. Schon auf dem Schiff. Wenn du da mit ihm zusammen warst, haben deine Augen danach gestrahlt. Ich wusste immer, ob du ihn getroffen hattest oder nicht. Ich verstehe nicht viel von solchen Dingen, aber ich weiß, dass du und Ian … wie soll ich sagen: dass es zwischen euch etwas Besonderes ist.«

»Karl, was soll das?« Dorothea hatte ihre Stimme wiedergefunden. Es sah Karl nicht ähnlich, sich in derart intime Angelegenheiten einzumischen. »Wenn du damit sagen willst, dass du weißt, dass Ian und ich uns lieben … Ja, es stimmt. Aber es stimmt auch, dass ich nie wissen werde, ob er Roberts Wunsch ihm zuliebe oder unseretwegen erfüllt hat. Immer, wenn ich ihn ansehe, frage ich mich das.«

»Vertraust du ihm so wenig?«

»Ich weiß nicht mehr, was ich denken soll«, erwiderte Dorothea müde.

»Wenn dein Mann ihm vertraut hat, solltest du es auch tun«, sagte Karl entschieden.

Dorothea stieß einen tiefen Seufzer aus. »Wenn dieser Zauberer recht hatte, trage ich Roberts Kind unter dem Herzen. Ich habe es ihm nicht einmal mehr sagen können!« Sie wandte sich ab und kämpfte mit den Tränen, die ihr erneut in den Augen brannten.

»Weiß er es?«

Dorothea schüttelte den Kopf. »Ich bin mir ja selbst noch nicht ganz sicher.«

Schweigend gingen sie eine Weile nebeneinanderher.

»Was soll ich tun?«, fragte Dorothea schließlich. »Du bist der Einzige hier, den ich fragen kann. Was rätst du mir?«

»Du willst wirklich wissen, was ich meine?« Karl wirkte etwas überrascht.

Dorothea nickte.

»Ich denke, dass es das Gescheiteste wäre, du würdest so schnell wie möglich Ian heiraten. Wenn du Eden-House halten willst, brauchst du jemanden, der es für dich bewirtschaftet. Und Ian scheint mir dafür die beste Wahl zu sein.« Er fasste sie an der Hand und drückte sie ermutigend. »Ich weiß, es ist taktlos, so etwas so kurz nach seinem Tod zu sagen. Ich mochte Robert auch sehr gern. Er war ein prima Kerl, und deswegen bin ich mir sicher, er hätte das auch gewollt. Eden-House lag ihm sehr am Herzen.«

Sie waren auf dem Pfad angelangt, den sie immer mit Robert entlangspaziert war. »Und wenn Ian das gar nicht will?«, wandte Dorothea ein.

»Ich denke nicht, dass er Nein sagen wird. Koar meinte, er war derjenige, der die Pferde bis zur Erschöpfung gehetzt hat.«

»Ich kann ihm doch keinen Antrag machen!« Dorothea bückte sich, pflückte eine gelbe Blume und begann, sie gedankenlos zu zerzupfen.

»Du erwartest doch wohl nicht, dass er dir einen macht!« Karl riss schockiert die Augen auf. »Einer Frau, die gerade Witwe geworden ist! Du wirst ihn schon selber fragen müssen.«

»Ich werde es mir überlegen«, versprach Dorothea.

»Aber warte nicht zu lange damit«, warnte ihr Bruder. »Die Sache ist für Ian nicht einfach.«

Er schüttelte mitfühlend den Kopf, verfolgte das Thema jedoch nicht weiter.

Dorothea musste zugeben, dass Karls Argumentation durchaus Sinn ergab. Ein Gut wie Eden-House brauchte einen Herrn. Warum nicht Ian? Es wäre sicher das Beste, jemanden zu wählen, dem Roberts Vermächtnis etwas bedeutete. Jemanden, der von allen akzeptiert und gemocht wurde.

Das meinte auch ihre Mutter. Kaum dass sie von Protector Moorhouse erfahren hatte, was sich abgespielt hatte, hatte sie Lischen einer Nachbarin anvertraut, eine Droschke gemietet und sich umgehend auf den Weg gemacht. Da Lady Chatwick davon überzeugt war, auf Eden-House dringend gebraucht zu werden, hatte sie sich ihr angeschlossen.

»Dorchen, Kind«, sagte ihre Mutter nur und schloss sie fest in die Arme. Es war eine beruhigende, tröstliche Berührung. Dorothea spürte, wie in ihrem Inneren etwas nachgab. Am liebsten hätte sie sich wie früher in die Arme ihrer Mutter geschmiegt und sich in den Schlaf wiegen lassen. Für einen Moment lehnte sie ihre

Stirn an die warme Schulter unter dem steifen, schwarzen Atlas, ehe sie sich Lady Chatwick zuwandte.

»Ach Gott, Liebes, das ist alles so schrecklich«, seufzte die und ließ achtlos ihr zerknülltes, nasses Taschentuch fallen, während sie Dorothea ebenfalls umarmte. »Was für ein Unglück! Wie nimmt Heather es auf? Das arme Kind. Nun auch noch den Vater zu verlieren! – Und du?« Mit beiden Händen hob sie den Schleier von ihrem Hut, schlug ihn zurück und betrachtete Dorothea aufmerksam. »Du bist eine sehr tapfere Frau, Dorothy! Robert wäre stolz auf dich.« Sie bekräftigte das mit einem Nicken, bevor sie erklärte, umgehend nach Heather sehen zu wollen. Geschäftig eilte sie davon.

»Ich hoffe, es ist dir recht, dass ich sie mitgebracht habe«, sagte Mutter Schumann und sah ihr hinterher. »Aber wie hätte ich es ihr verbieten können? Schließlich ist das hier ihr Zuhause.«

»Mach dir keine Gedanken deswegen, Mama.« Dorothea lächelte schwach. »Hauptsache, du bist da!«

Ihre Mutter erwies sich als perfekte Zuhörerin. Nicht ein Mal unterbrach sie Dorothea, als diese ihr am nächsten Tag alles berichtete. Alles, auch das, was sie Protector Moorhouse verschwiegen hatten. »Mir scheint, dieser arme Mann war tatsächlich irrsinnig«, sagte sie schließlich bedächtig. »Es kommt manchmal vor, dass Menschen, die übermäßig schlecht behandelt werden, den Verstand verlieren.« Damit waren der Skelettmann und sein großer Zauber für sie erledigt. Mutter Schumann konnte mit Mythen und Fantasiegestalten nicht viel anfangen. »Aber ich muss sagen, von Mr. Rathbone bin ich zutiefst enttäuscht.« Sie schüttelte den Kopf. »Ich dachte immer, er wäre ein anständiger Christenmensch. Wie konnte er sich nur so versündigen?«

Angesichts der Kritik ihrer Mutter fühlte Dorothea sich bemüßigt, Ian zu verteidigen. »Was hätte er denn tun sollen? Jeden Moment konnten feindliche Eingeborene eintreffen. Roberts Verwundung war tödlich, er war nicht mehr zu retten. Hätten wir ihn sterbend und hilflos zurücklassen sollen? – Und Robert hat Ian darum gebeten!«

»Ich weiß. Trotzdem – es ist eine schwere Schuld, die er auf sich geladen hat.« Mutter Schumanns Stimme klang anklagend.

»Glaubst du, das ist ihm nicht bewusst? Ich habe seine Verzweiflung miterlebt. Robert war sein Freund, sein einziger Freund.« Dorothea sah hinaus in die hitzedurchglühte Landschaft, und in ihren Ohren klang wieder das schreckliche, herzzerreißende Schluchzen eines Menschen, der es nicht gewohnt war zu weinen. Ihre Hände verkrampften sich um die Stuhllehnen. »Mama, was soll ich nur tun? Karl meint, das Beste wäre, ich würde Ian heiraten.«

Mutter Schumann senkte den Blick auf die Häkeltasche, die sie gerade reparierte. »Das Beste für Eden-House mag es sein. Aber ist es auch das Beste für dich?« Sie sah auf, und in ihren hellen Augen war deutlich Verständnis für Dorotheas Dilemma zu lesen. »Ich weiß, dass ihr beide euch zueinander hingezogen fühlt. Das war nicht zu übersehen. Und nicht nur ich dürfte es bemerkt haben. Du wirst also mit bösen Zungen zu rechnen haben, sobald es bekannt wird.«

»Das macht mir nichts aus«, erwiderte Dorothea trotzig. »Ich habe es so satt, mir Sorgen darüber zu machen, was andere Leute denken mögen. Robert wäre sicher einverstanden.«

»Das denke ich auch. Er hätte allem zugestimmt, was dir Freude macht«, sagte Mutter Schumann sehr leise. »Er liebte dich über alles.«

»Ich liebte ihn auch.« Dorothea hörte selbst, wie falsch das klang. Dabei war es doch die Wahrheit: Sie hatte Robert wirklich geliebt – nur nicht so, wie man einen Ehemann liebte. Oder wie sie Ian liebte.

»Auf jeden Fall würde ich die Testamentseröffnung abwarten«, sagte Mutter Schumann und biss routiniert einen Faden ab. »Vielleicht hat er ja eigene Vorkehrungen getroffen.«

Darauf war Dorothea noch gar nicht gekommen. Erst jetzt wurde ihr unangenehm bewusst, dass es durchaus möglich war, dass Robert seine eigenen Pläne gehabt haben könnte. So begrüßte sie Sir Charles Mann mit mühsam unterdrückter Nervosität, als der einige Tage später nach Eden-House kam. Würdevoll und eloquent sprach er der Witwe sein Beileid aus und bat alle Hausbewohner in den großen Salon.

»Das Testament des verstorbenen Robert William Masters wurde bei mir hinterlegt, beglaubigt und versiegelt am 1. Dezember des Jahres 1841.« Er hob das Schriftstück hoch, damit alle sich davon überzeugen konnten, dass das Siegel unversehrt war. »Es ist sehr kurz und unmissverständlich«, fuhr er fort, während er mit einem Taschenmesser das Siegel aufbrach und den Bogen entfaltete. »Ich hinterlasse alle meine weltlichen Güter meiner geliebten Frau Dorothy«, las er. »Es steht ihr frei, darüber ganz nach ihren Wünschen zu verfügen. Einzige Ausnahmen sind folgende Legate …« Es folgten großzügige Summen für die Angestellten und Lady Chatwick sowie eine mehr als großzügige Mitgift für Heather.

»Außerdem hat Mr. Masters mir einen Brief für Sie übergeben, Mr. Rathbone«, sagte er, nachdem er das Testament sorgfältig wieder zusammengefaltet und in seinem Portefeuille verstaut hatte.

»Danke«, brummte Ian, nahm ihn so vorsichtig entgegen, als enthielte er Schwarzpulver, und verschwand umgehend.

Nachdem der Rechtsanwalt wieder abgereist war, wäre es eigentlich an der Zeit gewesen, ein klärendes Gespräch mit Ian zu führen. Aus unerfindlichen Gründen kam Dorothea nicht dazu. Zudem schien er ihr absichtlich aus dem Weg zu gehen. Er war in Sams Kammer gezogen, und wenn sie zum Frühstück herunterkam, war er stets schon unterwegs. Da er zwei Männer ersetzen musste, gab es genug zu tun, um sich nur selten im Haus blicken zu lassen.

Trotz der überraschenden finanziellen Unabhängigkeit hatte keiner Eden-House den Rücken gekehrt. »Das wäre ja noch schöner: Master Robert hätte von uns erwartet, dass wir sie nicht im Stich lassen!«, hatte Mrs. Perkins erklärt, als Dorothea ihnen angeboten hatte, sie mit besten Referenzen auszustatten.

Es war die Abreise ihrer Familie, die sie schließlich dazu brachte, Ian durch Trixie um eine Unterredung bitten zu lassen. »Es ist höchste Zeit, dem Mann endlich reinen Wein einzuschenken«, hatte Karl sie ermahnt. »So oder so – du musst dich entscheiden. Sonst ist er weg.« Und auch ihre Mutter war der Ansicht, dass das Leben weiterzugehen hatte. »Als dein lieber Vater starb, wollte ich auch nicht mehr weiterleben«, hatte sie Dorothea mit stockender Stimme gestanden. »Ich wollte nichts anderes, als ihm nachzufolgen. Aber dann träumte ich von ihm: Theodor schimpfte mit mir und sagte, dass das Geschenk des Lebens zu kostbar wäre, um es zu missachten. Wenn es Gottes Wille wäre, würden wir wieder vereint werden, aber bis dahin sollte ich mich gefälligst nicht wie eine Närrin benehmen. – Am nächsten Tag bin ich zufällig an der Schneiderei vorbeigekommen. Und weißt du was? Es macht mir Spaß, schöne Kleider zu entwerfen und zu nähen! Wenn du spürst, dass er der Richtige ist, dann zögere nicht zu lange, sondern sag ihm bald, dass du ihn noch liebst. Sonst ist es zu spät …«

Während sie im Kontor saß und auf Ian wartete, gestand sie sich ein, dass sie diese Aussprache absichtlich hinausgeschoben hatte. Inzwischen wusste sie, dass sie tatsächlich ein Kind erwartete. Roberts Kind.

Würde Ian sich daran stören?

Karls Vorschlag würde vermutlich funktionieren: Alle mochten Ian. Selbst Lady Chatwick. Nur sie war sich nicht sicher, ob eine Ehe mit Ian den Erinnerungen standhalten würde. Dabei war es besser geworden: Sie sah nicht mehr jede Nacht Roberts gequältes Gesicht vor sich, hörte nicht mehr seinen rasselnden Atem, während er im Sterben lag. Die Tritte schwerer Reitstiefel, die sich dem Kontor näherten, ließen sie nervös die Hände verkrampfen.

»Du wolltest mich sprechen?« Ian sah müde aus. Dunkle Schatten unter den Augen sprachen von zu wenig Schlaf, die Wangenknochen zeichneten sich scharf unter der tief gebräunten Haut ab.

»Ja, ich dachte, wir sollten uns einmal unterhalten, wie es weitergehen soll.« Dorothea sah auf die Papiere vor sich. »Karl sagte, du hättest ihn gebeten, sich in Adelaide nach geeigneten Männern umzuhören?«

Ian nickte. »Du brauchst einen tüchtigen Verwalter. Keine Sorge, ich werde ihn auf Herz und Nieren prüfen.«

»Du willst nicht bleiben?«

Ian biss die Zähne so fest zusammen, bis die Wangenmuskeln deutlich hervortraten. »Ich kann es nicht, Dorothy. Ich ertrage es nicht, tagtäglich deinen Hass und deine Verachtung zu spüren! Nicht einmal um Roberts willen.«

Dorothea erschrak zutiefst. Glaubte Ian im Ernst, sie könnte ihn hassen?

»Nein, Ian, ich hasse dich nicht«, stammelte sie erschüttert. »Wieso sollte ich?«

Er ballte die Hände zu Fäusten. »Du siehst in mir Roberts Mörder. Das hast du ja klar genug gesagt in der Höhle! Aber lass dir gesagt sein, wenn ich erneut vor der gleichen Entscheidung stünde, ich würde wieder dasselbe tun! Verdammt, er war mein Freund!«

»Das weiß ich doch«, flüsterte Dorothea und hätte weinen können vor Erleichterung. Der letzte, kleine Zweifel an seinen Motiven löste sich angesichts seines Ausbruchs in Luft auf. »Ich hatte einfach nicht den Mut, mit dir darüber zu sprechen.« Sie holte tief Luft und stieß rasch, ehe sie es sich anders überlegen konnte, hervor: »Ian, könntest du dir vorstellen, Herr von Eden-House zu sein?«

»Wie bitte?« Er sah sie verblüfft an. Dorothea wich seinem Blick aus, errötete und schob ziellos die Papiere vor sich hin und her. Das war schwieriger als erwartet!

»Du hast einmal gesagt, du hättest mich zur Frau haben wollen. Hast du es dir inzwischen anders überlegt?«

»Du meinst …?« Ians Gesicht strahlte plötzlich auf. Mit ein paar raschen Schritten umrundete er den Schreibtisch und ergriff ihre Hände. »Dorothy, ist es dein Ernst? Du willst mich heiraten? O Gott …« Er zog sie an sich und umarmte sie so stürmisch, dass sie energisch die Hände gegen seine Brust stemmte.

»Ian, ich muss dir noch etwas sagen: Ich bin schwanger mit Roberts Kind.«

Einen Augenblick stutzte er, dann jedoch glitt ein Lächeln über sein Gesicht. »Das freut mich«, sagte er. »Ein Teil von Robert wird also doch weiterleben. Ich will alles tun, um dem Kind ein so guter Vater zu sein, wie Robert es gewesen wäre.«

»Ian, ich liebe dich.« Dorothea kämpfte mit den Tränen. »Du bist wunderbar.«

»Und ich liebe dich.« Plötzlich wurde er ernst, griff in seine Westentasche und holte einen schmalen Goldreif hervor. »Den konnte ich dir bisher nicht geben. Ich habe ihn von meinem ersten eigenen Geld anfertigen lassen.«

Dorothea drehte ihn so, dass sie die Gravur im Inneren lesen konnte: »Dorothy & Ian, auf immer«. Die Buchstaben verschwammen vor ihren Augen. »Auf immer«, wiederholte sie leise und streifte ihn über ihren Ringfinger.